생각하는 수학 ⑬

수학교육에서의

엑셀활용 II

김향숙 · 이세룡 · 정성곤 · 김영미 · 박진석 · 이중근 · 임선우　지음
인제대학교 창의력교육센터
부산광역시교육청

KM 경문사

머리말

21세기 지식정보사회의 패러다임에 내재되어 있는 핵심 가치 중의 하나는 단순히 지식을 전수받아 보급하는 차원을 넘어서 누가 핵심 지식을 어떻게 창출해 낼 것인가라는 것이다. 이러한 시대적 요청에 따라, 지식정보시대를 앞당기는 근본토대 중의 하나는 교육에 있다고 믿는 사람이 많다.

종종 교실 내 활동은 실제 문제 상황의 소우주가 되지 못하고 있으며 많은 교수학습활동은 진정한 현실 문제해결의 맥락과 연결되어 있지 않다. 이것은 학생들이 교실에서 그들이 배운 것을 실제 문제 상황에 적용하는 것을 어렵게 만들며, 또한 학생들은 종종 왜 학교에서 배우는 지식이 어떻게 가치가 있는지에 대한 의문 없이 강의내용상의 사실, 개념 그리고 원리를 기억하기를 강요받는다.

물론 주어진 지식을 암기하여 기억에 저장하는 것과 같은 학습 또한 중요한 학습의 한 형태이다. 그러나 지식이 폭주하는 현 시대에서 더욱 중요하며 우리의 교육에서 더 강조해야 할 부분은 학습자와 교수자가 실제로 문제를 발견할 수 있도록 하고, 복잡하고 역동적인 문제구조와 문제해결활동에 관해 창조적으로 생각하도록 하고, 문제해결에 적합한 정보를 조직화하고, 그리고, 일련의 의사결정 활동이 실제문제해결로 도달되도록 해야 한다는 것이다. 즉, 이제는 지식전달을 지양하고 지식창출이라는 새로운 화두에 부응할 수 있도록 교수학습활동상의 무엇이 어떻게 혁신되어야 할 것인가에 대하여 고민해야만 한다.

현재를 포함한 미래는 CQ(창의력 지수)의 시대가 될 것으로 예견하고 있는 가운데 변화와 혁신의 사회 속에서 무엇보다도 지식창출의 기반이 되는 창의력이 21세기의 경제프론티어의 자질에 으뜸임을 부인할 수 없다. 지식 및 생산물을 산출하고 그것을 가치화할 수 있는 힘이 바로 창의력에서 비롯되기 때문이다.

발족한지 3년째 접어든 인제대학교 창의력교육센터가 부산광역시교육청의 지원으로 개발한 '생각하는 수학'시리즈 18권중의 하나로 이 책이 만들어 지게 되었다.

'생각하는 수학'시리즈는 Mathematica, 엑셀, GSP, Flash, 종이접기, 문제일반화, 통계, 발문, PBL, 퍼즐, 기하 다시보기 등의 다양한 주제를 다루면서 탈교과서 위주의 수학을 위한 교수학습 자료제공에 목적을 두고 있으며, 특히 이 시리즈들은 수학교실에서 학생과 교사가 하나 되어 체험을 통해 좀 더 즐거워하며 수학을 하고, 또 수학을 보고, 느끼고, 만지게 함으로써 교실 수업을 살아 있게 하는데 뜻을 두고 개발되었으며, 앞으로도 개발되어 질 것이다.

이 책은 수학교육에서의 엑셀 활용(생각하는 수학 3), 엑셀을 이용한 함수의 이해(생각하는 수학 8) 및 수학교육에서의 엑셀활용 Ⅲ(생각하는 수학 16)과 같은 주제로써, 특히 중학교 수학 교과내용을 중심으로 하였으며, 크게는

제1장 개관,
제2장 워크시트에서 교수학습 자료 만들기,
제3장 매크로를 활용하여 자료 제작하기

로 구성하였다.

엑셀, 확률과 통계학의 역사 및 생활 속에서 확률과 통계 다시보기를 개관으로 하여 구체적으로는 확률과 통계 부분에서 도수분포표 만들기, 히스토그램 만들기, 도수분포다각형 만들기, 도수분포표에서 평균구하기와 상대도수 구하기, 상대도수분포를 나타낸 그래프 그리기, 누적도수분포 만들기와 그래프 그리기, 상관도 만들기, 주사위를 통한 확률의 뜻, 경우의 수 및 여러 가지 확률 구하기를, 기하부분에서 두 점 사이의 거리 및 세 점을 꼭지점으로 하는 삼각형을, 대수부분에서 에라토스테네스의 체 만들기, 소인수분해 하기, 최대공약수 구하기, 진법 변환하기 및 이차함수 그래프 그리기를 다루었다.

부족하고 어설픈 내용들을 계속 수정하면서 보완할 생각이므로 독자들의 많은 조언을 부탁드리며, 창의력교육센터 연구원들은 앞으로도 우리나라 창의력 교육기반 조성에 도움이 되는 더 좋은 교재를 개발하는데 노력을 다할 것을 약속드리며, 특히 지면을 빌어 우리나라교육의 미래가 창의력교육에 달려 있음을 믿고 적극도와 주신 부산광역시교육청 설동근 교육감, 중등교육과 관계자 분들, 인제대학교 백낙환 이사장님과 교직원 분들께 진심으로 감사를 드린다.

끝으로 이 책이 나오기까지 애쓰신 창의력교육센터 연구원과 좋은 의견을 주신 교사 분들께 감사를 전한다.

2007년 1월, 신어산 자락에서

인제대학교 창의력교육센터장 김향숙

차례

1장 개관

2장 워크시트에서 중학수학 교수 – 학습 자료 제작하기

3장 매크로를 활용하여 중학수학 교수 – 학습 자료 제작하기

Chapter 01

개관

1. Excel

최근 각급 학교에서는 수학과 관련된 여러 가시 컴퓨터용 프로그램이 보급되어 컴퓨터를 활용하여 자기 주도적인 학습이 이루어지고 있다. 많은 부분의 프로그램이 Graphic과 Animation을 적용하면서 학습 내용을 시각적으로 장식하여 그 내용을 보여주기도 하고, 또 학생들이 직접 조작하여 학습 내용을 확인하여 볼 수 있게 하고 있다.

그 대표적인 프로그램들로는 동적 기하 소프트웨어로 잘 알려져 있는 GSP(The Geometer's Sketchpad), Cabri 3D, Poly 등을 꼽을 수 있으며 이와 함께 도형에 관한 프로그램들을 이용하여 수업에 활용하는 기술은 이미 상당한 수준에 올라와 있고 그에 따른 자료 또한 많이 개발되어 현장에 보급되고 있다.

이런 가운데 Microsoft사에서 만든 Excel은 윈도우즈와 같은 그래픽 환경에서 표 계산, 수식 작성, 데이터 분석 및 차트 작성 등의 기능을 활용하는 스프레드시트(Spread Sheet)이다. 특히 Excel의 데이터의 통계 처리 가능과 처리된 결과를 차트로 그려서 나타내는 우수한 기능을 교수-학습 프로그램에 이용할 수 있다.

엑셀을 활용하여 수학교과에서의 정보 기술 활용 방안 중 엑셀에서 가능한 활동을 들어보면 첫째, 엑셀의 다양한 표현 방법을 이용하여 수학적인 처리 과정을 설명하는데 활용할 수 있다. 둘째, 다양한 차트와 그래픽을 통하여 수학 내용을 시각적으로 장식하여 표현할 수 있다. 셋째, 문제나 과제를 창의적으로 해결하거나 수행하기 위하여 통계 처리, 분석 도구 등을 활용할 수 있다. 넷째, 엑셀의 꽃이라 여길 만큼 다양하고 워크시트에서 처리하기 힘든 복잡한 과정도 간단히 해결할 수 있는 매크로 기능을 들 수 있다.

엑셀의 특정 작업을 자동화하여 더 효율적이고, 오류가 발생하지 않게 작업을 수행할 수 있는 연속적인 명령어로 매크로는 엑셀이 가진 장점 가운데서도 뛰어난 것이다. Microsoft Excel은 처음 소개된 이래로 줄곧 스프레드시트 프로그램 중에서 가장 폭넓고 유연한 매크로 언어를 자랑해왔다.

현재 한글 엑셀에 포함된 VBA(Visual Basic for Application) 버전은 Visual Basic 독립 버전 및 모든 Microsoft 응용 프로그램과 완벽하게 호환된다. 무엇보다도 수학 수업에서와 같이 일련의 반복된 작업을 필요로 하는 부분에서 가장 적절하고도 동적인 수업을 이끌어낼 수 있는 도구가 될 수 있을 것이다.

매크로는 워드 문서, Excel 워크시트, 파워포인트 프리젠테이션, 액세스 데이터베이스의 Visual Basic 프로젝트 안에 있으며, 보통 반복적이고 일상적인 일련의 작업들을 하나로 묶어서 한 번의 명령으로 원하는 작업을 실행할 수 있도록 한다.

2. 확률과 통계학의 역사

(1) 확률의 역사

확률의 역사는 중세 시대 도박에서 유래하였다고 볼 수 있다. 이탈리아의 파촐리(Pacioli, L.; 1450~1520)는 그의 저서 [Summa de arithmetica, geometrio, proportionie proportionalita(1494)]에서 'Problem of points'라고 불리는 도박 문제를 소개하여 확률의 시초로서 평가받고 있다. 이 문제는 능력이 같은 두 도박사가 도박 경기 도중에 경기를 중단해야 할 경우 두 도박사가 건 돈을 어떻게 분배해야 하는가에 대한 문제이다. 이러한 문제는 여러 사람들에 의하여 오랫동안 연구되어 왔지만 해결에 큰 발전을 가져온 사람은 프랑스의 파스칼(Pascal, B.; 1623~1662)과 페르마(Fermat, P.; 1601~1665)에 의해서이다. 이들로부터 시작된 확률론의 연구는 스위스의 베르누이

(Bernoulli, J.; 1644~1705), 프랑스의 드 무아브르(De Moivre, A.; 1667~1754)에 의하여 급속한 발전이 이루어졌다.

19세기 초기에 프랑스의 라플라스(Laplace, P.L.; 1749~1827)는 확률에 관한 저서 [확률의 해석적 이론]을 통하여 고전적인 확률론의 체계를 확립하였다. 라플라스는 다음과 같이 확률을 정의 하였다.

"어떤 시행에서 일어날 수 있는 경우의 수가 n가지이고 어느 두 경우도 동시에 일어나지 않으며 각 경우가 일어나는 정도가 동등할 때, 사건 A가 일어나는 경우의 수를 r가지라고 하면, 사건 A가 일어날 확률은 $P(A) = \frac{r}{n}$ 이다."

이와 같이, 확률을 엄밀하게 수학적으로 정의함으로써 그 당시에 상대도구의 극한으로 정의된 확률의 개념과 많은 논쟁을 일으켰다. 또한 라플라스의 확률의 정의는 같은 정도로 확실한 근원사건으로 이루어진 표본공간에서만 계산이 가능한 단점을 갖고 있었다.

따라서 이 정의에 대하여 많은 비판이 제기 되었다.

첫 번째, 일어날 수 있는 모든 경우의 수가 무한인 경우에도 확률을 생각해야 되는 경우가 있는데 이 경우 위의 정의를 적용할 수 없다.

두 번째, 각 경우가 일어나는 정도가 동등하다는 것은 확률이 같다는 뜻인데 아직 정의되지 않은 이러한 용어를 확률의 정의에서 사용하는 것은 적합하지 않다는 것이다.

이 선험적 확률(수학적 확률)에 대하여 경험적 확률(통계적 확률)이 논쟁을 벌이며 20세기에 이르게 된다.

1) 수학적 확률의 정의

19세기 초 라플라스가 정의한 수학적 확률의 정의는 다음과 같다.

표본공간이 N개의 원소로 이루어져 있고, 각 원소가 같은 정도로 일어날 것이 기대될 때, 사건 A가 r개의 원소로 이루어져 있으면 A가 일어날 확률은 $P(A)=\frac{r}{n}$ 이다.

예를 들면 한 개의 주사위를 던질 때 표본공간의 원소의 수는 6개로 유한이고, 각 원소는 같은 정도로 일어날 것이 기대된다. 따라서 짝수의 눈이 나올 사건을 A라고 하면 A의 집합의 원소는 3개이므로 수학적 확률의 정의에 따라 $P(A)=\frac{3}{6}$ 이다.

2) 통계적 확률의 정의

수학적 확률은 표본공간의 각 원소가 같은 정도로 일어날 것이 기대된다는 가정 아래에서 정의된 확률이다. 그러나 자연현상이나 사회현상 중에는 각 원소가 같은 정도로 일어날 것이라고 기대될 수 없는 경우가 흔히 있다.

예를 들어 압정을 던질 때 표본공간의 각 원소는 같은 정도로 일어날 것으로 기대되지 않으므로 어떤 사건, 이를 테면 윗면이 나타날 사건에 대한 확률은 수학적 확률로 구할 수 없다.

이와 같은 경우에는 실제로 시행을 여러 번 반복하여 어떤 사건에 대한 상대도수를 그 사건의 확률로 정의한다. 즉, 같은 시행을 n번 반복할 때, 어떤 사건 A가 일어난 횟수를 r_n이라고 할 때, $\lim_{n\to\infty}\frac{r_n}{n}=p$이면 p를 사건 A의 통계적 확률 또는 경험적 확률이라고 한다.

통계적 확률에서는 실제로 시행횟수 n을 무한히 크게 할 수 없으므로 극한값이 존재하는지를 알 수 없다는 단점을 가지고 있다. 따라서 실제로 통계적 확률을 구할 때, n이 적당한 크기일 때의 $\frac{r_n}{n}$의 값을 통계적 확률의 근사값으로 본다.

통계적 확률은 표본공간의 각 근원사건이 같은 정도로 일어날 것이 기대될 때에도 정의된다. 이 경우에 수학적 확률과 통계적 확률이 같아짐을 베르누이의 큰수의 법칙에 의해서 증명된다.

3) 공리적 확률의 정의

전구의 수명, 사람들의 키가 취하는 값은 실수이다. 이때, 전구의 수명이 10시간 보다 클 확률 또는 키가 179㎝보다 작을 확률은 어떻게 구하는가? 이와 같은 확률은 수학적 확률 또는 통계적 확률로 구할 수 없다. 따라서 이와 같은 경우에도 확률을 정의하기 위해서 콜모고로프는 확률을 어떤 공리를 만족하는 것으로 정의하였다.

표본공간 S의 부분집합의 집합족 F에 대하여

(1) $S \in F$

(2) $A \in F$ 이면 $A^c \in F$

(3) $A_i \in F \ (i = 1, 2, 3, \cdots)$이면

$$A_1 \cup A_2 \cup \cdots \cup A_n \cup \cdots \in F$$

를 만족할 때, 집합족 F를 $\sigma - algebra$ 라 한다.

$\sigma - algebra \ \ F$위에 정의되는 집합 함수 P가

(1) 임의의 $A \in F$ 에 대하여 $0 \leq P(A)$

(2) $P(S) = 1$

(3) 임의의 $A_i, A_j \in F$ 에 대하여 $A_i \cap A_j = \phi (i \neq j)$ 이고

$$P(A_1 \cup A_2 \cup \cdots \cup A_n \cup \cdots) = \sum_{i=1}^{\infty} P(A_i)$$

를 만족할 때, P를 확률 또는 확률측도라 하고 (S, F, P)를 확률공간이라고 한다.

공리적 확률을 이해하려면 측도론과 적분론을 이해해야한다. 콜모고로프의 공리적 확률은 전체공간의 확률이 1인 특정한 르베그 측도(Lebesque measure)로 정의되며, 이 정의는 수학적 확률 또는 통계적 확률과 같이 구체적인 식으로 확률을 정의하는 것이 아니라 확률이 가지고 있어야 할 수학적 기본 성질을 형식적으로 나타내어 확률을 정의한 것이다.

따라서 공리적 확률로는 확률의 값을 구할 수 없다. 표본공간이 유한이거나

셀 수 있는 경우, 즉 이산인 경우에 각 원소가 같은 정도로 일어날 것이 기대되면 그 경우에는 수학적 확률이 위의 공리를 만족하게 되므로 수학적 확률로 확률을 구하고, 표본공간이 이산이고 각 원소가 같은 정도로 일어날 것이 기대되지 않으면 통계적 확률이 위의 공리를 만족하게 되므로 통계적 확률로 확률을 구하면 된다. 또, 표본공간이 연속이면 길이, 넓이, 부피 등의 기하적 측도가 위의 공리를 만족하게 되므로 적분으로 도입하여 확률을 구하면 된다.

공리적 확률은 르베그 적분으로 정의되기 때문에, 무한의 경우에도 적용할 수 있고 대수의 법칙 또는 그 일반화 법칙 등이 이론적으로 매우 간단하게 증명된다.

(2) 통계학의 역사

통계학의 기원은 인구 조사로부터 시작되었다고 할 수 있다. 기록상 인류 최초의 인구 조사는 구약성서에 나타난 것으로 모세가 애굽 땅에서 나온 유태인을 대상으로 20세 이상의 성인의 수를 조사한 것이다. 그러나 실제로 인구 조사는 훨씬 더 이전인 기원전 3000년 전 고대 바빌로니아, 중국, 이집트에서 징병과 세금 징수를 목적으로 실시되었다고 한다.

인구조사는 영어로 census라고 하는 것으로 과세한다는 뜻의 라틴어인 censere로부터 유래된 것이다. 로마 시대에는 국가의 조직이 발달되면서 과세의 목적과 군사적인 징병 목적을 위해 로마의 6대 왕 투리우스(534~378 B.C.) 시대부터 서기 74년까지 5주년 주기의 센서스가 실시되었다.

그 후 17세기부터 현대에 이르기까지 대략 300여년에 걸쳐 발달된 통계학은 크게 통계학의 성립기, 기술 통계 및 추측 통계의 발전기를 거쳐 왔다.

17세기 중반 독일에서는 콘링(Corning, H.; 1606~1681)이 국토, 군사, 인구 및 행정에 관하여 강의한 이래 이에 영향을 받은 괴팅겐 대학의 교수 아헨발(Achenwall. G.; 1719~1772)이 처음으로 국상학(staatenkunde)이란 용어를 사용하였다. 국상학은 국가의 중요 사항인 토지, 주민, 지리, 산물, 역사, 행정조직 등을 통계 수치 없이 문장으로 기술한 것으로 통계학의 모체하고 할 수 있다.

독일과 거의 같은 시기에 영국에서는 흑사병으로 많은 사상자가 발생하자 1603년부터 출생과 사망에 관한 통계를 매주 발표하기 시작하였는데, 이를 토대로 영국 상인 그랜트(Grant, J.; 1620~1674)는 1662년에 '사망표에 관한 자연적, 정치적 관찰'이라는 저서를 발표하였다. 그는 그 당시 출생과 사망에 관한 수량 자료를 근거로 인구, 사망, 출생에 관한 법칙성을 규명하고 인구의 측정, 연령계층별 인구, 인구의 증가율 등을 추정하였다.

이에 영향을 받은 그 당시 영국의 석학 페티(Petty, W.;1623~1687)는 영국, 프랑스, 네덜란드 등 각 국의 인구 및 주택 문제를 연구하였고, 그 결과를 '정치적 산술'이라는 제목으로 1690년에 출판하였다. 그는 정치 산술이란 관찰 결과 얻어진 수량적 자료를 근거로 사회 현상의 법칙성을 규명하는 방법론이라고 정의하였다.

그랜트에서 비롯된 인구 문제는 페티에게 그리고 100년 후 맬서스(Mathus, T.; 1776~1834)에게까지 영향을 주어 그의 '인구론'의 저술에 큰 영향을 끼쳤다.

1) 정규분포의 역사

정규분포를 최초로 발견한 사람은 드 무아브르(De Moivre, A.; 1667~ 1754)이다. 1733년 그가 라틴어로 쓴 논문 「이항식$(a+b)^n$을 급수로 전개하여 이 항들의 합을 근사하는 방법」에는 이항분포의 확률 $nC_x a^x b^{n-x}$은 n과 x가 클 때 계산하기가 매우 곤란하므로 그 근사값을 정규분포를 이용하여 구한 내용이 들어있다.

한편, 가우스(Gauss, K.; 1777~1855)는 이항분포의 극한분포가 아니라 '오차분포'로서 정규분포를 제시하였다. 1809년 그의 유명한 논문 「Theoria motus corporum coelestium in sectionibus conicis colum ambientium」(The theory of the motion of heavenly bodies moving about the sun in conic sections)에서는 오차의 중요성을 다음과 같이 언급하고 있다.

"'우주가 태엽이 감겨진 시계와 같이 자동으로 움직여 간다'라는 역학적 자연관이 가장 성공한 것은 천체 역학 분야이다. 우주의 체계는 수학적으로 엄밀한 모형으로 기술할 수 있고, 초기 조건과 모수의 참값을 알면 미래도 과거와 마찬가지로 기계론적으로 결정할 수 있다고 생각된다. 그러나 관측에는 오차가 수반된다. 만약 참값과 편차가 있는 관측 값을 사용하여 유성의 궤도 추적 계산을 하면 잘못된 궤도를 계산하게 된다. 관측 값은 모두 참값의 근사 값에 지나지 않는데, 가능한 한 참값에 가까운 관측 값을 얻기 위해서는 하나의 관측값이 아니라 몇 개의 관측값을 결합하여 우연오차를 서로 상쇄해야 할 것이다"라고 하였다.

우생학의 창시자 골턴(Galton, F.; 1822~1911)은 「자연유전」(1889)에서 다음과 같이 정규 분포를 찬미하였다.

"나는 오차의 법칙으로 나타내어지는 우주 질서의 놀라운 형식만큼 감명을 주는 것은 아무 것도 없다고 생각한다. 만약 고대 그리스인이 이 법칙을 알고 있었다면 그것은 의인화되고 신격화되었을 것이다. 이 법칙은 매우 무질서한 가운데서 조용히 그리고 전혀 표면에 나오지 않으면서 군림하고 있다. 집단이 클수록 또, 외견상 무질서가 심할수록 이 법칙의 지배력은 완전하다. 무질서한 집단에서 대표본을 추출하여 크기순으로 나열하면 생각지도 않은 매우 아름다운 질서의 형식이 숨어 있는 것이 분명해진다."고 하였다.

2) 상관도와 상관관계의 정리

두 변량을 좌표평면에 나타낸 것을 상관도라 하고, 좌표평면위의 점들이 x 값이 커짐에 따라 y 값도 대체로 커지는 관계를 양의 상관관계라 한다. 예를 들면 핸드폰요금과 사용시간, 자동차 통행량과 오염도, 키와 몸무게 등이 있다.

좌표평면위의 점들이 x 값이 커짐에 따라 y 값이 대체로 작아지는 관계를 음의 상관관계라 한다. 예를 들면 산의 높이와 온도, 생산량과 가격, 몸무게와 매달리기 시간 등이 있다.

다양한 종류의 두 자료를 좌표평면 위에 나타내어 보면 아래와 같은 여러 가지의 상관도를 얻을 수 있다.

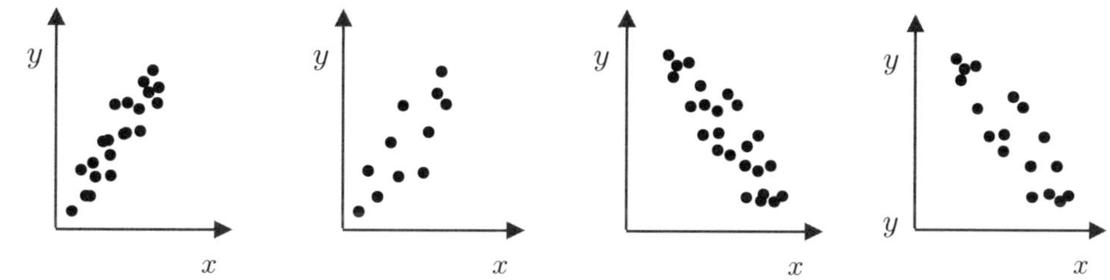

(강한 양의 상관관계) (약한 양의 상관관계) (강한 음의 상관관계) (약한 음의 상관관계)

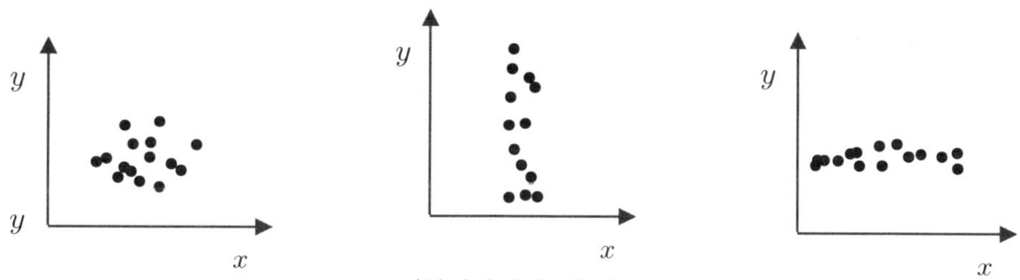

(상관관계가 없다)

상관도와 상관관계

상관도 : 두 변량 사이의 관계를 알아보기 위해 좌표평면위에 나타낸 그래프
양의 상관관계 : 점들이 대체로 기울기가 양인 직선을 중심으로 분포
음의 상관관계 : 점들이 대체로 기울기가 음인 직선을 중심으로 분포
상관관계가 없다 : 점들이 대체로 평행하거나 여러 방향으로 흩어져 분포

3) 공분산과 상관계수의 중요한 의미

우리는 보통 분산의 개념을 '자료의 평균값을 중심으로 하여 흩어진 정도가 평균적으로 어느 정도인지를 알려 주는 수치'라고 말한다. 여기서 우리가 주목할 점이 있다. 이러한 자료의 흩어진(퍼진) 정도를 가지고 두 변수들 간의 관계를 알 수 있을 뿐만 아니라, 향후 미래의 값도 예측할 수 있다는 것이다.

그럼 이에 대해서 살펴보겠다.

우선 공분산(Covariance)이란, X 와 Y의 선형적 상관관계를 측정할 수 있는 기본 척도라고 할 수 있다. 즉, 공분산은 두 확률변수 X와 Y가 각각의 평균을 중심으로 하여 같은 방향으로 변화하는 정도를 나타낸다. 이것을 수학적으로 표현하면, X가 기대치 E[X]에서 멀어질 때 동시에 Y도 기대치 E[Y]로부터 멀어질 경우, 두 변수 X와 Y간에는 상관관계가 있다고 말할 수 있으며, 이때 공분산 Cov[X, Y]값은 커지게 된다. 반대로 X가 E[X]에서 멀어짐에도 불구하고 Y는 E[Y]의 근처에 머물 경우 X와 Y는 서로 상관관계가 없다고 할 수 있으며, 이 때 공분산은 0 에 가까운 값을 갖게 될 것이다. 공분산 식을 수학적인 식으로 표현하면 다음과 같다.

$$\sigma_{xy} = Cov[X, Y] = E[(X - E[X])(Y - E[Y])] = E[XY] - E[X]E[Y]$$

한편, X와 Y에 대하여 n쌍의 데이터 (X_i, Y_i), $i = 1, 2, \cdots, n$이 있을 때, 공분산 σ_{xy}는 아래와 같은 표본공분산으로 추정할 수 있다.

$$S_{xy} = \frac{1}{n-1}\sum(X_i - \overline{X})(Y_i - \overline{Y}) = \frac{1}{n-1}\left(\sum X_i Y_i - n\overline{XY}\right)$$

여기서 주의할 점은, 공분산은 두 확률변수에 대한 상관관계를 나타내는 척도로 사용할 수 있지만 공분산 값의 크기가 단위 등에 따라 달라지므로 실제 사용하기는 곤란하다는 것이다. 예를 들어, 어떤 집단의 키와 몸무게와의 상관관계를 조사하는데 각각의 단위를 cm와 kg으로 사용할 때와 m과 kg으로 환산하여 사용할 때의 공분산 값이 서로 다를 것이다. 즉, 키의 단위가 cm이고 몸무게의 단위가 kg일때의 공분산을 σ_{xy}라고 하면, 키의 단위를 m로 사용할 경우의 공분산은 $\frac{\sigma_{xy}}{100}$로 줄어든다. 이와 같이 공분산의 크기로 두 변수의 상관 정도를 정하기는 어렵다. 따라서 상관관계를 나타내는 척도는 단위와 무관한 것이어야 하는데 이를 위해 다음과 같이 각 변수의 표준편차로 표준화시킨 상관관계를 고려하게 된다. 즉, X와 Y의 상관계수(Correlation coefficient)는 아래와 같이 정의된다.

$$\rho_{xy} = \frac{Cov[X, Y]}{\sqrt{Var[X]}\sqrt{Var[Y]}} = \frac{\sigma_{xy}}{\sigma_x \sigma_y}$$

이때, 상관계수 ρ_{xy}는 -1에서 1사이의 값을 가진다. 즉, 표본상관계수가 1일 때에는 완전한 양의 선형관계를, -1일 때에는 완전한 음의 선형관계를 의미한다. 다시 말하자면, ±1에 가까우면 X와 Y사이의 선형관계가 있음을 의미하고 반면 0에 가까우면 선형적인 상관관계가 없음을 의미하는 것이다.

위에서 정리한 내용들은 학생들에게 설명하기에는 매우 어려운 내용이다. 그러나 위의 식까지는 알지 못해도 상관계수가 나오게 된 배경을 다음처럼 설명하면 이해에 도움이 될 거라 생각한다. 우선 데이터의 산점도를 살펴보고 공분산(X와 Y 데이터의 분포를 통해 계산됨)을 구한 후, 만일 X와 Y가 서로 다른 단위를 사용했다면 이러한 단위를 일치시켜 주기 위해서 상관계수를 구하는 것이라고 설명해 주면 좋을 것 같다.

그리고 우리가 더욱 주의해야 할 사항이 있다. 상관관계가 있다고 해서 반드시 인과관계가 있는 것은 아니다. 상당수의 사람들이 상관관계를 인과관계로 이해하고 있었다. 여기에서는 키와 몸무게의 관계를 예로 들어 생각해보겠다. 보통 키가 큰 사람이 작은 사람보다 몸무게가 더 나간다. 그러나 이러한 상관관계가 있다고 해서 반드시 한 변수가 다른 변수의 원인이 된다고 볼 수 없다. 즉, 배후에 있는 공통의 요인에 의해 두 변수 사이에 상관관계가 생기는 경우도 자주 있다. 또 다른 예를 들면, 형제자매의 키, 휘발유와 난방용 유류의 가격이 그렇다. 이러한 경우에 나타나는 상관관계는 변수들 사이의 인과관계라기보다는 배후에 있는 날씨나 경제상황과 같은 공통된 원인과 변수들 사이에 놓은 인과관계에서 나온 것이다. 따라서 상관관계가 있다고 해서 인과관계가 있다고 말하는 것은 잘못된 것이다.

그리고 상관계수란 두 변수의 관계가 아니라 두 변수의 직선관계의 유무를 나타내는 측도이다. 다시 말해 상관계수가 0이라면 두 변수 간에 전혀 관계가 없다고 오해하지만, 두 변수 간에 완벽한 함수 관계가 있음에도 불구하고 상관계수가 0이 되는 경우도 있다. 즉, 상관계수가 0에 가깝다는 것은 두 변수 간에 선형관계가 약하다는 것이며 다른 형태의 함수관계는 존재할 수도 있다. 아래와 같은 함수를 예로 들어보자.

그래프를 보면 X와 Y가 포물선(이차함수)관계를 갖고 있으나 표본상관계수는 0임을 알 수 있다.

그러면 “영향을 주는 변수와 영향을 받는 변수 간의 관계를 함수식으로 표현할 수 있을까?” 또는 “예측까지도 할 수 있을까?”라는 질문이 자연스럽게 떠오를 것이다. 이를 해결해준 것이 회귀분석이라는 것이다. 회귀분석에서 원인의 역할을 하는 변수를 독립변수(independent variable), 결과를 관측하는 변수를 종속변수(dependent variable)라고 한다. 회귀분석중 가장 간단한 형태인 단순선형회귀모형에 대해 알아보겠다. 여기서 선형회귀는 변수간의 관계가 선형이고 관련 회귀계수에 대해서도 선형식으로 표현되는 것을 의미한다. 단순회귀모형은 다음과 같다.

$$Y_i = \beta_0 + \beta_1 X_i + \epsilon_i, i = 1, 2, \cdots, n$$

위의 식에서 β_0와 β_1은 추정해야할 회귀계수이다. 참고로 회귀식에서 β_0, β_1을 자료로부터 추정하고 주어진 식을 검증하는 데는, (단순회귀)모형에 대한 몇 가지 가정이 전제된다. 여기서는 이러한 가정들이 모두 성립한다고 가정하겠다.

여기서 말하고자 하는 것은 두 회귀계수 중, X_i의 영향도를 나타내는 β_1을 추정할 때 상관계수가 사용된다는 것이다. 즉, 아래와 같은 식에 의해서 β_1을 추정할 수 있다.

$$\widehat{\beta_0}= \frac{\sum_{i=1}^{n}(X_i-\overline{X})(Y_i-\overline{Y})}{\sum_{i=1}^{n}(X_i-\overline{X})^2} = \frac{\sum_{i=1}^{n}X_i Y_i - n\overline{XY}}{\sum_{i=1}^{n}X_i^2-\overline{X^2}} = \frac{S_{xy}}{S_x} \left[= \frac{\dfrac{\sum_{i=1}^{n}(X_i-\overline{X})(Y_i-\overline{Y})}{n-1}}{\dfrac{\sum_{i=1}^{n}(X_i-\overline{X})^2}{n-1}} \right]$$

$$\widehat{\beta_0}= \overline{Y}- \widehat{\beta_1}\overline{X}$$

위 식에서 β_0와 β_1이 의미하는 것은 X와 Y에 대한 데이터를 산점도로 나타내었을 때, 여기에 가장 알맞은 직선식이 $Y_i = \widehat{\beta_0}+\widehat{\beta_1}X_i$라는 것이다. 즉,

이 식은 향후 X 값에 대해 Y 값이 어떻게 산출될지에 대한 예측 값을 제공해 주는 식이 된다.

다음의 간단한 예제 그림을 살펴보겠다.

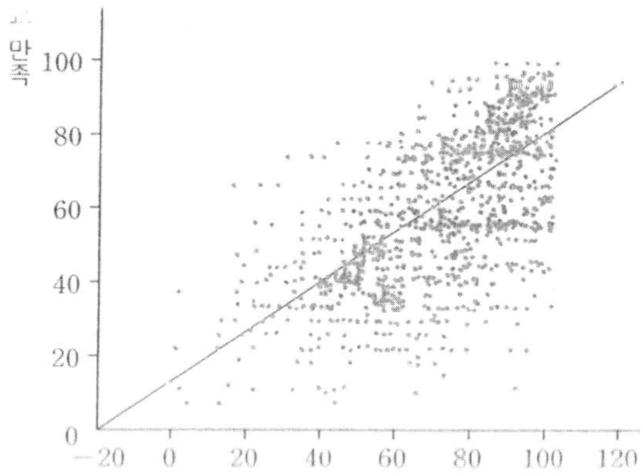

그림은 학교 시설(X)에 대한 학교 만족도(Y)의 점수를 산점도와 회귀직선으로 함께 나타낸 것이며, SPSS 통계 툴을 이용하여 작성하였다. 또한 다음과 같이 회귀식을 한꺼번에 구할 수도 있다.

<회귀 계수>

Model	Unstandardized Coefficients		Standardized Coefficients	t	Sig
	B	Std.Error	Beta		
학교 시설	14.668 .667	1.063 .014	.671	13.803 48.182	.000 .000

위 예제의 단순회귀분석식은 Y = 0.667X + 14.668이라고 쓸 수 있으며, 이 의미는 학교 시설에 대한 점수가 1점 상승할 때, 학교에 대한 만족도는 0.667점 상승하는 것을 의미한다.

여기서 더 발전한 것이 다중회귀분석인데, 이것은 독립변수가 두 개 이상인 회귀모형에 대한 분석을 말한다. 즉, 이들 독립변수의 계수(영향도)를 구하기 위해서는 공분산 및 상관계수가 꼭 필요하다. 덧붙여 말하면 통계에서 어떠한 예측 식을 만들기 위해서는 데이터의 퍼진 정도, 즉 각 변수들의 흩어진 정도(분산 및 공분산)를 이용하여 식을 만든다. 만일 이러한 식을 구하기가 복잡해질 경우에는 행렬을 이용하면 분산과 공분산 및 독립변수의 계수까지 한 번에 구할 수 있다.

3. 생활 속에서 확률과 통계 다시보기

(1) 도박에서 확률을 발견한 파스칼

'인간은 생각하는 갈대이다', '클레오파트라의 코가 조금만 낮았더라면 세계의 역사는 달라졌을지도 모른다.'

오늘날까지도 유명한 이 말을 남긴 사람은 프랑스의 수학자 파스칼이다.

어린 시절부터 몸이 너무 약했기 때문에 그의 아버지는 파스칼이 수학에 관심을 가질까 몹시 두려워하기도 했다고 한다. 하지만 파스칼은 12세가 되던 해부터 스스로 기하학을 공부하여 '삼각형의 내각의 합은 180°'라는 사실을 발견했다. 크게 놀란 아버지는 그때부터 파스칼의 수학 공부를 본격적으로 도와주게 되었다. 그러나 너무 연구에 몰두한 나머지 평생 소화불량과 불면증으로 큰 고통을 겪어야 했다.

그는 카르다노와 같이 도박 때문에 빚을 진 수학자로 알려져 있다. 어느 날 파스칼은 도박사로 일하던 드 메레라는 친구로부터 도박에서 이기는 방법에 관한 질문을 받았다.

이 일을 계기로 파스칼은 당시 유명한 수학자였던 페르마와 편지를 주고받

으며 도박에서 승리하는 방법에 대해 대화를 나누게 되었다. 그러던 중 파스칼은 도박에서의 확률을 새로운 수학적 개념으로 탄생시킬 수 있다는 생각이 미치게 되었다.

확률은 17세기에 프랑스의 수학자 파스칼(Pascal, B.;1623~1662)과 페르마(Fermat,p.;1601~1665)와의 확률 문제에 관한 편지 왕래를 한 것에서 비롯되었다고 한다. 파스칼과 페르마가 도박을 연구하면서 시작된 확률론은 그 뒤 베르누이와 드 무아브르라는 수학자에 의해 많은 발전을 이루게 된다. 그리고 19세기 초에 이르러 프랑스 수학자이자 천문학자인 라플라스에 의해 하나의 수학적 체계로 발전하게 되었다. 도박처럼 쓸모없는 짓도 수학의 발전에 당당히 한 몫을 했던 경우라고나 할까? 그는 '파스칼의 원리', '파스칼의 삼각형', '확률론', '수학적 귀납법' 등 불멸의 업적을 남긴 채 39세의 젊은 나이로 세상을 떠나고 말았다.

(출처 : 수학만화, 우리기획)

생각해 볼 문제 1

편지 내용: 「같은 실력을 가진 A, B 두 사람이 32피스톨(옛날의 스페인 금화)씩을 걸고 내기를 하고 있었다. 시합에서 1번 이기면 1점을 얻고, 먼저 3점을 얻는 사람이 내기 돈 64피스톨을 모두 가지기로 했다. 그런데 A가 2점, B가 1점을 얻은 시점에서 부득이한 사정으로 시합을 중지하게 되었다. 이 때, 내기 돈 64피스톨을 어떻게 분배하는 것이 가장 합리적일까?」

시합을 한 번 더 해서 A가 이긴다면, A는 3번이긴 것이 되므로 돈을 모두 가지게 된다. 그러나 만약 B가 이긴다면 A가 2번, B도 2번 이기게 되는 것이므로 각각 32피스톨씩 나누어 가져야 한다. 즉, A는 네 번째 시합을 이기든 지든 최소한 32피스톨을 가져야한다. 나머지 32피스톨은 A나 B중에서 이기는 사람의 몫이 되겠지만 누가 이길지는 모르는 것이므로 이길 가능성은 반반으로 보아야 한다. 그러므로 A에게 32피스톨을 먼저주고 남은 32피스톨을 둘이 똑같이 16피스톨씩 나누어 가지면 된다. 결국 A는 32+16=48(피스톨), B

는 16(피스톨)을 가지는 것이 가장 합리적이다.

위의 내용을 쉽게 설명한 문제

어느 날 파스칼은 위와 같은 편지를 받고 고민하고 있었다.
그렇다면 64개의 금화를 어떻게 나누어 갖는 것이 가장 합리적일까?

1. 승부가 나려면 앞으로 게임은 최대 몇 판까지 할 수 있는가?

2. A가 이길 확률을 구하여라.

3. B가 이길 확률을 구하여라.

4. 2, 3의 결과에 따라 64개의 금화를 A, B 두 사람에게 합리적으로 분배하여라.

(2) 혈액형의 비밀

사람의 주요 혈액형에는 A형, B형, O형이 있다. A형에는 AA 인자형과 AO 인자형이 있고, B형에는 BB 인자형과 BO 인자형이 있다고 한다. 또, 인자간의 우열 관계를 살펴보면 A, B 두 인자의 우열관계는 같고, A, B 인자는 O 인자보다 강하다고 한다.

예를 들면 AA 인자형과 BO 인자형을 가진 사람이 결혼하여 그 사이에 태어난 자녀는 각 인자들이 다시 결합하여 다음의 그림과 같이 인자가 만들어진다.

따라서 이 두 사람의 자녀 중에는 B형이나 O형은 나올 수 없고 태어난 자녀는 A형이거나 AB형이 된다.

그러므로 자녀가 B형일 확률과 O형일 확률은 각각 0이고 A형일 확률과 AB형일 확률은 각각 $\frac{2}{4}=\frac{1}{2}$임을 알 수 있다.

	부	모	A형	B형	0형	AB형
1	AA	BB				◐
2	AA	BO	◐			◐
3	AO	BB		◐		◐
4	AO	BO	◐	◐	◐	◐
5	AA	OO	◐			
6	AO	OO	◐		◐	
7	AA	AB	◐			◐
8	AO	AB	◐	◐		◐
9	BB	OO		◐		
10	BO	OO		◐	◐	
11	BB	AB		◐		◐
12	BO	AB	◐	◐		◐
13	AB	OO	◐	◐		

1. 부모의 혈액형이 AB형과 O형일 때, 혈액형이 O형인 자녀가 태어날 확률을 구하여라.

2. 부모의 혈액형이 AO 인자형과 BO 인자형일 때, 혈액형이 AB형인 자녀가 태어날 확률을 구하여라.

3. 부모의 혈액형이 AO 인자형과 AB 인자형일 때, 혈액형이 A형인 자녀가 태어날 확률을 구하여라.

4. 부모의 혈액형이 BO 인자형과 뮤 인자형일 때, 혈액형이 B형인 자녀가 태어날 확률을 구하여라.

생각해 볼 문제 2

1. O형의 자녀를 둔 부모님의 혈액형은 세 가지 유형만 있다. 어떤 것입까?

2. 자녀의 혈액형이 단 한가지로만 태어나는 부모님의 혈액형을 나열해 보아라.

3. 태어날 자녀의 혈액형이 모든 경우(A형, B형, O형, AB형)가 되는 경우의 부모님의 혈액형은?

(3) 주차위반 사건을 확률로 판단한다?

어떤 사건이 발생했을 때, 그것이 우연에 의한 것인지 아닌지를 확률로 판단할 수 있다. 다음은 스위스의 어느 법정에서 일어난 주차 위반에 관한 판결 내용이다.

일정 시간 이상을 주차할 수 없는 도로변 주차장에서 주차 감시원이 주차 위반 차량을 판별하기 위해서 자동차의 오른쪽 앞바퀴와 뒷바퀴의 공기 주입 밸브에 표식을 하였다. 이때 표식은 12:30 ~ 1:30이면 1시 방향, 4:30~ 5:30이면 5시 방향 등 시침으로만 기록하였다

주차 감시원은 어느 자동차가 일정 시간이 지났는데도 동일한 주차 위치가 동일한 밸브 방향을 가리키고 있으면 주차 위반으로 간주하고 범칙금 스티커를 발부하였다. 그러나 이 자동차의 운전자는 분명히 다른 곳에 갔다가 다시 이 자리에 주차하였다고 하면서 밸브가 동일한 방향을 가리킨 것은 우연의 일치라고 주장하고, 법원에 이의 제기를 신청하였다.

재판관은 판결을 내리기 위해서 전문가에게 의뢰하여 운전자의 주장이 옳을 확률을 계산한 결과, 각 바퀴의 밸브가 같은 방향을 가리킬 확률은 $\frac{1}{12}$이고, 두 바퀴는 독립적으로 굴러가므로(평탄한 직선 도로를 달리면 독립이라고 할 수는 없지만 곡선 도로와 오르막, 내리막길도 달리므로 독립이라고 할 수 있다), 두 바퀴의 밸브가 모두 같은 방향을 가리킬 확률은 $\frac{1}{12}\times\frac{1}{12}=\frac{1}{144}=0.0007$임을 알게 되었다.

이것은 10,000대의 주차차량 중에서 7대가 우연히 같은 방향을 가리킬 수 있다는 뜻이므로 재판관은 운전자의 주장이 충분히 근거가 있다고 하면서 무죄를 선고하였다. 그러나 주차 감시원이 네 바퀴에 모두 표식을 했더라면 밸브가 동일한 방향을 가리킬 확률은 $\frac{1}{12}\times\frac{1}{12}\times\frac{1}{12}\times\frac{1}{12}=0.00005$로 너무 작기 때문에 운전자의 주장은 충분한 근거가 없다고 판결을 내릴 것이라고 하였다.

(4) 일기예보와 확률의 경제학

일기 예보를 통하여 비 올 확률을 미리 알면 우리는 여러 가지 경제적 이익을 얻을 수 있다. "비 올 확률이 80%"라는 일기 예보에 대하여, 대비하는 비용이 200만원 소요되고, 일기 예보를 무시하고 공사를 계속할 때 생기는 손해가 700만원이라면 두 가지 경우에 대한 경제적인 손실 차이를 알아보자.

비가 오는 데도 공사를 계속할 경우
비 피해 손실액 : 700만원 * 80% = 560만원

우천에 대비하여 공사를 중단할 경우
대비 비용 200만원 소요

참고

일기 예보대로 비가 오면 손실액은 700만 원이 아니라 700(만원)×80% = 560(만원)이다. 따라서 예방조치를 했을 때, 360만 원의 이익이 생긴다.

그렇다면, 비 올 확률이 몇 %일 때, 공사를 중단하는 것이 옳을까?

참고

700만원 * x % 〈 200만 원 으로 계산하면 x=28.8……. 그러므로 29%정도 이하의 비 올 확률이면 공사를 계속하는 것이 이익이라고 본다.
하지만, 비 올 확률이 29%이면 대비하는 비용도 줄어들 것이며 공사를 강행해서 생기는 손해액도 많이 줄어들므로 굳이 경제적 손실 기준으로 비 올 확률을 측정할 수 는 없다고 본다.

(5) 목동은 공주와 결혼할 수 있을까?

옛날에 욕심쟁이 왕과 어여쁜 공주가 살았습니다.

공주는 한 목동과 사랑에 빠지고 왕의 반대에도 불구하고 결혼을 하겠다고 하여 왕은 몹시 화가 나 목동을 죽일 방법을 생각합니다.

삶과 죽음이 적혀있는 두 장의 종이가 들어 있는 작은 상자에서 목동이 어느 하나를 선택하느냐에 따라서 결혼 승낙과 죽음의 운명이 갈리게 되었습니다.

하지만 욕심 많은 왕은 목동을 살리고 싶지 않아 종이 두 장 모두에 죽음이라고 써 놓았습니다.

1. 목동이 종이 한 장을 선택했을 때, 살 확률을 구하여라.

2. 목동이 종이 한 장을 선택했을 때, 죽을 확률을 구하여라.

3. 다음 내용을 읽고 목동이 살 확률과 죽을 확률이 어떻게 바뀌었는지 말해보자.

"목동은 왕의 교활한 술수를 예상하고 종이 한 장을 선택하자마자 삼켜 버렸습니다. 남은 종이 한 장에는 '죽음'이라고 적혀 있었고, 목동이 삼킨 종이에는 '삶'이 적혀 있었던 것이 인정되어 목동과 공주는 결혼하여 행복하게 살았습니다."

(6) 확률의 허구성 : 야구 경기에서의 확률

어느 야구팀에는 20번의 타석에서 7번 안타를 쳐서 타율이 3할 5푼인 나신인 선수와 500번의 타석에서 150번 안타를 쳐서 타율이 3할인 우안타 선수가 있다. 이 때 나신인 선수가 더 훌륭한 선수라고 할 수 있을까?

한국프로야구에는 규정타석제도가 있다. 예를 들면, 한 시즌 경기수가 133경기였을 때 $3.1 \times 133 \fallingdotseq 412$, 즉, 412 타석 이상 나와야 시즌 종료 후 타율 순위에 이름을 올릴 수 있다. 왜 이런 제도가 필요할까?

20 타수 7 안타를 기록한 나신인 선수의 타율
총도수 20, 도수 7, 상대도수 0.35, 타율 3할 5푼

500 타수 150 안타를 기록한 우안타 선수의 타율

총도수 500, 도수 150, 상대도수 0.3, 타율 3할

(7) 상관표

확률의 개념은 수학에서만 다루는 것이 아니다. 우리 주변에서 발견할 수 있는 흔한 이야기이다. 확률과 통계를 우리 주변에서 자주 일어나는 현상과 관련지어 보자.

생각해 볼 문제 3

조선왕조의 역대 임금의 즉위 시 나이와 재위기간을 조사하였다.
물음에 답하여라.

(단위 : 세, 연)

대	왕	나이	재위기간	대	왕	나이	재위기간
1	태조	57	7	15	광해군	34	15
2	정종	42	2	16	인조	28	27
3	태종	34	18	17	효종	31	10
4	세종	22	32	18	현종	19	15
5	문종	37	2	19	숙종	14	46
6	단종	12	3	20	경종	33	4
7	세조	39	13	21	영조	31	52
8	예종	19	1	22	정조	25	24
9	성종	13	25	23	순조	11	35
10	연산군	18	12	24	헌종	7	15
11	중종	19	38	25	철종	19	14
12	인종	30	0.8	26	고종	11	43
13	명종	12	22	27	순종	13	3
14	선조	16	41				

<재위 기간>

1. 두 자료(즉위시 나이와 재위기간)에서 계급의 크기를 5로 하여 도수분포표를 만들어 보고 물음에 답하여라.

나이(세)	도수(명)	상대도수	누적도수
0.8 ~ 5	7		
6 ~ 10	2		
11 ~ 15	6		
16 ~ 20	1		
21 ~ 25	3		
26 ~ 30	1		
31 ~ 35	2		
36 ~ 40	1		
41 ~ 45	2		
46 ~ 52	2		
합계	27		

<즉위시 나이의 도수분포표>

기간(년)	도수(명)	상대도수	누적도수
7 ~ 12	5		
13 ~ 17	4		
18 ~ 22	6		
23 ~ 27	1		
28 ~ 32	4		
33 ~ 37	4		
38 ~ 42	2		
43 ~ 47	0		
48 ~ 52	0		
53 ~ 57	1		
합계	27		

<재위기간의 도수분포표>

(1) 즉위 시 나이가 30세 이하인 왕의 수를 구하여라.

(2) 재위기간이 32년 이하인 왕의 수를 구하여라.

(3) 즉위 시 나이가 25세 이하이고 재위기간이 17년 이하인 왕의 수를 구하여라.

위 도수분포표를 이용하여 (1), (2)는 구할 수 있으나, (3)을 구하기는 쉽지 않다. 따라서 두 자료의 관계를 구하려면 하나의 도수분포표에 두 자료를 함께 나타낸 표를 이용하면 편리하다.

2. 즉위 시 나이와 재위 기간을 나타낸 <재위 기간>표를 보고, 두 자료를 함께 나타내는 표를 만들려고 한다. 다음 물음에 답하여라.

(1) 두 자료에서 계급의 크기를 5로 하여 계급을 정하여라.

(2) 가로줄은 왼쪽에서 오른쪽 방향으로 낮은 계급부터 나타내고, 세로줄은 아래쪽에서 위쪽 방향으로 낮은 계급부터 나타내어라.

(3) 가로줄과 세로줄 각각의 구간에 속하는 도수를 해당 칸에 써 넣어라.

즉위나이 / 재위기간	0.8 ~5	6 ~10	11 ~15	16 ~20	21 ~25	26 ~30	31 ~35	36 ~40	41 ~45	46 ~52	합계
7 ~ 12											
13 ~ 17											
18 ~ 22											
23 ~ 27											
28 ~ 32											
33 ~ 37											
38 ~ 42											
43 ~ 47											
48 ~ 52											
53 ~ 57											
합 계											

(각 구간에 속한 도수를 ///로 표시 후 수로 적으면 편리하다)

(4) 위 표는 즉위 시 나이와 재임기간의 도수분포를 나타내므로 상관도와 같이 상관관계를 알 수 있다. 위의 표에서 도수는 기울기가 (양, 음)인 직선을 중심으로 쓰여 있으므로 즉위 시 나이와 재임기간 사이에는 (양, 음)의 상관관계가 있음을 알 수 있다.

위와 같이 한 집단 내에서 두 자료의 도수분포표를 함께 나타낸 표를 상관표라고 한다. 그리고 상관표를 만들어 보면 두 자료의 분포 상태와 상관관계를 알 수 있다.

상관표

두 변량의 도수분포표를 함께 나타내어 상관관계를 알 수 있도록 나타낸 표를 상관표라 하고, 한 변량을 고정시키면 다른 변량의 도수분포표가 된다.

(8) 샤플리의 권력지수

효숙, 민지, 성철, 성진이는 어느 주식회사의 주주이다.
성진이는 10%, 성철이는 20%, 민지는 30%, 효숙이는 40%의 주식을 가지고 있다.

질문1. 4명중에 누가 투자한 것 보다 많은 영향력을 누릴 수가 있는지 조사하여라.

질문2. 4명중에 누가 투자한 것 보다 적은 영향력으로 손해를 보고 있는지 알아보라.

질문3. 성철이는 성진이보다 몇 배의 영향력을 갖고 있을까?

해석 주주 총회에서 50%가 넘는 방법은 다음 7가지이다.
A : 효숙(40)+민지(30)+성철(20)+성진(10)
B : 효숙(40)+민지(30)+성철(20)
C : 효숙(40)+민지(30)+성진(10)
D : 효숙(40)+성철(20)+성진(10)
E : 효숙(40)+민지(30)
F : 효숙(40)+성철(20)

G : 민지(30)+성철(20)+성진(10)

방법	효숙(40%)	민지(30%)	성철(20%)	성진(10%)	총%
A	40	30	20	10	100
B	40	30	20		90
C	40	30		10	80
D	40		20	10	70
E	40	30			70
F	40		20		60
G		30	20	10	60

따라서 한사람이 빠지면 50%를 넘지 못하는 경우는 다음과 같다.

성진이가 빠지면 50%를 못 넘는 경우	G	1가지
성철이가 빠지면 50%를 못 넘는 경우	D, F, G	3가지
민지가 빠지면 50%를 못 넘는 경우	C, E, G	3가지
효숙이가 빠지면 50%를 못 넘는 경우	B, C, D, E, F	5가지

따라서 효숙이는 성진이의 5배, 성철이와 민지는 성진이의 3배의 영향력이 있는 셈이다. 이를 사플리의 권력지수라고 부르는데, 성진, 성철, 민지, 효숙이의 권력지수를 구한 후, 투자 비율과 비교하면 다음과 같다.

	성진	성철	민지	효숙
권력 지수	$\frac{1}{12}$	$\frac{1}{4}$	$\frac{1}{4}$	$\frac{5}{12}$
투자 비율	0.1	0.2	0.3	0.4

위의 표를 분석해 보면,

성진이는 10%를 투자하고 권력지수를 0.8%정도의 권력을 가질 수 있으므로 투자한 만큼의 영향력을 누릴 수가 없다

성철이는 20%를 투자하고 권력지수를 25%정도의 권력을 가질 수 있으므로 투자한 것 보다 많은 영향력을 누릴 수가 있다.

민지는 30%를 투자하고 권력지수를 25%정도의 권력을 가질 수 있으므로 투자한 만큼의 영향력을 누릴 수가 없다.

효숙이는 40%를 투자하고 권력지수를 42%정도의 권력을 가질 수 있으므로 투자한 것 보다 많은 영향력을 누릴 수가 있다

따라서 성진이와 민지는 투자한 만큼의 영향력이 없고, 성철이와 효숙이는 투자한 것 보다 많은 영향력을 누릴 수가 있다.

(9) 상관관계를 찾을 수 있는 예제들

예제 1 1981년부터 2001년까지의 남녀 평균수명을 조사하였다.

평균수명(세)				평균수명(세)			
연도	전체	남자	여자	연도	전체	남자	여자
1981	66.19	62.28	70.54	1993	72.81	68.76	76.80
1983	67.14	63.21	71.47	1995	73.53	69.57	77.41
1985	68.44	64.45	72.82	1997	74.39	70.56	78.12
1987	69.76	65.78	74.04	1999	75.55	71.71	79.22
1989	70.82	66.84	75.08	2001	76.53	72.84	80.01

예제 2 태양계에 있는 각 행성의 태양까지의 거리와 공전주기를 조사하였다.

(단위 : au)

행성	수성	금성	지구	화성	목성	토성	천왕성	해왕성	명왕성
태양에서의 거리	0.39	0.72	1	1.52	5.2	9.52	19.27	30.21	39.7
공전주기	88일	225일	365일	687일	11.9년	29.5년	84년	164.8년	248.5년

예제 3 이탈리아 로마와 미국 뉴욕의 월별 평균기온을 조사하였다.

(단위 :℃)

월	1월	2월	3월	4월	5월	6월	7월	8월	9월	10월	11월	12월
로마	8.0	8.8	10.6	13.4	17.3	21.0	23.6	23.8	21.0	16.8	12.4	9.1
뉴욕	-0.2	0.7	5.3	10.8	16.6	21.7	24.7	24.1	20.1	10.1	5.6	2.5

예제 4 전국 16개 도시의 아황산가스와 오존 오염도를 조사하였다.

(단위 :PPB)

아황산가스	7	11	14	9	8	8	11	8	11	6	7	6	12	11	10	3
오존	9	14	12	12	10	14	16	8	11	12	9	15	16	16	10	20

예제 5 스타들의 추측한 나이와 실제나이를 조사하였다.

(2002년 기준, 단위 만-세)

이 름	추측한 나이	실제 나이	이 름	추측한 나이	실제 나이
박찬호	28	29	김정은	24	26
박세리	24	25	미달이	11	11
홍명보	30	33	바티스투타	32	33
히딩크	54	56	오웬	25	23
윤정환	27	29	타이거 우즈	26	23
차두리	25	22	스필버그	54	55
송광호	33	35	맥 라이언	33	41
설경구	35	34	니콜 키드먼	33	35
한석규	36	38	톰 크루즈	38	40
차인표	32	35	맥컬리 컬킨	17	22
신애라	31	33	찰스 황태자	46	54
장나라	20	21	클링턴	50	56

예제 6 다음은 1931년부터 1980년까지 50년 동안 전 세계적으로 강도 7의 지진이 발생한 빈도를 나타낸 표이다.

연도	횟수	연도	횟수	연도	횟수	연도	횟수	연도	횟수
1931	26	1941	24	1951	21	1961	18	1971	23
1932	13	1942	27	1952	17	1962	15	1972	20
1933	14	1943	41	1953	22	1963	20	1973	16
1934	22	1944	31	1954	17	1964	15	1974	21
1935	24	1945	27	1955	16	1965	22	1975	21
1936	21	1946	35	1956	15	1966	19	1976	25
1937	22	1947	26	1957	34	1967	16	1977	16
1938	26	1948	28	1958	10	1968	30	1978	18
1939	21	1949	36	1959	15	1969	27	1979	15
1940	23	1950	39	1960	22	1970	29	1980	18

(10) 여러 가지 문제 유형의 예

Q 문제 1 Cross Word

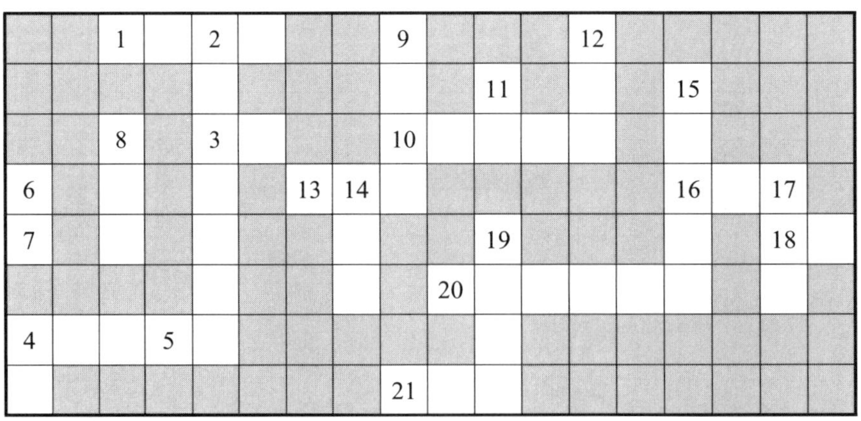

<table>
<tr><th>가로열쇠</th><th>세로열쇠</th></tr>
<tr><td>1. 도수분포표에서 계급의 작은 쪽의 도수에서 차례로 어떤 계급까지의 도수를 더한 합

3. 분수 또는 분수식에서 가로줄 아래에 적은 수 또는 식

4. 서로 마주 보는 두 쌍의 변이 각각 평행한 사각형

7. 계급을 대표하는 값. 계급의 중간값

10. 자료를 몇 개의 계급으로 나누고, 각 계급의 도수를 조사하여 만든 표

13. 분자가 분모보다 큰 수

16. 일요일의 전날

18. 항에 포함되어 있는 어떤 문자의 곱해진 개수

20. 집합을 그림으로 나타낸 것

21. 호와 호의 양 끝점을 지나는 두 반지름으로 이루어진 도형</td><td>2. 히스토그램에서 각 직사각형의 윗변의 중점을 차례로 선분으로 연결한 그래프

4. {(계급값)×(도수)}의 총합÷(도수의 총합)

5. 자료를 나타낸 수량

6. 어떤 집단에 대한 자료의 분포나 그 분포의 특징을 나타내는 수치

8. 함수 $y=f(x)$에서 정해진x의 값에 대한 $f(x)$의 값

9. 도수분포표에서 도수의 총합에 대한 각 계급의 도수의 비율

11. 분모가 다른 둘 이상의 분수를 값을 바꾸지 않고 분모가 같은 분수로 만드는 일

12. 학생들의 학업이나 시험의 결과를 기록한 표

14. 분수를 포함한 유리식

15. 도수분포표를 각 계급을 가로로 하고, 그 계급의 도수를 세로로 하는 직사각형으로 나타낸 그림

17. 차수가 1차인 다항식

19. 한 쌍의 대변이 평행한 사각형</td></tr>
</table>

문제 2 낱말 맞히기

가로, 세로, 대각선으로 숨어 있는 용어를 찾아서, 해당 용어의 설명을 표시하여라.

	상									도	
우	주	대							수	학	통
리	능	신	도	시			화	분	은	하	계
집	선	배	실	수	계	목	포	물	선	늘	우
다	람	쥐	수	준	급	다	적	상	허	피	변
소	리	누	추	관	각	온	도	계	수	서	량
카	평	균	적	형	광	등	상	대	사	철	
	행	누	리	적	토	계	미	도	수		
			적	도	자	급	소	로			
				도	연	값					
					수						

- 자료를 수량으로 나타낸 것
- 변량을 일정한 간격으로 나눈 구간
- 계급을 대표하는 값으로서, 그 계급의 중간값
- 각 계급에 속하는 자료의 개수
- 히스토그램에서 각 계급의 직사각형의 윗변의 중점을 차례로 선분으로 연결하여 그린 그래프
- (자료의 총합) ÷ (자료의 총개수) 로 구한 값
- 전체 도수에 대한 각 계급의 도수의 비율
- 계급이 가장 작은 쪽의 도수에서 차례로 어떤 계급까지의 도수를 더한 합

문제 3 퀴즈문제

어느 탐험가가 아프리카 밀림 속을 탐험하다가 길을 잃었다. 며칠을 고생하며 방황하던 중에 그는 세 사람의 토인을 만났다. 이 밀림 속에는 항상 거짓말만

하는 '거짓족'과 항상 참말만 하는 '정직족'이 살고 있는데, 이 세 명 중에서 적어도 한 사람은 꼭 '정직족'이다.

그래서 탐험가가 오른쪽 토인에게 "가운데 토인은 정직족인가?" 하였더니, "거짓족이야."하였다

가운데 토인에게 "양쪽 토인은 무슨족인가?" 하였더니, "둘 다 나와 같은 족이다."라고 답하였다.

왼쪽 토인에게 "가운데 토인은 정직족인가?"하고 물었더니, "그렇다."라고 대답하였다. 이 말을 듣고 탐험가는 누가 정직족인지를 가려내고, 그에게 길을 물어 무사히 돌아올 수 있었다. 누가 정직족인가?

(11) 영어 책 속의 단어의 출현 빈도

19세기 말 경 프랑스의 언어학자들은 책이나 논문 등에 나오는 단어들의 상대적인 분포를 연구한 결과 그 빈도와 순위에 놀랄만한 규칙성이 있음을 발견하였다. 대부분의 영어책에서 of와 같은 단어는 가장 많이 나타나는 단어이고, conundrum 같은 단어는 거의 나타나지 않는 등 특정 단어의 출현 빈도는 책마다 상당한 차이가 있다. 그러나 어떤 책을 임의로 골라 그 책에서 단어들이 나타나는 빈도를 크기 순서로 나타내면 대체로 동일하지 않은 단어의 총 수의 약 $\frac{1}{2}$은 단 한 번밖에 나타나지 않으며, 약 $\frac{1}{6}$은 약 2번, 약 $\frac{1}{12}$은 3번 나타난다고 한다.

일반적으로 출현 순위·빈도 크기의 법칙에 의하여 n번 나타나는 단어의 순위는 $\frac{1}{n}$에 비례한다고 한다. 이때, 이 순위를 $\frac{K}{n}$(단, K는 책 속에 있는 동일하지 않은 총 단어의 수)라고 하면 n번 이상 나타나는 단어의 수는 $\frac{K}{n}$이다. 마찬가지로 $(n+1)$번 이상 나타나는 단어의 수는 $\frac{K}{n+1}$이므로 정확하게 n번 나타나는 단

출현횟수(n)	단어의 수(개)	
	실제	예상
1	16432	14949
2	4776	4983
3	2194	2491
4	1285	1495
5	906	997
6	637	712
7	483	534
8	371	415
9	298	332
10	222	272

어의 수는 $\frac{K}{n}-\frac{K}{n+1}=\frac{K}{n(n+1)}$ 이다.

제임스 조이스(James Joyce)의 율리시즈(Ulysses)에서도 약간의 오차는 있지만 이와 같은 출현 순위·빈도 크기의 법칙이 성립함을 위 도수분포표에서 알 수 있다.

((예상단어의수) $=\frac{K}{n(n+1)}$ 에서 K=9899는 율리시즈에 나오는 모든 동일하지 않은 단어의수)

이와 같은 출현 순위· 빈도 크기의 법칙은 작가가 글을 쓸 때, 자기 기억 속에 들어있는 단어들을 선택하여 쓰거나 자기가 읽은 다른 책 속에 있는 단어들을 선택하여 쓰게 된다는 가정을 전제하여 얻어진 것이다.

전자를 연상, 후자를 모방이라고 하는데 이 두 가지 과정을 통해 작가가 글을 쓰게 되면 어느 책이고 상관없이 단어의 출현 빈도는 위와 같은 법칙을 만족한다고 할 수 있다.

(출처 : 이재창외 5인 편역(1988), 쉽게 읽는 생활속의 통계학, 세경사)

(12) 통계의 바른 이해

우리는 주변에 있는 복잡한 자료를 잘 분류· 정리하여 나타내고, 경향을 파악하여 그것을 바탕으로 장래의 계획을 세우고, 전체에 대한 추측도 하고, 그 추측이 얼마나 믿을만한지 검증하기 위해서 통계를 배운다. 그러나 통계를 단지 어떤 도구로서만 이해할 뿐 그것에 대한 소양이 제대로 갖추어져 있지 않다면 여러 가지 패러독스가 생길 수 있다.

이야기 하나!

한 햄버거 가게는 소비자들이 다른 패스트푸드 가게에서 만든 햄버거와 자회사에서 만든 햄버거 중 어느 것을 더 좋아하는지 알아보기 위해 어느 리서치 회사에 의뢰하였다. 이 가게의 햄버거 맛은 두꺼운 종이를 오븐에 구운 것과 같은 맛이다. 임의로 고른 응답자에게 나누어 준 질문지에는 다음과 같은 질문이 있었다. '기름에 지글지글 많이 튀긴' 햄버거와 '오븐에 구운' 햄버거 중 어느 것을 더 좋아하는가? 응답자의 80%가 기름에 튀긴 것보다는 구운 햄버거를 좋아한다고 대답하였다. 이 회사는 자기 회사 햄버거 선전 광고에 이러한 조사 결과를 사용하였다.

어느 곳에 문제가 있는가?

이 이야기는 단어에 내포된 뜻이 응답에 영향을 줄 수 있음을 나타낸 것이다 기름, 지글지글, 튀긴 등은 부정적인 뜻을 내포하고 있다. 이 이야기는 실제로 어느 햄버거 가게에서 '불에 구운' 햄버거와 '튀긴' 햄버거 중 어느 것을 더 좋아하는지를 조사하였던 것과 유사하다.

이야기 둘!

엉뚱 박사는 사람들이 입는 옷의 양과 기온 사이에는 의미 있는 음의 상관관계가 있다는 연구를 했다. 그가 자료를 조사한 지역은 지난 몇 주간 뜨거운 햇볕이 내리쬐었다. 그곳에서 그는 해답을 찾았다고 생각했다. 그가 생각한 답은 입는 옷의 양과 기온 사이에는 강한 상관관계가 있고, 그것 때문에 사람들은 추워지면 점점 두꺼운 겨울옷을 입는다는 것이다.

어느 곳에 문제가 있는가?

A와 B사이의 상관관계가 반드시 A가 B의 원인이 된다는 것을 증명하는 것은 아니다. B가 A의 원인이 될 수도 있고, C가 A와 B 모두에 영향을 끼칠 수도 있다. 때때로 이런 관계가 그럴싸해 보일 때도 있다. 이 이야기에서 날씨는 옷 입는 양에 영향을 끼치지만 옷 입는 양이 날씨에 영향을 끼치지 않는다는 것은 분명하다.

(출처 : http://masta.com.ne.kr)

(13) 평균이 사람 잡는다

평균은 전체적인 모양을 나타내는 좋은 방법이다. 그러나 평균만으로는 전체를 다 나타낼 수 없는 경우가 많다.

1920년대 중국은 내전으로 전운이 감돌고 있었다. 이 때 병사들을 이끌고 적진을 향해 진격하고자 했던 한 장수가 눈앞에 큰 강을 만나게 된다. 장수는 참모에게 강의 평균 수심이 얼마냐고 물었다.

참모의 답변은 평균수심이 1.4m라고 한다. 병사의 평균 키가 1.65m이므로 걸어서 행군이 가능하다고 판단, 진격을 명한다.

그런데 이게 웬일인가?
병사들은 모두 강 한가운데에서 꼬르륵…….

(14) 여론 조사의 허와 실

여론 조사는 지난 수십 년 동안 우리 생활의 한 부분이 되어 왔다. TV 드라마의 시청률에서부터 정부 정책에 대한 찬반조사, 선거에서의 후보별 지지도조사에 이르기까지 다양한 여론 조사의 결과는 신문 등의 대중 매체를 통해서 자연스럽게 접할 수 있다. 이러한 여론 조사의 결과가 신문지상에 보도될 때 그 영향은 적지 않다고 한다. 특히 선거가 있기 전에 시행되는 후보자 지지도에 대한 여론 조사는 투표에 지대한 영향을 미친다고 한다. 될 사람을 밀어준다는 강자(bandwagon)효과, 약자를 동정한다는 약자(underdog)효과, 두 효과가 상호 작용하여 아무런 효과도 없다는 제로(null)효과가 모두 거론되지만 그 중에서도 강자 효과가 가장 크다는 것이 일반론이다.

요즈음 우리나라도 선거가 있을 때마다 후보자에 대한 지지도를 조사하여 발표한다. 그러나 많은 사람들은 보도된 수치에 대하여 그 신빙성과 공정성에 의문을 제기하고 있고, 심지어는 조작이 아닌가 하는 우려도 있다. 이러한 의문과 우려가 계속 꼬리를 무는 이유는 각 언론사마다 보도하는 조사 결과가 너무 차이가 크다는 데 있다.

일반적으로 인구 비례에 따른 임의추출 표본에 의거한 여론 조사가 표본의 크기만 크게 한 조사보다 우월하다는 것이 1936년 미국의 대통령 선거에서 입증되었다. 그 당시 오랜 역사와 최고의 발행 부수를 자랑하는 다이제스트(Literary Digerst)라는 잡지사는 약 2백 36만 명을 대상으로 엽서 조사한 결과, 공화당의 랜든 후보 지지율이 57%, 민주당의 루스벨트 지지율이 43%가 될 것이라고 예측하였다. 그러나 선거 결과는 랜든 후보 37.5%, 루스벨트 후보 62.5%로 루스벨트가 과반수 이상을 획득하여 승리하였다. 19% 이상이나 틀린 것은 여론 조사 사상 최대의 오차였다. 이와 같이 오차가 크게 난 것은 표본 추출 방법이 잘못되었기 때문이었다. 다이제스트 잡지사는 투표자의 표본을 전화번호부와 자동차 소유자 명부로부터 추출하였는데, 만일 고소득과 중산층의 정당지지 성향이 서민층과 같았다면 예측의 결과는 정확했을 것이다. 그러나 그 당시는 뉴딜 정책의 등장으로 선거양상이 소득 계층별로 양분되어 중산층 이상은 공화당을 지지하고 서민층은 민주당을 지지하고 있었다. 그 당시만 해도 자동차와 전화를 소유한 계층은 주로 중산층 이상이었으므로 공화당의 지지 세력을 과대평가하게 된 것이다.

반면에 갤럽이 주도한 여론 조사 기관에서는 비례할당이라는 새로운 무작위 표본 추출 기법을 적용하여 각 소득 계층별로 소수의 표본만으로 실제 결과와 거의 비슷한 예측 값을 제시하였다. 이 사건은 그 때까지의 대량 표본에 대한 맹신을 무너뜨리고 표본의 선정 방법에 대한 이론적 재검토를 촉구한 점에서 특기할 만한 사건이었다.

(15) 그래프의 허구성: 계급의 크기가 우리를 즐겁게 한다?

규 현 : 규정아! 왜 그래?

규 정 : 형! 수학 시간에 배운 상관도를 이용하여 내 키와 몸무게의 변화를 보니 키는 아주 조금씩 자라고, 몸무게는 많이 늘고 있어서 걱정이야.

월	3	4	5	6	7	8
키(cm)	161	163	165.4	167.1	169.7	170.6
몸무게(kg)	54	54.7	56.4	58.1	59.4	60.3

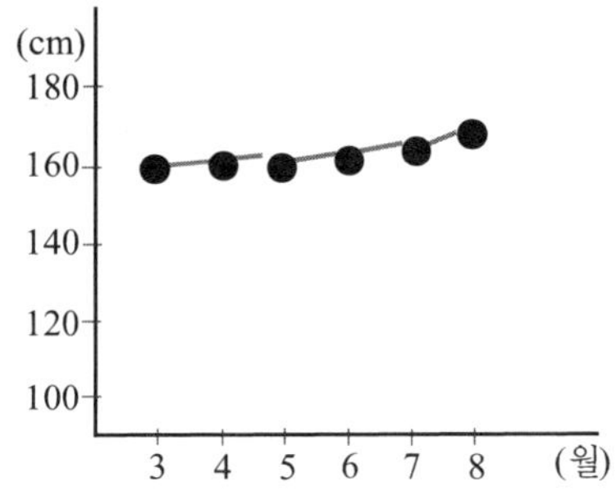

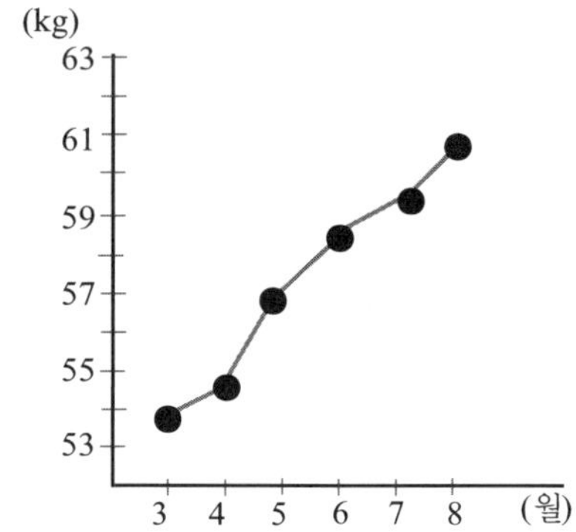

규 현 : 음…. 어디보자. 규정아 잠깐만 기다려봐.

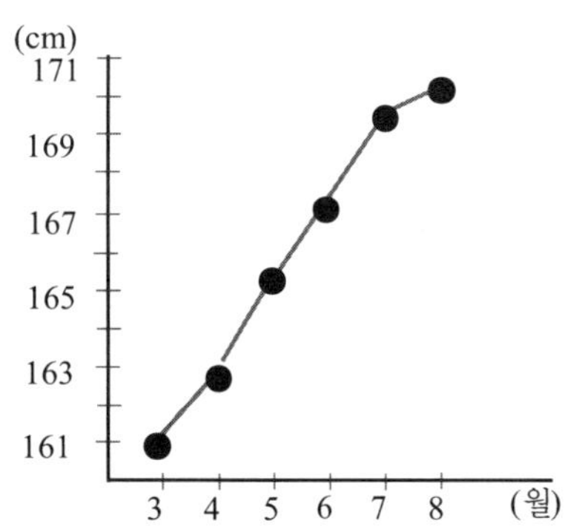

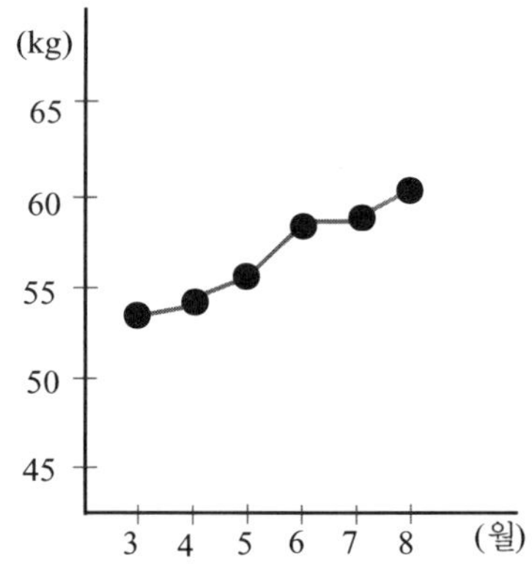

규 정 : 같은 자료인데 전혀 다르게 느껴지네! 왜 그럴까?

규 현 : 같은 자료이지만 계급의 크기를 작게 잡느냐 크게 잡느냐에 따라 그래프의 모양이 달라지므로 잘못 분석할 수 있어.

규 정 : 이런 것도 다 알다니, 역시 형은 멋지단 말이야.

(16) 통계 자료의 속임수

어떤 자료가 있을 때, 그것을 정리하지 않으면 아무런 소용이 없다. 자료를 분류하고 정리하는 것은 그 자료를 조사한 목적에 따라 이루어지므로, 한 가지 자료의 정리 결과는 다양한 방법으로 표현할 수 있다. 표로 정리할 수도 있고, 자료의 움직이는 경향을 알아보거나 다가올 일을 예측할 수 있도록 그래프로 나타낼 수도 있다. 특히, 그래프는 표보다 매우 시각적이고 비교하기 쉽기 때문에 많이 사용되고 있다. 그러나 이러한 그래프는 유용하기는 하지만 이목을 끄는 힘, 즉 시각적인 호소력이 자연스럽고 우화적이어서 남을 속이는 도구로 활용될 수도 있다.

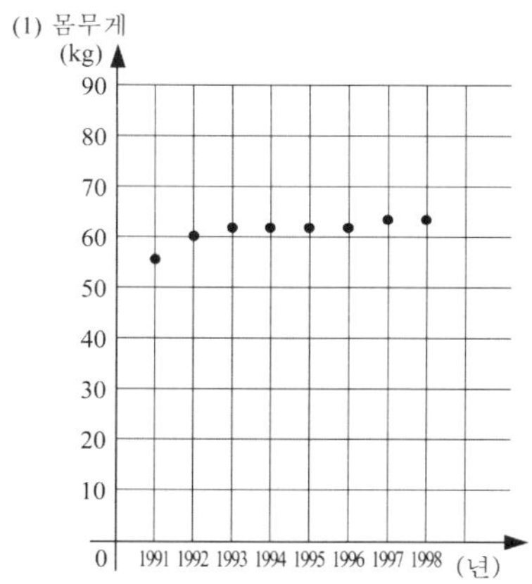

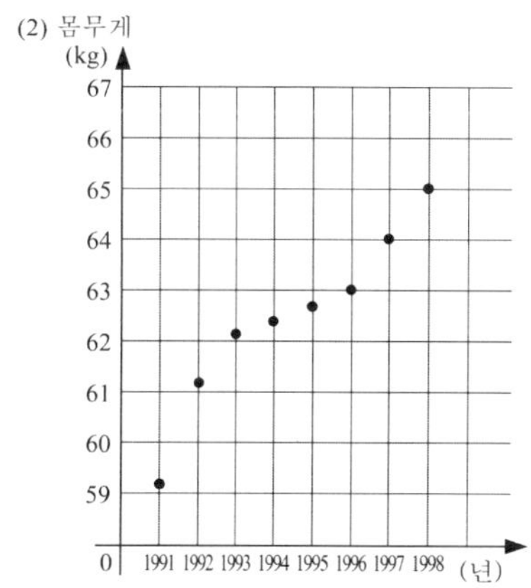

위의 두 그래프는 같은 그래프일까, 아니면 다른 그래프일까?

그래프 (1), (2)는 지난 10년간 중학교 1학년 남학생의 평균 몸무게를 나타낸 것인데, 두 그래프는 전혀 다른 그래프처럼 보인다. 그래프 (1)은 몸무게의 변화가 거의 없는 것처럼 보이고, 그래프 (2)는 몸무게가 크게 증가한 것처럼 보인다. 그러나 주의 깊게 살펴보면, 그래프 (1)은 세로축의 간격을 10 kg으로 잡았고, 그래프 (2)는 세로축의 간격을 1kg으로 잡았기 때문에 보는 사람으로 하여금 착각하게 만든 것뿐이다.

이와 같이, 같은 자료를 가지고 전혀 다른 모양의 그래프를 만들어 사람들의 눈을 속일 수 있다. 따라서 같은 그래프라도 그 그래프를 만든 사람의 목적에 따라 달라질 수 있다. 우리가 그래프를 보고 무엇인가를 결정해야 한다면, 그래프의 속임수에 빠지지 않도록 주의해야 할 것이다.

(출처 : 경기도교육정보연구원, 창의적 재량 활동 자료)

(17) 전수조사와 표본조사의 경제적 가치

상대적으로 작은 표본에 의한 표본조사가 전수조사와 거의 동일한 좋은 결과를 얻을 수 있다는 사실을 쉽게 인정하기는 어렵다. 그러나 실제로 표본조사에 의한 오차가 그리 크지 않고, 전수조사에 의한 비용과 시간을 고려하면 표본조사의 경제적 가치는 훨씬 크다는 사실을 여러 연구에서 입증될 수 있다.

미국의 철도는 우리나라의 철도와는 달리 지역과 노선에 따라 철도의 소유주가 다르기 때문에 어떤 화물을 여러 노선을 경유하여 운송하게 되면 총 화물 운임을 각 노선을 소유한 철도 회사가 배분하여 가진다. 이 때, 각 회사의 수익액을 화물의 경로, 운임, 품목 등이 자세하게 기록된 화물 운임장으로 계산한다. 그러나 모든 화물 운임장으로부터 각 회사의 수익액을 계산한다는 것은 비용도 많이 들고 매우 번거롭기 때문에 표본을 추출하여 그에 따라 수익액을 배분한다.

C철도 회사에서는 표본에 의해서도 수익액이 정확히 배분되는지를 분석하기로 하고, 화물 운송에 따른 수익액을 표본조사와 전수조사로부터 모두 계산하여 그 결과를 서로 비교 분석하였다.

6개월 동안 총 화물 운임장인 23,000장에서 2,072장을 임의 추출하여 이 표본으로부터 계산한 C회사의 수익액 배분액과 전체 23,000장의 화물 운임장으로 계산한 수익액 배분액을 비교한 결과는 아래의 표와 같다.

전수조사에 의한 C회사의 배분액	$ 64,651
표본조사에 의한 C회사의 배분액	$ 64,568
차액	$ 83

위의 표에서 보면 전체 운임장의 약 9% 정도의 표본에 의한 수익액 추정액과 전수조사에 의한 수익액과의 차이는 불과 $ 83이다. 이 때, 표본 조사에서 소요된 비용은 $ 1,000 미만이었고, 전수조사에 소요된 비용은 약 $ 5,000 이었다고 한다. $ 83의 오차를 줄이기 위해 약 $ 4,000의 비용을 추가로 지출할 필요가 있을까? 또한, C회사의 경우에는 표본조사로 $ 83을 손해 봤지만 다음 표본조사에서는 이익 보는 경우도 있을 수 있으므로 표본조사로 인해 입게 되는 손해 또는 이익은 크게 없을 것이다.

따라서 전수조사보다는 표본조사에 의한 수익액 배분이 경제적 측면에서 훨씬 가치 있는 방법이라고 할 수 있다.

(출처 : 이재창 외 5인 편역(1988), 쉽게 읽는 생활 속의 통계학, 세경사)

Chapter 02

워크시트에서 중학수학 교수-학습 자료 제작하기

1. 변량으로 도수분포표 만들기(1)

통계 자료는 적절한 계급으로 나누어 자료를 정리하면 그 자료의 특징을 어느 정도 파악할 수 있다. 이를 위하여 실생활의 자료로부터 도수분포표를 만드는 방법을 학습하도록 할 수 있다. 우리 생활 주변에 있는 자료를 수집하고 정리하여 도수분포표로 나타내고 자료들이 갖고 있는 특성을 파악할 수 있는 엑셀 파일을 만들어 보자.

예제 1 다음 자료는 아름이네 반 40명의 학생이 등교하는 데 걸리는 시간을 조사하여 얻은 것이다. 이 자료를 정리하여 계급의 크기가 10인 도수분포표를 만들어 보자.

36	21	57	7	25	11	24	39	31	10
64	21	28	60	51	8	25	28	50	60
10	17	22	21	18	10	46	55	24	52
56	31	28	15	37	34	10	7	31	56

풀이 (1) 주어진 자료를 아래의 그림과 같이 입력한다. 그림의 40개의 자료를 입력할 때 미리 마우스로 입력할 영역(40개의 셀)을 드래그하여 선택한 후 하나씩 자료를 입력할 때마다 탭(Tab)키나 엔터(Enter↵)키를 누르면 지정된 영역을 벗어나지 않고 계속하여 자료를 입력할 수 있다.

① 탭(Tab) 키 : 오른쪽으로 셀을 이동하면서 자료를 입력할 수 있다.

② 엔터(Enter↵) 키 : 아래로 셀을 이동하면서 자료를 입력할 수 있다.

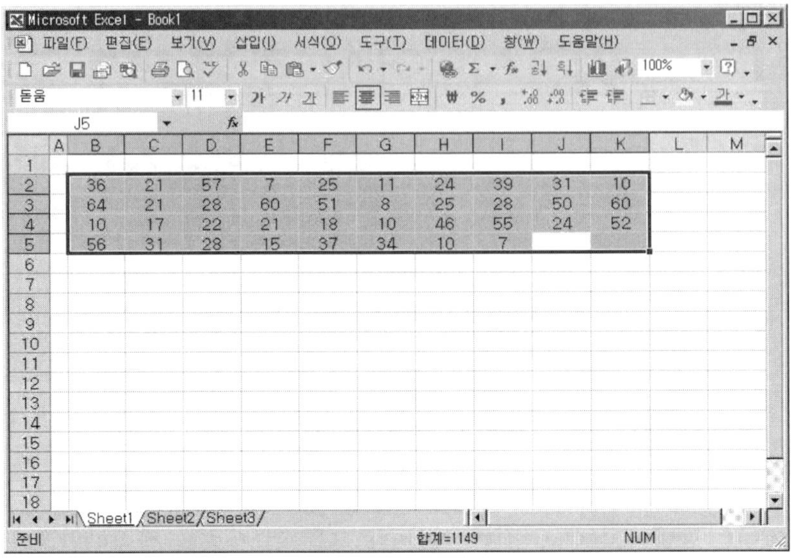

(2) ① 셀 [B8:C8], [B16:C16], [D8:D9]를 마우스로 드래그하여 선택한 후 『병합하고 가운데 맞춤』을 선택하여 두 셀을 합하고 각각 "계 급", "합 계", "도수"를 입력한다.

② 셀 [B9], [C9]에는 각각 "이상", "미만"을 입력 후 『오른쪽 맞춤』을 선택한다.

③ 셀 [B10:B15]에는 계급 왼쪽 끝값인 5, 15, 25, 35, 45, 55를 차례로 입력한다. 셀 [C10:C15]에는 계급의 오른쪽 끝값인 15, 25, 35, 45, 55, 65를 입력하지 않고, 14.999999, 24.999999, … , 64.999999를 입력한다. 그러면 셀 [C10:C15]에는 그림과 같이 계급의 오른쪽 끝값인 15, 25, 35, 45, 55, 65가 입력된 것처럼 보인다.

관련 함수

■ FREQUENCY : 이 함수를 사용하여 지정한 계급에 들어가는 변량의 개수를 구할 수 있다. 이 함수는 수식을 배열 수식으로 입력해야 하는데 도수를 구할 범위를 설정한 후 [Shift]+[Ctrl]+[Enter↵]를 동시에 눌러야 한다. 수식을 배열 수식으로 입력하지 않으면 결과는 항상 1이 되어 원하는 결과를 얻을 수 없다.

■ 형식

- FREQUENCY(data_array, bins_array)
- Data_array : 변량을 나타내는 셀들이 있는 영역에 대한 참조 또는 배열이다.
- Bins_array : 계급의 오른쪽 끝값을 나타내는 셀들이 있는 영역에 대한 참조 또는 배열이다.

(3) ① 아래 그림과 같이 셀 [D10:D15]를 선택한 후 [=FREQUENCY(]를 입력한다.

② 마우스로 드래그하여 변량의 범위인 셀 [B2:K5]를 선택하고 [,]를 입력한다.

③ 마우스로 드래그하여 계급의 오른쪽 끝값인 셀 [C10:C15]를 선택하고 [)]를 입력한 후 Shift+Ctrl+Enter↵를 동시에 누른다.

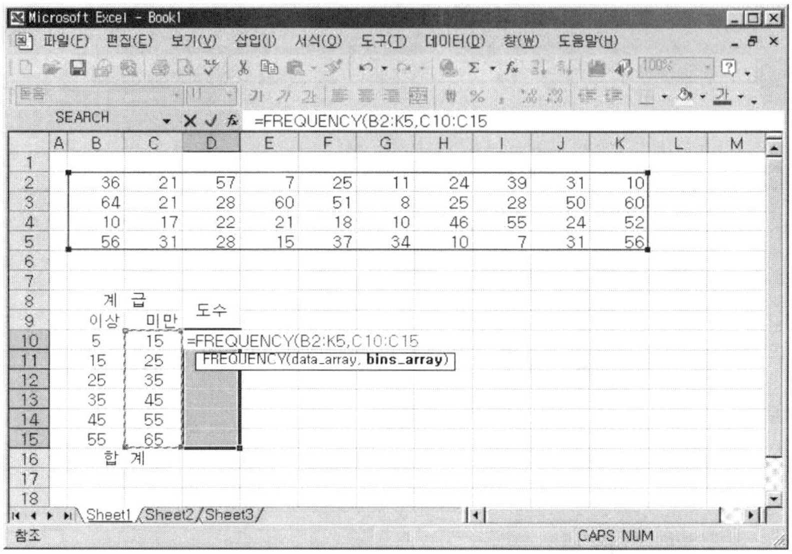

(4) 아래 그림과 같이 셀 [D10:D15]에 각 계급의 도수가 구하여지는 것을 확인할 수 있는데 [가운데 맞춤] 도구를 클릭하여 결과를 셀의 가운데에 맞춘다.

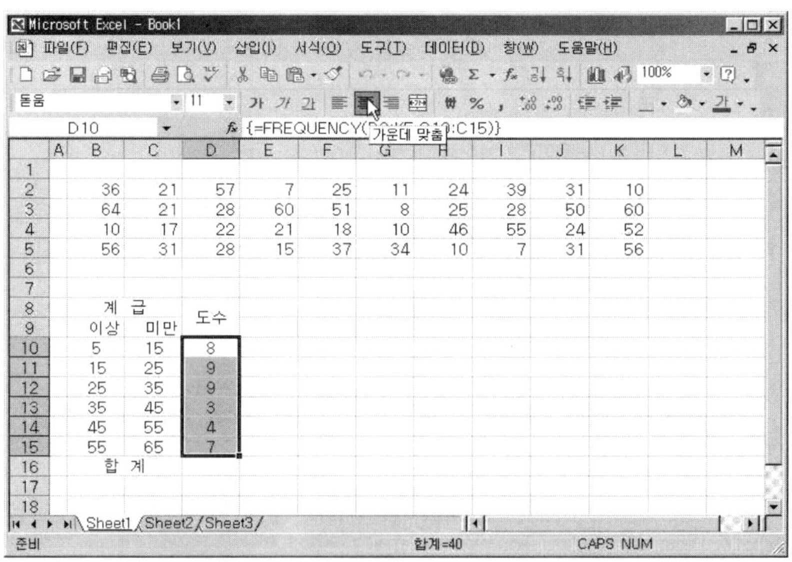

(5) ① 셀 [D16]을 선택한 후 "=SUM("을 입력한다.

② 마우스로 셀 [D10:D16]를 선택한 후 ")"를 입력(생략 가능)하고 Enter↵를 눌러 도수의 합을 구하고 "가운데 맞춤(☰)"을 설정한다.

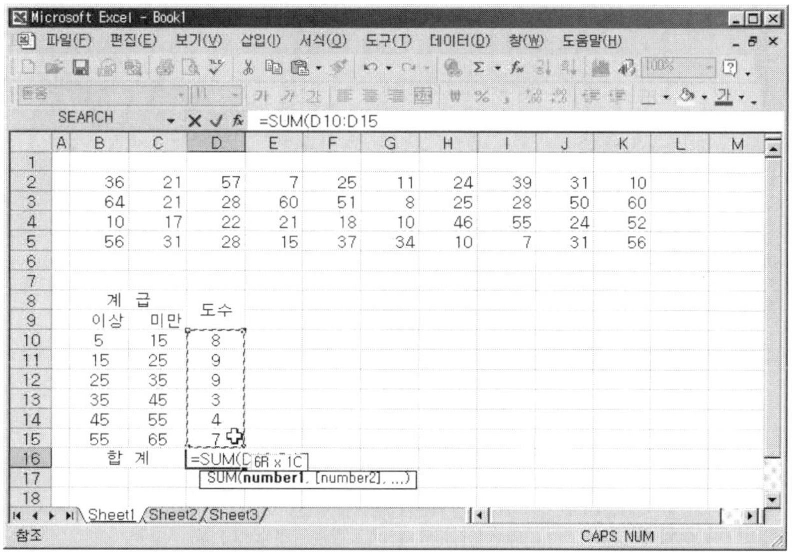

(6) 아직 표를 장식하는 괘선은 그리지 않았지만 일단 그림과 같이 주어진 변량으로 도수분포표를 완성하였다.

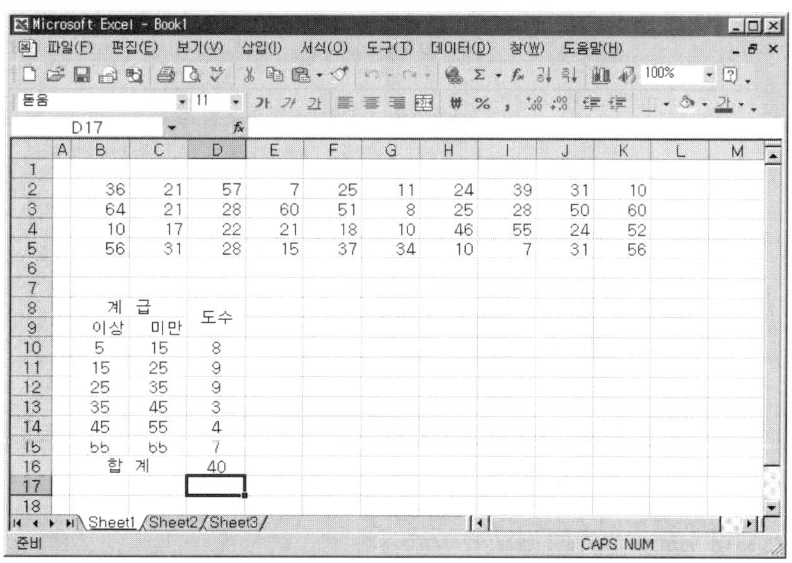

(7) ① 괘선으로 장식을 하기 위하여 셀 [B8:D16]을 선택한다.

② 메뉴의 [서식]−[셀]을 차례로 클릭한다.

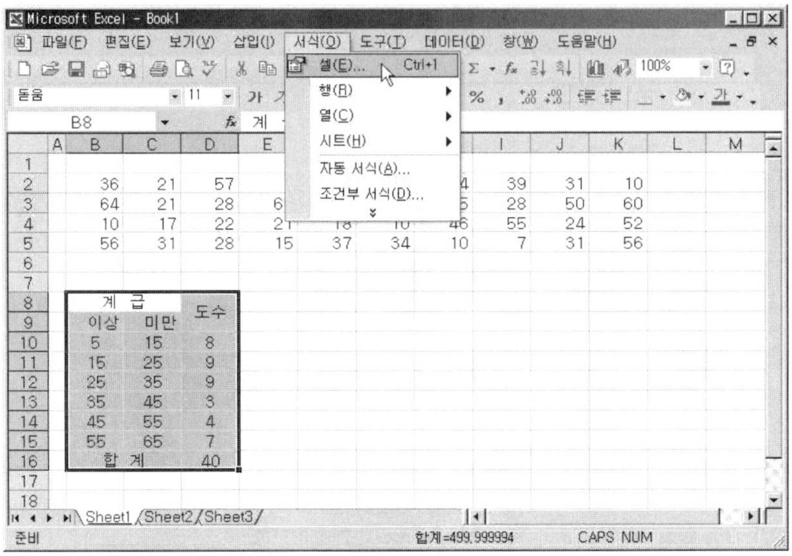

(8) ① 윤곽선과 안쪽을 마우스로 클릭하고 [확인] 버튼을 클릭한다.

② 다시 메뉴의 [서식]−[셀]을 차례로 클릭하고 선 스타일에서 중간 굵기의 실선을 선택한 후 윤곽선을 마우스로 클릭하고 [확인] 버튼을 클릭한다.

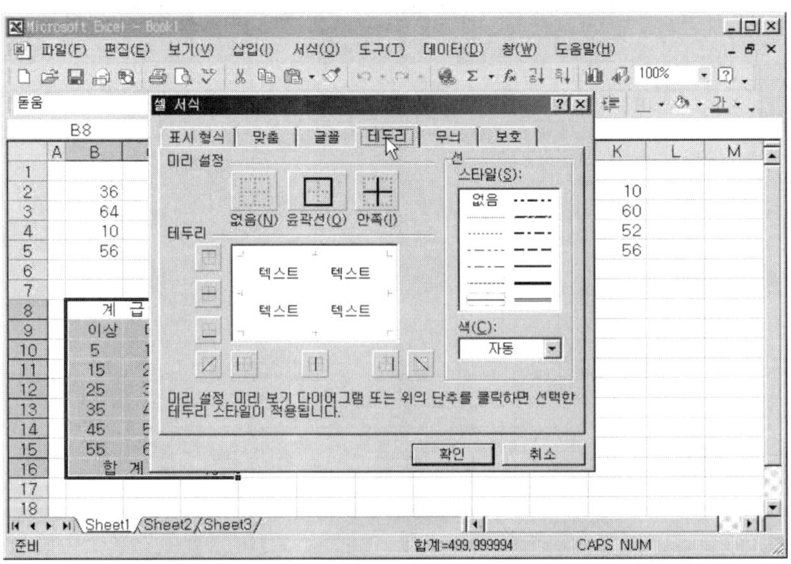

(9) ① 셀 [B10:D15]를 선택하고 테두리 도구모음 펼침(▼)을 클릭한다.

② 펼쳐진 테두리 도구모음에서 "굵은 상자 테두리"를 선택한다.

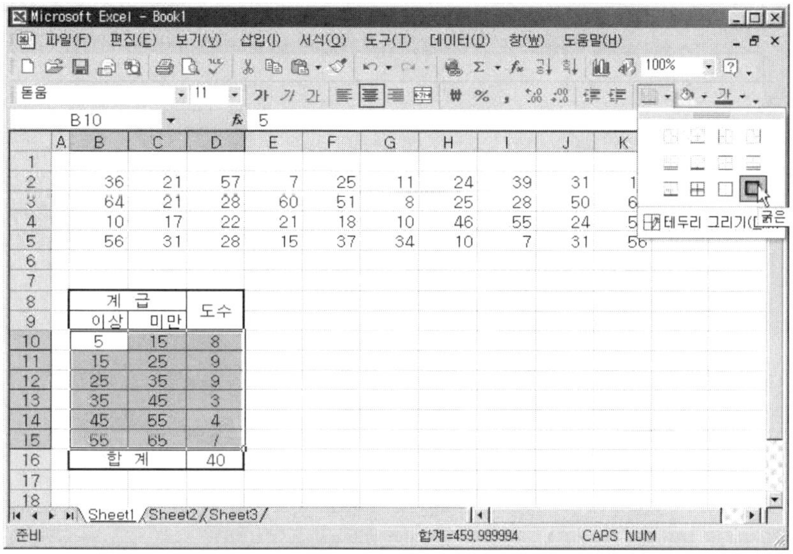

(10) ① 셀 [B8:D16]를 선택하고 메뉴의 [서식]-[셀]을 차례로 클릭한다.

② 테두리의 사각형의 왼쪽과 오른쪽을 차례로 클릭하여 굵은 상자 테두리 설정을 해제하고 [확인] 버튼을 클릭한다.

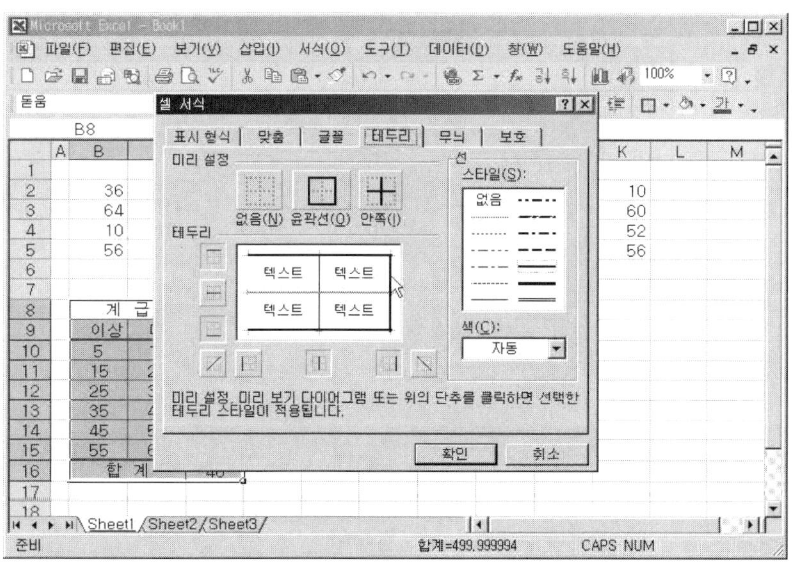

(11) 셀 [B8:D9]을 선택한 후 Ctrl 을 누른 상태로 [B16:D16]을 선택하고, 채우기 도구모음의 "연한 노랑"을 클릭하여 장식한다.

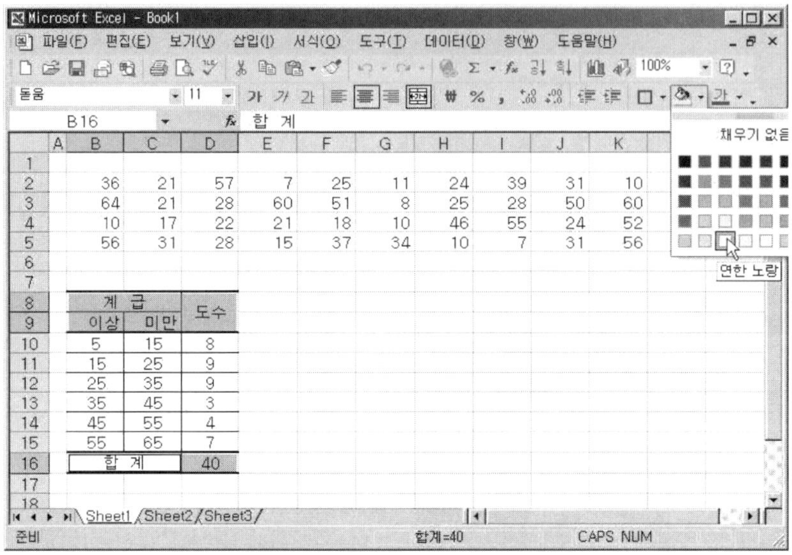

(12) 괘선과 채우기를 통하여 완성된 도수분포표를 장식한 결과이다.

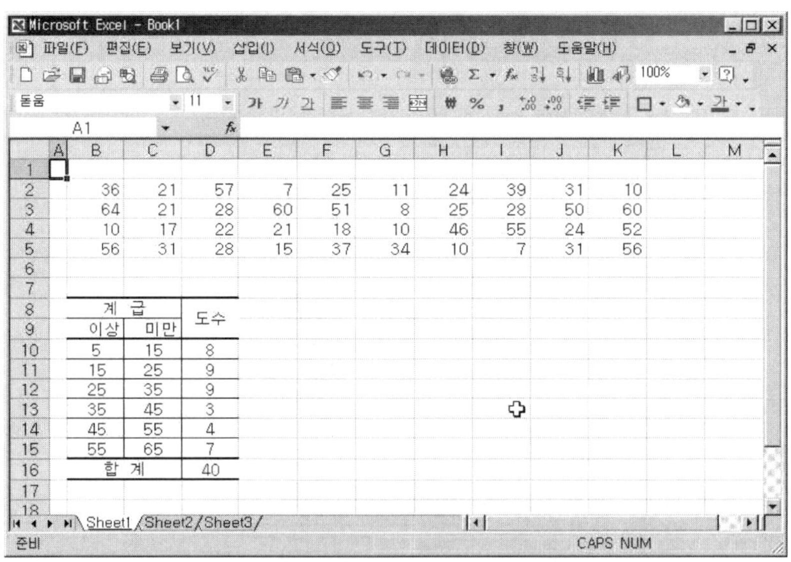

2. 변량으로 도수분포표 만들기(2)

【예제】 1에서는 FREQUENCY 함수를 사용하여 도수분포표를 만들었다. 이번에는 함수 COUNTIF를 사용하여 도수분포표를 만들어 보자. 위의 【예제】 1과 거의 같은 과정이므로 함수를 입력하는 부분만 설명한다.

예제 1 다음 자료는 아름이네 반 40명의 학생이 등교하는 데 걸리는 시간을 조사하여 얻은 것이다. 이 자료를 정리하여 계급의 크기가 10인 도수분포표를 만들어 보자.

36	21	57	7	25	11	24	39	31	10
64	21	28	60	51	8	25	28	50	60
10	17	22	21	18	10	46	55	24	52
56	31	28	15	37	34	10	7	31	56

풀이 (1) 【예제】 1에서 표를 만드는 과정과 셀 서식을 설정하여 장식하는 과정은 설명하였으므로 여기서는 함수를 입력하는 과정만 설명한다.

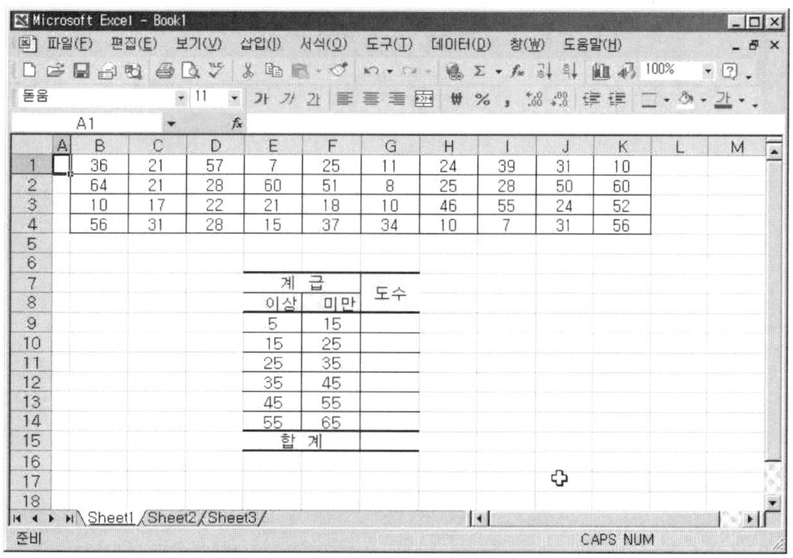

관련 함수

■ COUNTIF : 범위 내에서 주어진 조건에 맞는 셀의 개수를 센다.

■ 형식 : COUNTIF(range, criteria)

range　조건을 검사할 셀 범위이다.

criteria　숫자, 수식, 텍스트 형식으로 된 조건이다.

(2) ① 셀 [G9]에 5이상 ~ 15미만의 계급에 해당되는 변량의 개수를 구할 수 있도록 “=COUNTIF(B1:K4,"<"&F9)”를 입력하고 Enter↵ 키를 누른다.

② 함수 COUNTIF 안의 ["<"&F9]는 “<15”를 의미하는데 계급의 양 끝값이 변해도 맞게 구할 수 있도록 하기 위하여 셀 [F9]의 값(15)을 이용하였다.

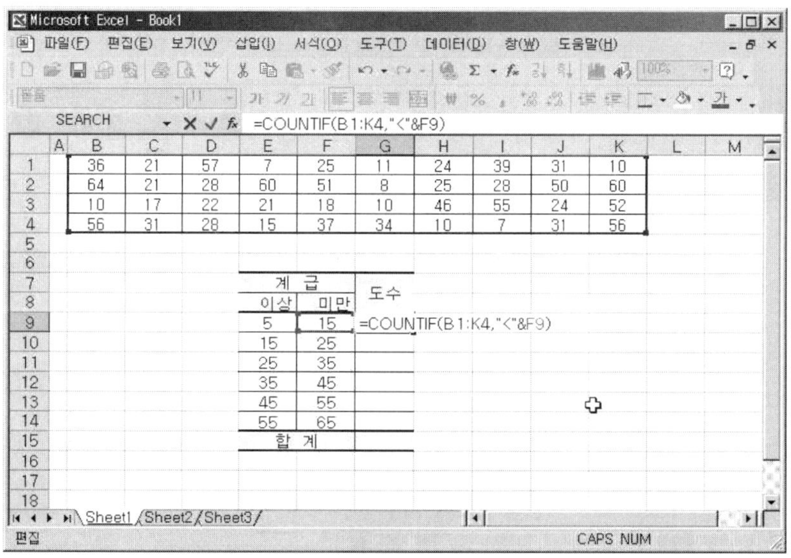

(3) 셀 [G10]에는 "=COUNTIF($B$1:$K$4,"<"&F10)-COUNTIF($B$1:$K$4,"<"&F9)"를 입력한다. "$"를 사용하면 [G10] 아래의 셀에 같은 수식을 복사하기가 쉽다.

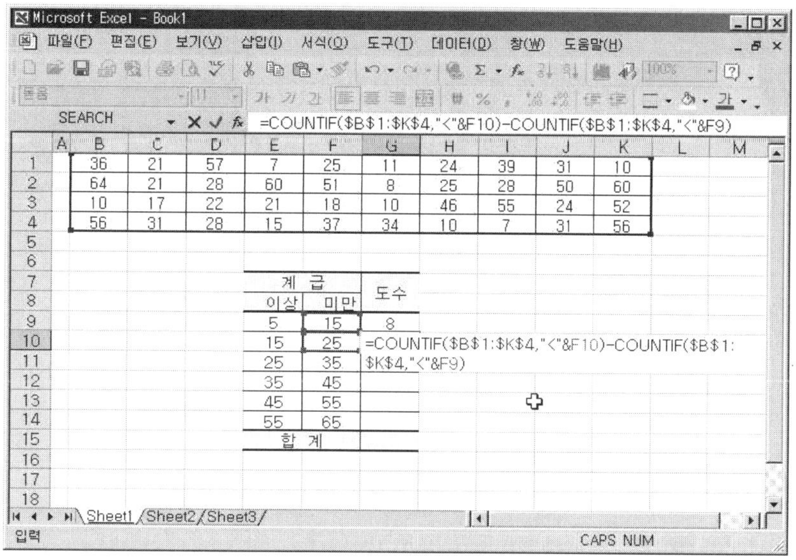

(4) 셀 [G11]에서 마우스 오른쪽 버튼을 클릭하면 팝업 메뉴가 뜨는데 [복사]를 클릭한다.

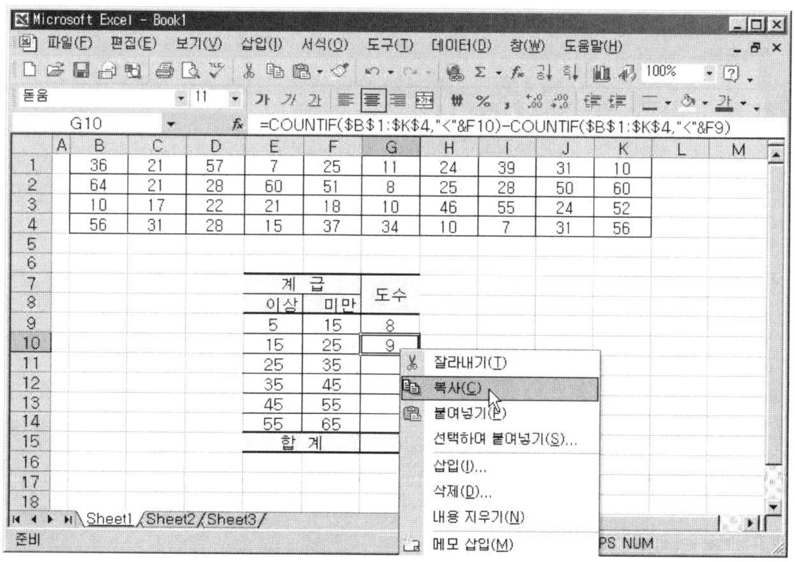

(5) 셀 영역 [G11:G15]를 선택하고 마우스 오른쪽 버튼을 클릭하여 [선택하여 붙여넣기]를 클릭한다. 여기에서 [붙여넣기]를 클릭하여도 도수는 구하여지지만 서식도 같이 복사되기 때문에 도수의 합을 나타내는 셀 [G16]의 위쪽 괘선이 손상을 입는다.

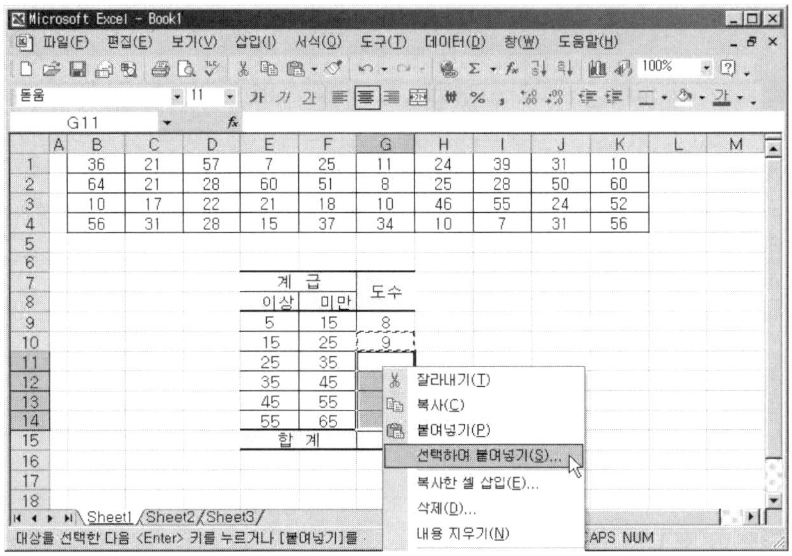

(6) [선택하여 붙여넣기] 대화상자가 나오는데 [붙여넣기]의 라디오 버튼 중에서 [수식(F)]을 선택하고 [확인] 버튼을 클릭한다.

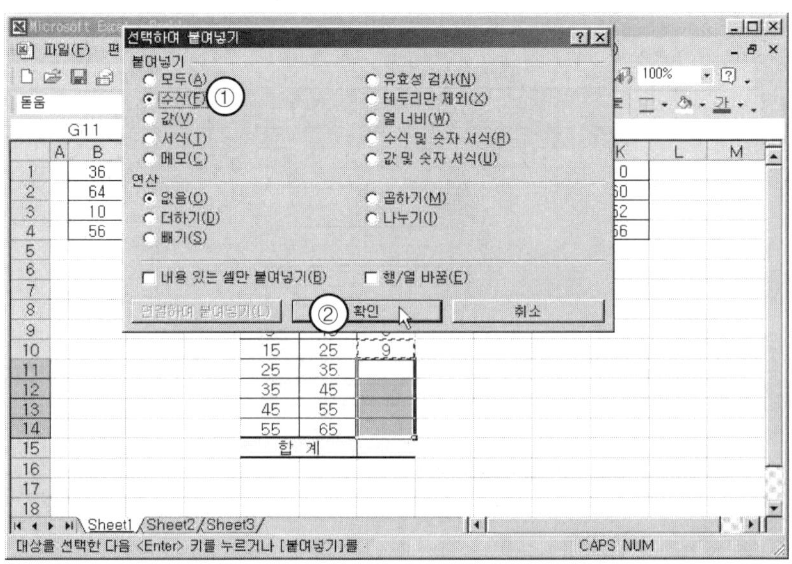

(7) 도수분포표가 합계를 구하는 것만 제외하고 다 만들어진 것을 확인할 수 있다. 도수의 합계를 구하는 셀인 [G15]에는 "=SUM(G9:G14)"를 입력하고 [Enter↵] 키를 눌러서 도수분포표를 완성한다.

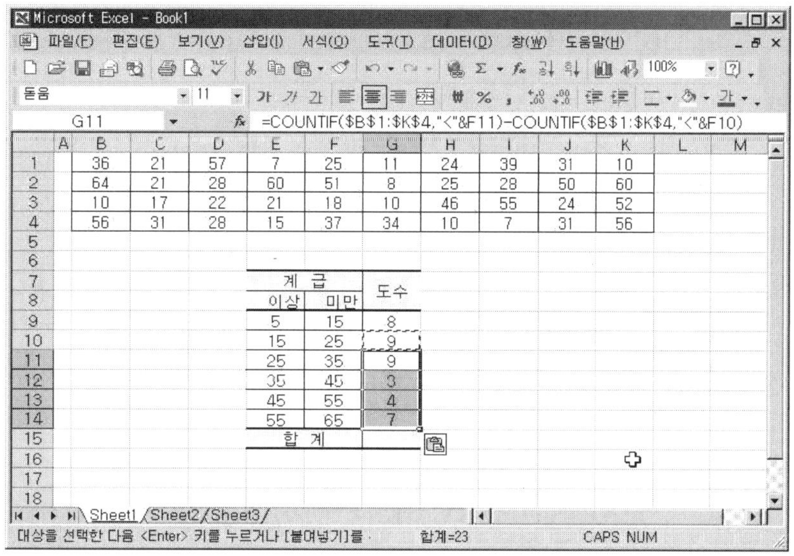

상대주소와 절대주소

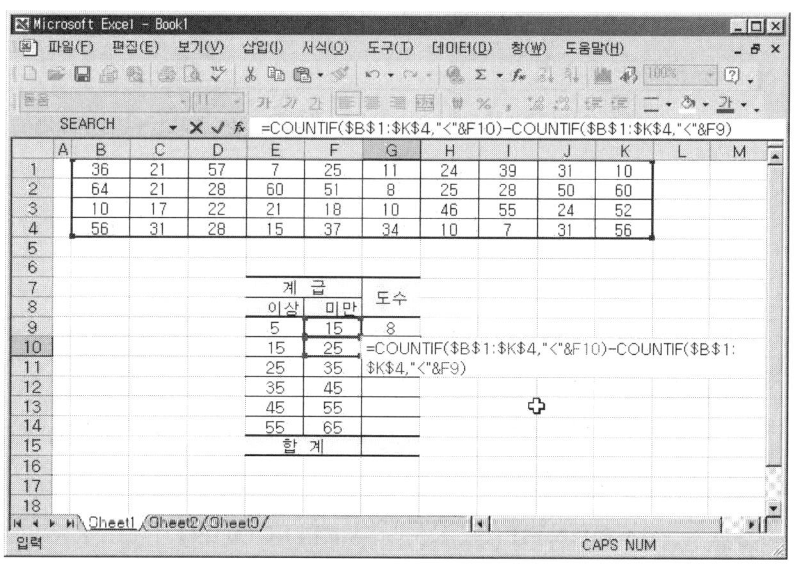

위의 셀 [G10]에 계급 15이상 ~ 25미만의 도수를 구하기 위하여 수식을

“=COUNTIF($B$1:$K$4,"<"&F10)-COUNTIF($B$1:$K$4,"<"&F9)” … ①

과 같이 완성하였는데, 이 수식에서 “$”를 뺀 다음의 수식

“=COUNTIF(B1:K4,"<"&F10)-COUNTIF(B1:K4,"<"&F9)” ………… ②

으로 바꾸어 넣어도 셀 [G10]의 결과는 변하지 않는다. 수식 ①, ②의 차이는 복사할 때 나타나는데, ①을 복사할 때는 “$”를 넣어서 변량의 범위인 셀 [B1:K4]를 고정(절대주소)시키는 반면에 ②를 복사할 때는 아래로 셀이 내려갈 때마다 [B2:K5], [B3:K6], … 등으로 바뀌기(상대주소) 때문에 정확한 도수를 구할 수 없다.

즉, 절대주소를 써서 수식을 복사하면

[G10] 셀의 수식 :
 =COUNTIF($B$1:$K$4,"<"&F10)-COUNTIF($B$1:$K$4,"<"&F9)

[G11] 셀의 수식 :
 =COUNTIF($B$1:$K$4,"<"&F11)-COUNTIF($B$1:$K$4,"<"&F10)

[G12] 셀의 수식 :
 =COUNTIF($B$1:$K$4,"<"&F12)-COUNTIF($B$1:$K$4,"<"&F11)

[G13] 셀의 수식 :
 =COUNTIF($B$1:$K$4,"<"&F13)-COUNTIF($B$1:$K$4,"<"&F12)

[G14] 셀의 수식 :
 =COUNTIF($B$1:$K$4,"<"&F14)-COUNTIF($B$1:$K$4,"<"&F13)

상대주소를 써서 수식을 복사하면

[G10] 셀의 수식 :
 =COUNTIF(B1:K4,"<"&F10)-COUNTIF(B1:K4,"<"&F9)

[G11] 셀의 수식 :
 =COUNTIF(B2:K5,"<"&F11)-COUNTIF(B2:K5,"<"&F10)

[G12] 셀의 수식 :
 =COUNTIF(B3:K6,"<"&F12)-COUNTIF(B3:K6,"<"&F11)

[G13] 셀의 수식 :

=COUNTIF(B4:K7,"<"&F13)-COUNTIF(B4:K7,"<"&F12)

[G14] 셀의 수식 :

=COUNTIF(B5:K8,"<"&F14)-COUNTIF(B5:K8,"<"&F13)

가 되어 상대주소를 사용하여 수식을 복사할 경우는 아래의 그림과 같이 계산되는 대상의 범위가 현재 셀의 위치에 따라서 변하기 때문에 정확한 도수를 구할 수 없게 된다.

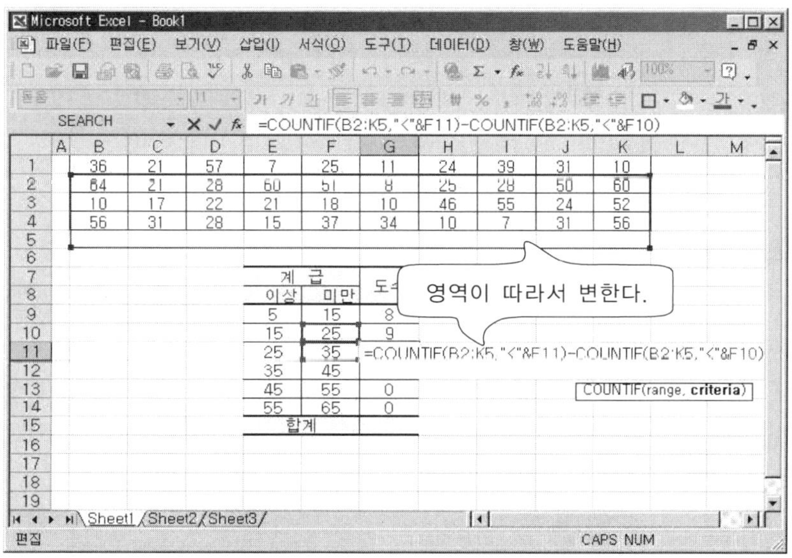

따라서, 상대주소를 쓸 경우에는 이런 에러가 나지 않도록 일일이 직접 입력하거나 수식을 복사하여 붙여 넣은 다음에 수정을 해주어야 한다.

이런 번거로움을 덜기 위해서 절대주소와 상대주소의 의미를 알고 워크시트에서 이를 적절히 활용할 줄 알아야 한다.

3. 변량으로 도수분포표 만들기(3)

예제 2 다음 자료는 아름이네 반 30명의 멀리뛰기를 기록한 표이다. 계급의 크기가 10cm인 도수분포표를 만들어 보자.

번호	기록	번호	기록	번호	기록	번호	기록	번호	기록
1	151	6	140	11	195	16	198	21	203
2	169	7	135	12	207	17	185	22	131
3	153	8	190	13	200	18	150	23	155
4	136	9	165	14	198	19	199	24	209
5	140	10	133	15	201	20	192	25	208

풀이 (1) ① 변량으로 도수분포표 만들기(1)에서는 변량이 연속하여 사각형 영역으로 주어졌으나 【예제】 2에서는 기록이 표에서 한 칸씩 띄워져서 나타나고 있다.

② 다음의 그림에서 주어진 것과 같이 자료를 입력하고 번호와 기록을 구별하기 위하여 채우기를 할 때 서로 다른 색으로 지정한다.

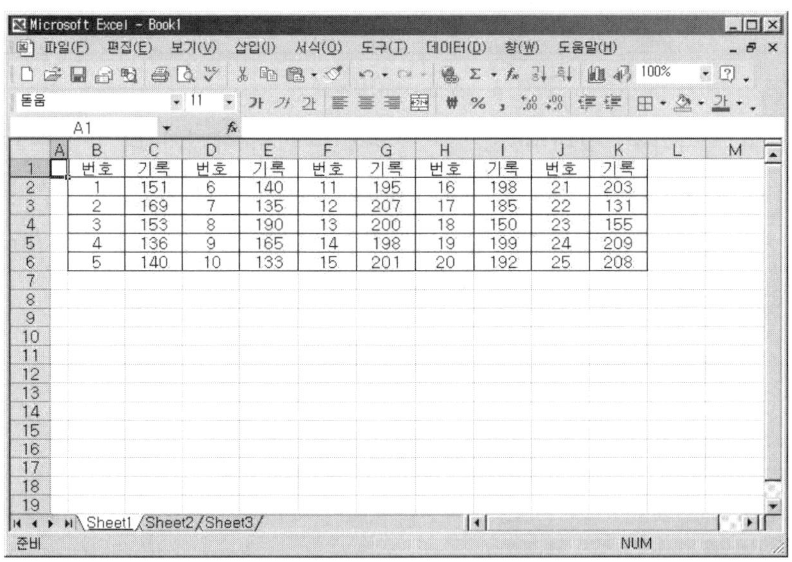

셀 영역 선택하기

- 연속된 셀 영역의 선택 : 마우스로 드래그하여 선택하거나, Shift를 누른 채로 이동키(화살표)를 누르기 등이 있다.
- 떨어져 있는 셀들을 선택하기 : Ctrl 키를 누른 채 셀들을 클릭하여 선택한다.

(2) ① 【예제】 1에서와 같이 도수분포표를 만들고, 셀 영역 [D10:D17]을 선택하고 "=FREQUENCY((" 를 입력한다.

② Ctrl 키를 누른 채 변량이 있는 셀 영역 [C2:C6], [E2:E6], [G2:G6], [I2:I6], [K2:K6]을 차례로 선택한다. 여기서 ","는 자동으로 입력된다.

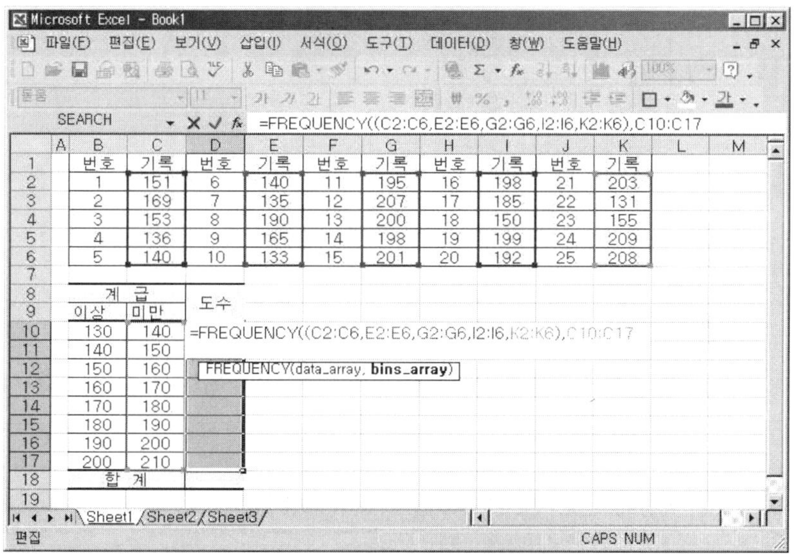

(3) ")"를 입력하고, 도수분포표의 오른쪽 끝값의 셀 영역 [C10:C17]을 마우스로 드래그하여 선택한 후 ")"를 입력하고 Shift+Ctrl+Enter↵를 동시에 누른다.

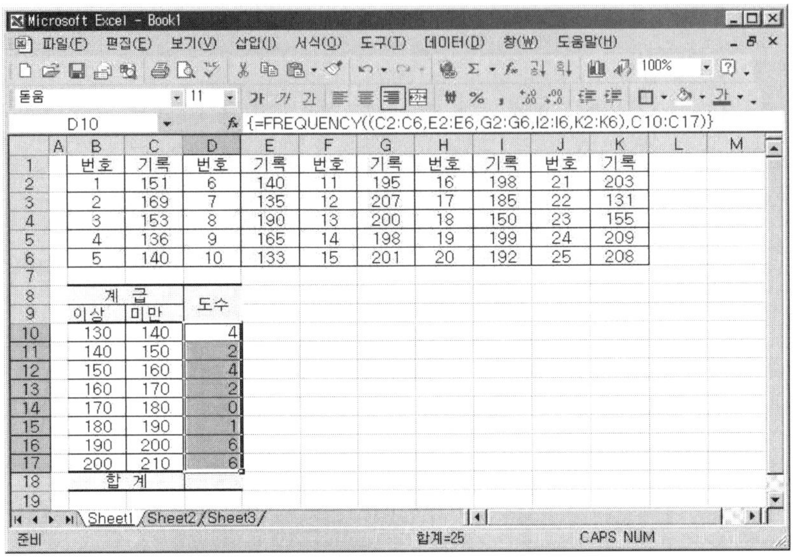

(4) ① 가운데 맞춤 도구모음(≡)을 클릭하여 도수가 셀의 중앙에 오도록 한다.

② 도수의 합을 구하기 위하여 셀 [D18]에 "=SUM(D10:D17)"을 입력하고 Enter↵ 키를 눌러 완성한다.

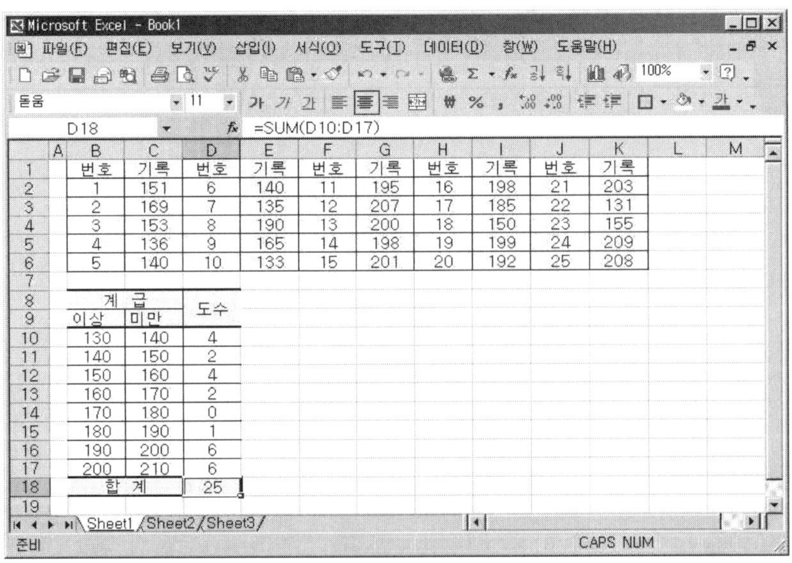

4. 도수분포표로 히스토그램 만들기

어떤 집단의 자료를 조사하기 위하여 자료를 분류, 정리하여 만든 것 중의 한 가지가 도수분포표라고 할 수 있다. 이 도수분포표를 더욱 쉽게 알아볼 수 있도록 히스토그램으로 나타내는 방법을 알아본다.

예제 3 다음 표는 아름이네 반 40명의 학생이 등교하는 데 걸리는 시간을 조사하여 만든 도수분포표이다. 이 도수분포표를 이용하여 히스토그램을 그려라.

계 급 (분)			도수
5 (이상)	~	15 (미만)	3
15	~	25	6
25	~	35	10
35	~	45	9
45	~	55	7
55	~	65	5
합 계			40

풀이 차트는 시각적으로 눈에 잘 띄며 보다 쉽게 데이터의 추세나 유형을 살펴보고 비교할 수 있다. 예를 들어, 워크시트에서 여러 수치를 분석하는 대신 차트를 이용하면 수치들이 갖고 있는 특성들을 그래프를 통하여 파악할 수 있다.

엑셀에서 차트를 구성하는 요소를 보면 다음 그림과 같다.

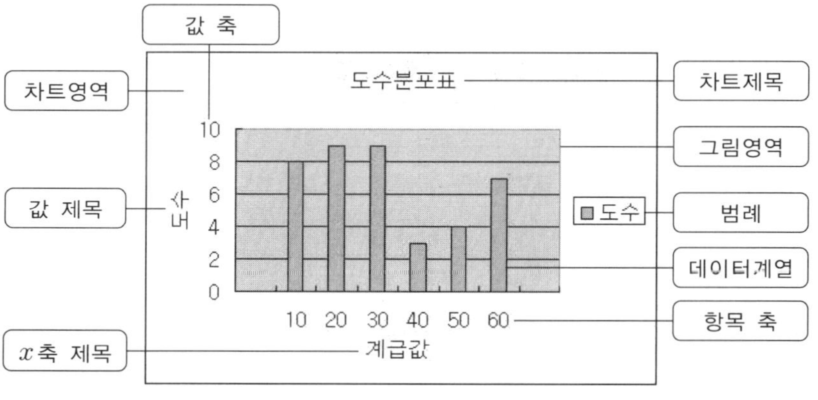

엑셀에서는 위의 차트를 사용자가 쉽게 그릴 수 있도록 미리 도구를 만들어 두었는데 차트마법사를 이용하면 위의 차트를 만드는 과정을 손쉽게 처리할 수 있다.

(1) 먼저 【예제】에서 주어진 도수분포표를 만든다. 계급의 제일 위와 아래는 빈 계급을 넣어 두어서 도수분포다각형의 그래프를 그릴 수 있도록 준비한다.

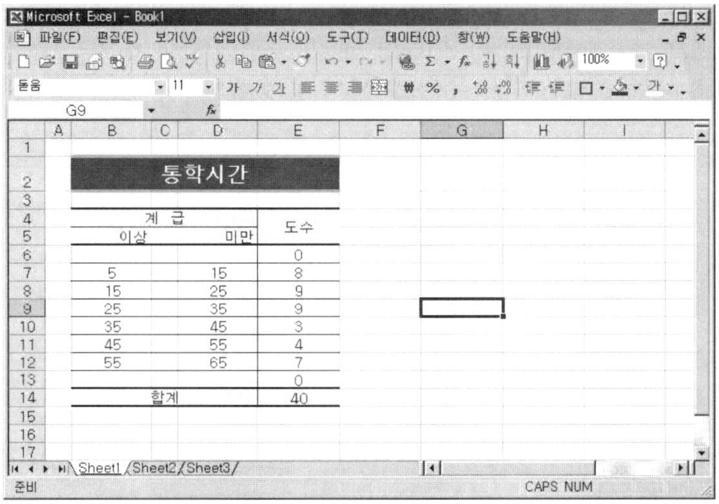

(2) 계급의 양 끝 값 사이에 "~"를 넣기 위해 셀 [C7]에서 "ㄱ"을 친 후 [한자] 키를 누르고 문자 "~"를 찾아 입력한다.

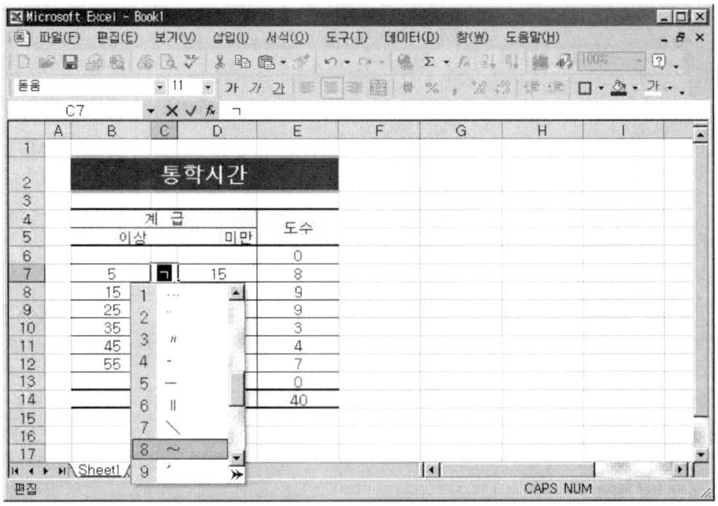

(3) 나머지는 그림처럼 채우기 핸들(+)로 채워 넣기를 하거나 복사하여 붙여 넣기를 하여 나머지 셀에도 "~"를 입력한다.

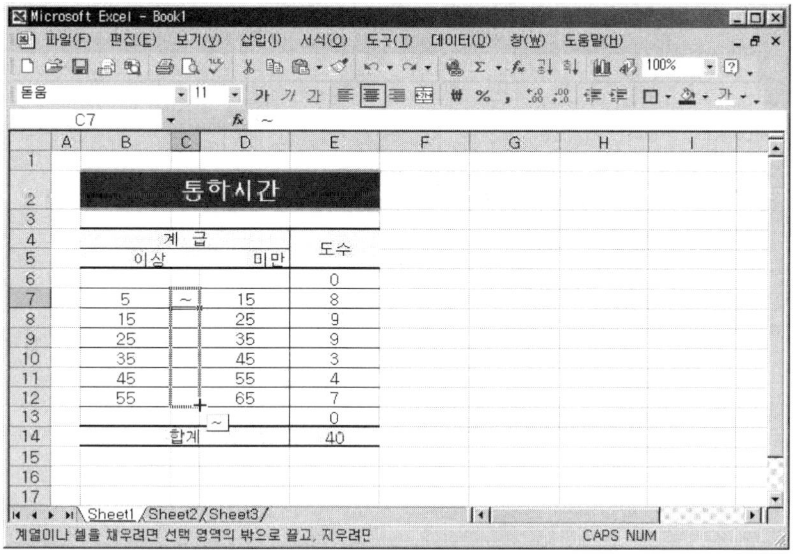

(4) 엑셀의 차트에는 계급의 양 끝 값을 적을 수 없으므로 계급값을 이용하여야만 한다. 따라서 셀 [E](회색부분의 "E"가 쓰여진 부분)에서 마우스 오른쪽 버튼을 클릭하고 [삽입]을 선택한다.

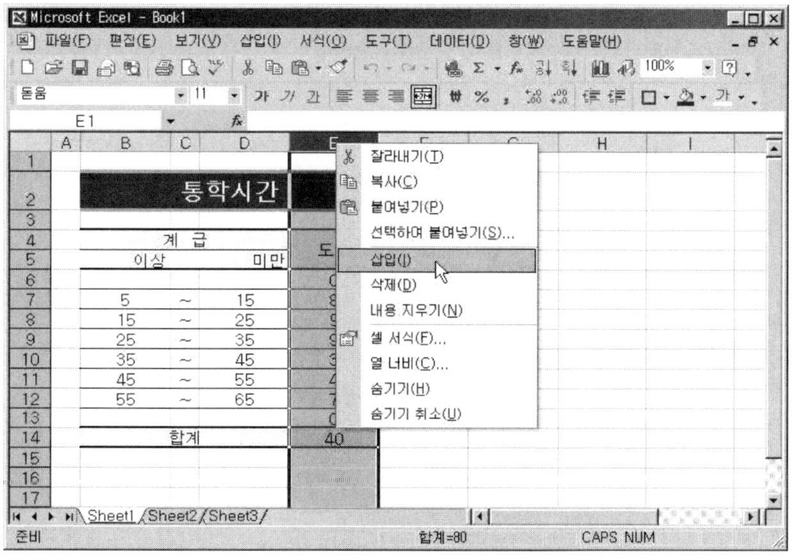

(5) 셀 [E4:E5]를 선택하고 "병합하고 가운데 맞춤" 도구모음(가)을 클릭한 후 "계급값"을 입력하고 [Enter↵] 키를 누른다.

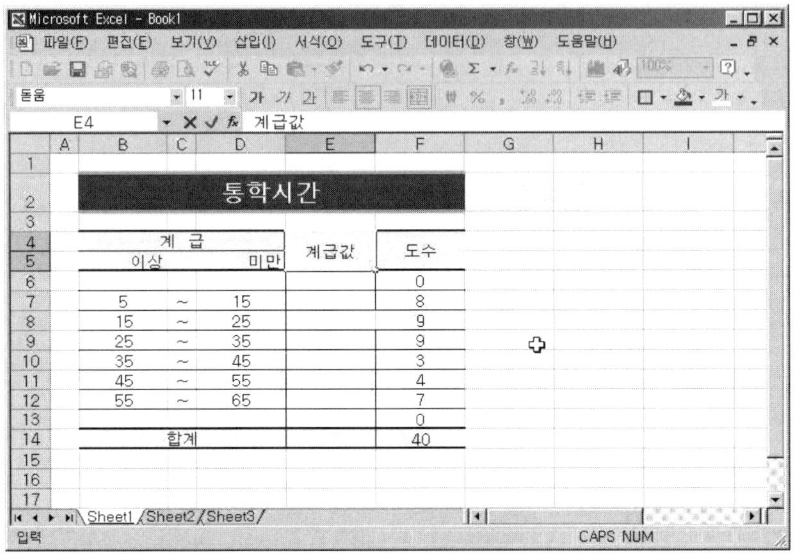

(6) 셀 [E7:E12]를 선택하고 "=(B7+D7)/2"를 입력하고 [Ctrl]+[Enter↵] 를 누른 후 "가운데 맞춤" 도구모음을 클릭한다. 이렇게 하면 셀 [E7:E12]에 똑같은 수식이 동시에 입력이 된다.

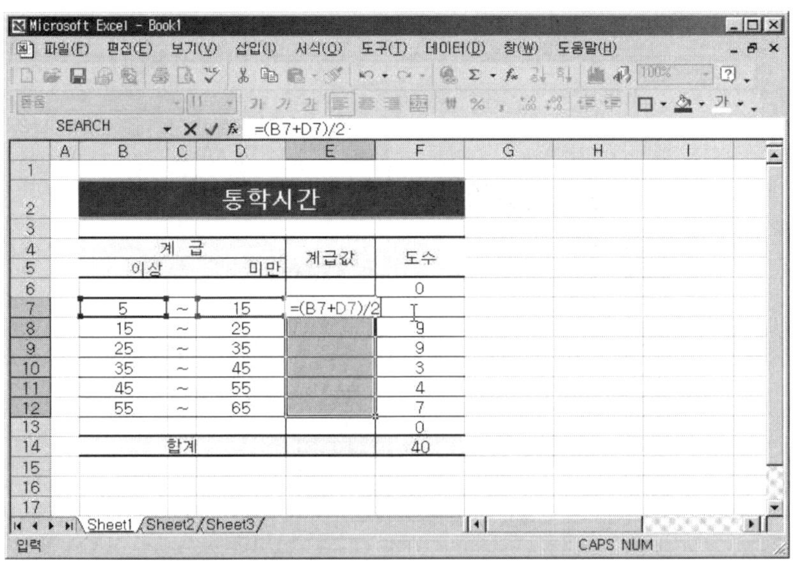

(7) 셀 영역 [E6:E13]을 선택하고 차트마법사 도구모음(📊)을 클릭한다.

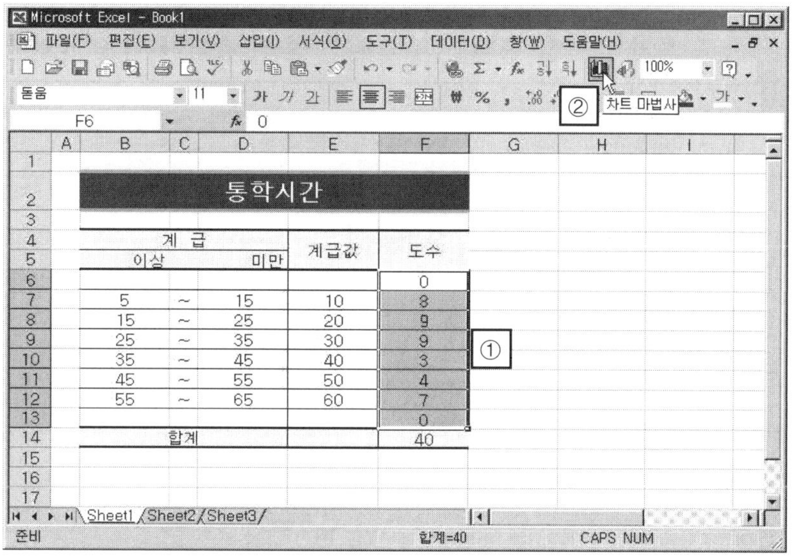

(8) 차트마법사 4 단계 중 1 단계의 차트 종류를 선택하는 단계이다. 차트의 종류는 [표준 종류]와 [사용자 지정 종류]가 나오는데, 히스토그램을 그리기 위해서는 [표준 종류]-[차트 종류]-[세로 막대형]을 차례로 선택하고 [차트 하위 종류]에서 제일 왼쪽 위의 [묶은 세로 막대형]을 선택한다.

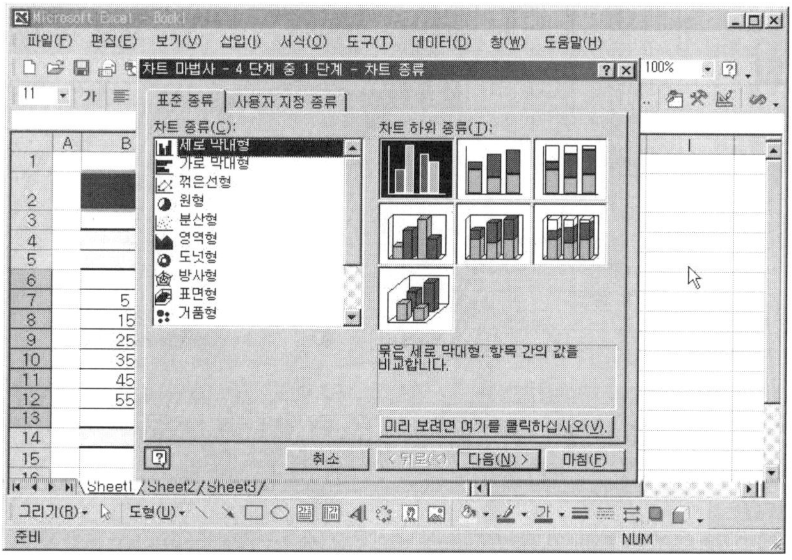

(9) 오른쪽 아래 부분에 [미리 보려면 여기를 클릭하십시오] 버튼을 부르면 선택한 차트 하위 종류를 적용시켰을 때의 그래프 모양이 나온다. 히스토그램과 비슷한 형태를 나타내고 있으므로 [다음]을 클릭한다.

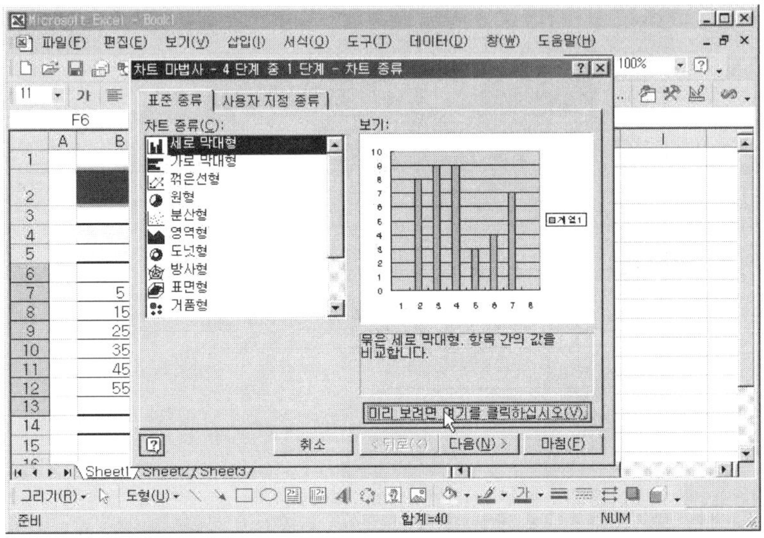

(10) 차트 마법사 4 단계 중 2 단계의 차트 원본 데이터의 데이터 범위와 계열을 선택하는 단계이다. 데이터의 범위는 아래의 그림과 같이 [=Sheet1!$F$6:$F$13]으로 설정되어 있다. 이 범위가 틀린 경우에는 ⓐ와 같이 클릭하여 조정이 가능하다.

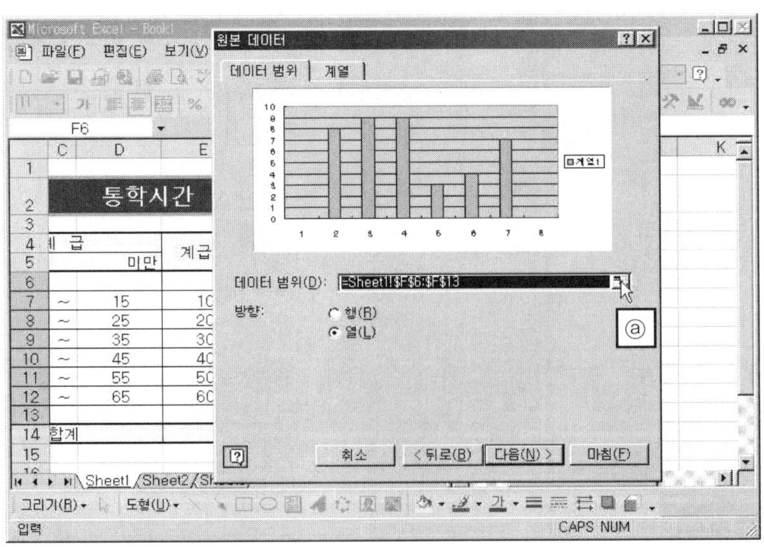

(11) (10)에서 ⓐ를 클릭하고 셀 [F6:F13]을 마우스로 드래그하여 데이터 범위를 재조정하는 과정을 나타낸 것이다.

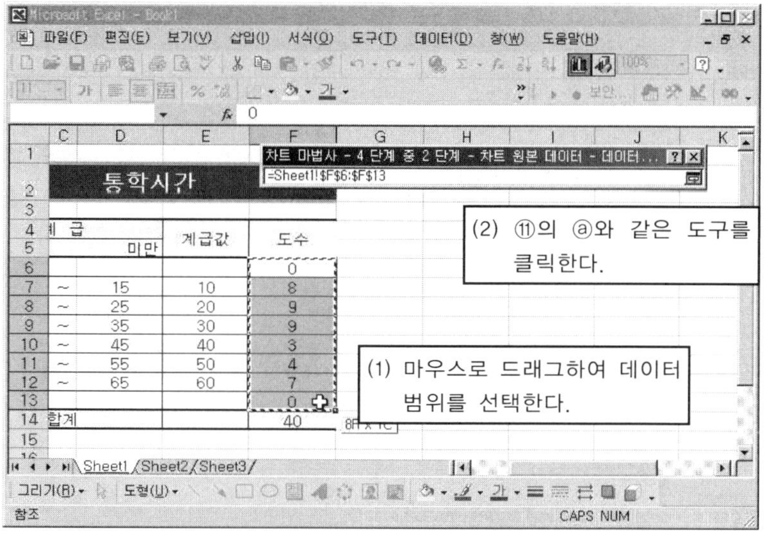

(12) [계열]탭을 클릭하여 아래의 대화상자가 나오게 한다. 여기서 계열은 통학시간 하나뿐이므로 의미가 없다. 따라서 [계열]의 이름과 값은 생략하고, 히스토그램의 아래 부분에 계급값을 나타내게 하기 위하여 [X(항목) 축 레이블]의 오른쪽 ⓑ 부분을 그림과 같이 마우스로 클릭한다.

(13) 셀 영역 [E6:E13](계급값)을 마우스로 드래그하여 선택한 후 ⓒ를 클릭하여 [X(항목) 축 레이블]에 적용될 값들의 지정을 마무리한다.

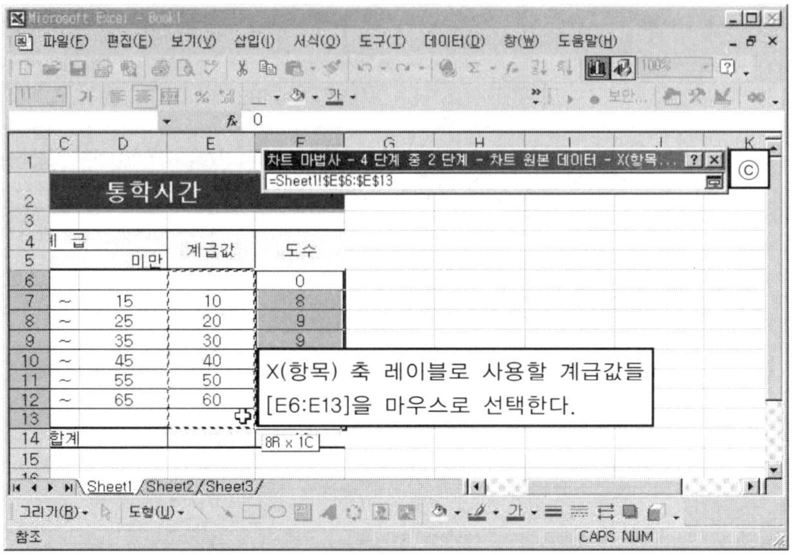

(14) X(항목) 축 레이블에 쓸 값이 들어있는 셀 영역[E6:E13]이 히스토그램에 적용되어 있는 것을 아래 그림의 ⓓ, ⓔ에서 확인할 수 있다. 이렇게 하여 [데이터 범위]와 [계열]에 들어갈 원본데이터를 정하는 그래프마법사 2단계의 작업을 마친다.

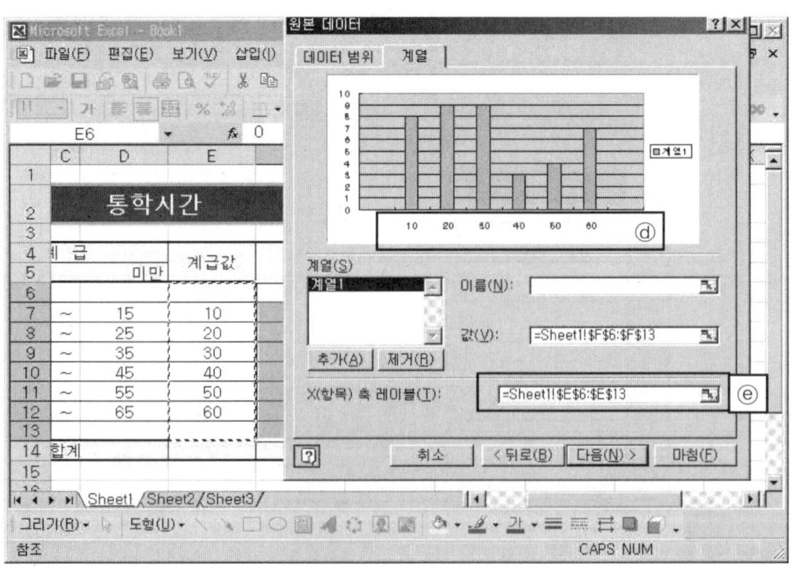

(15) 차트마법사 3 단계인 차트 옵션을 설정하는 단계이다. 3 단계에서는 정하여야 할 옵션이 많다. 먼저 제목 탭에서는 [차트 제목], [X(항목) 축], [Y(값) 축]을 아래의 그림의 ⓕ와 같이 입력한다. 그러면 오른쪽의 그래프 미리보기(ⓖ)에 차트 제목과 축에 들어갈 내용이 나타난다. [축] 탭을 클릭한다.

(16) 축을 설정할 때에는 아래의 그림과 같이 [X(항목) 축], [Y(값) 축] 앞에 체크 박스가 있다. 체크가 되면 [X(항목) 축]은 ⓗ에, [Y(값) 축]은 ⓘ에 나타난다.

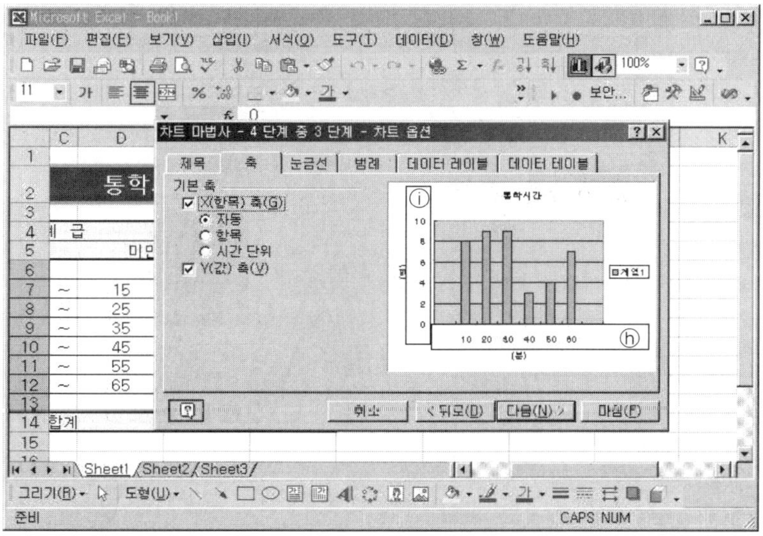

(17) [눈금선] 탭을 선택하면 [X(항목) 축], [Y(값) 축] 앞에 체크 박스가 있는데 각각 주 눈금선과 보조 눈금선이 있다. 둘 다 [주 눈금선]만 선택한 결과이다.

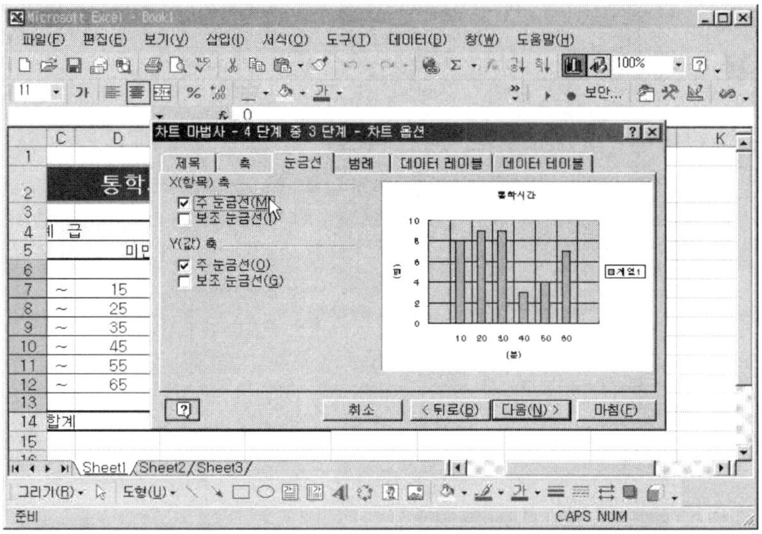

(18) [범례] 탭을 선택하면 [범례 표시] 체크 박스가 나오는데, 히스토그램에서 범례는 통학 시간 한 가지뿐이므로 범례가 없어도 된다. 따라서 범례 표시를 마우스로 클릭하여 [범례 표시] 체크박스 선택을 해제한다. 그래프의 공간이 [범례]가 없어짐에 따라 더 넓어지는 것을 확인할 수 있다.

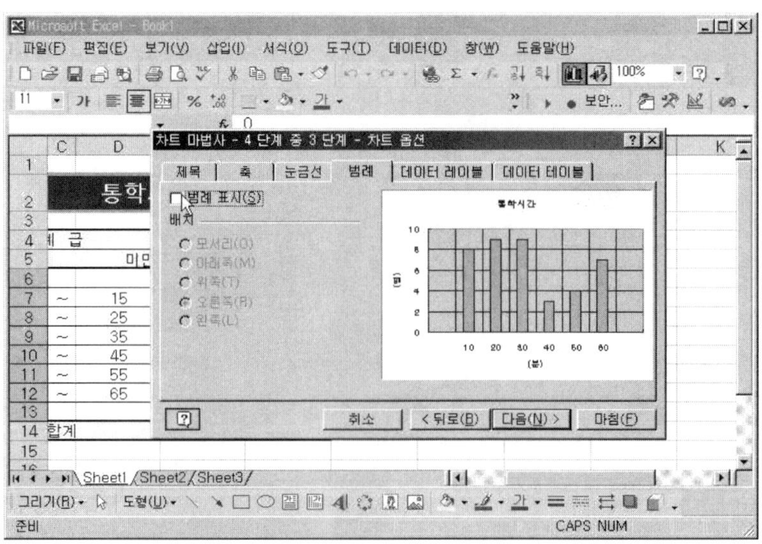

(19) [데이터 레이블]의 레이블 내용으로 [계열 이름]은, 그래프에 각 계열의 이름을 적어주고, [항목 이름]은 그래프에 [X(항목) 축]의 내용을 적어주며, [값]은 그래프에 [Y(값) 축]의 내용을 적어 그래프의 내용을 이해하는데 도움을 준다.

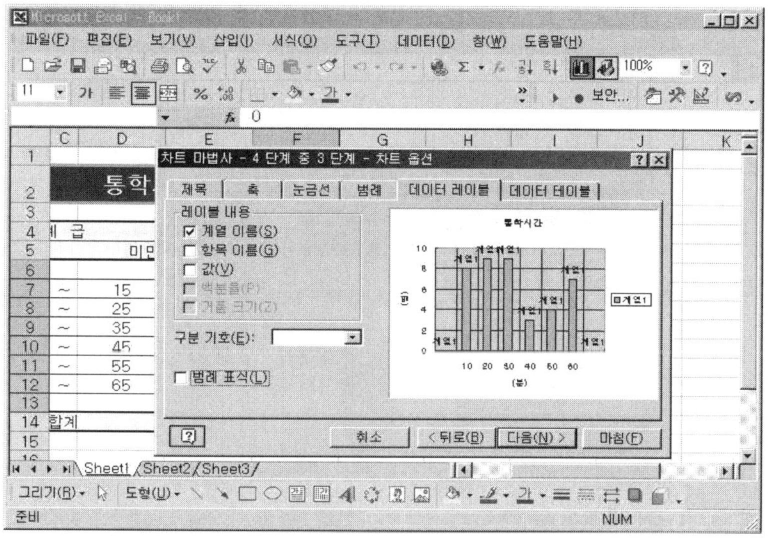

(20) [데이터 테이블]은 그래프 아래에 그래프를 그리기 위한 기초 자료가 되는 표가 나오게 된다. 히스토그램에서는 [데이터 테이블 표시]의 체크를 해제하여 표가 나타나지 않게 한다. [범례 표식 표시]는 자동으로 비활성화되어 나타나지 않는다.

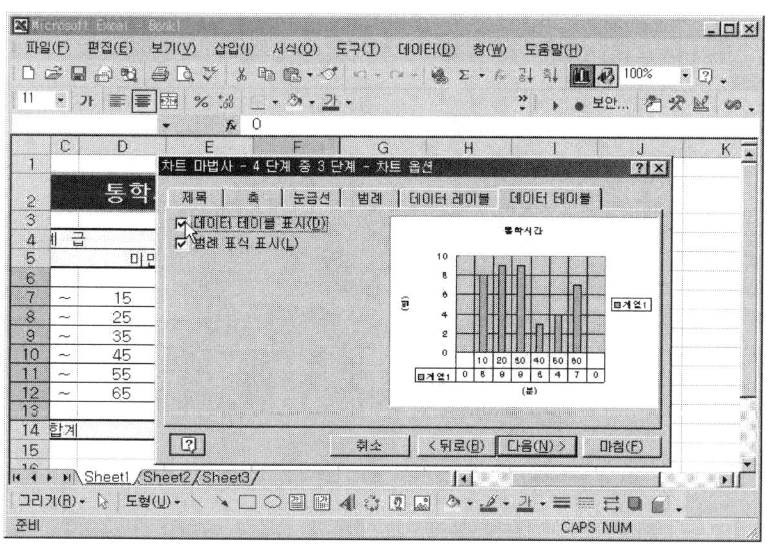

(21) [다음]을 클릭하면 차트마법사 4 단계 중 4 단계인 차트의 위치를 결정하는 단계가 아래 그림과 같이 나오는데 [새로운 시트로]를 선택하고 시트의 이름을 [히스토그램]으로 입력한 다음 [마침] 버튼을 클릭한다. [워크시트에 삽입]은 현재 작업중인 [Sheet1]에 차트를 넣어준다.

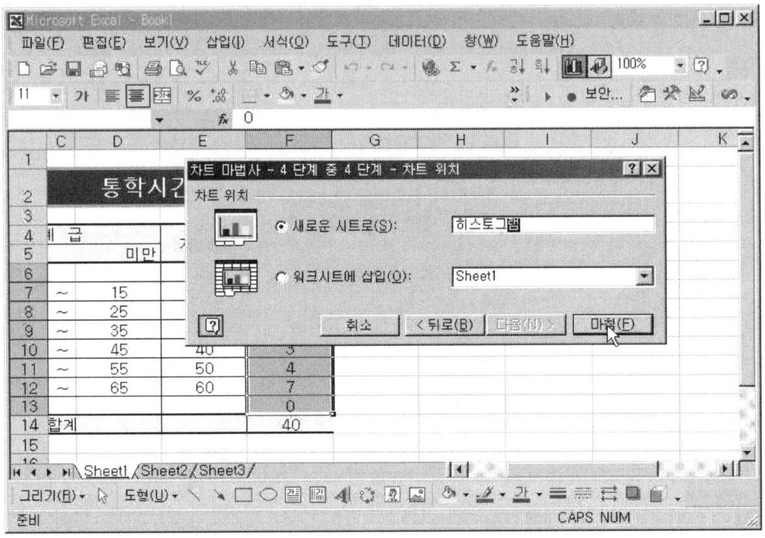

(22) 완성된 차트가 별개의 Sheet로 넣어졌다. Sheet의 이름도 [히스토그램]으로 설정된 것을 확인할 수 있다. 이렇게 하여 차트의 기본적인 내용 구성은 완성하였다.

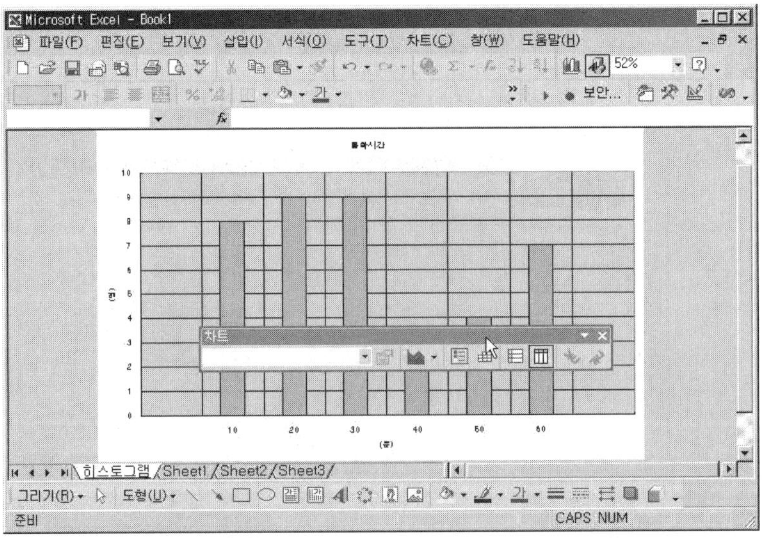

완성된 차트를 그대로 수업 시간에 활용하는 것은 아직 미흡한 점이 많다. 따라서 이 차트를 수업에 활용하기 위하여 많은 수정을 가하여야 한다. 수정 대상은 차트를 구성하는 모든 요소라고 할 수 있다. 차트를 수정할 때는 마우스 오른쪽 버튼을 사용한다. 수정하는 과정을 아래의 그림으로 나타내어 보았다.

(1) 수정할 요소 위에서 마우스 오른쪽 버튼을 클릭하고 [차트 제목 서식]을 클릭한다.

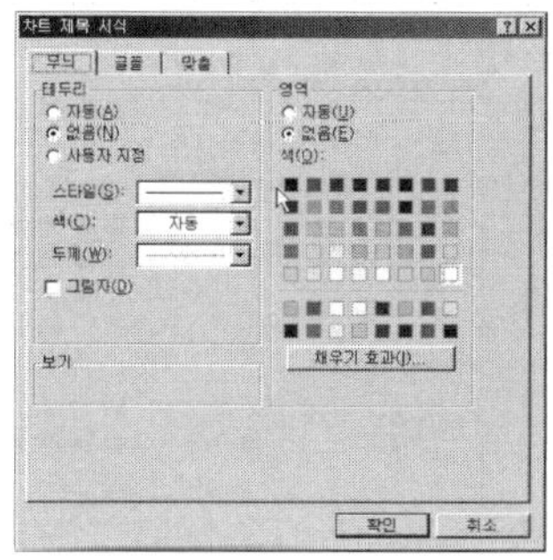

(2) [차트 제목 서식] 대화상자가 나오는데 대개 [무늬], [글꼴], [맞춤] 탭이 있어서 각각의 탭을 클릭하여 차례로 수정을 한다.

엑셀의 차트를 구성하는 요소에는 ①차트 제목, ②차트 영역, ③그림 영역, ④값 제목, ⑤데이터 계열, ⑥항목 축, ⑦값 축, ⑧x축 제목, ⑨범례, ⑩눈금선 등이 있다. 차례로 수정하는 과정을 알아보자.

(1) 차트 제목 수정

차트 제목에서 마우스 오른쪽 버튼을 클릭하여 [차트 제목 서식]을 클릭한 후 [글꼴] 탭을 클릭하여 [글꼴－돋움], [글꼴 스타일－굵게], [크기－20], [색－빨강]을 차례로 클릭한 후 [확인]을 클릭한다.

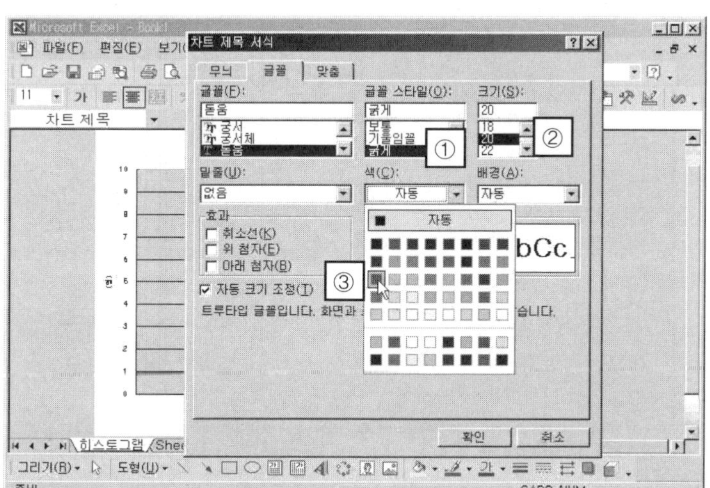

(2) 차트 영역 수정

① 차트 영역에서 마우스 오른쪽 버튼을 클릭하여 [차트 영역 서식]을 클릭한 후 [무늬] 탭을 선택한다. [영역]의 색을 선택할 수 있는데 여기서는 [채우기 효과] 버튼을 클릭하면 다양하게 차트영역을 꾸밀 수 있다.

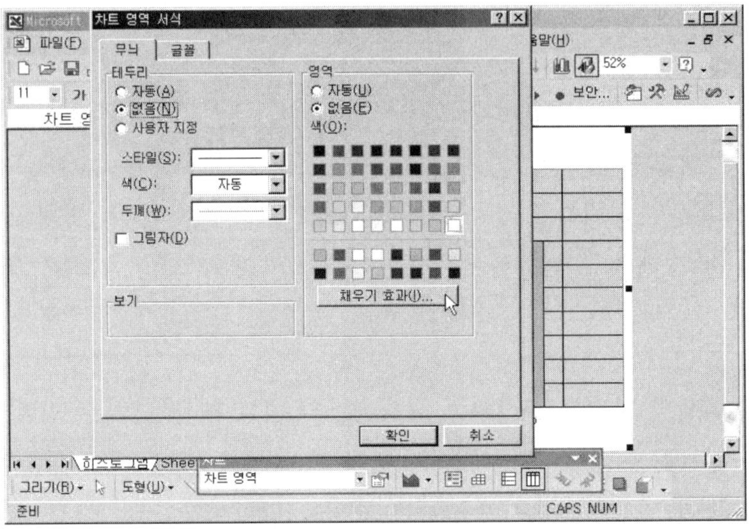

② 채우기 효과는 네 가지가 있는데, [그라데이션], [질감], [무늬], [그림]을 선택할 수 있다. [그라데이션]의 두 가지 색에서 연한 노랑, 연한 하늘색을 선택한다.

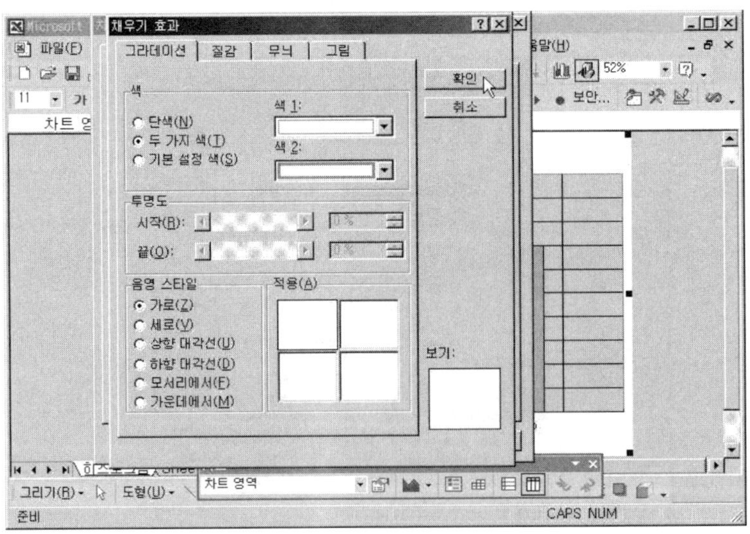

③ 차트 제목과 차트 영역에 대한 꾸미기를 위의 조건대로 설정한 화면이다. [질감], [무늬], [그림]을 선택하여 설정하면 아래의 그림과 다르게 나타날 것이다.

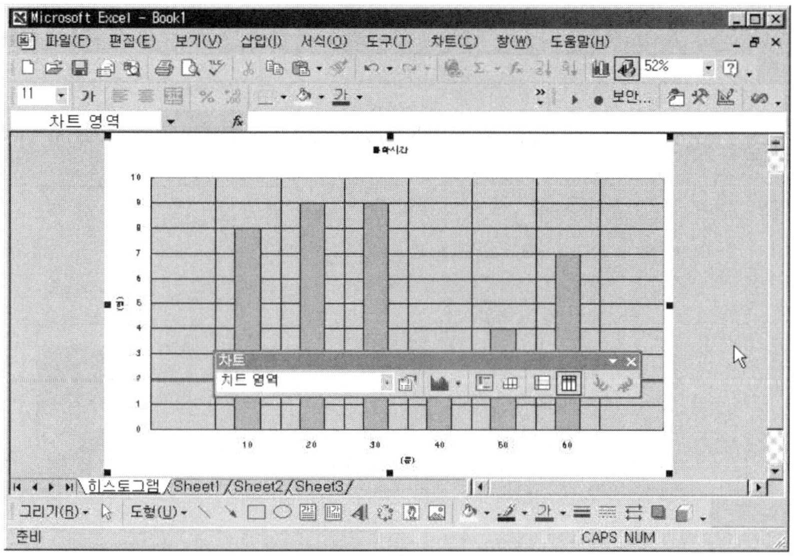

(3) 그림 영역 수정

① 그림 영역에서 마우스 오른쪽 버튼을 클릭하여 [그림 영역 서식]을 클릭한 후 [무늬]-[채우기 효과]-[그림]을 차례로 선택하고, [그림 선택]을 클릭한다.

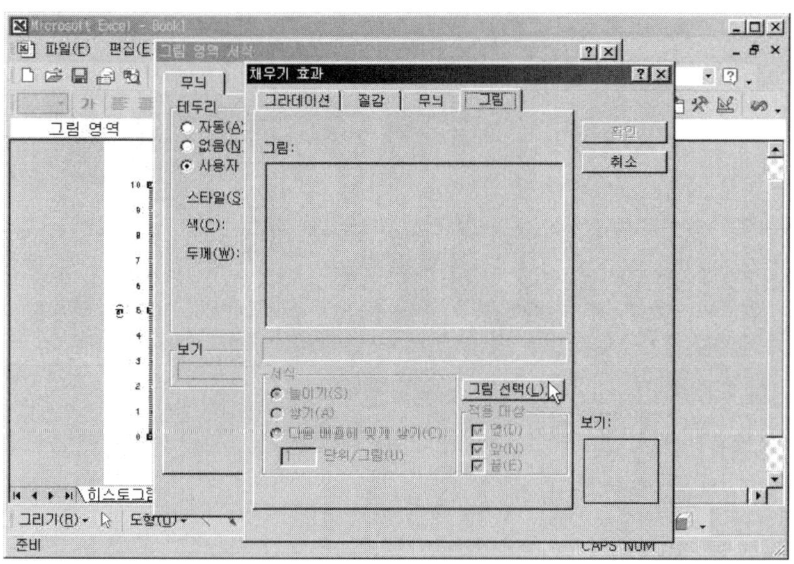

② 적당한 그림을 찾아 선택한 후 [삽입] 버튼을 클릭하여 넣은 후 [확인] 버튼을 클릭하여 그림 영역의 배경이 되도록 한다.

③ [그림 영역]에 사진을 배경으로 하여 설정이 완료된 화면이다. [차트 영역], 데이터 계열 등에 대해서도 같은 방법으로 적용이 가능하다.

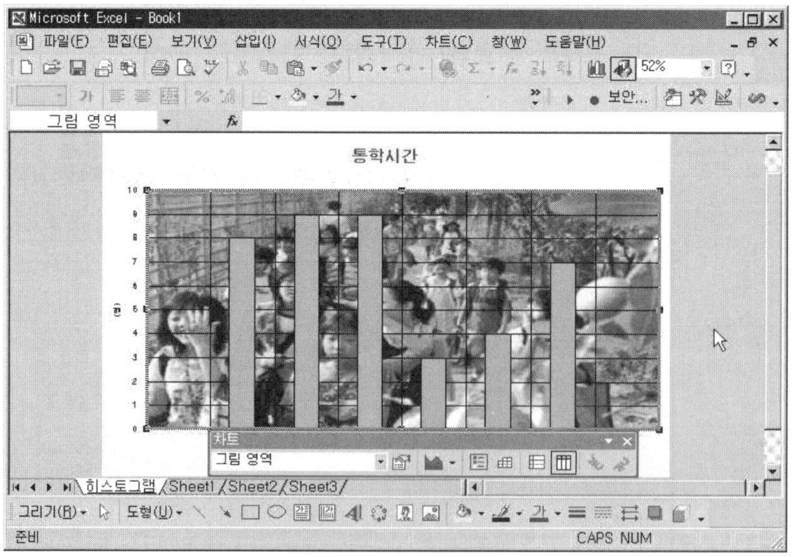

④ 위의 그림은 사진을 그대로 넣은 것인데 사진이 강조되어야 할 히스토그램보다 부각되지 않도록 설정하여야 할 것이다.

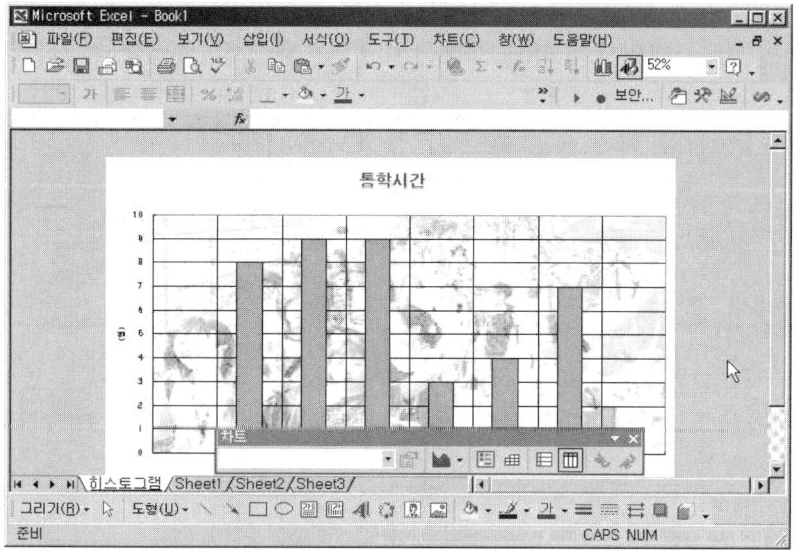

⑤ 그림영역을 마우스로 선택한 후 오른쪽 경계 부분으로 마우스를 가져가면 아래의 그림과 같이 화살표가 나오는데 적당히 왼쪽으로 끌어서 크기를 조절한다. 이 크기를 조절하는 것은 [X(항목) 축 제목]이 놓일 위치를 확보함과 동시에 그림영역의 배치를 적당히 하기 위함이다.

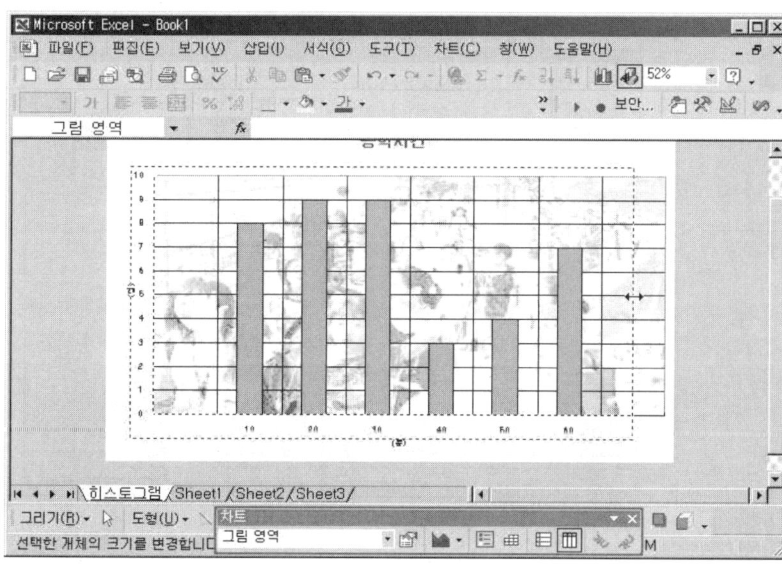

(4) Y(값) 축 제목, X(항목) 축 제목 수정

① 값 축 제목(위의 그림에서 [(명)])을 마우스로 클릭하여 값 축의 제일 위로 옮긴다. 마우스 오른쪽 버튼을 클릭하여 [축 제목 서식]을 클릭하고 [글꼴 스타일－굵게], [크기－16], [색－파랑]을 설정한 후 [맞춤] 탭을 클릭한다.

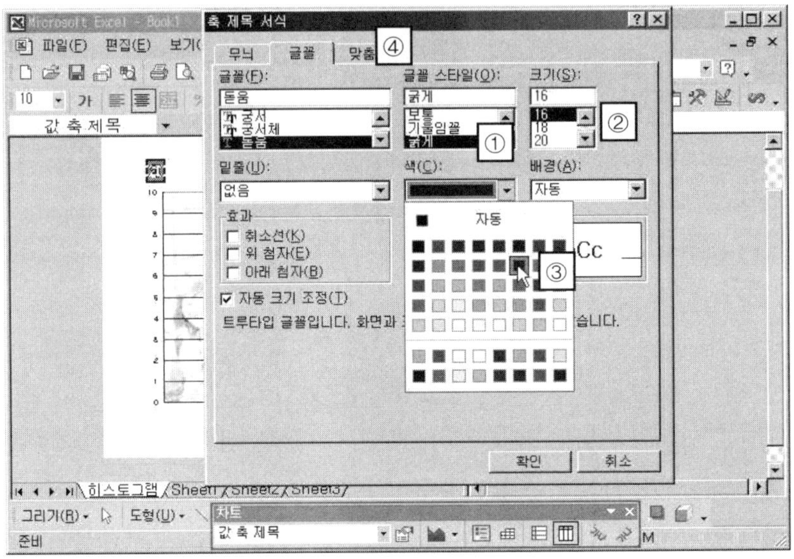

② [맞춤] 탭의 [방향]에서 기본적으로 90도로 설정되어 있는 것을 아래의 그림과 같이 마우스를 클릭하여 방향이 0도가 되게 설정하고 [확인]을 클릭한다.

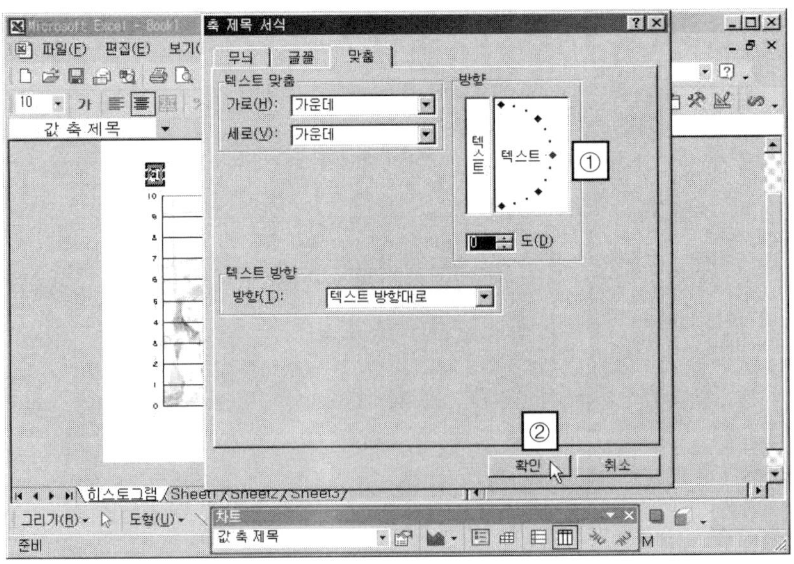

③ 같은 방법으로 [X(항목) 축 제목]도 더블클릭(마우스 오른쪽 버튼을 누르는 것과 같은 역할을 함)하여 설정한다.

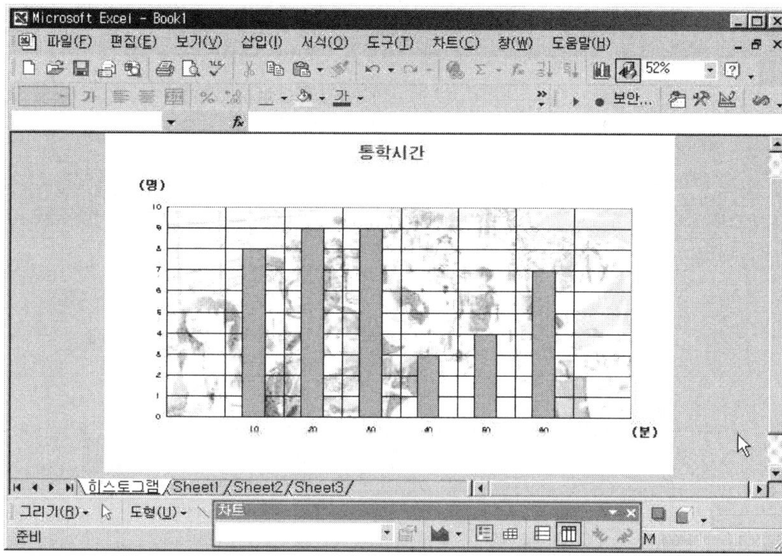

(5) 데이터 계열 수정

① 데이터 계열(아래 그림의 막대)의 마우스 오른쪽 버튼을 클릭하여 [데이터 계열 서식]을 클릭(=데이터 계열을 더블클릭)하여 [데이터 계열 서식] 대화상자를 불러 오고 [옵션] 탭을 클릭한다.

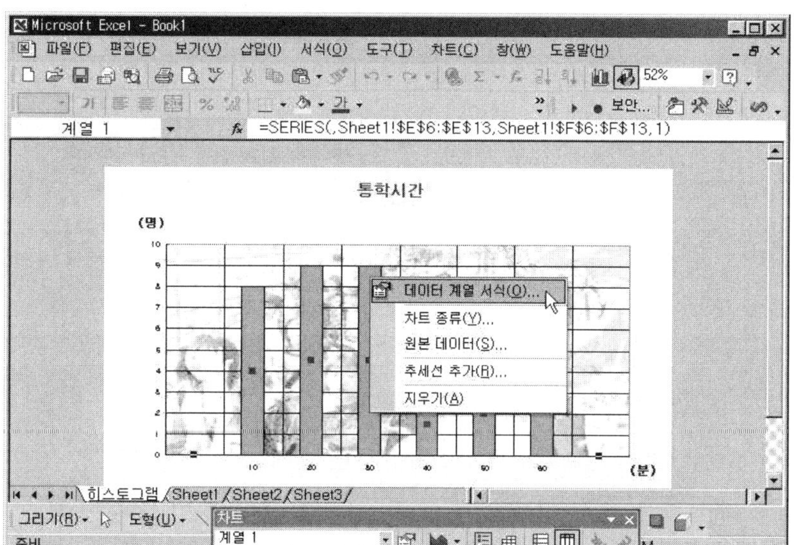

② [옵션] 탭의 [간격 너비]를 0으로 설정하여 히스토그램의 이웃하는 직사각형이 떨어지지 않게 한다. 계급마다 다른 색으로 나타나게 하려면 그림과 같이 체크박스를 선택하는데, 여기서는 직사각형들을 같은 색으로 설정한다.

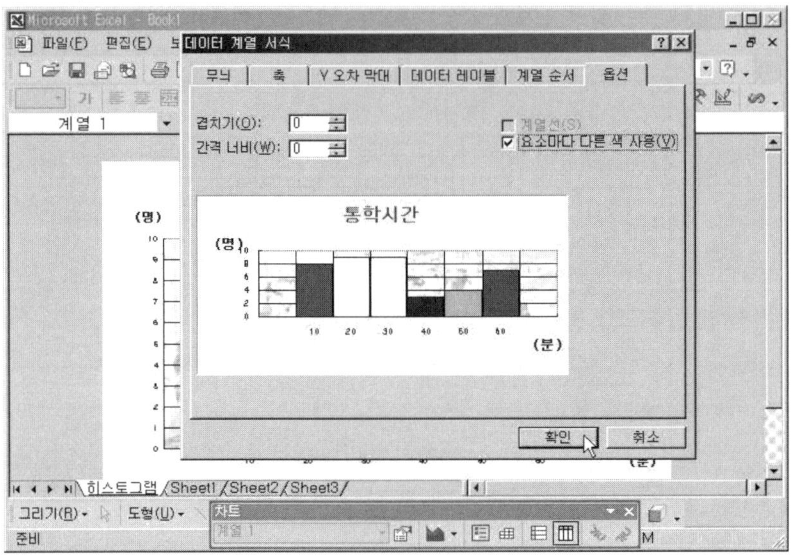

(6) 축 서식 설정

① 계급값이 적혀 있는 [X(항목0]의 숫자를 더블클릭하면 [축 서식] 대화상자를 불려진다. [글꼴 스타일－굵게], [크기－14]로 설정한 후 [확인]을 클릭한다.

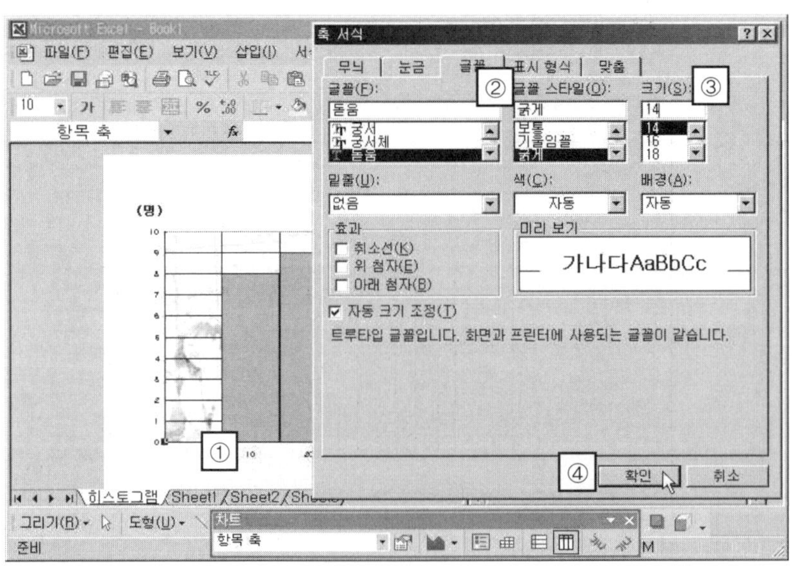

② 같은 방법으로 [Y(값) 축]의 서식도 변경한다. [X(항목) 축]과 [Y(값) 축]의 설정이 완료된 화면이다.

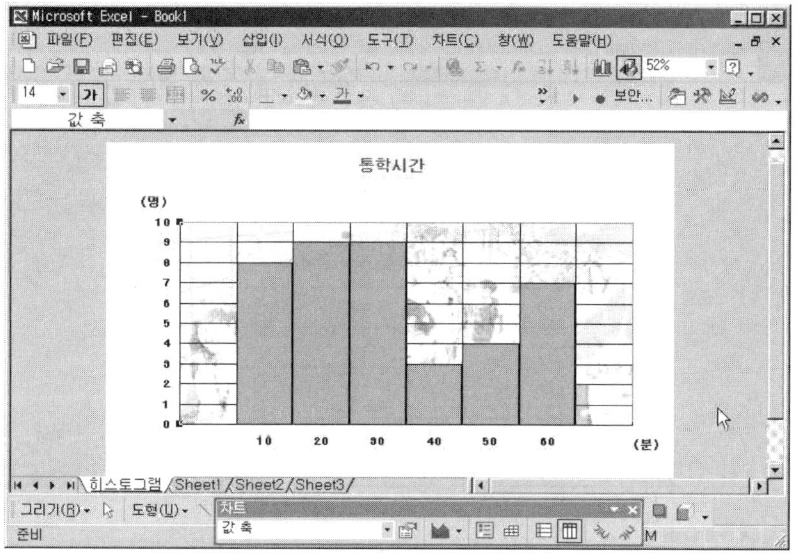

③ 마지막으로 위 그림에서 화면의 오른쪽에 이동막대가 있어서 불편한 면이 있을 수 있다. 이제 그래프를 화면에 꽉 차게 하여 범위를 전체로 하여 볼 수 있도록 설정하여 보자. 메뉴의 [보기]-[창 크기에 맞게]를 차례로 클릭하여 완성한다.

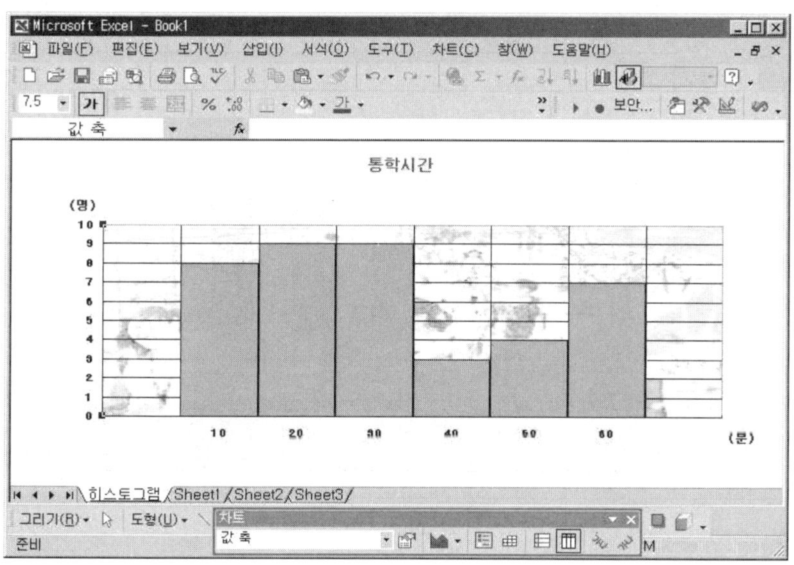

연습문제 아래 그림은 A중학교와 B중학교의 학생 40명씩에 대한 통학 시간을 조사한 도수분포표이다. 이 도수분포표를 보고 두 학교의 통학 시간에 대한 히스토그램을 아래 [결과화면]의 그림과 같이 그려 보자.

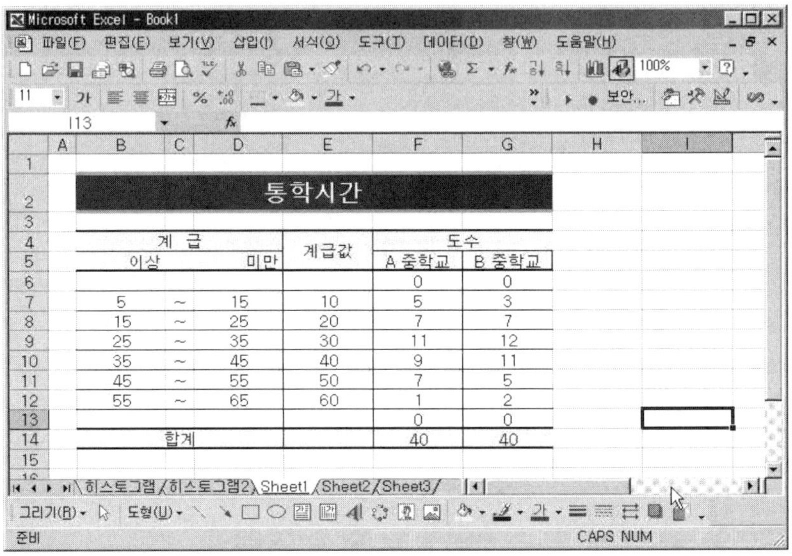

통학시간

계급			계급값	도수	
이상		미만		A 중학교	B 중학교
				0	0
5	~	15	10	5	3
15	~	25	20	7	7
25	~	35	30	11	12
35	~	45	40	9	11
45	~	55	50	7	5
55	~	65	60	1	2
				0	0
합계				40	40

결과화면

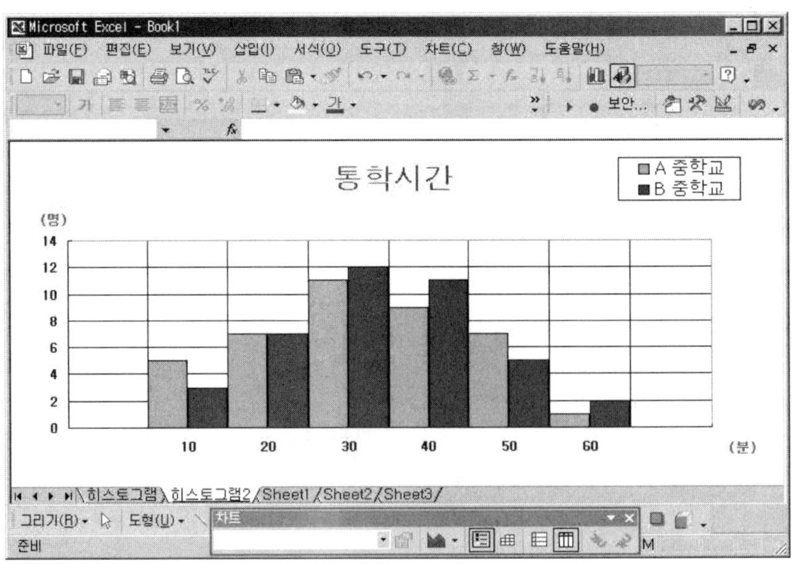

5. 히스토그램으로 도수분포다각형 만들기

엑셀의 차트 기능을 이용하여 어떤 자료에 대한 그래프를 작성하였을 때, 그 그래프를 적절히 이용할 수 있으면 많은 시간을 절약할 수 있다.

예제 4 다음 표는 아름이네 반 40명의 학생이 등교하는 데 걸리는 시간을 조사하여 만든 도수분포표이다. 이 도수분포표를 이용하여 도수분포다각형을 그려라.

계급 (분)			도수
이상 5	~	미만 15	3
15	~	25	6
25	~	35	10
35	~	45	9
45	~	55	7
55	~	65	5
합 계			40

풀이 (1) 위에서 도수분포표를 이용하여 히스토그램을 그리고 차트의 각 항목에 대한 서식을 변경하여 완성한 아래의 그림을 이용하여 간단히 도수분포다각형으로 바꾸어 보자.

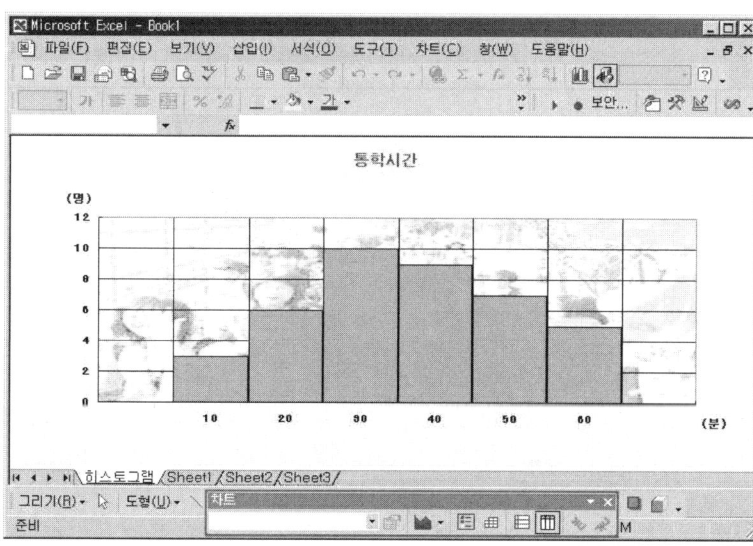

(2) 차트 영역에서 마우스 오른쪽 버튼을 누르면 팝업 메뉴가 나오는데 [차트 종류]를 클릭하여 보자. 엑셀의 차트를 수정할 때 마우스 오른쪽 버튼을 누르면 거의 모든 문제를 해결할 수 있다.

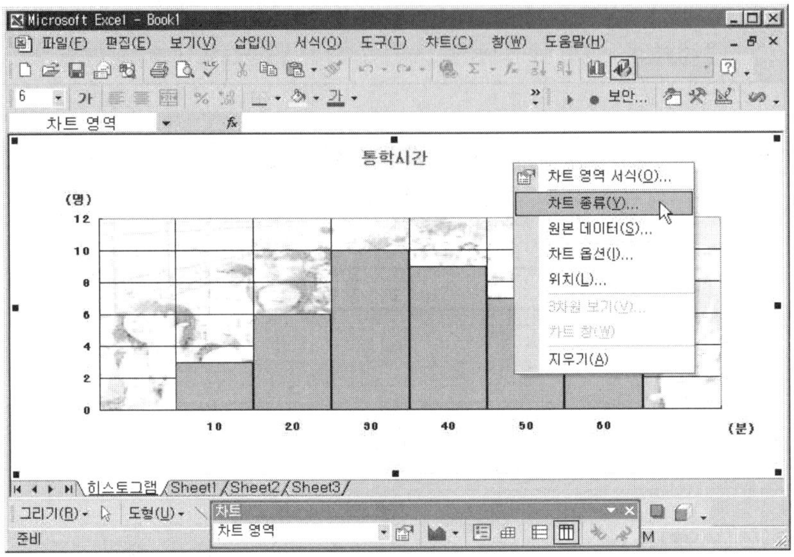

(3) 차트 마법사를 실행하여 차트를 그릴 때 4 단계 중 1 단계에서 차트 종류를 선택하는 단계가 다시 나온다. [차트종류－꺾은선형]을 선택하고 [차트 하위 종류－데이터 표식이 있는 꺾은선형]을 차례로 선택한다.

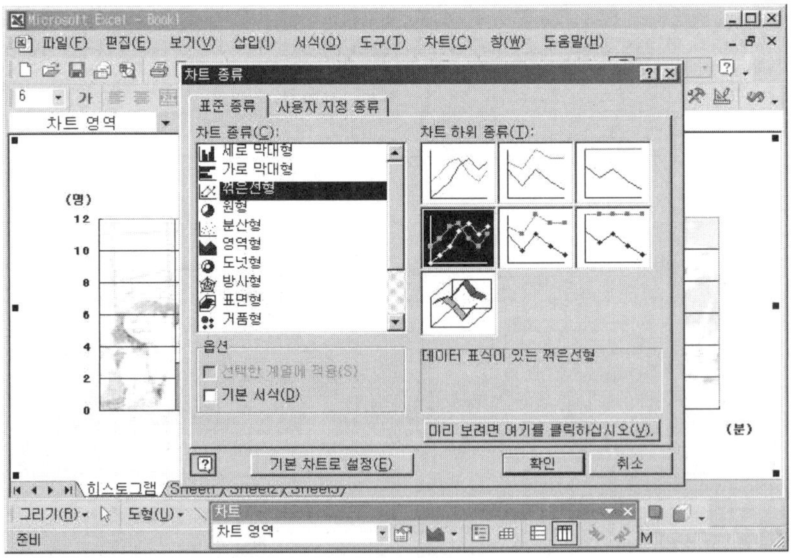

(4) [미리 보려면 여기를 클릭하십시오] 버튼을 누른채 그리려고 하는 도수분포다각형이 나오는지 확인한 다음 [확인] 버튼을 클릭한다. 차트를 그릴 때 미리 보는 기능을 적절히 이용하는 것이 좋다.

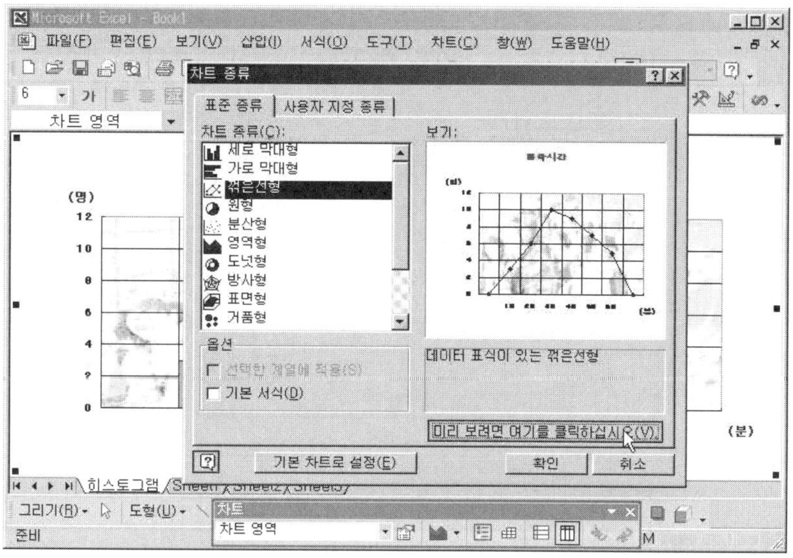

(5) (계급값, 도수)의 위치에 있는 도형(◆－데이터 계열)에 마우스 포인터를 맞추고 마우스 오른쪽 버튼을 클릭하여 나타나는 팝업 메뉴에서 [데이터 계열 서식]을 선택한다.

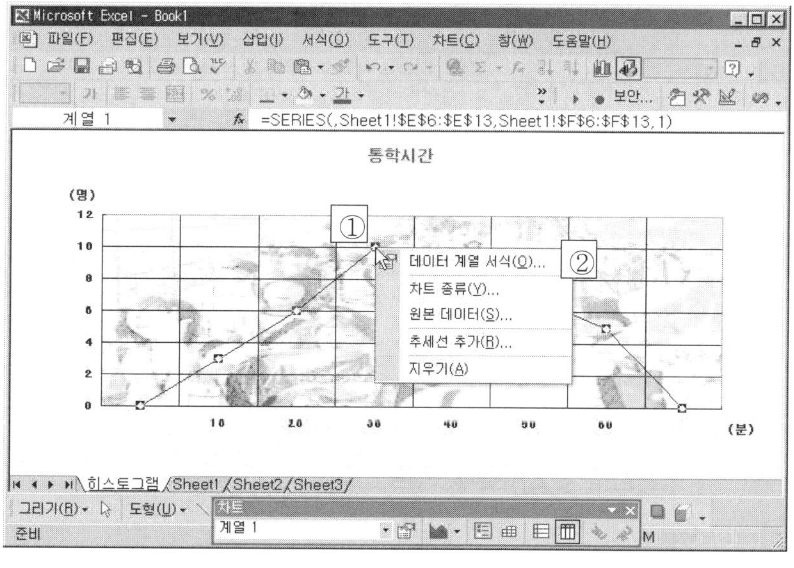

(6) [데이터 계열 서식] 대화상자가 나오는데, 서식을 설정하는데 필요한 많은 탭이 나온다. 하지만 여기서는 [무늬] 탭만 설정을 변경하면 된다. [선]-[색-빨강], [선]-[두께-가장 두꺼운 선]을 차례로 선택한다.

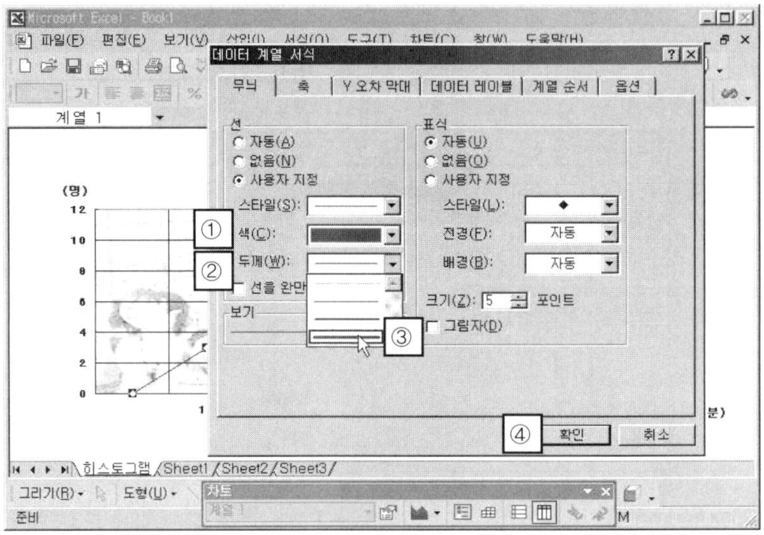

(7) [보기]에 적용된 선이 나타나는 것을 확인할 수 있을 것이다. 이어서 오른쪽의 표식에 대한 설정 변경으로 [표식]-[스타일-원], [표식]-[전경-빨강], [표식]-[배경-빨강], [표식]-[크기-10포인트]를 설정한 후 [확인] 버튼을 클릭한다.

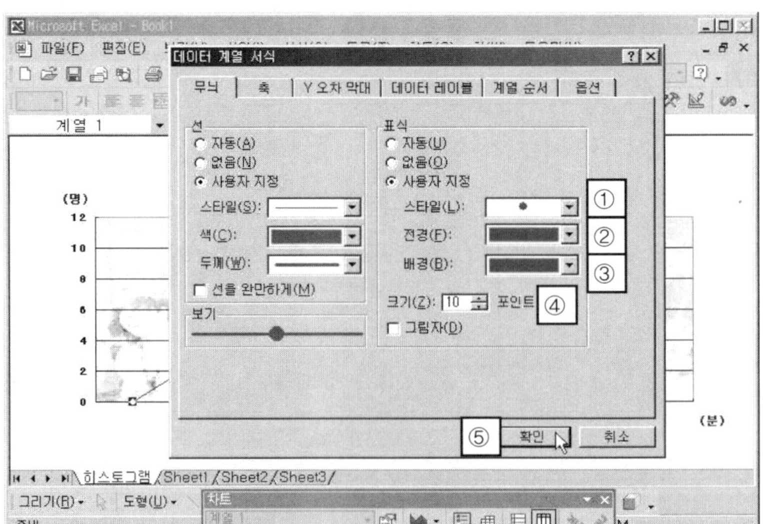

(8) 도수분포다각형이 완성된 화면이다.

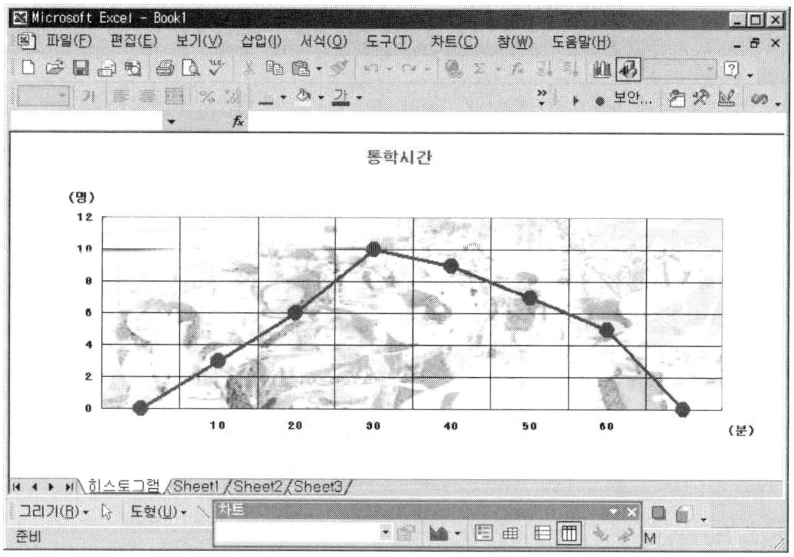

주의 아래 그림의 도수분포표에서 계급의 맨 위쪽과 맨 아래쪽의 도수는 0이 입력되어 있어야 정확한 도수분포다각형이 만들어진다. 만약 도수 0을 입력하지 않으면 도수분포다각형이 [X(항목) 축]과 연결되지 않게 된다.

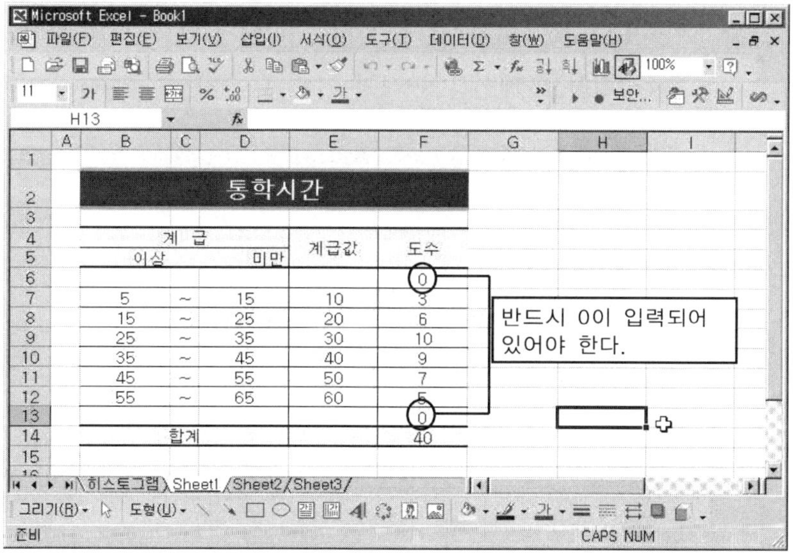

계급 이상		계급 미만	계급값	도수
				0
5	~	15	10	3
15	~	25	20	6
25	~	35	30	10
35	~	45	40	9
45	~	55	50	7
55	~	65	60	5
				0
합계				40

6. 도수분포표에서 평균 구하기

도수분포표에서 평균을 구하는 것은 엑셀의 우수한 계산 기능을 적절히 활용하는 것이 될 것이다. 간단한 식을 입력하는 기능을 익히고, 거기에 필요한 간단한 함수를 이용할 수 있으면 아주 유용하게 활용할 수 있다.

예제 5 다음 표는 상민이네 반 40명의 수학 성적을 조사하여 만든 도수분포표이다. 상민이네 반의 수학 성적의 평균을 구하여 보자.

계 급 (점)			도수
50 (이상)	~	60 (미만)	1
60	~	70	4
70	~	80	10
80	~	90	16
90	~	100	9
합 계			40

풀이 (1) 아래와 같은 도수분포표를 만든다. 셀 영역 [B2:H2], [B4:D4], [E4:E5], [F4:F5], [G4:H4], [B11:D11], [G11:H11]은 “셀 병합 후 가운데 맞춤”를 설정하고 괘선은 아래의 그림과 같이 설정한다.

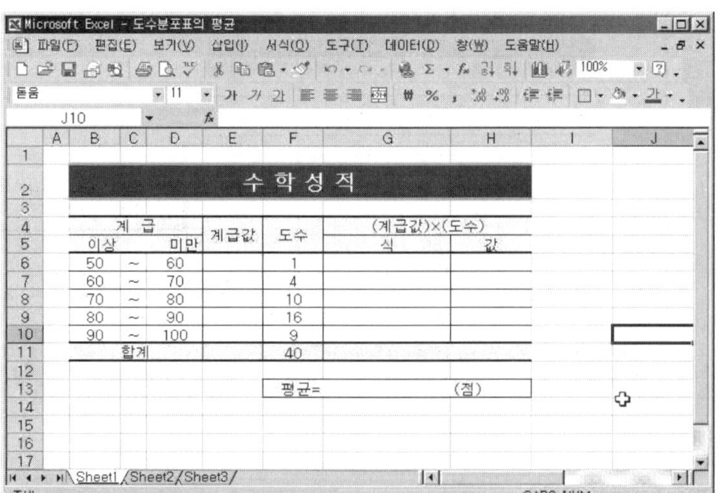

(2) 셀 [E6:E10]을 마우스로 드래그하여 선택하고, "=(B6+D6)/2"를 입력한 후에 Ctrl+Enter↵를 동시에 누른다. 이와 같이 여러 개의 셀에 같은 식을 입력할 때는 입력할 셀을 한꺼번에 선택하고 Ctrl+Enter↵를 동시에 눌러주면 된다.

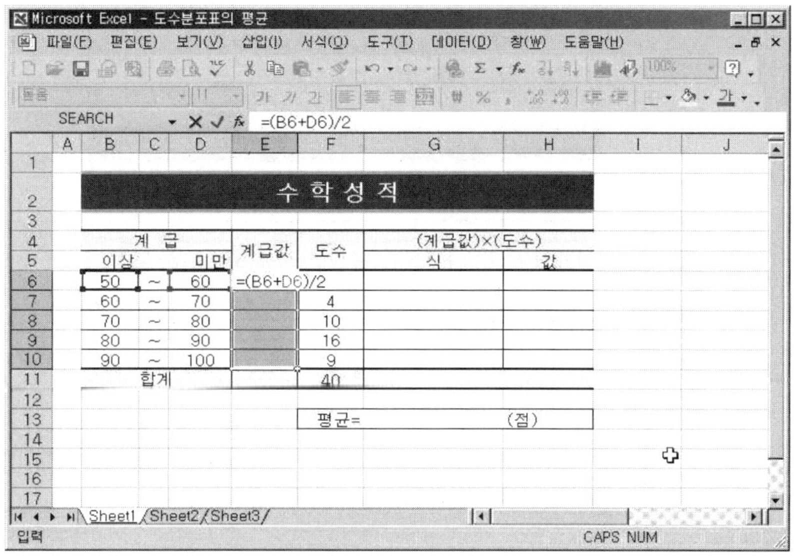

(3) 셀 [H6:H10]을 마우스로 드래그하여 선택하고, "=E6*F6"를 입력한 후에 Ctrl+Enter↵를 동시에 누른 다음 "왼쪽 맞춤" 도구(≡)를 클릭하여 계산된 결과가 왼쪽에 정렬되게 한다. 셀 [G6:G10]의 계산식과 연관시키기 위함이다.

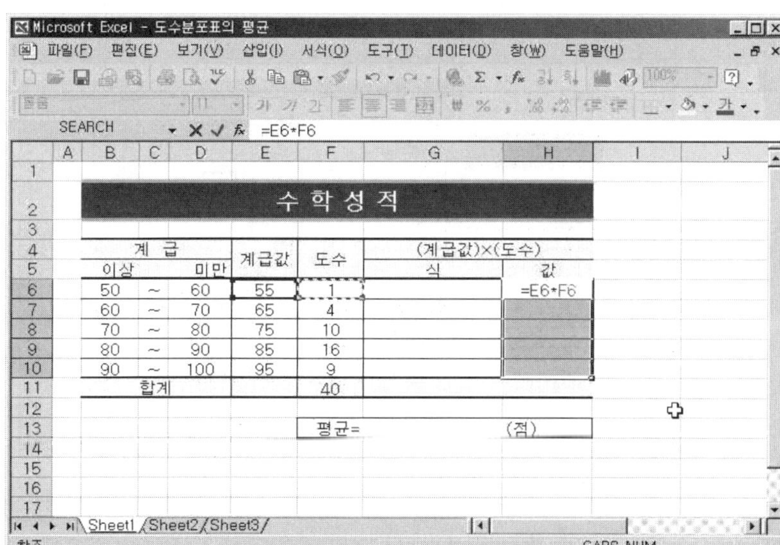

(4) 계산된 결과에서 마우스 오른쪽 버튼을 눌러 팝업메뉴가 나오게 한다. [셀 서식]을 선택한다. 메뉴의 [서식]-[셀]을 차례로 누르는 것과 같다.

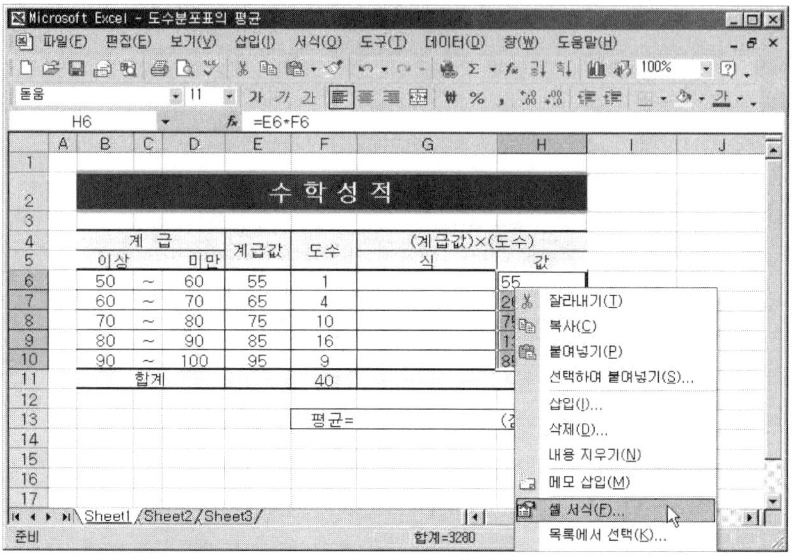

(5) [표시형식] 탭에서 [사용자 지정]을 선택하고 [형식]에 "????"를 입력한 후 [확인] 버튼을 클릭한다. (계급값)*(도수)의 값이 네 자리의 정수가 되는 경우가 있기 때문에 네 자리로 맞추어 적어서 계산할 때 도움이 되게 한다.

(6) 셀 [G6:G11]을 마우스로 드래그하여 선택하고 [=E6&"ㄷ]을 입력한 후 [한자] 키를 누르면 아래의 그림과 같이 특수문자가 나온다. 화살표 키를 눌러 이동한 후 "×"를 선택한다.

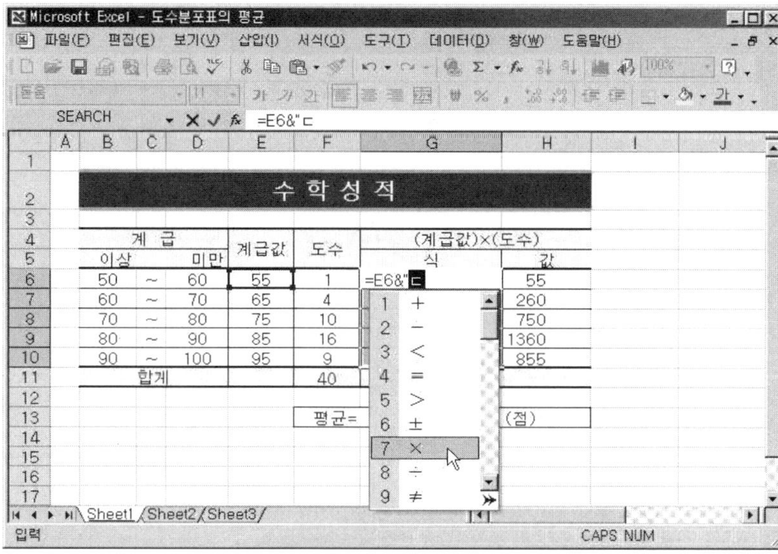

(7) 나머지 식을 아래의 그림과 같이 입력하여 [=E6&"×"&F6&"="]가 되게 한 후 Ctrl+Enter를 동시에 눌러 한꺼번에 입력한 후 "오른쪽 맞춤"을 도구를 클릭한다. 위에서 입력한 "값"과 연결되어서 나오게 된다.

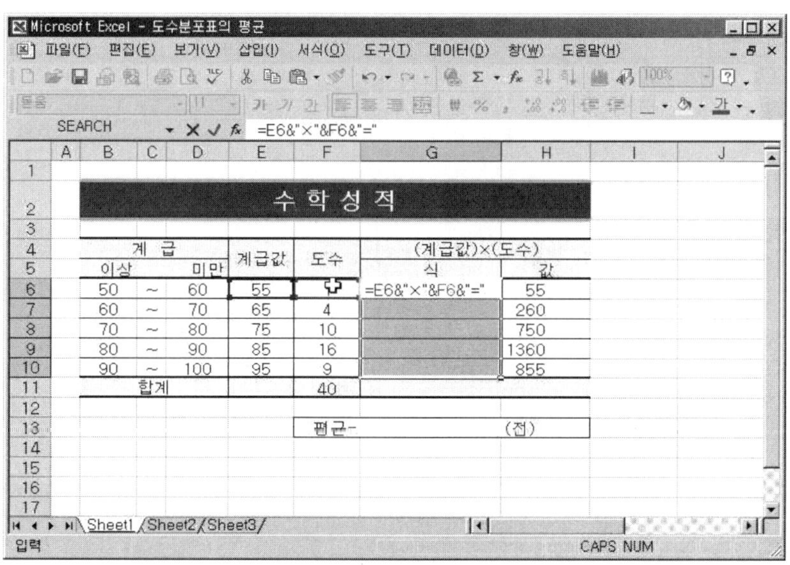

(8) 셀 [G11]을 선택한 후 "=SUM(H6:H10)"을 입력한 후 Enter↵ 를 눌러 (계급값)×(도수)의 합을 구한다. "=SUM(H6:H10)"을 입력할 때 "H6:H16"은 마우스로 드래그하면 자동으로 입력된다.

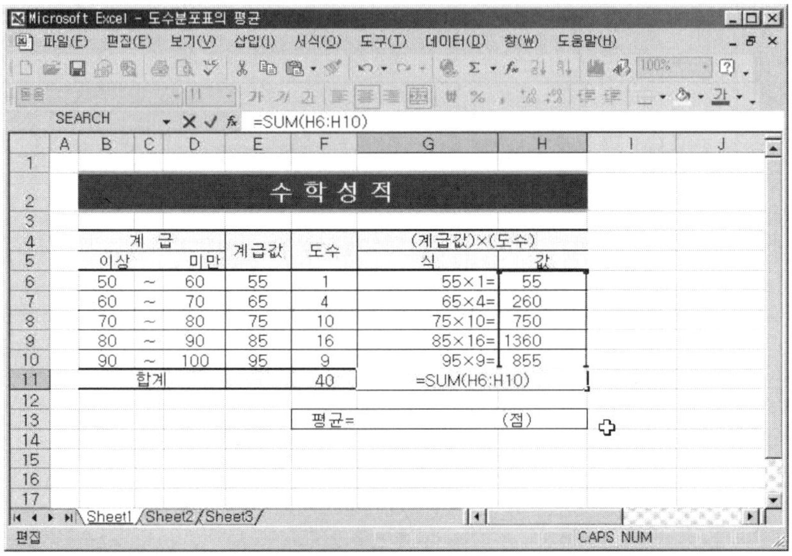

(9) 수학 성적의 평균을 구할 셀 [G13]을 선택한 후 "=G11/F11"을 입력한 후 Enter↵ 를 눌러 도수분포표의 수학 성적의 평균을 구한 다음 "가운데 맞춤"을 적용한다. [G11]과 [H11]은 마우스로 해당 셀을 클릭하여 입력할 수도 있다.

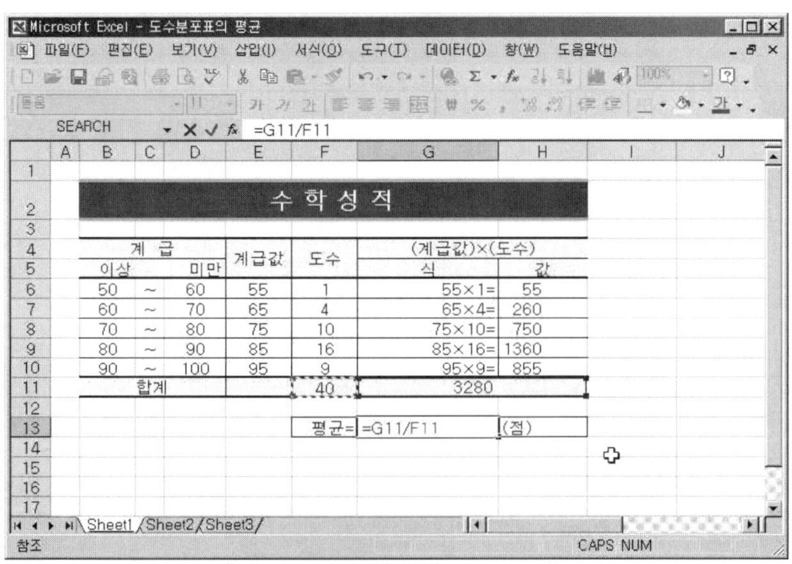

(10) 문제에서 주어진 도수분포표를 이용하여 수학 성적의 평균을 구한 화면이다.

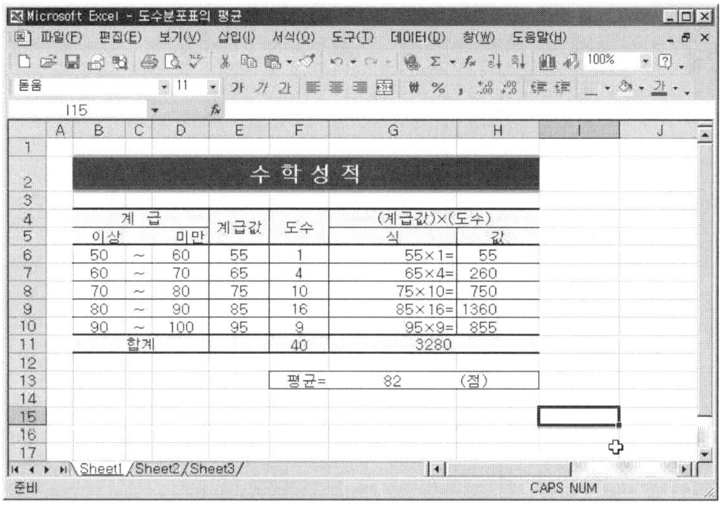

참고

위의 도수분포표에서 "식"이 들어갈 셀 [G6:G10]에 처음부터 식이 나타나게 하지 않고 계급값과 도수가 입력되고 난 후에 식이 나타나게 할 수는 없을까?

엑셀의 IF 함수와 AND 함수를 이용하면 간단히 해결된다. 이들 함수를 살펴보면 먼저 IF 함수는 "=IF(조건, 조건이 참일 때 결과, 조건이 거짓일 때의 결과)"이 되는데 IF 함수의 조건은 계급값과 도수가 입력되어야 참이 되므로 이 조건을 판별할 함수로 AND 함수를 사용한다. AND 함수는 "=AND(조건1, 조건2, ···)"으로 조건들이 모두 참일 때 그 결과가 참이다. 따라서 셀 [G6:G10]에 들어갈 식은 다음 그림과 같다.

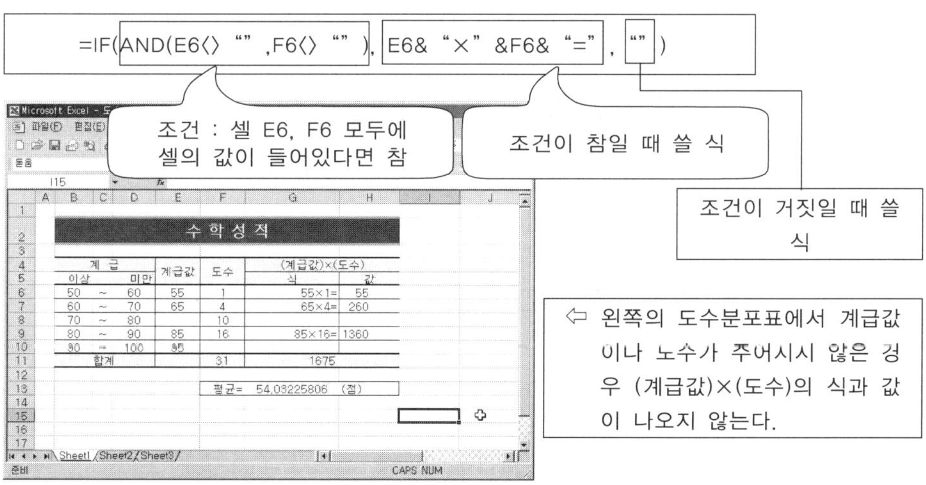

7. 도수분포표에서 상대도수 구하기

도수분포표에서 상대도수를 구하는 것은 엑셀의 우수한 계산 기능을 활용하는 것인데 절대주소를 이용하여 상대도수를 구하여야 한다.

예제 7 다음 표는 상민이네 학교 200명의 수학 성적을 조사하여 만든 도수분포표이다. 상민이네 학교 수학 성적의 상대도수를 구하여 보자.

계 급 (점)			도수
50 이상	~	60 미만	12
60	~	70	26
70	~	80	64
80	~	90	58
90	~	100	40
합 계			200

풀이 (1) 아래와 같은 도수분포표를 만든다. 셀 영역 [B2:H2], [B4:D4], [E4:E5], [F4:F5], [B11:D11]은 "셀 병합 후 가운데 맞춤"를 설정하고 괘선은 아래의 그림과 같이 설정한다.

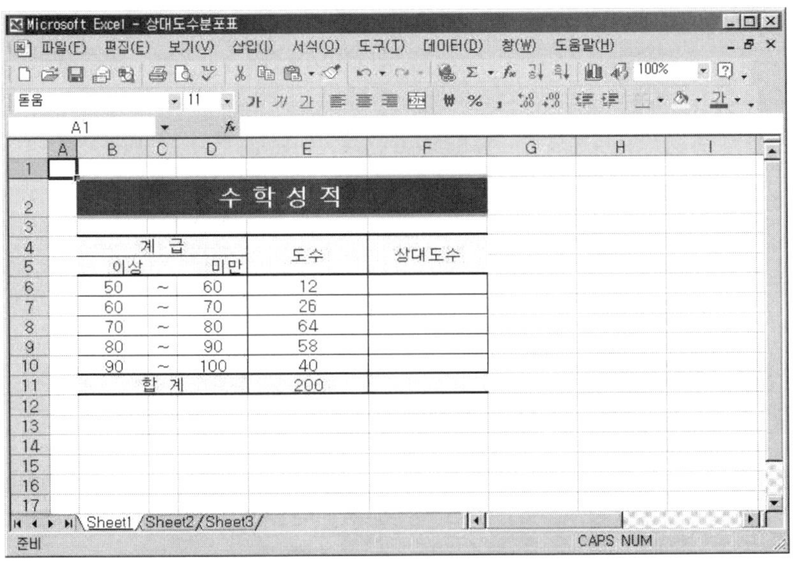

(2) 셀 영역 [F6:F10]을 마우스로 드래그하여 선택하고 [=E6/$E$11]를 입력하고 Ctrl+Enter↵를 동시에 누른다. 셀 주소 “E6”와 “$E$11”을 입력할 때는 마우스로 클릭하여 입력한다. “$E$11”의 “$”는 셀 [E11]을 선택하고 F4를 누르거나 직접 입력한다. “가운데 맞춤” 도구를 클릭한다.

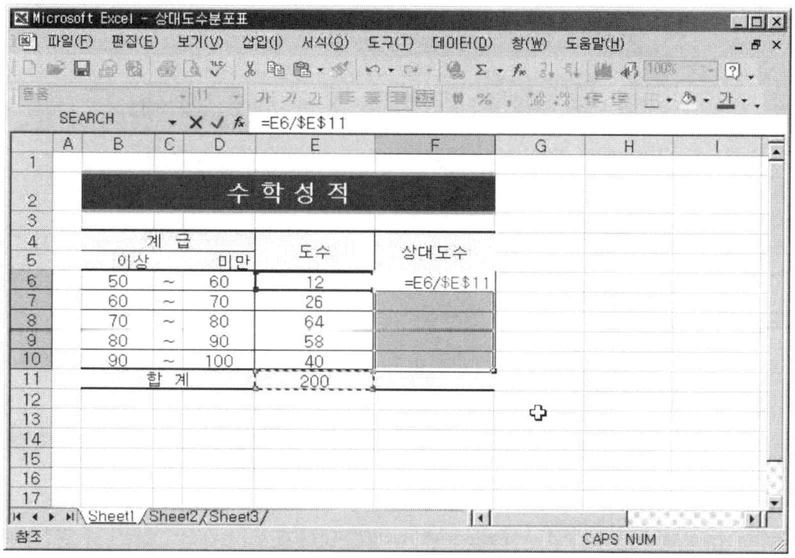

(3) 결과인 상대도수를 소수점 아래 둘째 자리까지 나타내기 위해 마우스 오른쪽 버튼을 클릭하고 나타나는 팝업 메뉴에서 [셀 서식]을 선택한다.

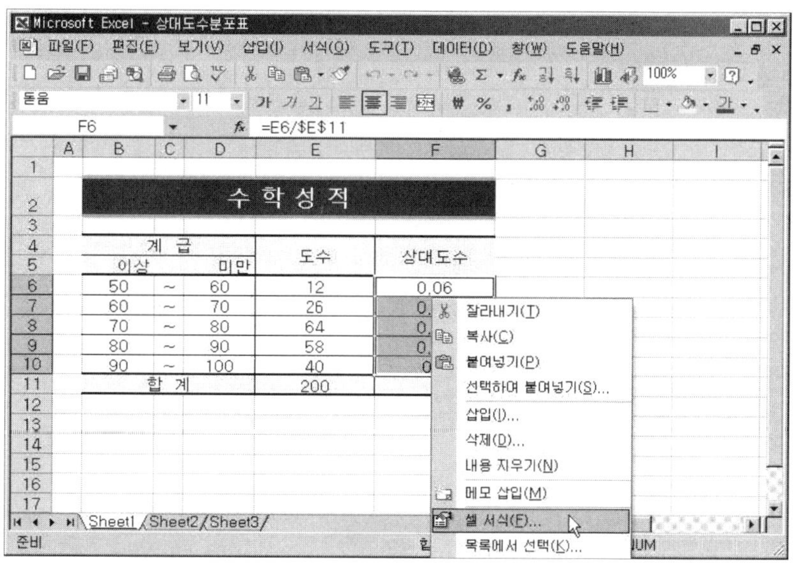

(4) [셀 서식] 대화상자에서 [범주]의 [숫자]를 선택하고 [소수 자릿수]를 “2”로 설정한 다음 [확인] 버튼을 클릭한다.

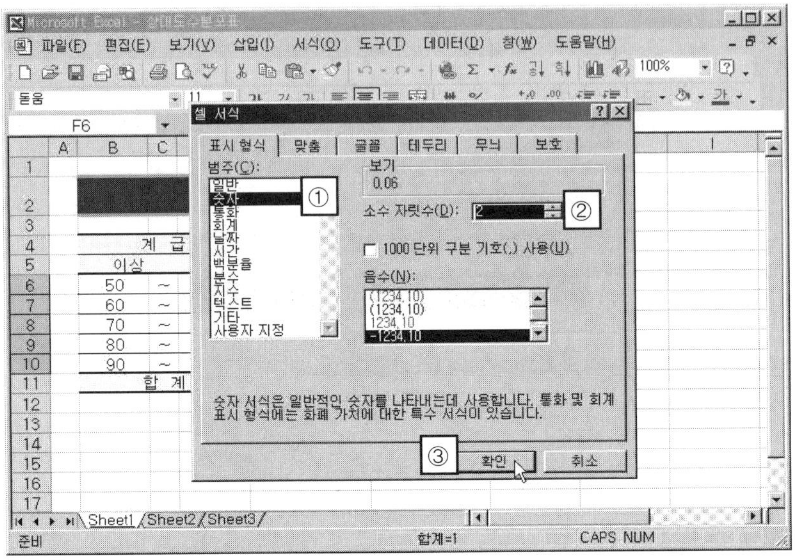

(5) 셀 [F11]을 선택하고 [=SUM(F6:F10)]을 입력하고 Enter↵를 누른다. 셀 [F11]의 값이 계산 대상이 되는 셀 [F6:F10]의 서식을 따라 “1.00”이 나오는데 [셀 서식]−[표시형식]−[범주]−[일반]으로 설정하여 “1”이 되게 하여 완성한다.

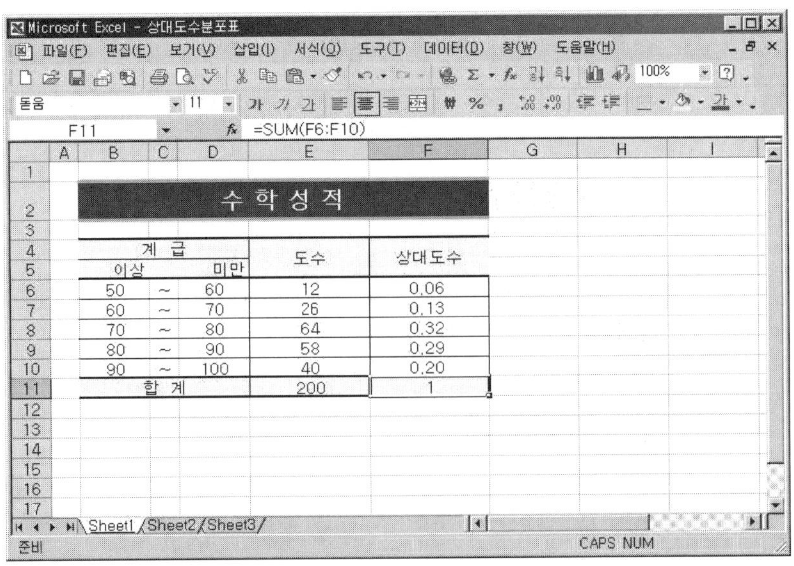

8. 상대도수의 분포를 나타낸 그래프 그리기

도수분포표를 이용하여 상대도수를 구하고 그 결과를 그래프로 그리는 과정이다. 그래프를 그리는 과정은 앞의 히스토그램을 그리는 과정과 중복되는 것은 생략하고 진행한다.

예제 8 다음 표는 A 중학교의 영어 성적의 상대도수를 나타낸 표이다. 이 상대도수의 분포표를 분포다각형으로 나타내어 보자.

계 급 (점)			상대도수
40 이상	~	50 미만	0.05
50	~	60	0.10
60	~	70	0.15
70	~	80	0.30
80		90	0.25
90	~	100	0.15
합 계			1

풀이 (1) 아래와 같은 상대도수의 분포표를 만든다.

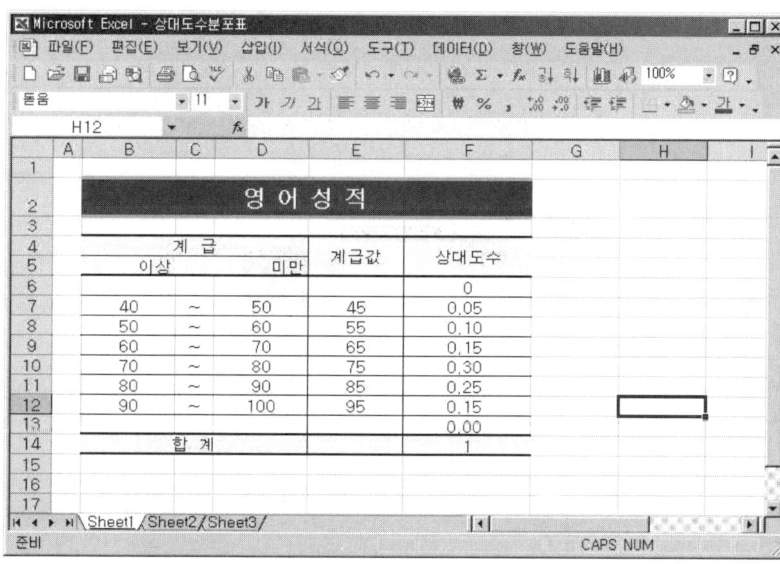

계 급			계급값	상대도수
이상		미만		
				0
40	~	50	45	0.05
50	~	60	55	0.10
60	~	70	65	0.15
70	~	80	75	0.30
80	~	90	85	0.25
90	~	100	95	0.15
				0.00
합 계				1

(2) 메뉴의 [도구]-[옵션]을 차례로 클릭하여 아래의 옵션 대화상자가 나오게 하고, [눈금선], [0값]의 체크박스의 체크를 해제하여 워크시트의 셀 안내선과 셀의 0값이 나타나지 않게 한다. 이렇게 하면 상대도수의 분포표만 보이게 된다.

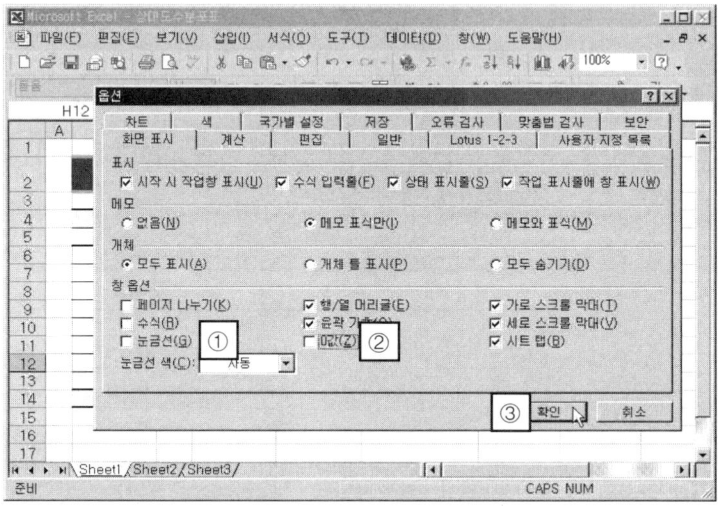

(3) 셀 [F6:F13]을 마우스로 드래그하고 차트마법사 도구를 클릭한다. 차트 종류를 [꺾은선형]-[데이터 표식이 있는 꺾은선형]을 선택하고, [미리 보려면 여기를 클릭하십시오] 버튼을 마우스로 누르고 확인한 후 다음을 클릭한다.

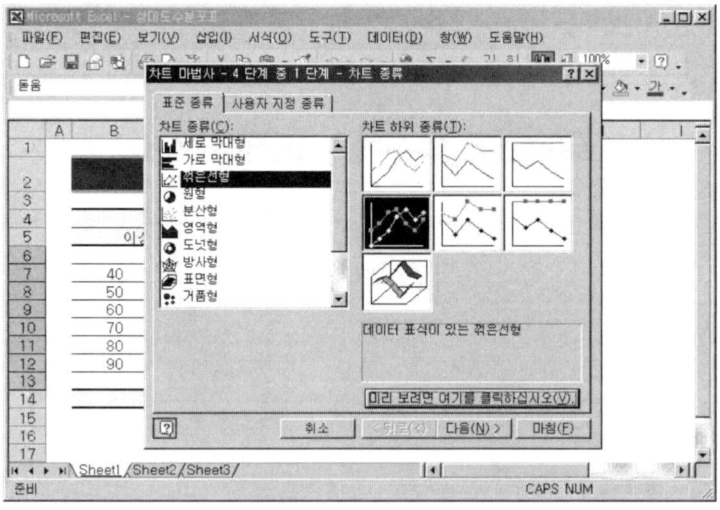

(4) [원본 데이터] 대화상자에서 [X(항목) 축 레이블]은 셀 [E6:E13]을 마우스로 드래그하여 설정한 후 [다음] 버튼을 클릭한다.

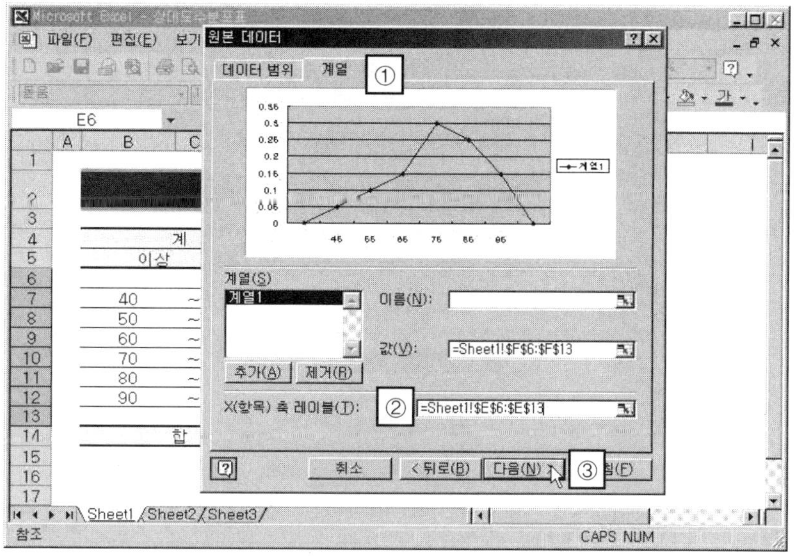

(5) [차트 옵션] 대화상자의 제목 탭에서 [제목－영어성적], [X(항목) 축－계급값], [Y(값) 축－학생수]를 입력하고, 눈금선 탭의 [X(항목) 축]의 체크박스의 체크를 선택한다. 범례 탭에서는 [범례 표시]의 체크박스의 체크를 해제 한 후 [다음]을 클릭한다.

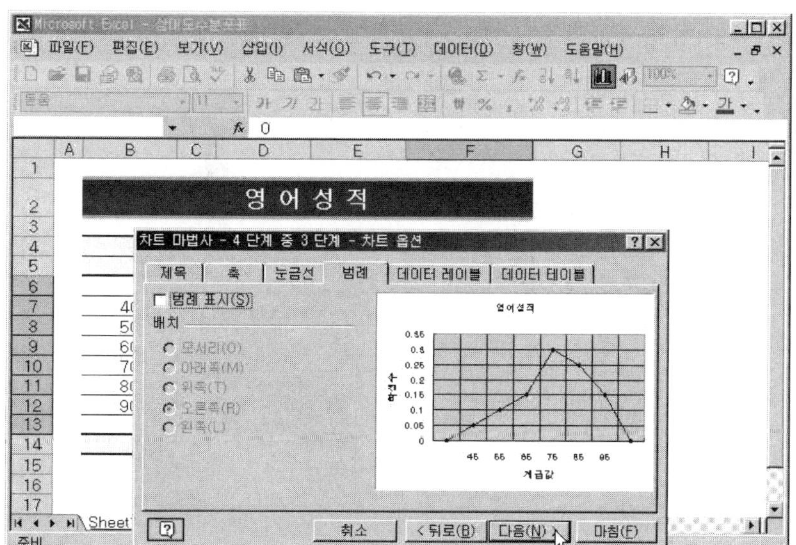

(6) [차트 위치] 대화상자에서 [새로운 시트로]를 선택하고 시트의 이름을 [상대도수의 그래프]로 입력한 후 [마침] 버튼을 클릭한다.

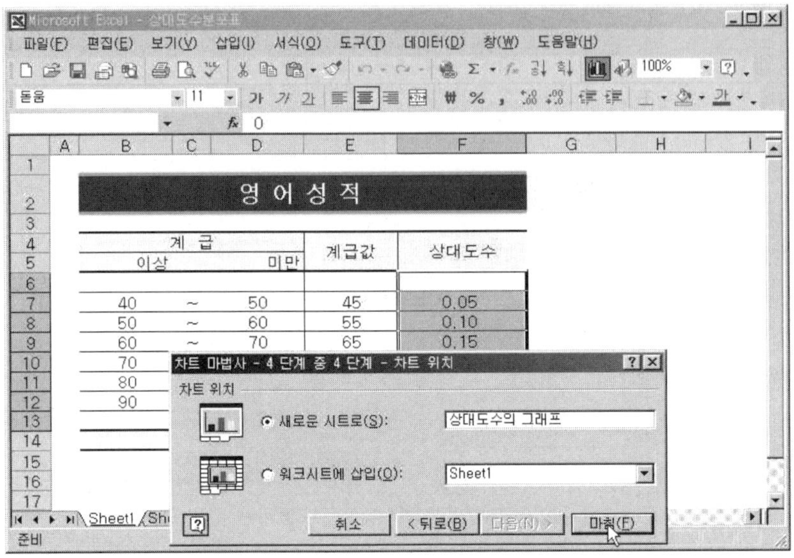

(7) 히스토그램 작성시와 같이 각종 요소에 대한 서식을 설정하고, [Y(값) 축 제목]인 [학생수]에서 마우스 오른쪽 버튼을 누르고 나타나는 [축 제목 서식]의 맞춤 탭에서 방향을 아래의 그림과 같이 세로로 된 "텍스트" 영역을 마우스로 클릭한 후 [확인] 버튼을 누른다.

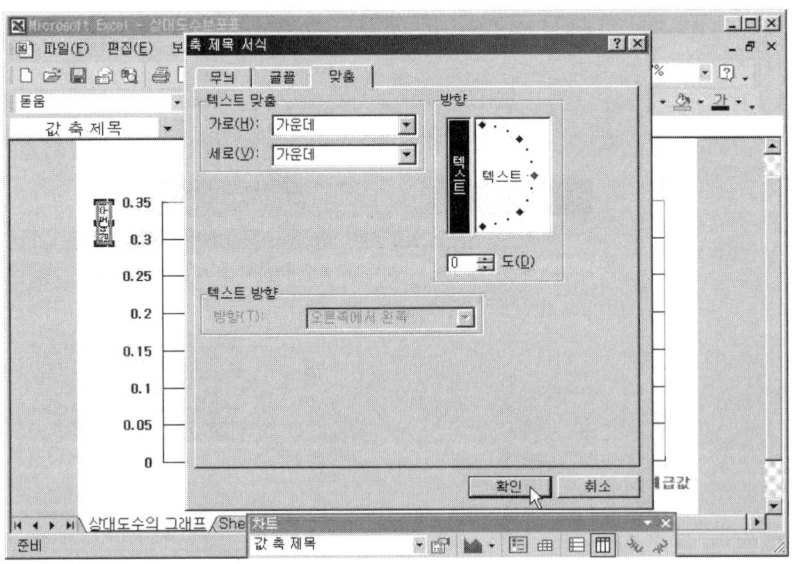

(8) 히스토그램 작성할 때와 같이 각종 요소에 대한 서식을 설정한다. [Y(값) 축]을 더블클릭하여 축 서식의 [범주]의 [숫자]에서 소수 자릿수를 "2"로 설정하여 상대도수를 소수점 아래 둘째 자리로 맞춘다.

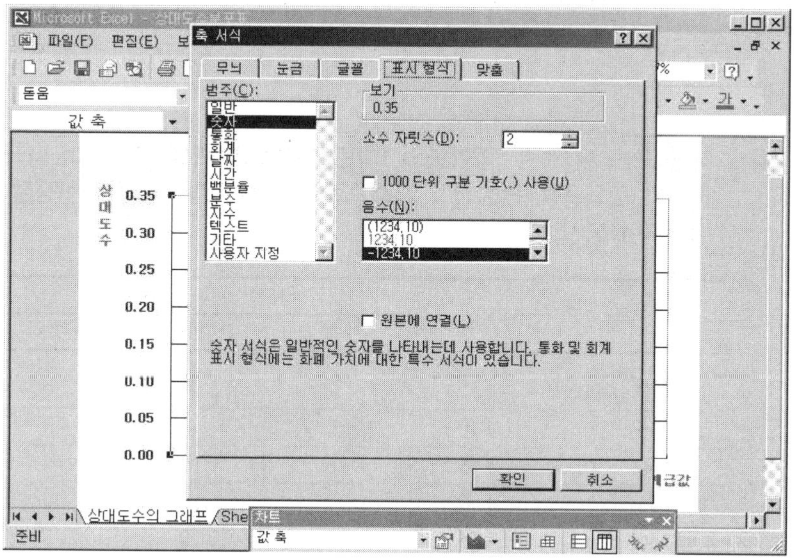

(9) 완성된 화면에서 메뉴의 [보기]에서 [창 크기에 맞게]를 설정한다. 아래 그림은 주어진 상대도수의 분포표를 이용하여 상대도수의 그래프를 완성한 화면이다.

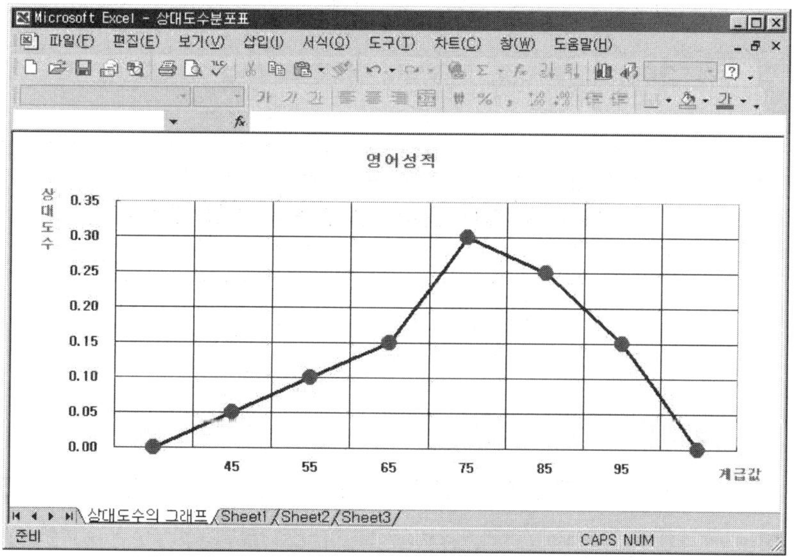

9. 도수의 합이 서로 다른 두 집단의 상대도수분포를 나타낸 그래프 그리기

도수분포표에서 도수의 합이 서로 다른 두 개 이상의 집단에 대하여 집단의 성향을 분석해 보기 위하여 상대도수를 구하고 그 그래프를 그려 보자.

예제 8 다음 표는 A, B 두 중학교의 1학년 학생들의 키를 조사하여 나타낸 것이다. 상대도수의 분포표를 완성하고 그래프로 그려서 어느 중학교 학생들의 키가 더 큰지 비교하여 보자.

계 급 (cm)	도수		상대도수	
	A중학교	B중학교	A중학교	B중학교
130 이상 ~ 135 미만	3	1		
135 ~ 140	5	4		
140 ~ 145	26	10		
145 ~ 150	32	16		
150 ~ 155	50	20		
155 ~ 160	52	21		
160 ~ 165	42	15		
165 ~ 170	32	11		
170 ~ 175	8	2		
합 계	250	100		

풀이 (1) 위에서와 같은 방법으로 아래의 상대도수의 분포표를 만든다.

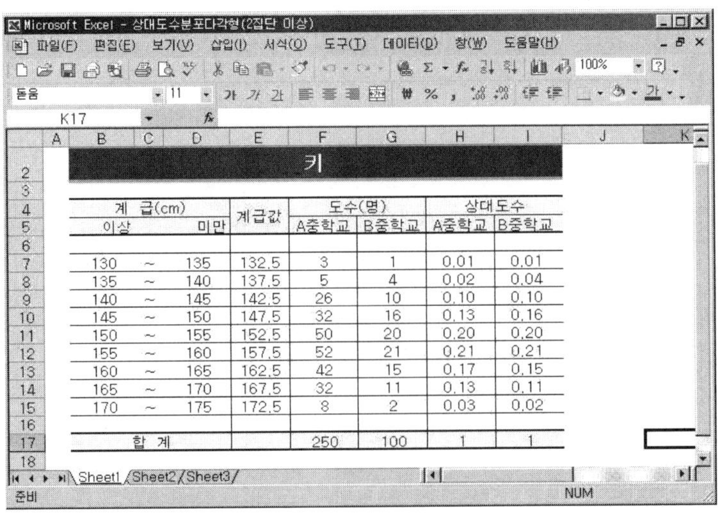
Microsoft Excel - 상대도수분포다각형(2집단 이상)

키

계 급(cm) 이상 ~ 미만	계급값	도수(명) A중학교	도수(명) B중학교	상대도수 A중학교	상대도수 B중학교
130 ~ 135	132.5	3	1	0.01	0.01
135 ~ 140	137.5	5	4	0.02	0.04
140 ~ 145	142.5	26	10	0.10	0.10
145 ~ 150	147.5	32	16	0.13	0.16
150 ~ 155	152.5	50	20	0.20	0.20
155 ~ 160	157.5	52	21	0.21	0.21
160 ~ 165	162.5	42	15	0.17	0.15
165 ~ 170	167.5	32	11	0.13	0.11
170 ~ 175	172.5	8	2	0.03	0.02
합 계		250	100	1	1

(2) 차트를 그릴 때 대부분 데이터 영역을 선택한 후 그리는 것이 보통이나 바로 차트마법사를 실행하여 그래프를 그릴 수도 있다. 차트 마법사 도수를 클릭하여 아래와 같이 차트마법사 4 단계 중 1 단계에서 [차트 종류-꺾은선형], [차트 하위 종류-데이터 표식이 있는 꺾은선형]을 선택한 후 [다음] 버튼을 누른다.

(3) 아직 데이터의 범위를 정하지 않았으므로 그래프가 정상이 아니다. [데이터 범위]의 범위를 선택하기 위하여 아래 그림과 같은 도구를 누른다.

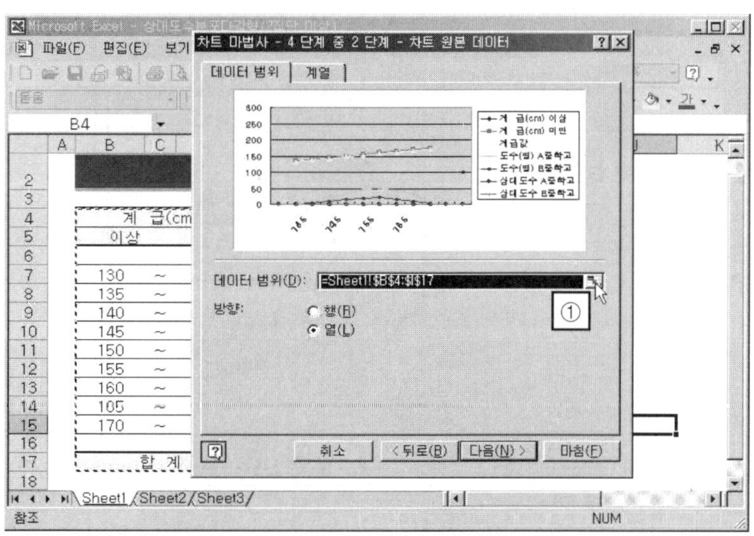

(4) 데이터의 범위로 상대도수가 나타나 있는 셀들을 선택하고, 데이터 범위의 설정이 완료되었다는 뜻으로 그림과 같이 도구를 누른다. 셀 [H6], [H16], [I6], [I16]에는 "0"이 들어있고, 메뉴의 [도구]−[옵션]에서 "0 값"은 보이지 않도록 설정하였다.

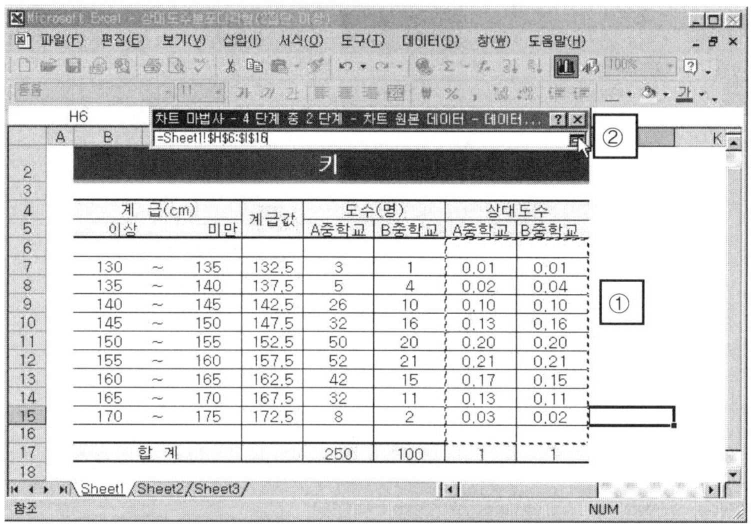

(5) 데이터 범위의 설정을 마치면 아래 그림과 같이 그래프가 정상적으로 나타나는 것을 확인할 수 있을 것이다. 그러나 아직 범례의 이름이 [계열1], [계열2]로 나타나는데 이것을 수정하기 위하여 [계열] 탭을 누른다.

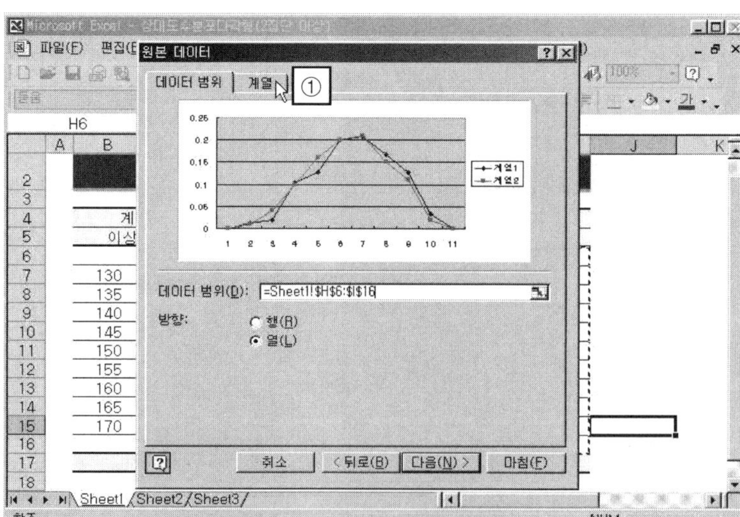

(6) 그래프와 상대도수를 보면 [계열1]은 "A중학교", [계열2]는 "B중학교"를 나타내고 있다. 따라서 계열의 이름을 각각 [A중학교], [B중학교]로 설정하기 위하여 그림과 같이 이름의 도구를 클릭한다.

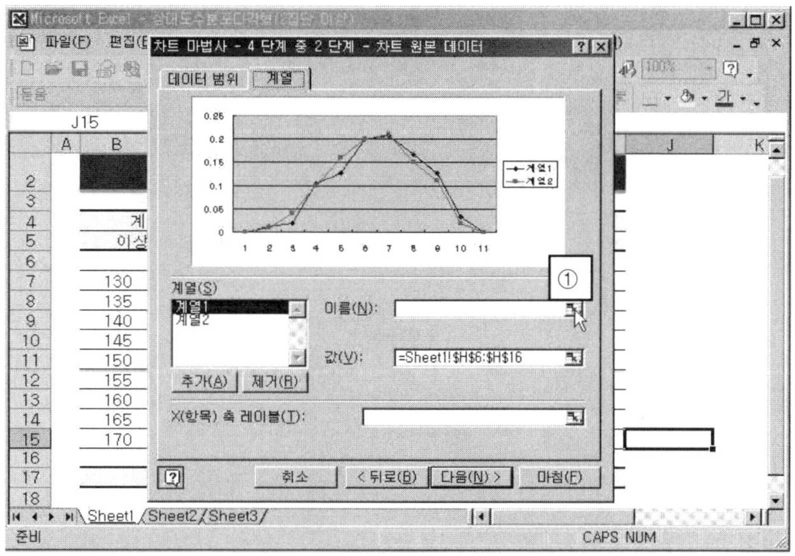

(7) [계열1]의 이름을 [A중학교]로 설정하기 위하여 셀 [H5]를 클릭한다. 같은 방법으로 [계열2]의 이름도 [B중학교]로 설정하기 위하여 위의 그림의 [계열2]를 선택하고 아래의 그림과 같은 방법으로 셀 [I5]를 클릭한다.

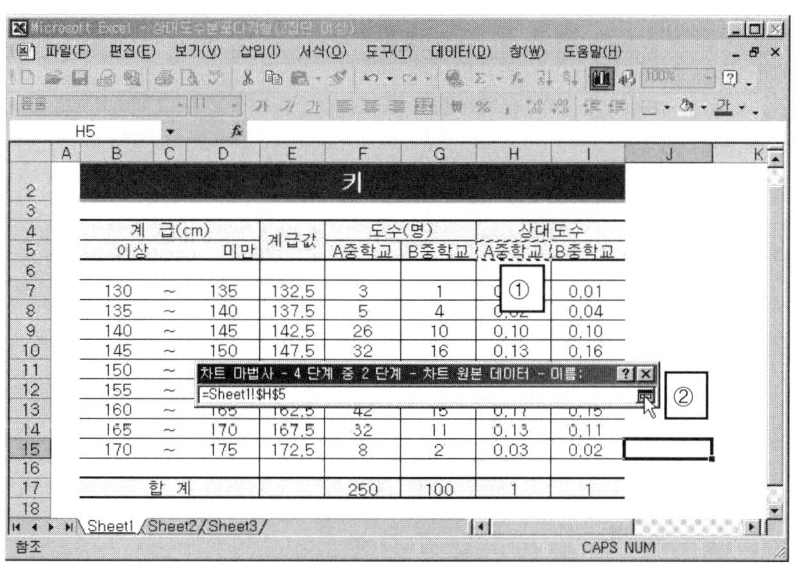

(8) 아래의 그림과 같이 [계열1], [계열2]의 이름이 [A중학교], [B중학교]로 설정된 것을 확인할 수 있을 것이다. 같은 방법으로 [X(항목) 축 레이블]의 범위도 도구모음을 클릭하여 아래 그림과 같이 셀 [E6:E16]으로 설정한다.

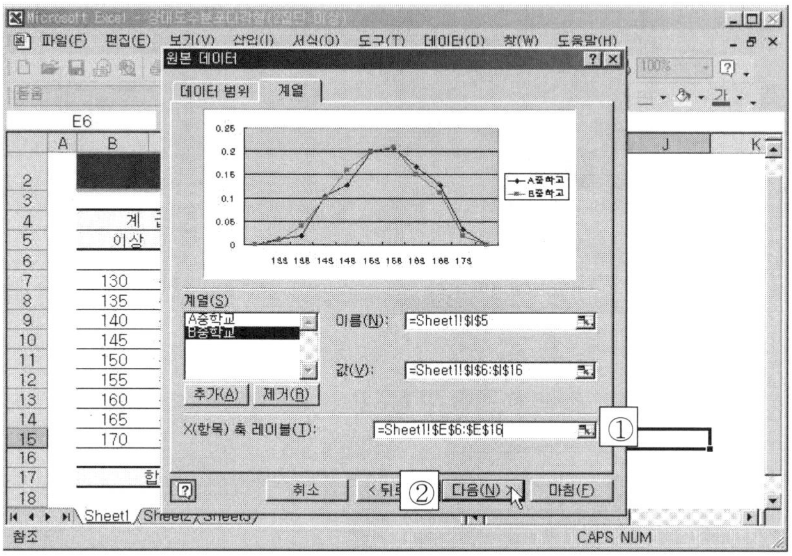

(9) 차트마법사 4 단계 중 3 단계의 차트 옵션을 아래의 그림과 같이 나오도록 설정한다. [제목－키], [X(항목) 축－계급값], [Y(값) 축－상대도수], 눈금선은 [X(항목) 축]의 주눈금선, [Y(값) 축]의 주눈금선을 체크로 설정한다.

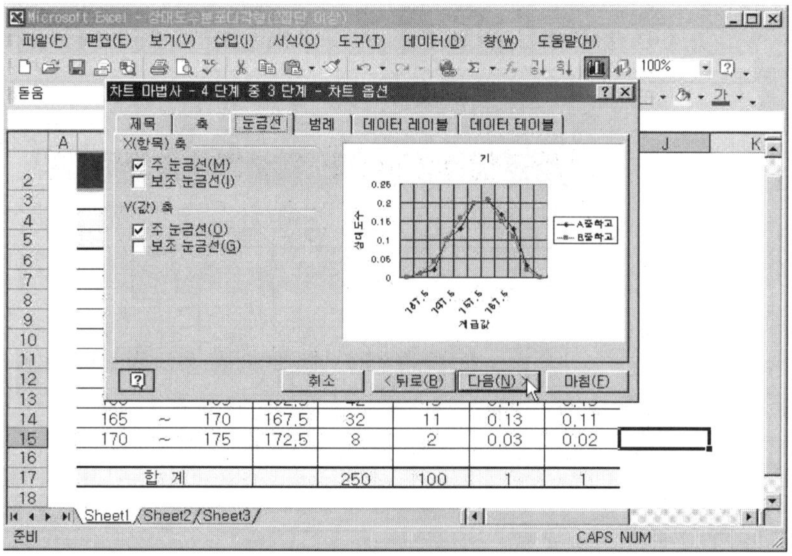

(10) 차트마법사 4 단계 중 4 단계의 차트 위치는 새로운 시트로 하여 시트의 이름을 “그래프(키)”로 설정한 후 [마침] 버튼을 클릭한다.

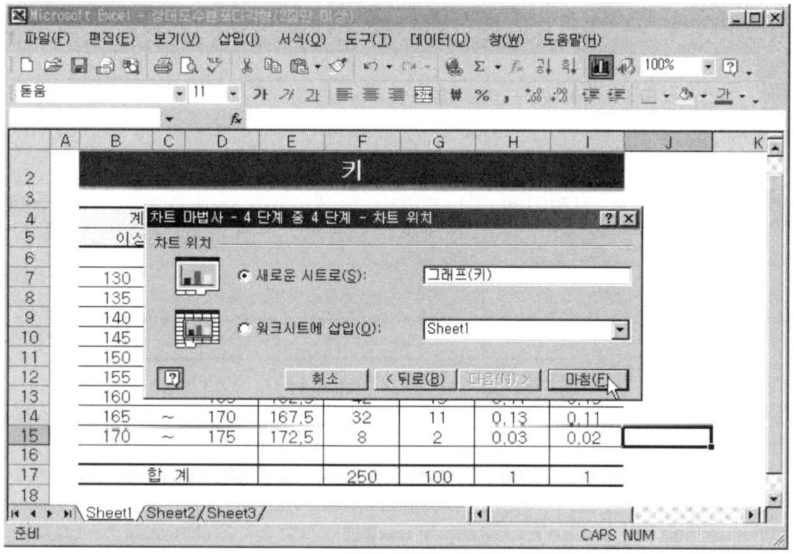

(11) 차트마법사를 통하여 완성된 차트의 각종 서식을 변경하여 아래의 그림과 같이 보기 좋게 꾸민다.

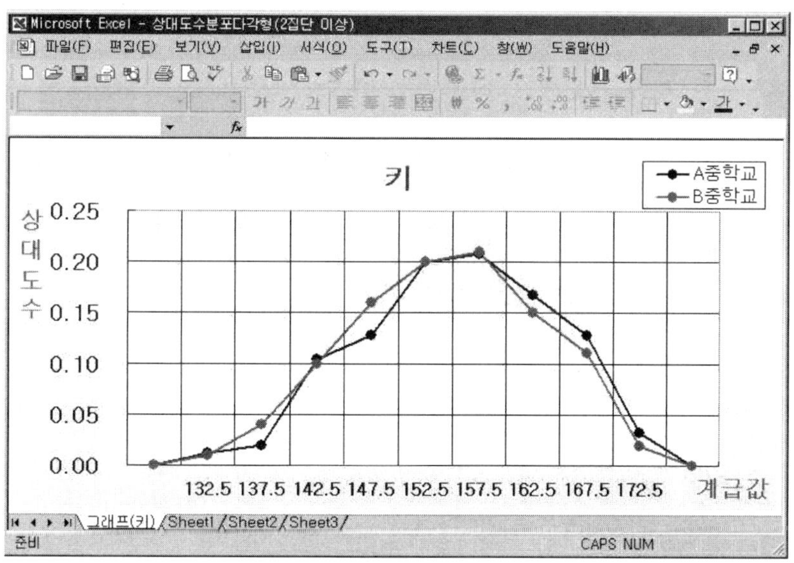

10. 도수분포표에서 누적도수분포표 만들고 그래프 그리기

도수분포표에서 누적도수의 분포표를 만들고 누적도수의 분포표를 보고 누적도수의 그래프를 그려 보자.

예제 다음 표는 상진이네 반 40명의 키에 대한 도수분포표이다. 누적도수의 분포표를 완성하고, 누적도수의 분포를 나타내는 그래프를 그려 보자.

계 급 (cm)			도수
135 (이상)	~	140 (미만)	3
140	~	145	4
145	~	150	5
150	~	155	9
155	~	160	8
160	~	165	5
165	~	170	4
170	~	175	2
합 계			40

풀이 (1) 위에서와 같은 방법으로 아래의 누적도수의 분포표를 만든다.

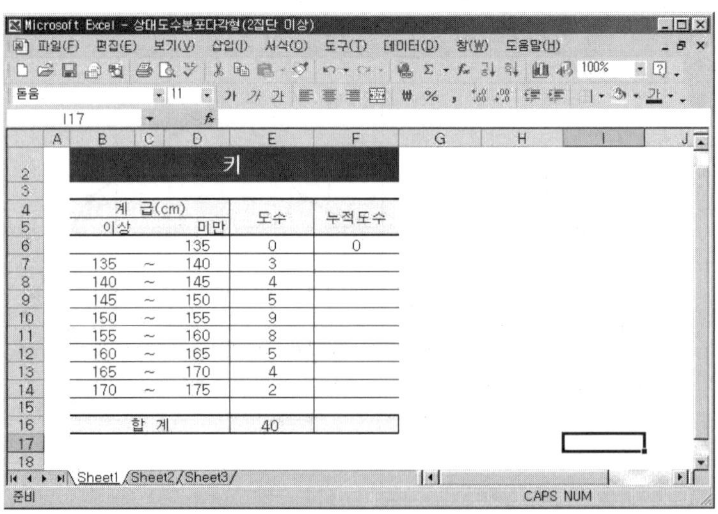

계 급(cm) 이상		미만	도수	누적도수
		135	0	0
135	~	140	3	
140	~	145	4	
145	~	150	5	
150	~	155	9	
155	~	160	8	
160	~	165	5	
165	~	170	4	
170	~	175	2	
합 계			40	

(2) 나중에 누적도수의 그래프를 그릴 때 필요한 조치로 셀 [D6:F6]에 각각 “135”, “0”, “0”이 입력되어 있도록 한다. 또, 글꼴 색 도구를 클릭한 후 글꼴 색을 흰색으로 설정하여 워크시트에서 그 값이 보이지 않도록 한다.

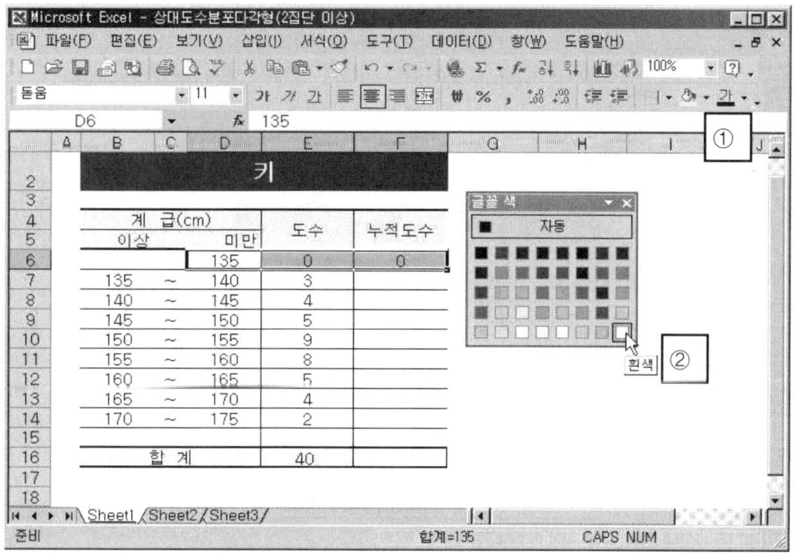

(3) 셀 [F7]의 누적도수는 위의 계급이 없으므로 셀 [E7]의 값과 같다. 따라서 셀 [F7]을 선택한 후 [=E7]을 입력한다.

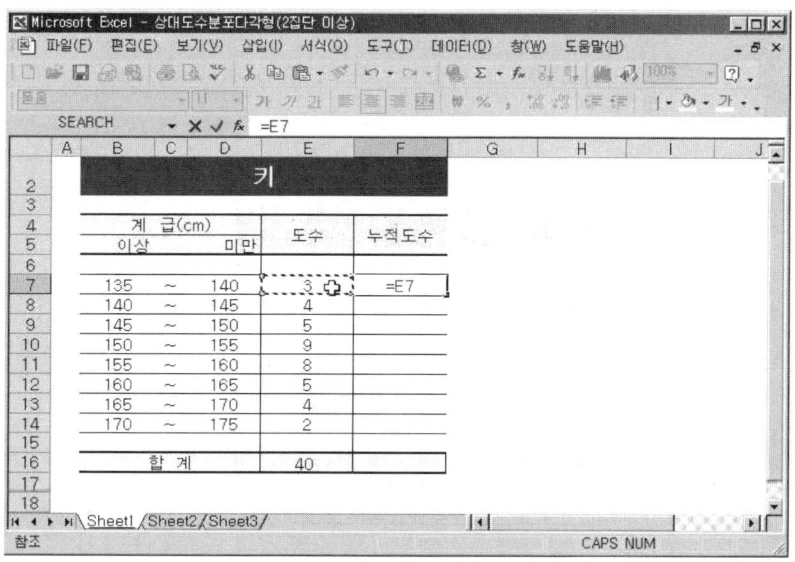

(4) 셀 [F8]의 누적도수는 셀 [E7:E8]의 합이므로 셀 [F8]에는 [=SUM(E7:E8)]을 입력하여도 되나 이렇게 하면 일일이 누적도수를 구하여야 하므로 복잡하다. 따라서 수식을 복사하여 이용할 수 있도록 같은 결과가 나오는 식 [=F7+E8]을 입력한다.

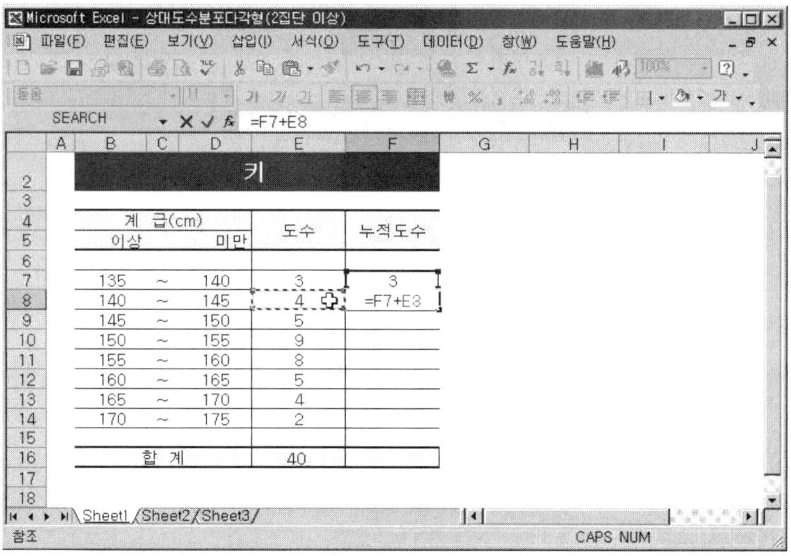

(5) 셀 [F8]에서 채우기 기능을 사용하여 셀 영역 [F9:F14]까지 수식을 복사하여 입력한다.

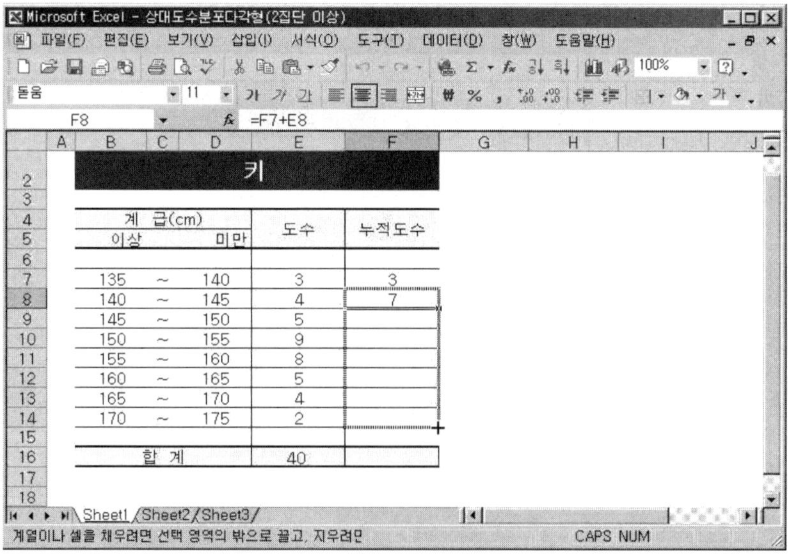

(6) 여기에서도 차트를 그릴 데이터를 먼저 선택하지 않고 차트마법사 도구를 클릭한다. 도수분포다각형이나 상대도수의 그래프에는 계급의 가운데 점을 찍지만 누적도수의 그래프에서는 계급의 오른쪽 끝값에 점을 찍으므로 [차트 종류-분산형], [차트 하위 종류-꺾은선으로 연결된 분산형]을 선택하고 [다음]을 클릭한다.

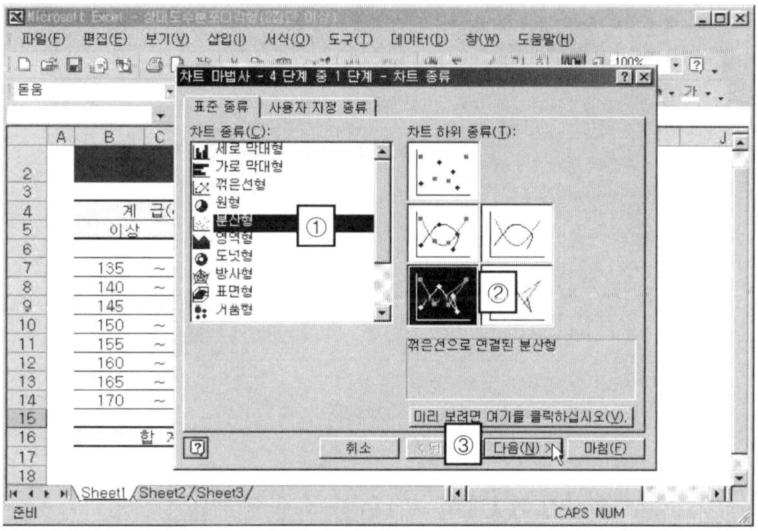

(7) 차트마법사 2 단계의 데이터 범위 도구를 클릭하고 계급의 오른쪽 끝값인 셀 [D6:D14]를 선택하고, Ctrl 키를 누른 채 누적도수인 셀 [F6:F14]를 선택한다.

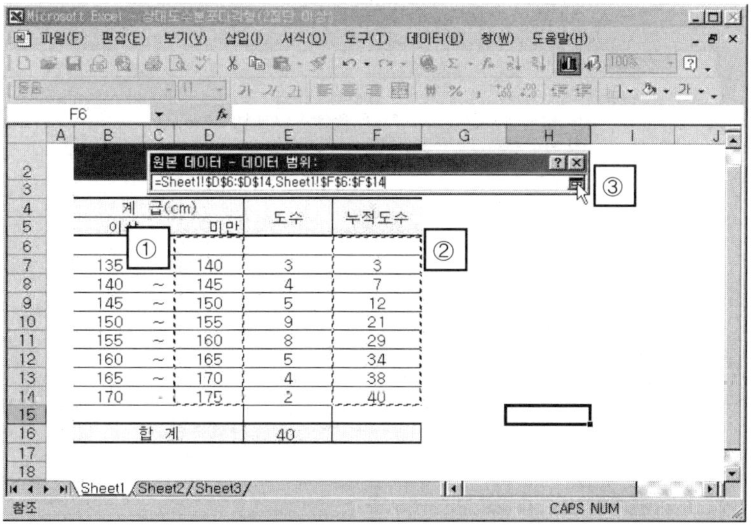

(8) 그래프의 대략적인 형태를 확인한다. 계열은 한 개 뿐이므로 계열 탭은 선택하지 않고 다음 단계로 넘어간다.

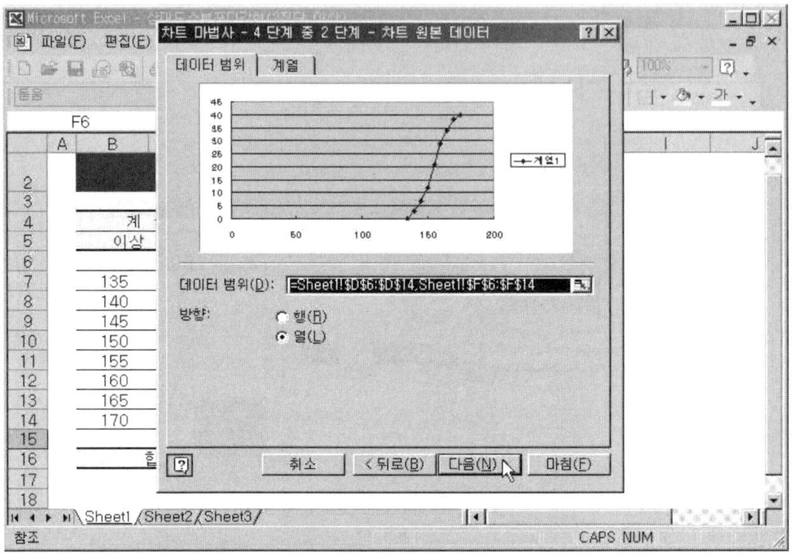

(9) 차트 옵션으로 [제목－상민이네 반의 키], [X(값) 축－키(cm)], [Y(값) 축－학생수]로 입력하고 눈금선의 [X(값) 축－주 눈금선], [Y(값) 축]의 체크를 설정하고, 범례는 [범례 표시]의 체크를 해제한 후 [다음] 버튼을 클릭한다.

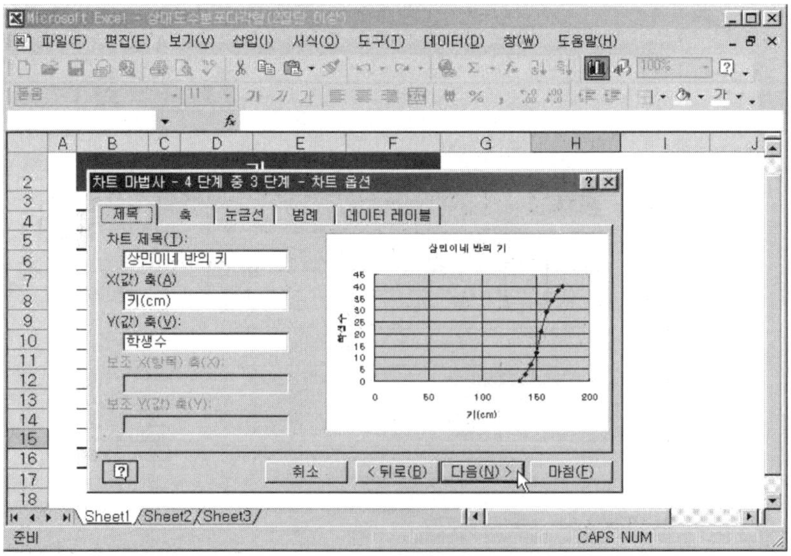

(10) 차트마법사 4 단계에서는 [새로운 시트로]를 클릭하고 시트의 이름을 [누적도수분포다각형]으로 입력하고 [마침] 버튼을 누른다.

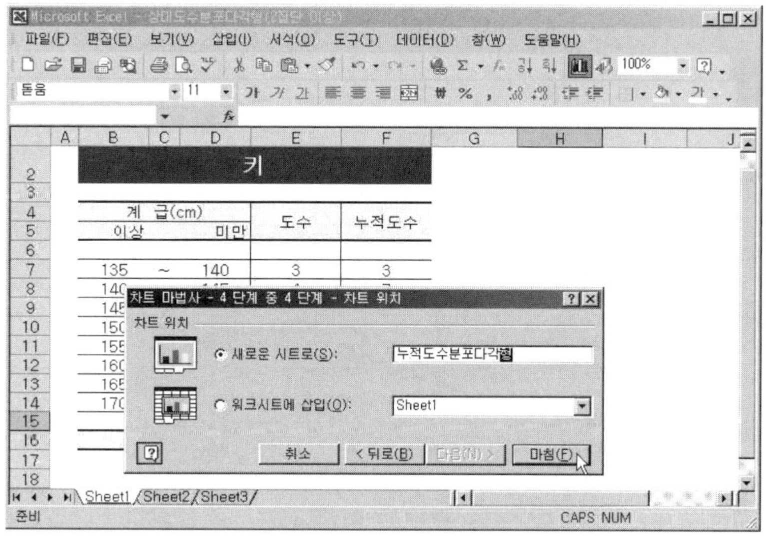

(11) 기본적으로 각종 서식을 변경하여 아래의 그림과 같이 설정하고, 눈금의 간격을 조정하기 위하여 [축 서식] 대화상자에서 [눈금] 탭을 클릭하여 [X(항목) 축 눈금] 서식 대화상자를 불러오고 누적도수분포표의 계급의 최소값 135, 최대값 175이고 계급의 크기가 5이므로 아래와 같이 설정하고 [확인] 버튼을 클릭한다.

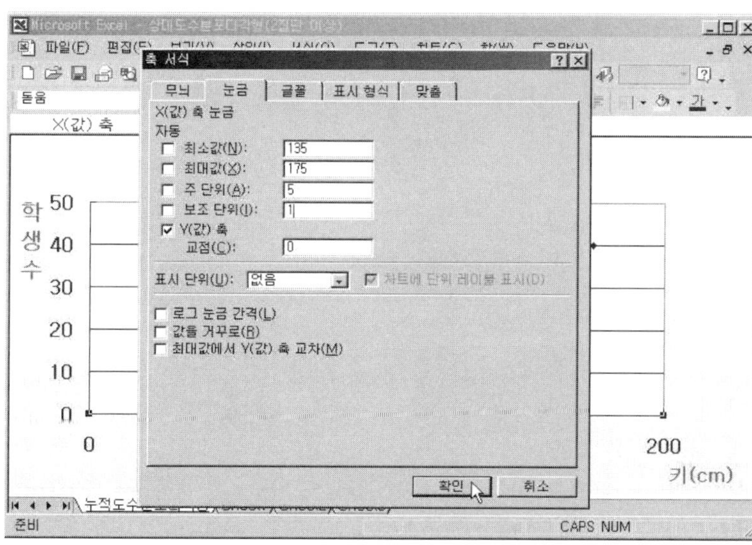

(12) [Y(값) 축] 서식도 [최소값−0], [최대값−40], [주 단위−5]로 설정하여 아래의 그림과 같이 완성한다.

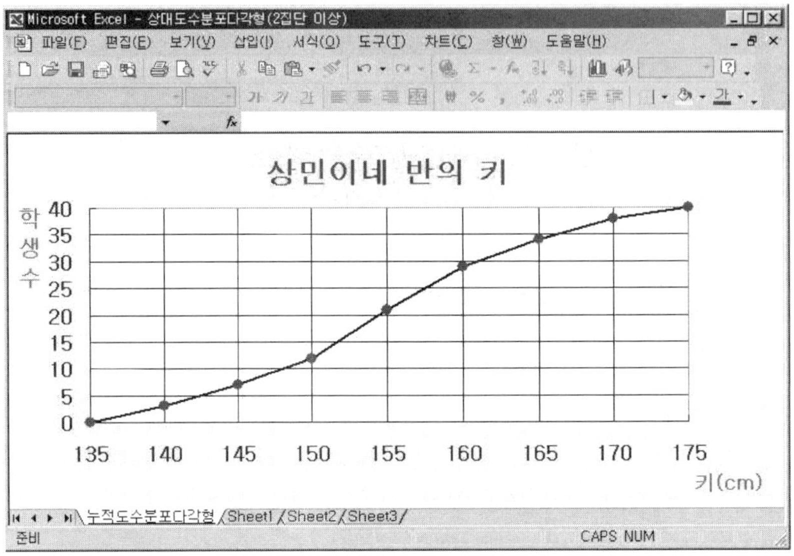

11. 상관도 만들기

두 개의 변화하는 양 사이에서 한 쪽이 증가하면 그에 따라 다른 쪽도 증가하거나 감소하는 경향이 있을 때, 이 두 변량 사이에는 상관관계가 있다고 한다. 상관관계를 나타낼 때는 상관표나 상관도가 이용된다.

예제 9 아래 표는 어느 반 학생 40명의 개인별 키와 몸무게를 나타낸 표이다. 학생들의 키와 몸무게 사이의 관계를 그래프로 나타내어 보자.

번호	키	몸무게	번호	키	몸무게	번호	키	몸무게	번호	키	몸무게
1	171.8	58	11	153.5	42	21	149.3	38	31	153.0	43
2	166.0	51	12	165.3	49	22	162.0	49	32	156.3	46
3	156.0	47	13	153.5	44	23	160.8	49	33	168.8	56
4	169.5	53	14	174.8	56	24	173.8	57	34	168.5	51
5	157.9	47	15	166.0	55	25	157.5	44	35	171.9	56
6	155.3	45	16	162.1	51	26	163.7	52	36	160.5	50
7	154.3	46	17	159.5	50	27	168.2	56	37	159.4	48
8	161.0	47	18	163.1	56	28	172.3	53	38	163.8	54
9	165.7	59	19	151.2	46	29	169.4	56	39	173.8	48
10	168.0	53	20	167.0	57	30	166.7	54	40	159.9	44

풀이 (1) 학생들의 키와 몸무게를 아래의 그림과 같이 각각 한 줄로 입력한다.

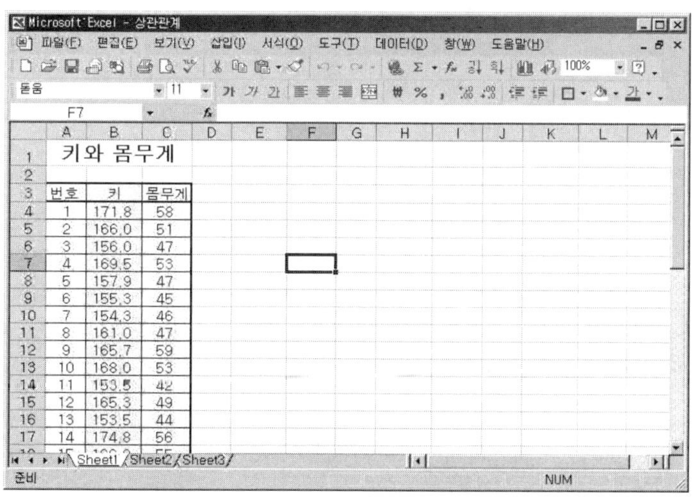

(2) 차트 마법사 도구를 클릭하고 차트 마법사 4 단계 중 1 단계의 [차트 종류-분산형], [차트 하위 종류-분산형, 값을 점으로 비교합니다]를 선택한 후 [다음] 버튼을 클릭한다.

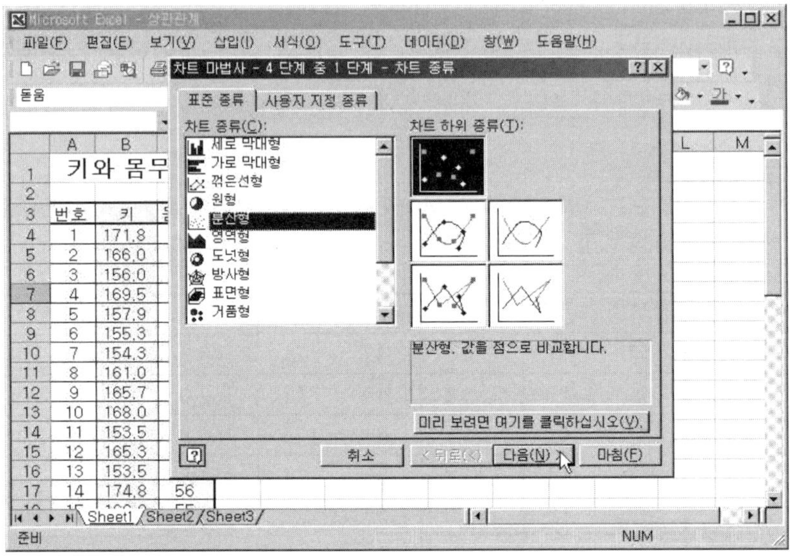

(3) 차트 마법사 4 단계 중 2 단계의 [원본 데이터]의 데이터 범위를 학생들의 키와 몸무게가 적혀있는 모든 셀([B4:C43])을 마우스로 드래그하여 선택한다. 계열은 별다른 작업을 할 것이 없으므로 [다음] 버튼을 누른다.

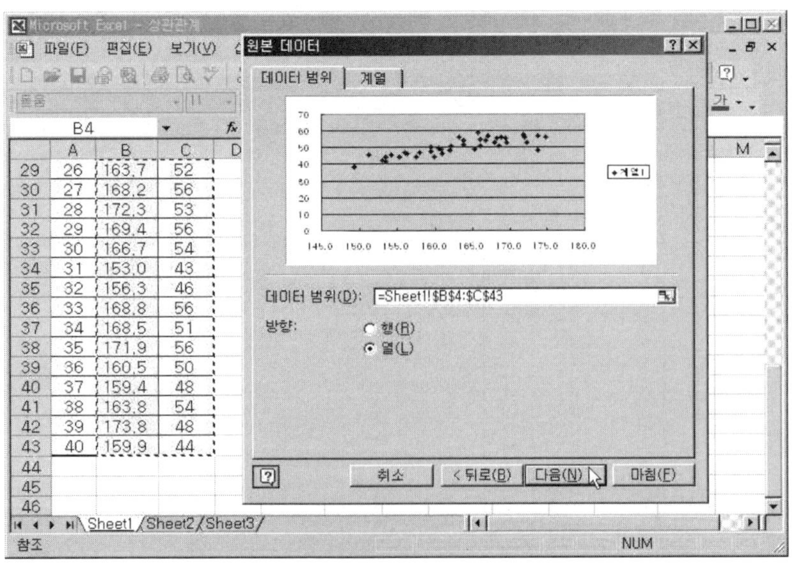

(4) 차트 마법사 4 단계 중 3 단계의 [차트 옵션]의 제목 탭에서 [차트 제목-키와 몸무게], [X(값) 축-키], [Y(값) 축-몸무게]를 입력하고, 눈금선 탭의 [X(값) 축], [Y(값) 축]의 주 눈금선의 체크를 설정한다.

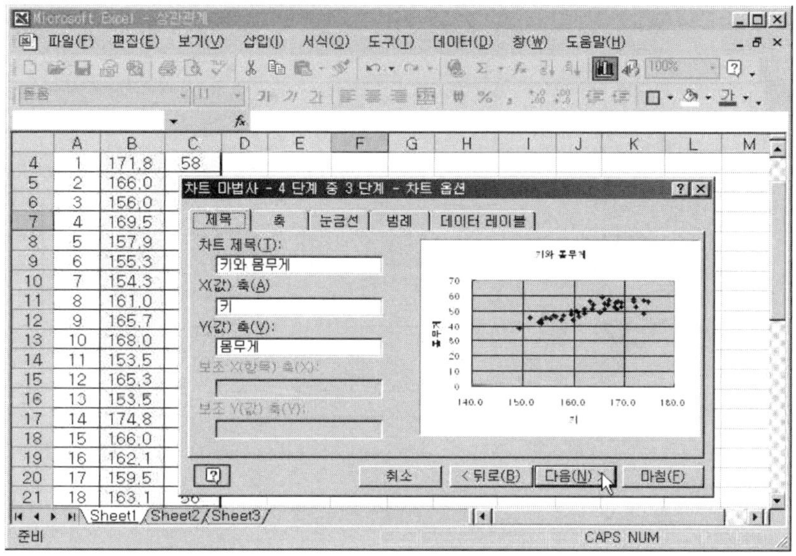

(5) 차트 마법사 4 단계 중 ④ 단계의 [차트 위치]는 [새로운 시트로]를 선택하고 시트의 이름을 "상관도"로 입력하고 [마침] 버튼을 누른다.

(6) 기본적으로 수정할 부분은 서식을 변경하여 적용한다. 아직까지 서식이 모두 변경되어 설정된 것은 아니지만 대략의 형태는 갖추게 되었다. 키의 데이터들이 소수점 아래 첫째 자리까지 나타나 있으므로 정수로 바꾼다.

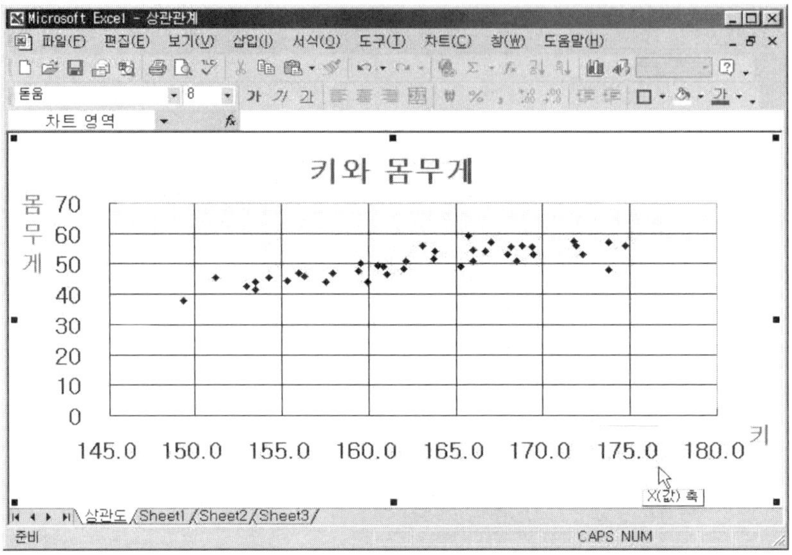

(7) [X(값) 축]의 눈금 탭에서 [최소값−145], [최대값−175], [주 단위−5]로 설정하고, 표시형식 탭에서 [숫자]의 [소수 자리수]를 "0"으로 맞춘 다음 [확인] 버튼을 누른다.

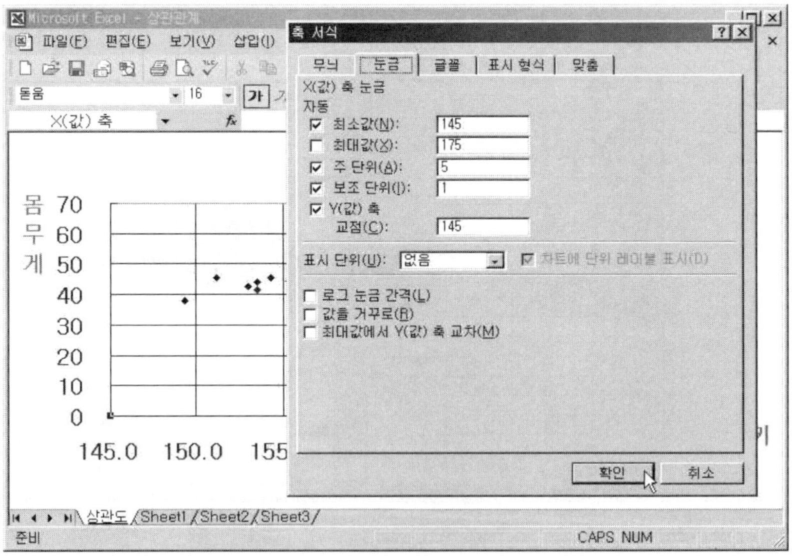

(8) [Y(값) 축]의 눈금 탭에서 [최소값−35], [최대값−60], [주 단위−5]로 설정하고, 표시형식 탭에서 [숫자]의 [소수 자리수]를 "0"으로 맞춘 다음 [확인] 버튼을 누른다.

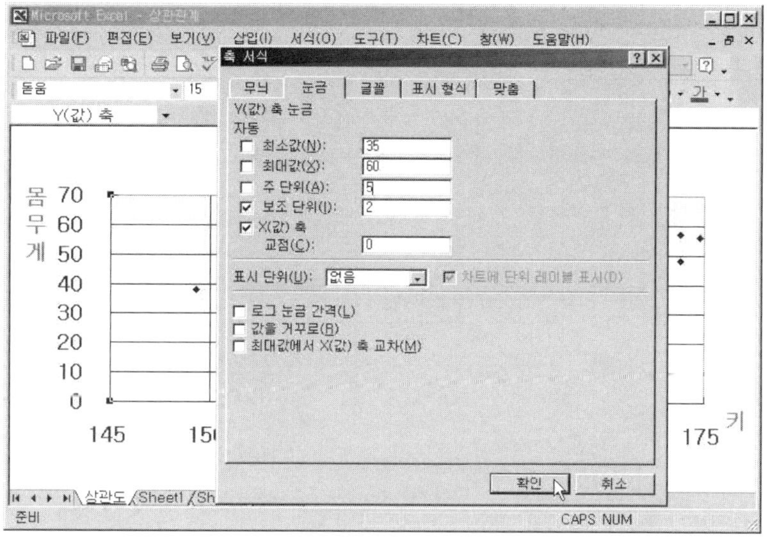

(9) 그래프에서 (키, 몸무게)의 순서쌍으로 나타나 있는 점에서 마우스 오른쪽 버튼을 클릭하여 [데이터 계열 서식] 대화상자를 불러 오고, 무늬 탭의 표식의 [스타일−원], [전경−빨강], [배경−빨강], [크기−8 포인트]로 설정하고 [확인]을 누른다.

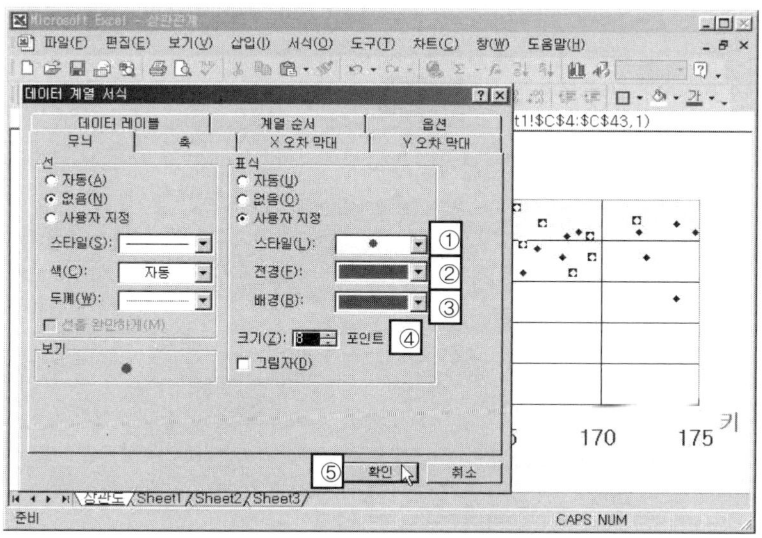

(10) 그래프에서 (키, 몸무게)의 순서쌍으로 나타나 있는 점에서 마우스 오른쪽 버튼을 클릭하고 [추세선 추가]를 선택한다.

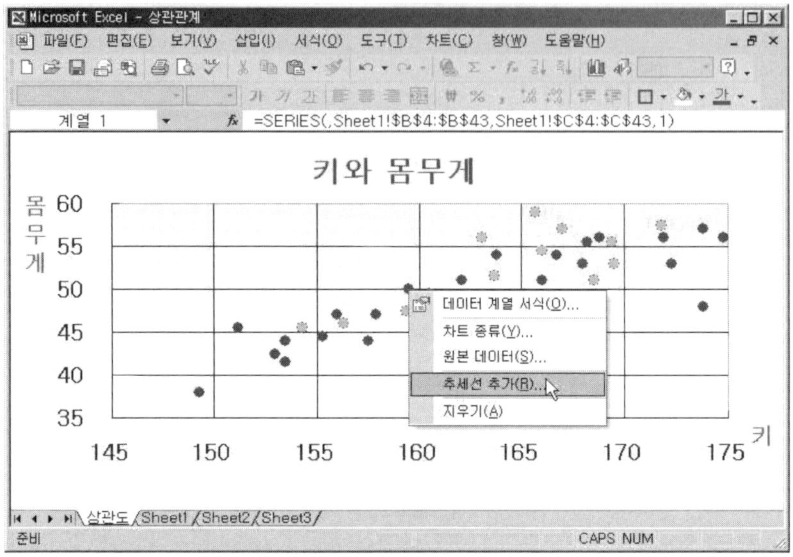

(11) 추세선 대화상자의 종류 탭에서 추세/회귀 유형을 [선형]으로 선택하고 [확인] 버튼을 눌러 추세선을 추가하고 추세선 서식의 설정을 변경하여 선의 굵기를 굵은 것으로 설정한다.

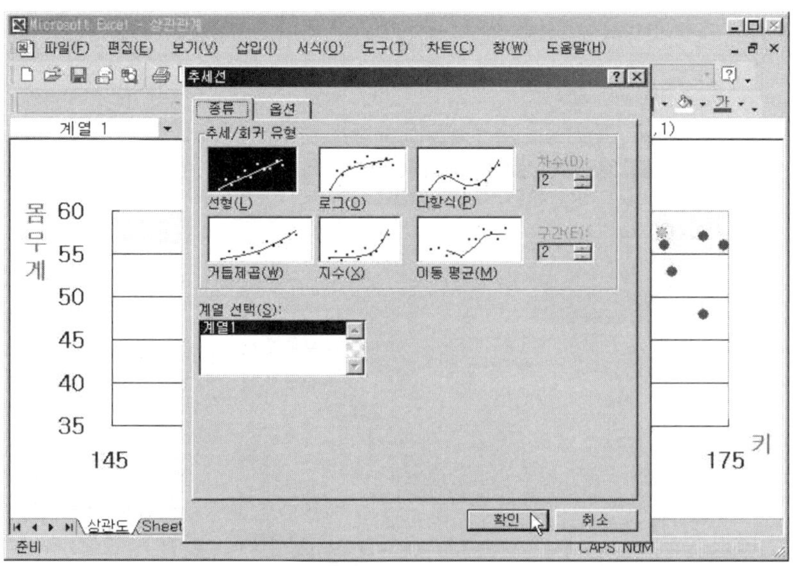

(12) 주어진 키와 몸무게의 자료를 이용하여 상관도를 그리고 상관관계를 알아보기 위하여 추세선을 추가한 결과 화면이다. 추세선의 기울기에 따라 상관관계가 결정이 된다고 볼 수 있다.

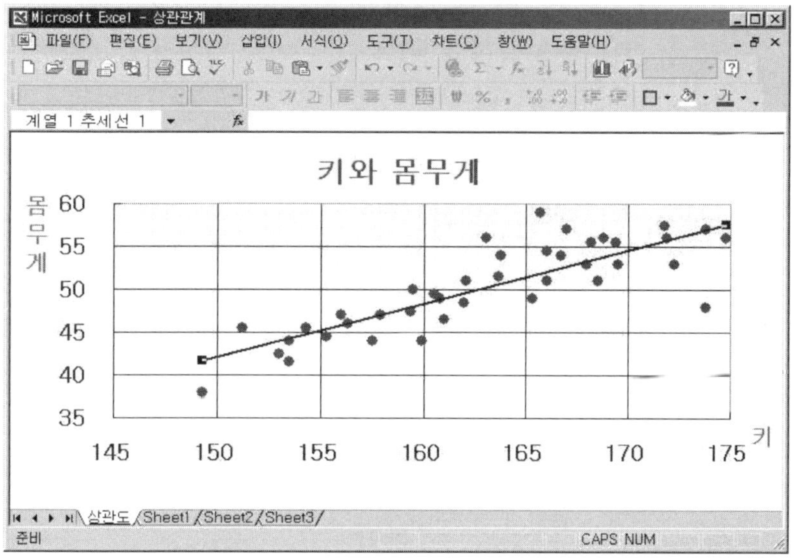

12. 확률의 뜻(주사위)

어떤 현상을 관찰하거나 실험을 할 경우 그 결과를 확실하게 예측하거나 단정할 수 없는 경우가 많다. 이와 같은 일의 결과를 수리적으로 나타내는 척도를 확률이라고 하며 이런 현상이나 실험을 일으키는 사건을 시행이라고 한다.

예제 10 아래 그림과 같이 100개의 셀에 1부터 6까지의 숫자를 만들고 주사위를 100번 던질 때 3의 눈이 나올 확률을 구하는 파일을 만들어 보자.

	A	B	C	D	E	F	G	H	I	J	K	L
1												
2		4	1	1	5	2	4	3	4	1	5	
3		6	4	6	5	2	4	1	1	3	3	
4		5	2	1	3	5	4	5	3	6	3	
5		2	1	6	4	5	3	2	1	5	6	
6		3	1	3	3	3	1	2	4	3	5	
7		2	4	1	2	5	5	4	3	1	6	
8		4	2	2	6	4	4	4	6	5	4	
9		5	6	6	4	6	5	4	6	2	1	
10		6	3	4	2	3	1	4	3	1	4	
11		2	5	4	3	3	3	3	5	4	5	

주사위를 던진 횟수	100
3의 눈이 나온 횟수	20
3의 눈이 나올 확률	0.2
확률을 분수로 나타내면	1/5

풀이 (1) 이 문제를 해결하기 위해서는 난수를 만들어주는 RAND 함수와 3이 될 때 셀을 특별하게 보여주는 조건부서식, 셀 서식에서 분수를 나타나게 하는 셀 서식 설정 기능, 소수점 아래 부분을 잘라주는 역할을 하는 TRUNC 함수이다.

먼저 RAND() 함수에 대하여 알아보자. 이 함수는 0보다는 크고 1보다는 작은 실수 즉, $0 < \text{RAND}() < 1$인 난수를 만들어 준다. 따라서 1부터 6까지의 난수가 나오도록 함수를 입력하는 단계를 분석하여 보자. 함수를 입력한 결과가 R이라 하면

[1단계] =RAND()*6 ⇨ 0 < R < 6 (R은 실수)

[2단계] =TRUNC(RAND()*6) ⇨ 0 ≦ R ≦ 5 (R은 정수)

[3단계] =TRUNC(RAND()*6)+1 ⇨ 1 ≦ R ≦ 6 (R은 정수)

나머지 부분은 단계별로 설명을 하기로 한다.

(2) 워크시트에 다음 그림과 같이 셀 [B2:K11]의 100개의 셀을 마우스로 드래그하여 선택하고 [=TRUNC(RAND()*6+1)]를 입력한 후 Ctrl+Enter↵를 누른 후 [가운데 맞춤] 도구를 클릭하고 괘선 도구를 클릭한다.

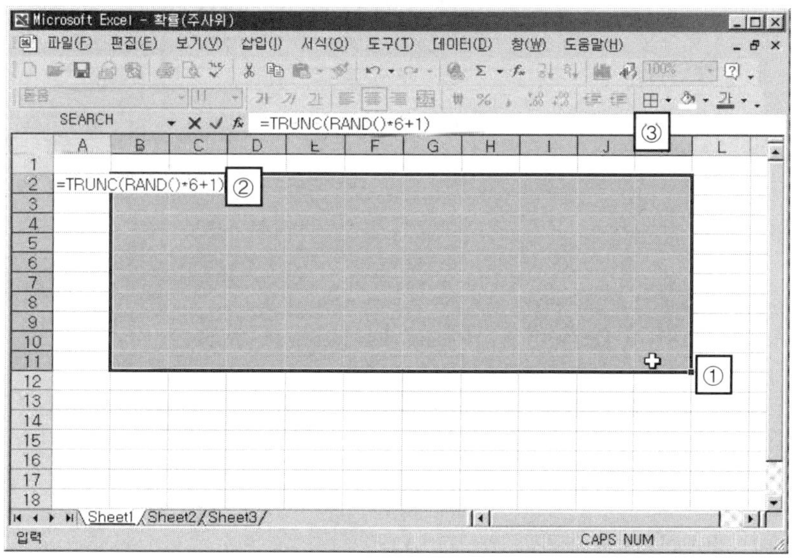

(3) 셀 [C13:F13], [C15:F15], [C17:F17], [C193:F19], [G13:H13], [G15:H15], [G17H17], [G19:H19]을 [셀 병합 후 가운데 맞춤]을 설정하고 내용을 아래 그림과 같이 입력한다.

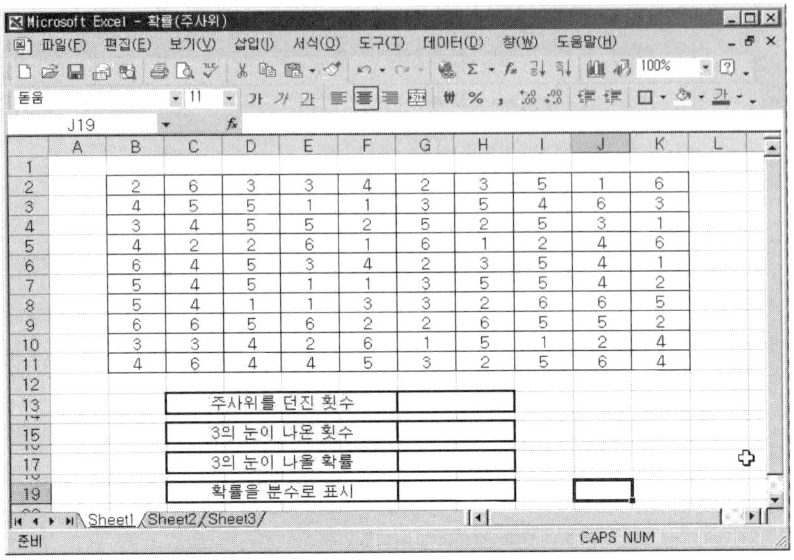

(4) 셀 값이 “3”인 경우에 특별한 서식을 설정하여 눈에 잘 띄게 하기 위하여, 셀 영역 [B2:K11]을 선택하고 메뉴의 [서식]−[조건부서식]을 차례로 눌러 조건부 서식 대화상자가 나오게 한다.

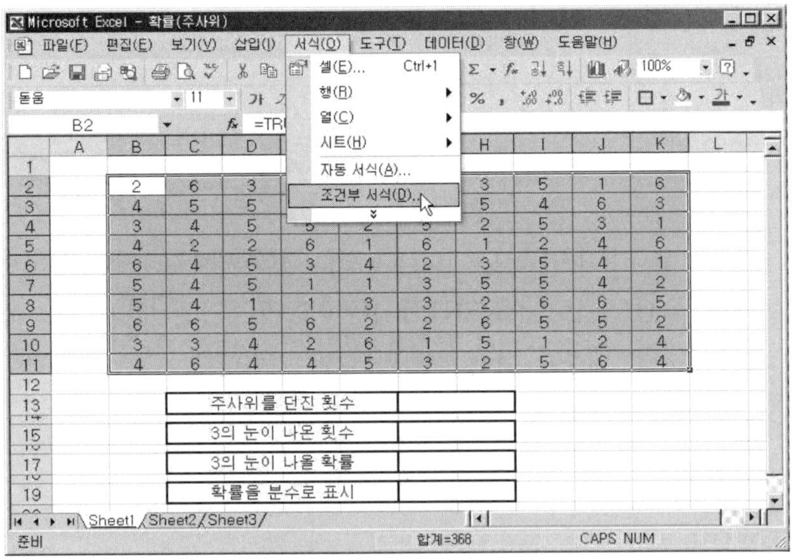

(5) 조건부 서식 대화상자에서 조건 1을 설정하기 위하여 [셀 값이]가 선택된 상태에서 [다음 값과 같음]을 선택하고 그 오른쪽에 [3]을 입력한다.

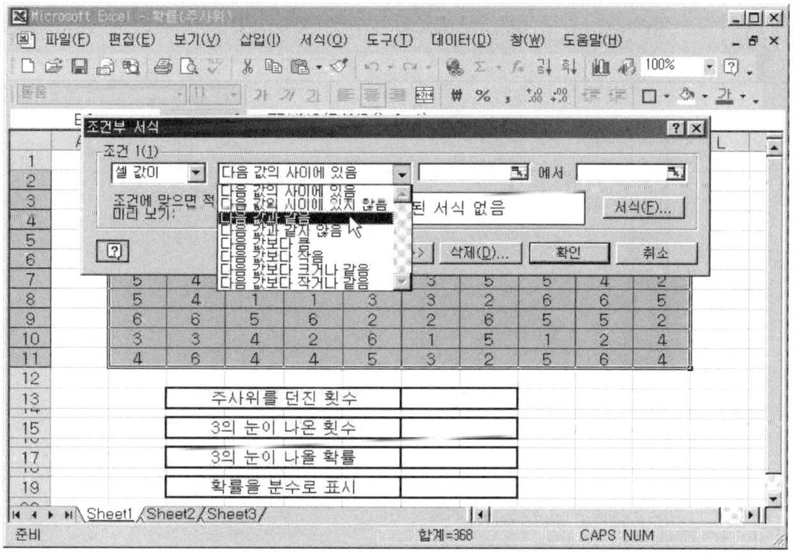

(6) [조건에 맞으면 적용할 서식 미리보기]에서 [서식] 버튼을 클릭하여 셀 서식 대화상자를 불러내고 글꼴 탭에서 [글꼴 스타일-굵게], [색-빨강]을 설정하고, 무늬 탭에서 [셀 음영-노랑]을 선택하고 [확인] 버튼을 누른다.

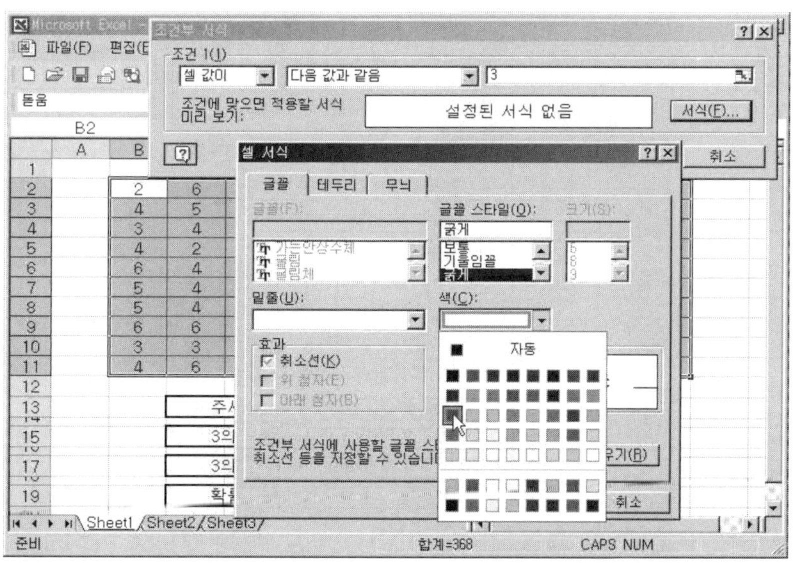

(7) [조건에 맞으면 적용할 서식 미리보기]에 조건에 맞은 경우에 셀의 글자를 나타내는 미리보기가 나온다. 원하는 형태가 되었으면 [확인] 버튼을 누른다.

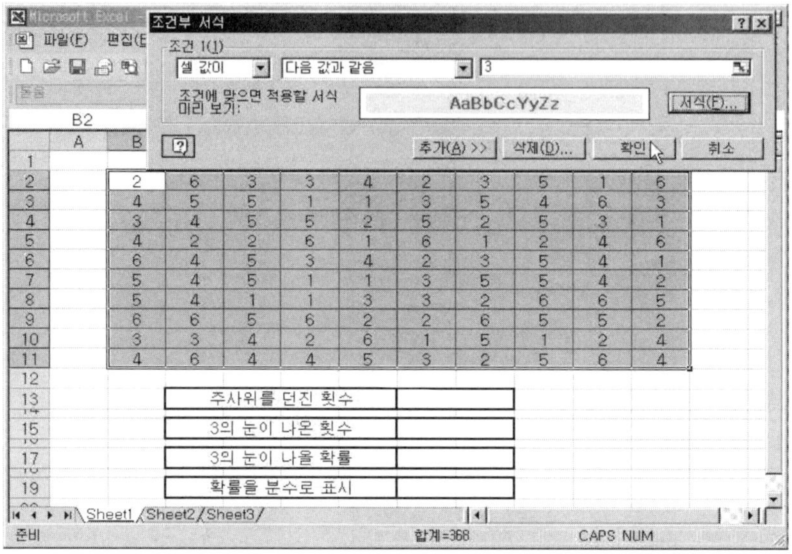

(8) 조건부 서식이 적용된 것을 확인할 수 있다. 셀 [G13]을 선택하고 [=COUNT(B2:K11)]을 입력한다. COUNT 함수는 숫자가 들어있는 셀의 개수를 구해준다.

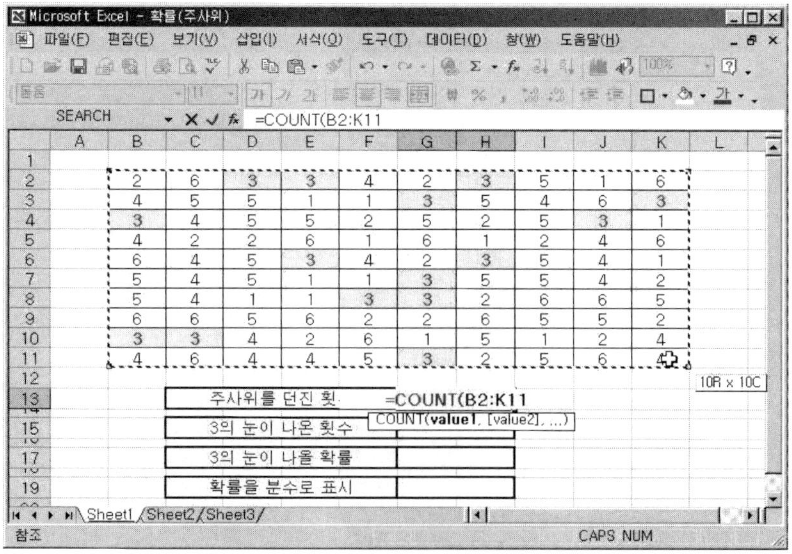

(9) 3의 눈이 나와 있는 셀의 개수를 세기 위해 셀 [G15]에 [=COUNTIF(B2:K11,3)]을 입력하고 Enter↵를 누른다. 셀 [B2:K11]의 값이 위의 화면과 다른 숫자들이 나오는 것은 RAND 함수로 입력한 경우는 재계산이 이루어질 때마다 값이 바뀌기 때문에 위의 화면과 다른 숫자가 나오게 된다. F9(재계산)를 누르면 확인할 수 있다.

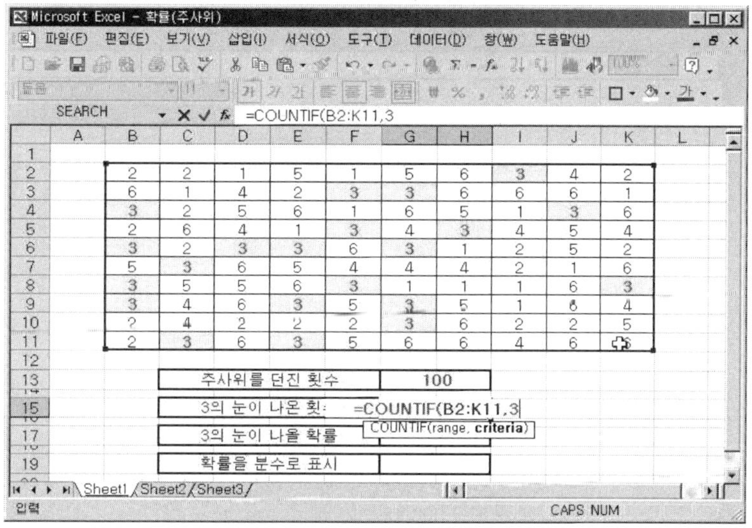

(10) 3의 눈이 나올 확률을 구하기 위해 셀 [G17], [G19]에 [=G15/G13]를 입력한다. 중학교 과정에서는 확률을 분수로 나타내는 경우가 많기 때문에 똑같은 식을 만들어서 하나는 분수로 나타내기로 한다.

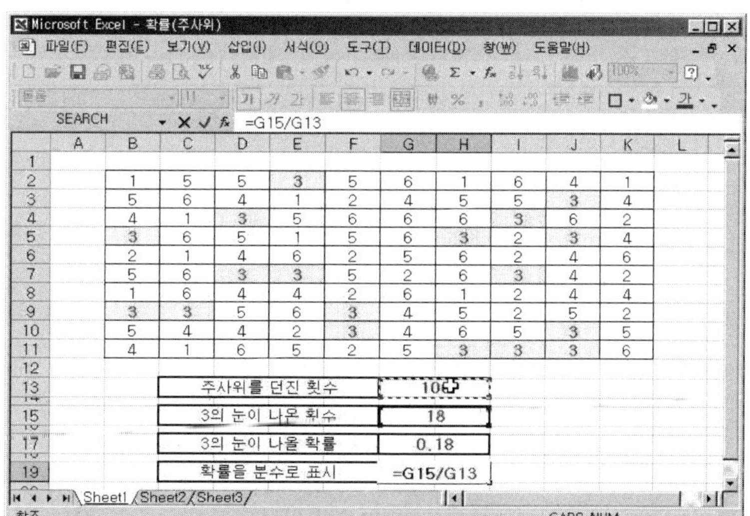

(11) 셀 [G19]에서 마우스 오른쪽 버튼을 누르고 나타나는 팝업 메뉴에서 [셀 서식]을 선택하고 아래의 [표시 형식]의 범주는 [분수]를 선택하고 [형식]은 [세 자릿수 분모]를 선택한 후 [확인] 버튼을 누른다.

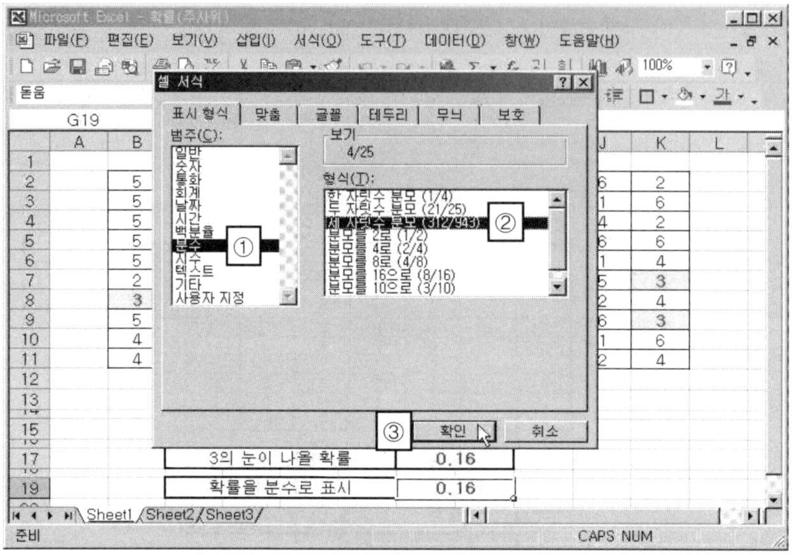

(12) 분수로 나타나는 것을 확인할 수 있다. F9를 눌러 재계산 시키면 숫자들이 바뀌고 그때마다 주사위를 던지는 모의 실험 결과가 바뀌면서 확률도 상황에 맞게 기약분수로 나타난다.

문제 아래 그림과 같이 100개의 셀에 앞, 뒤가 나오게 하고 동전 1개를 100번 던질 때 앞면이 나올 확률을 구하는 모의 실험 파일을 만들어 보자.

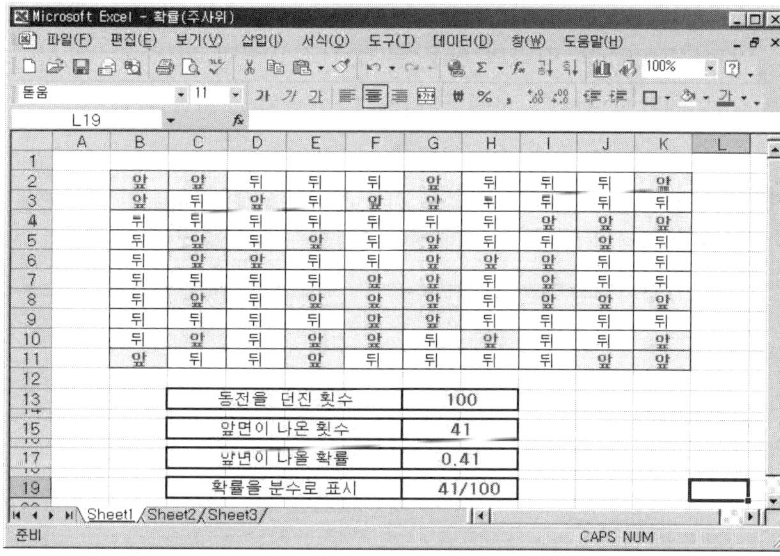

	B	C	D	E	F	G	H	I	J	K
2	앞	앞	뒤	뒤	뒤	앞	뒤	뒤	뒤	앞
3	앞	뒤	앞	뒤	앞	앞	뒤	뒤	뒤	뒤
4	뒤	뒤	뒤	뒤	뒤	뒤	뒤	앞	앞	앞
5	뒤	앞	뒤	앞	뒤	앞	뒤	뒤	앞	뒤
6	뒤	앞	앞	뒤	뒤	앞	앞	앞	뒤	뒤
7	뒤	뒤	뒤	뒤	앞	앞	뒤	앞	뒤	뒤
8	뒤	앞	뒤	앞	앞	앞	뒤	앞	앞	앞
9	뒤	뒤	뒤	뒤	앞	앞	뒤	뒤	뒤	뒤
10	뒤	앞	뒤	앞	앞	뒤	앞	뒤	뒤	앞
11	앞	뒤	뒤	앞	뒤	뒤	뒤	뒤	앞	앞

설명 (1) 셀 [B2:K11]의 식 : =IF(TRUNC(RAND()*2+1)=1,"앞","뒤")

(2) 셀 [B2:K11]의 조건부 서식

(3) 셀 [G13]의 식 : =COUNTA(B2:K11)

(4) 셀 [G15]의 식 : =COUNTIF(B2:K11,"앞")

(5) 셀 [G17], [G19]의 식 : =G15/G13

13. 좌표평면에서 두 점 사이의 거리

피타고라스의 정리의 활용 문제로 좌표평면 위의 두 점 사이의 거리를 구하는 과정을 설명하는 것에 대하여 알아보자.

예제 아래 그림과 같이 좌표평면 위에 두 점 A, B의 좌표가 주어졌을 때, 두 점 A, B 사이의 거리를 구하는 과정을 설명하는 파일을 만들어보자.

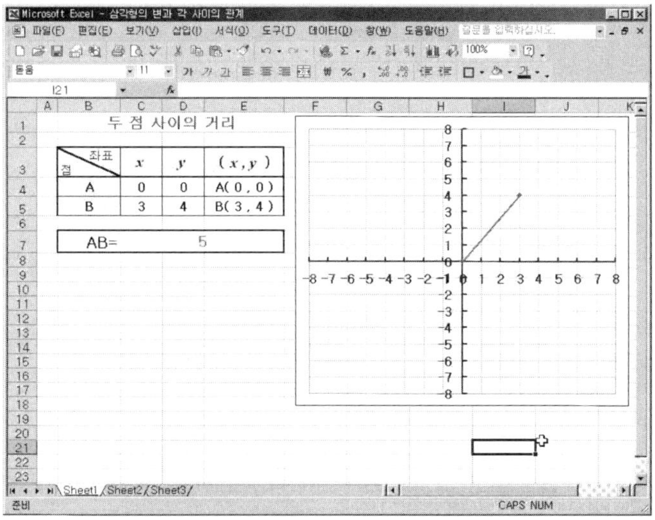

풀이 (1) 아래 그림과 같이 셀 병합 및 글꼴, 테두리를 설정하고 데이터를 입력한다.

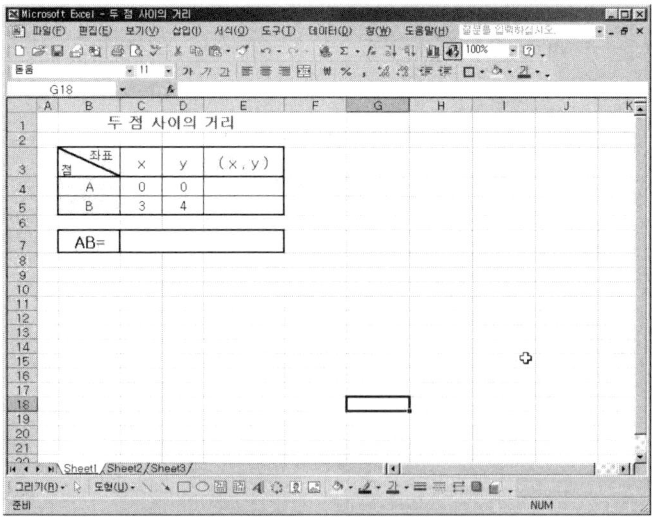

(2) 셀 [C3:E3]를 선택하고 글꼴의 [Times New Roman]을 선택하고 [글꼴-굵게, 기울임]을 선택한다.

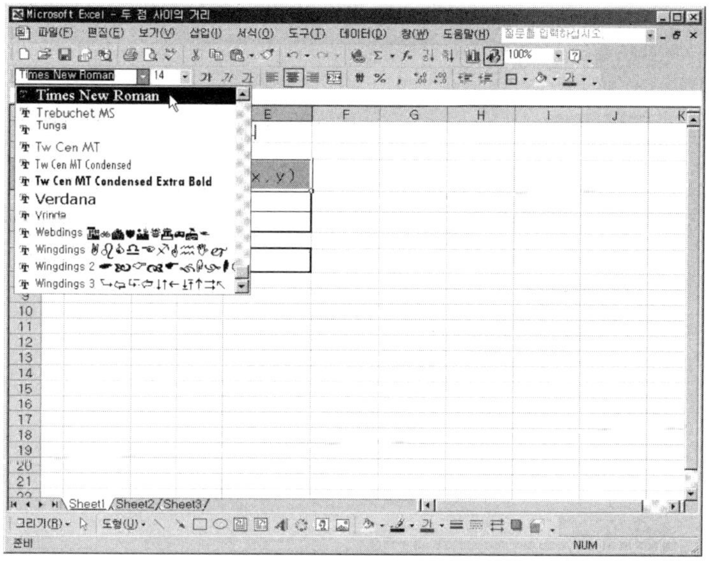

(3) 셀 [E4]에 점 A의 x좌표가 "0", y좌표가 "0"인 것을 A(0, 0)의 꼴로 나타내기 위하여 수식 [=B4&"("&C4&" , "&D4&")"]를 입력한 후 Enter↵를 누른다. 셀 [E5]에도 같은 방법으로 수식 [=B5&"("&C5&" , "&D5&")"]를 입력하고 Enter↵를 누른다. 수식을 입력한 후 [가운데 맞춤]을 설정한다.

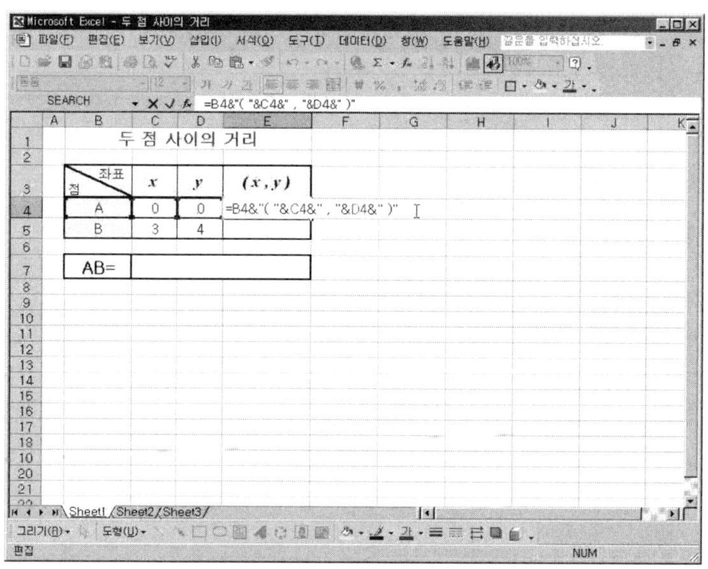

(4) 두 점 $A(x_1, y_1)$, $B(x_2, y_2)$ 사이의 거리인 $\overline{AB} = \sqrt{(x_2 - x_1)^2 + (y_2 - y_1)^2}$ 을 계산했을 때 정수가 나오지 않는 경우에 기호 대신 [Root(수)]로 나타내기 위해 [C9]에 [=SQRT((C5－C4)^2 +(D5－D4)^2)을 입력하고 글꼴색을 [흰색]으로 설정한다.

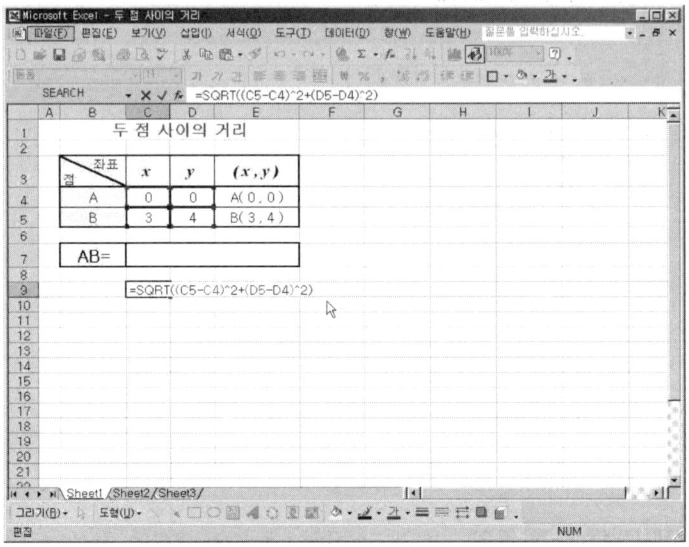

(5) 셀 [C9]의 값을 검사하여 소수로 나타나는 경우는 [C9]의 값이 정수가 아니므로 [C9]의 값을 제곱해서 [Root(수)]의 "수"에 넣어주는 다음의 수식을 넣는다. [수식] =IF(TRUNC(C9)=C9,C9,"Root("&C9^2&")")

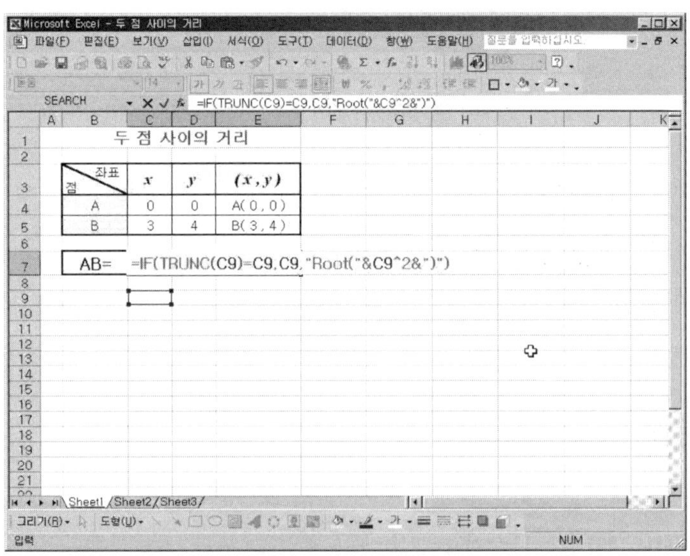

(6) 좌표평면을 그려서 두 점의 위치를 나타내고 두 점을 잇는 선을 그어 계산에 도움을 주기 위하여 차트 마법사 도구를 클릭하고 [차트 종류-분산형], [차트 하위 종류-꺾은선으로 연결된 분산형]을 선택하고 [다음]을 클릭한다.

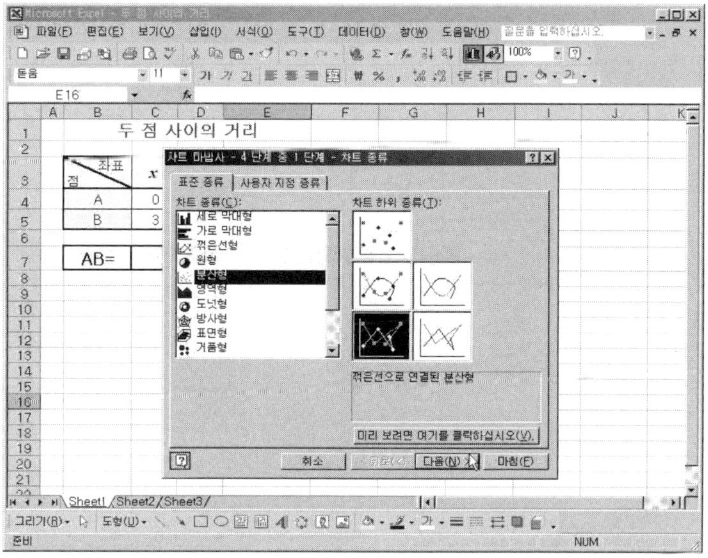

(7) 차트 마법사 2 단계에서 [계열] 탭을 누르고 [계열]-[계열1]의 [X(값)]의 범위를 [C4:C5]로, [Y(값)]의 범위를 [D4:D5]로 설정한 후 [다음] 버튼을 누른다. 그래프 미리보기에서 제대로 나타나는지 확인한다.

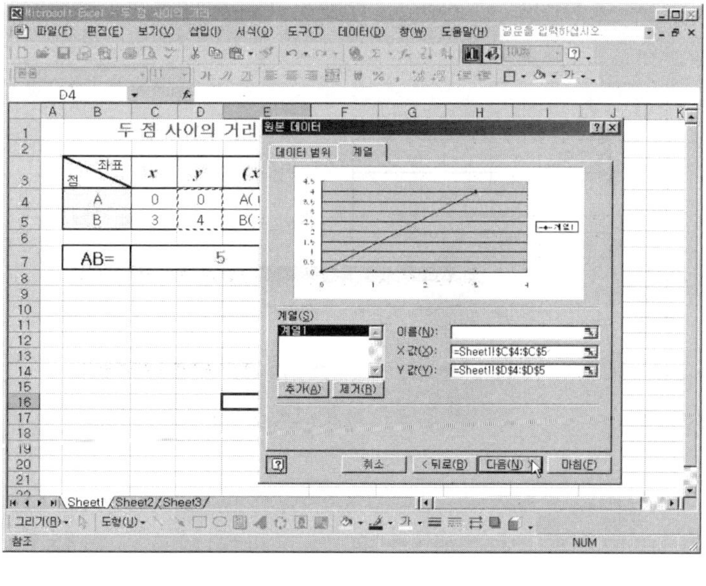

(8) 차트 마법사 3 단계에서 [눈금선] 탭을 누르고 [X(값) 축]의 [주 눈금선], [Y(값) 축]의 [주 눈금선]를 체크 상태로 설정하고 범례 탭에서는 [범례 보기]의 체크를 해제한다.

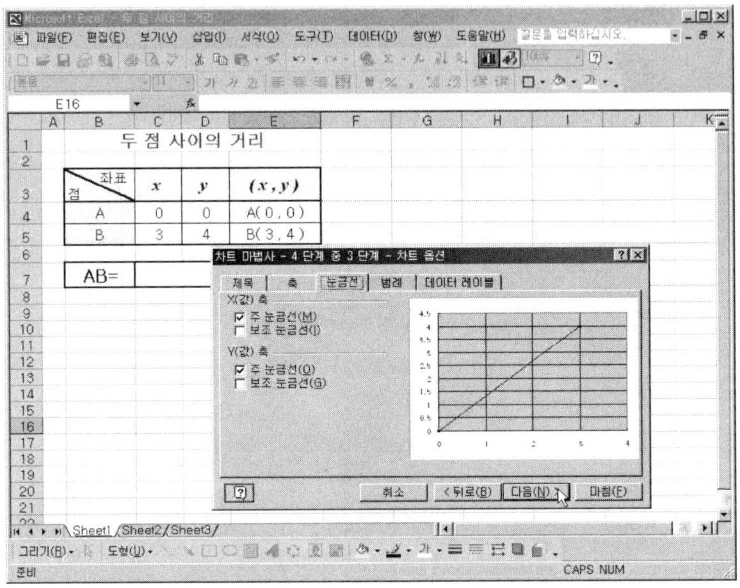

(9) 차트 마법사 4 단계에서 차트의 위치를 [워크시트에 삽입], 차트의 이름은 [Sheet1]으로 설정된 것을 그대로 두고 [마침] 버튼을 누른다.

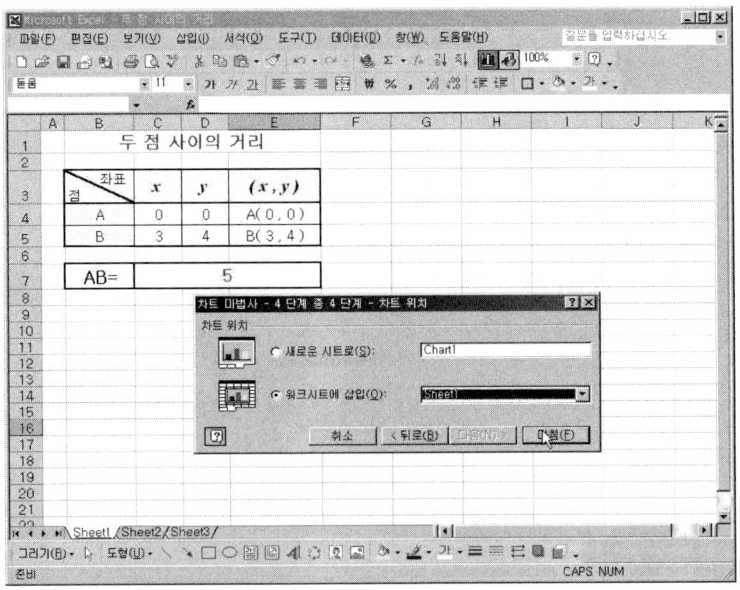

(10) 두 점 A, B의 x, y좌표는 음수가 될 수도 있으므로 차트에서 [X(값) 축]을 더블클릭하고 나타나는 [축 서식] 대화상자에서 [최소값: −8], [최대값:8], [주 단위:1], [보조단위:1]로 설정하고 [확인] 버튼을 누른다. [Y(값) 축]도 같은 방법으로 설정한다.

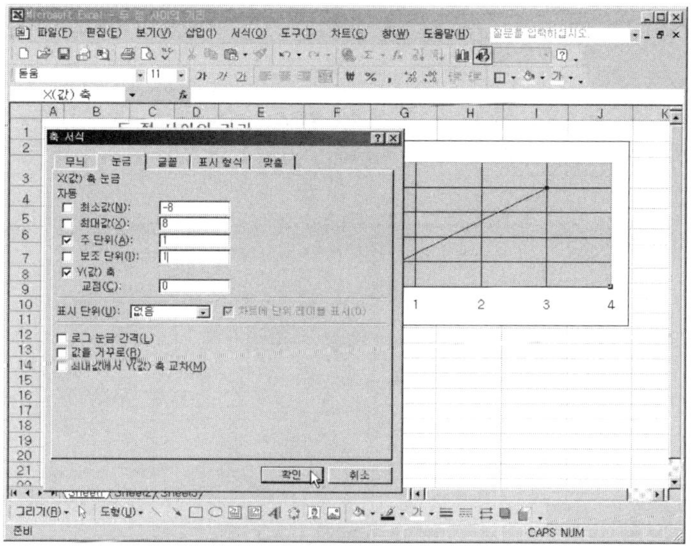

(11) 차트 영역을 클릭하여 차트의 눈금선이 정사각형 형태가 되면서 적당한 크기로 설정하고 [X, Y축 서식], [축의 글꼴], [데이터 계열] 서식등을 아래의 그림과 같이 설정하여 완성한다.

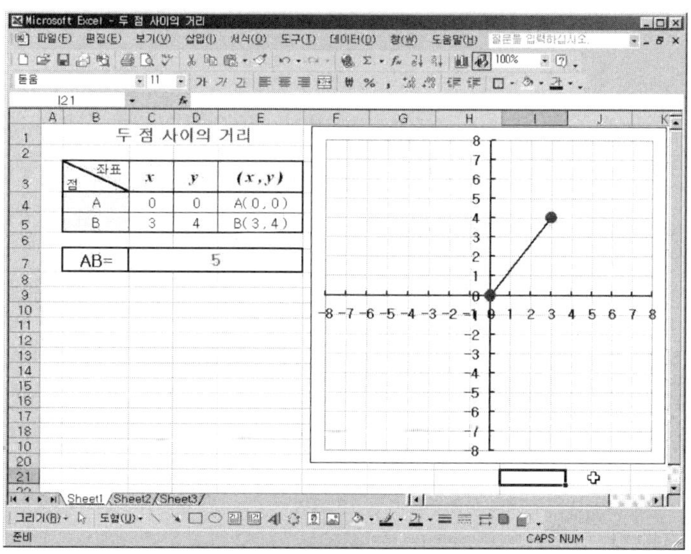

14. 좌표평면에서 세 점을 꼭지점으로 하는 삼각형

피타고라스의 정리의 활용 문제로 좌표평면 위의 세 점을 꼭지점으로 하는 삼각형은 어떤 삼각형이 되는지에 대한 설명을 할 수 있는 파일에 대하여 알아보자.

예제 아래 그림과 같이 세 점 A, B, C의 좌표가 주어졌을 때, 세 점 A, B, C를 꼭지점으로 하는 △ABC는 어떤 삼각형이 되는지 설명하는 파일을 만들어보자.

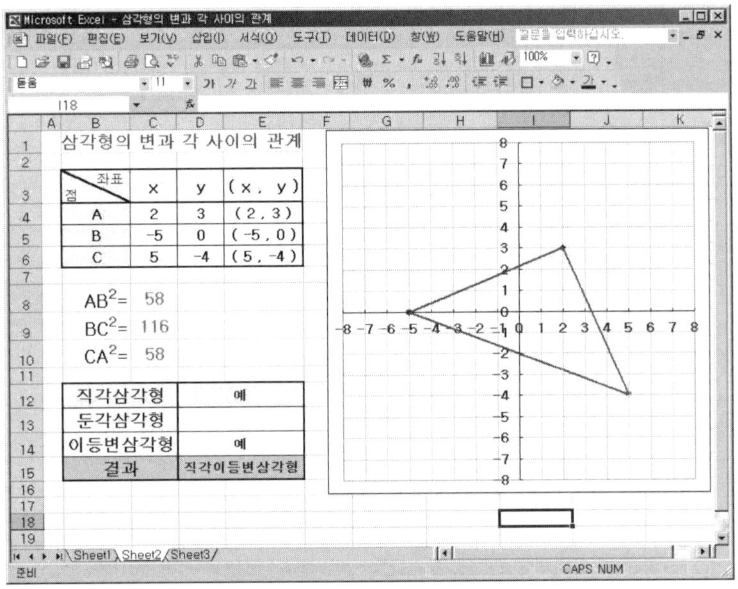

풀이 (1) 삼각형에서 ∠C의 크기가 따라서, 삼각형의 세 변의 길이 사이의 관계를 보면 다음과 같다. 위의 그림에서와 같이 세 점 A, B, C를 차트로 그려서 좌표평면 위에 나타내고 어떤 삼각형이 되는지 판단할 수 있다.

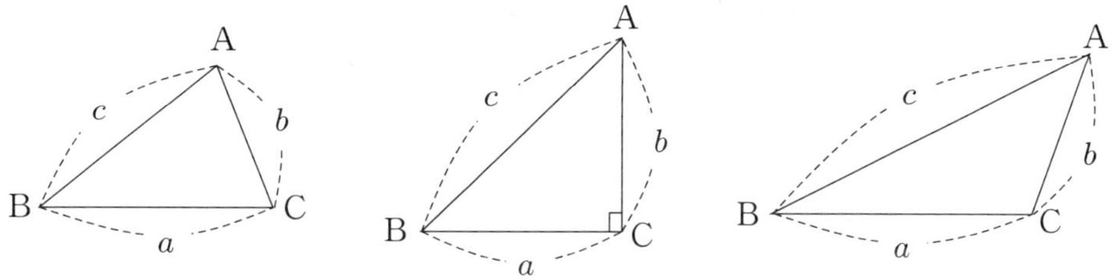

$\angle C < 90°$ 일 때 $a^2 + b^2 > c^2$

$\angle C = 90°$ 일 때 $a^2 + b^2 = c^2$

$\angle C > 90°$ 일 때 $a^2 + b^2 < c^2$

이 표에서 나타난 삼각형의 각과 변과의 관계의 역을 이용하여 삼각형의 형태를 판단할 수 있다.

(2) 워크시트에 다음과 같이 입력하고 괘선도 정리한다. 셀 [C3:E3]는 글꼴을 [Times New Roman]으로 설정하고 기울임꼴을 선택한다. 셀 [B8:B10]은 $\overline{AB}^2=$과 같은 기호를 나타내기 위한 것인데 [AB2=]의 꼴로 입력해 두었다가 편집하기로 한다.

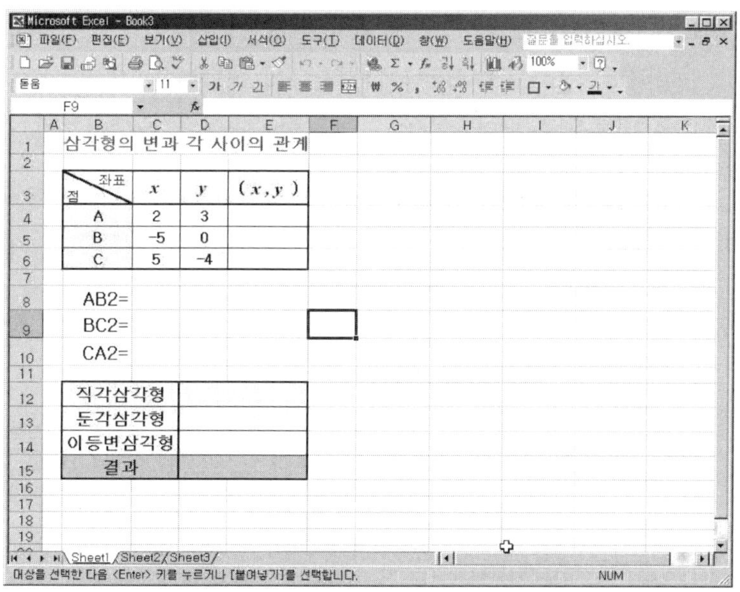

(3) 셀 [E4:E6]에 [="("&C4&" , "&D4&")"]를 입력한 후 Ctrl+Enter↵를 동시에 눌러 수식을 완성한 후 [가운데 맞춤]을 설정한다. 문자열과 셀의 값을 연결할 때는 연산자 "&"를 사용한다.

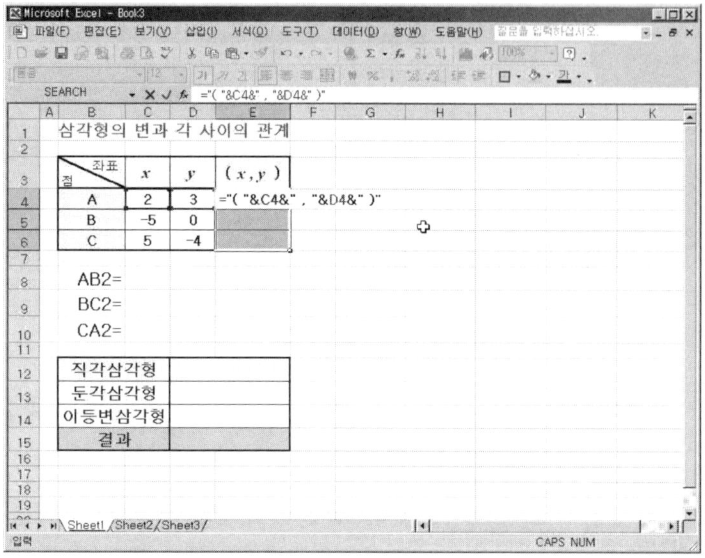

(4) 셀 [B8:B10]은 같은 방법으로 입력하는데, 먼저 셀 [B8]를 더블클릭(F2를 눌러도 됨)하고 [AB2=]에서 지수에 해당하는 "2"만 선택하고 마우스 오른쪽 버튼을 누른다. 이 때, 나타나는 팝업 메뉴에서 [셀 서식]을 선택한다.

(5) [$\overline{AB}^2$ =]의 꼴로 나타내어야 하는데 엑셀에서 지수는 위 첨자 형식으로 나타낸다. 따라서 [셀 서식] 대화상자에서 [효과]의 [위 첨자] 체크 박스의 체크를 설정하여 지수 형태로 나타나게 한 후 [확인] 버튼을 클릭한다.

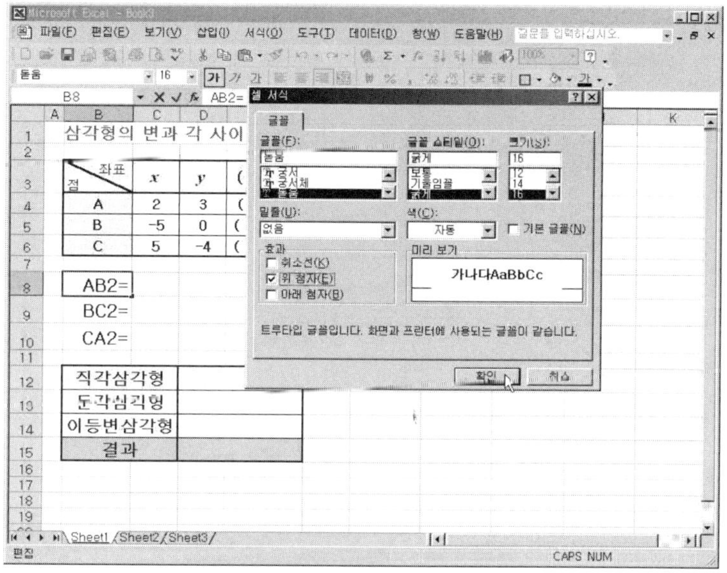

(6) [확인] 버튼을 누르고 나면 "2"만 지수의 형태로 나타나는데 글꼴 색 도구를 클릭하여 [빨강]으로 설정한다. 셀 [B9:B10]도 같은 방법으로 설정한다.

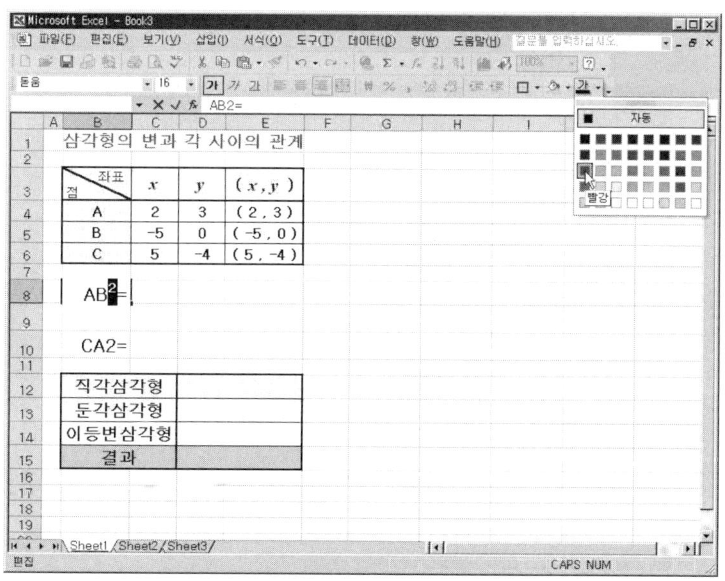

(7) 좌표평면 위의 두 점 $A(x_1,\ y_1)$, $B(x_2,\ y_2)$ 에서 $\overline{AB}^2=(x_2-x_1)^2+(y_2-y_1)^2$이므로 x_1, y_1, x_2, y_2에 해당되는 값을 마우스로 클릭하여 선택하는 방법으로 셀 [C8]에 [=(C5-C4)^2+(D5-D4)^2]을 입력한다. 셀 영역 [C9:C10]에도 같은 방법으로 식을 입력한다.

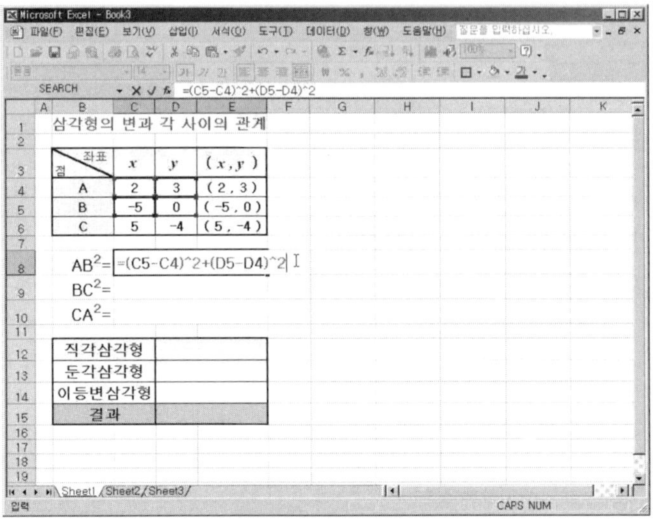

(8) 셀 [D12]에는 $\overline{AB}^2=\overline{BC}^2+\overline{CA}^2$, $\overline{BC}^2=\overline{AB}^2+\overline{CA}^2$, $\overline{CA}^2=\overline{AB}^2+\overline{BC}^2$ 중 어느 하나가 참인지를 판단해서 △ABC가 직각삼각형인가를 판단하는 식을 입력한다. 입력할 식은 [=IF(OR(C8+C9=C10,C8+C10=C9,C9+C10=C8),“예”,“”)]이다.

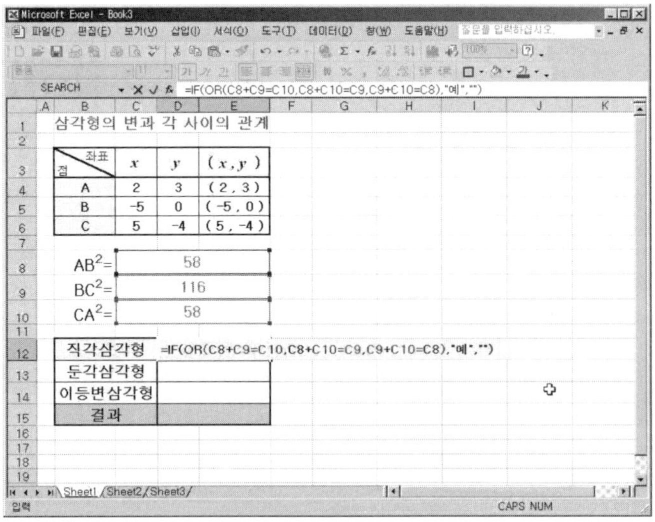

(9) 셀 [D13]에는 $\overline{AB}^2 > \overline{BC}^2 + \overline{CA}^2$, $\overline{BC}^2 > \overline{AB}^2 + \overline{CA}^2$, $\overline{CA}^2 > \overline{AB}^2 + \overline{BC}^2$ 중 어느 하나가 참인지를 판단해서 △ABC가 둔각삼각형인가를 판단하는 식을 입력한다. 입력할 식은 [=IF(OR(C8>C9+C10,C9>C8+C10,C10>C8+C9),“예”,“”)]이다.

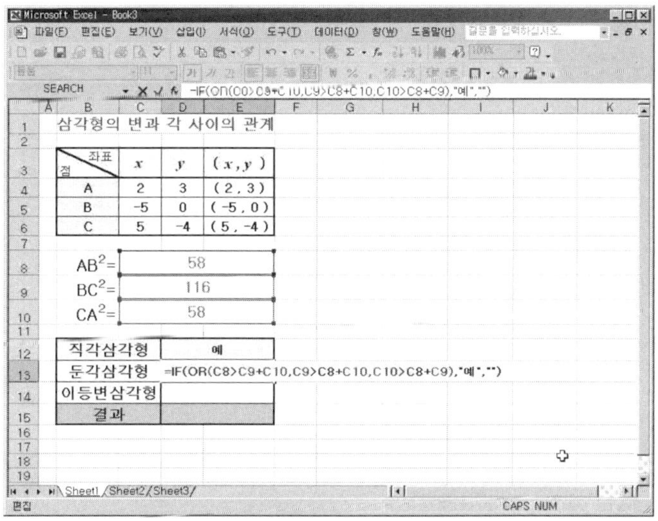

(10) 셀 [D14]에는 $\overline{AB}^2 = \overline{BC}$, $\overline{AB}^2 = \overline{CA}^2$, $\overline{BC}^2 = \overline{CA}^2$ 중 어느 하나가 참인지를 판단해서 △ABC가 이등변삼각형인가를 판단하는 식을 입력한다. 입력할 식은 [=IF(OR(C8=C9,C9=C10,C10=C8),“예”,“”)]이다.

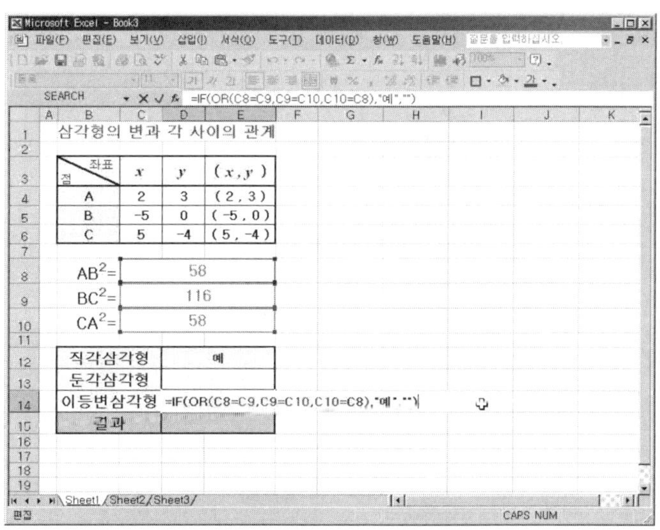

(11) [D15]의 결과 셀에는 [D12:D14]의 값이 [예]이면 각각 "직각", "둔각", "이등변"의 글자를 넣고 마지막에는 "삼각형"을 연결시킨다. 입력할 식은 [=IF(D12="예","직각","")&IF(D13="예","둔각","")&IF(D14="예","이등변","")&"삼각형"]이다.

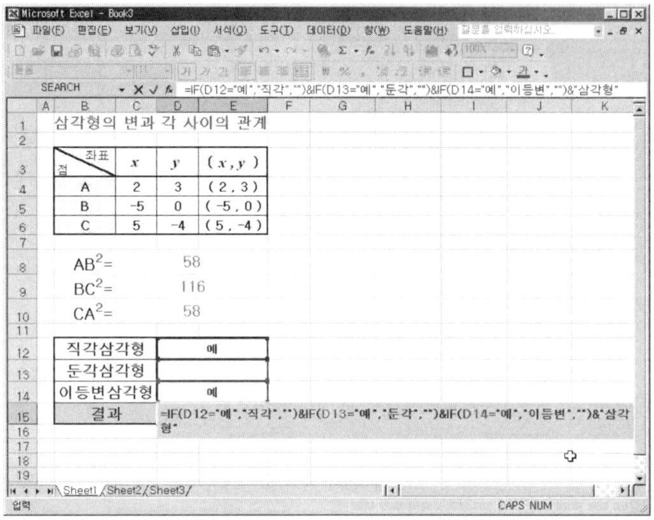

(12) 이제는 오른쪽에 좌표평면과 좌표평면 위의 세 점을 나타내는 과정이 남았다. 이 과정에서는 그래프를 그릴 때 계열을 활용하면 해결할 수 있을 것이다. 차트마법사 도구를 클릭하고 [차트 종류－분산형], [차트 하위 종류－꺾은선으로 연결된 분산형]을 차례로 선택한 후 [다음] 버튼을 누른다.

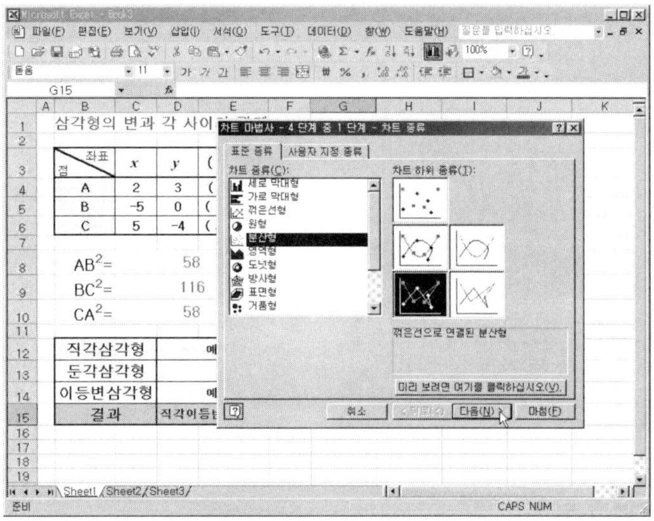

(13) 계열 탭을 누르고 [계열-추가] 버튼을 클릭한다. 이 때 나타나는 X(값)을 지정하는 도구를 클릭하고 셀 [C4:C5]를 드래그하여 X(값) 범위를 확정한다.

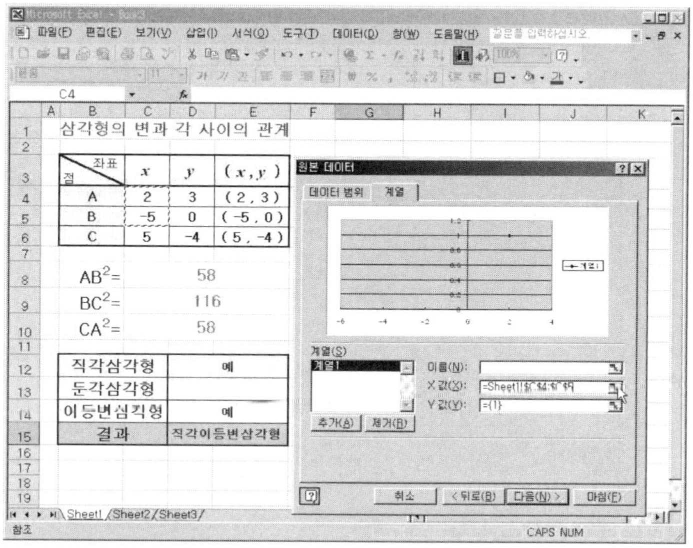

(14) 같은 방법으로 Y(값)을 지정하고 추가 버튼을 누른다. 계열2를 만들고 계열2의 X(값)은 셀 [C5:C6]로, Y(값)은 셀 [D5:D6]로 지정한다. 또 계열3을 추가하여 만들고 X(값)은 셀 [C4,C6], Y(값)은 셀 [D4,D6]로 지정한다. 순서에 주의한다.

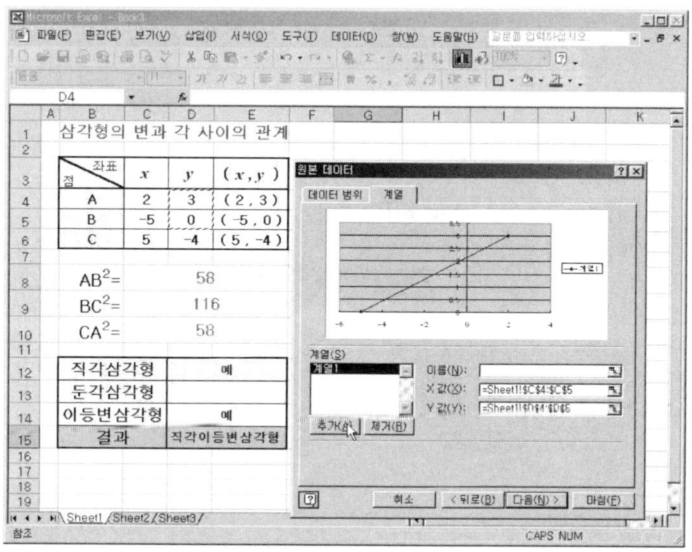

(15) 위의 과정을 완성하면 다음과 같이 삼각형이 그려지는 것을 확인할 수 있을 것이다. 여기서 좌표평면만 보여서 범례(계열)는 필요 없을 것이므로 계열 이름은 지정하지 않고 [다음] 버튼을 누른다.

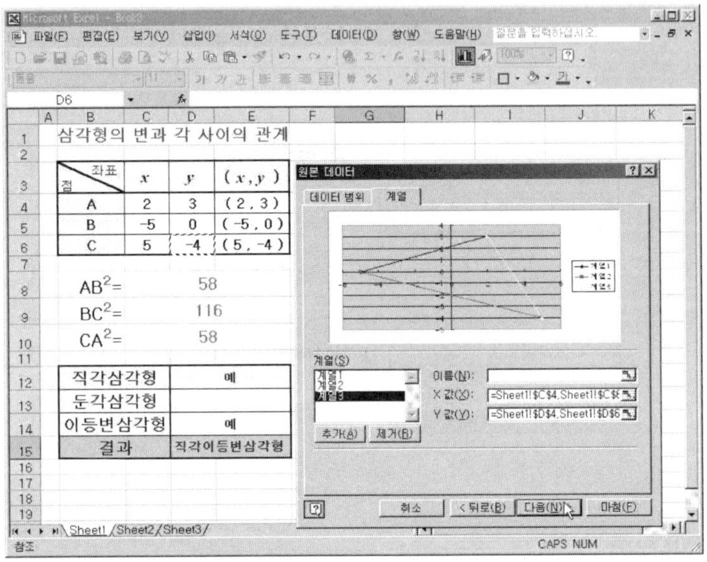

(16) 차트 마법사 3단계에서는 변경시킬 것이 그리 많지 않다. [눈금선] 탭의 [X(값) 축]의 [주 눈금선] 항목의 체크 박스를 체크하고, [범례] 탭의 [범례 표시] 항목의 체크 박스는 체크를 해제한다. [다음] 버튼을 누른다.

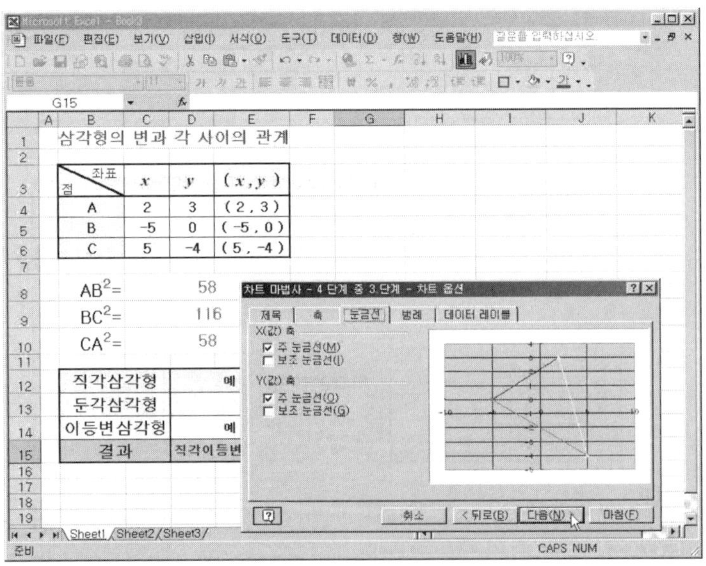

(17) 차트 마법사 4단계의 차트 위치는 [워크시트에 삽입]과 시트 이름 [Sheet1]이 선택되어 있는 그대로 두고 [마침] 버튼을 누른다.

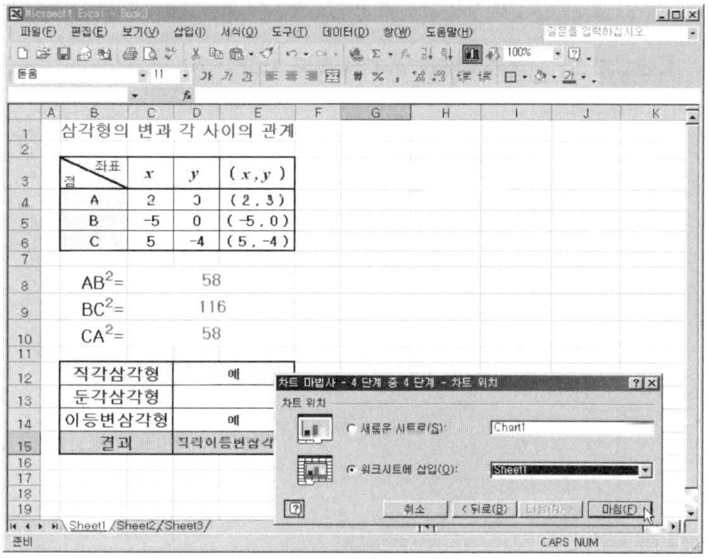

(18) [X(값) 축]을 더블클릭하여 [축 서식] 대화상자를 부른 상태에서 아래 그림과 같이 [최소값:−8], [최대값:8], [주단위:1]로 설정을 변경한 후 [확인] 버튼을 누른다. 정사각형 형태로 격자가 나올 수 있도록 같은 방법으로 [Y(값) 축]도 설정한다.

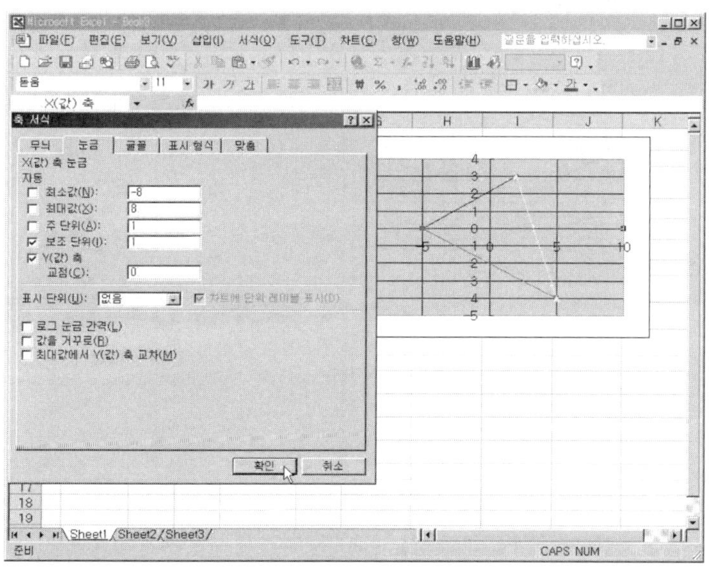

(19) 차트 영역을 마우스로 누르고 사각형의 꼭지점의 격자를 드래그하여 정사각형 형태가 되도록 조정한다. 차트의 그림 영역도 같은 방법으로 드래그하여 정사각형 안에서 가장 크게 되도록 조정한다.

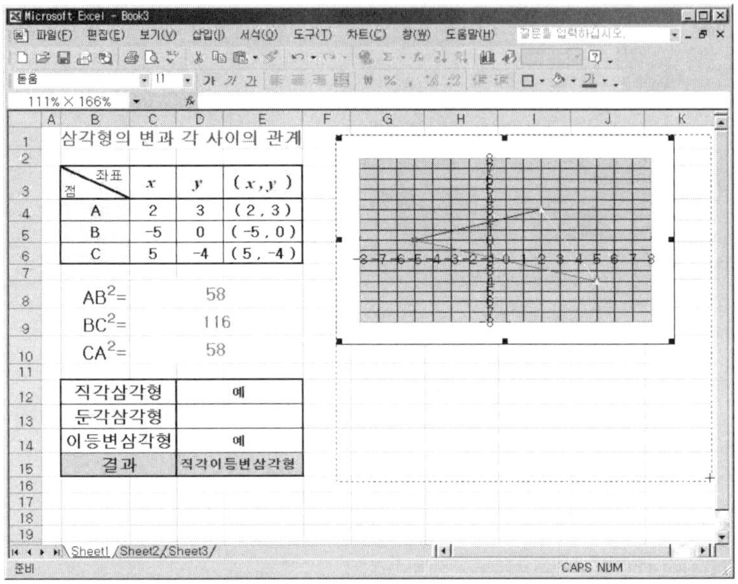

(20) [그림 영역], [X(값) 축], [Y(값) 축]의 서식을 변경하여 아래의 그림과 같이 되도록 하여 완성한다.

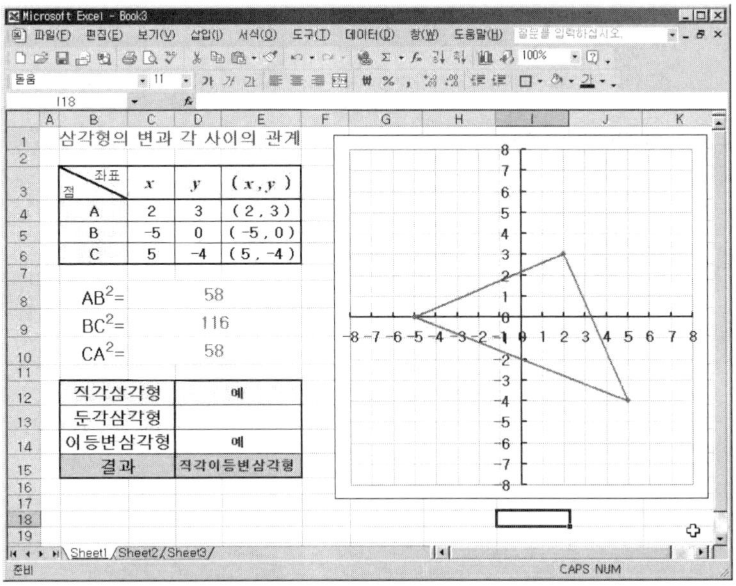

Chapter 03

매크로를 활용하여 중학수학 교수-학습 자료 제작하기

매크로란 엑셀에서 문서를 처리해 나가는 과정을 특정키에 기록해 두었다가 필요할 때마다 해당키만 누르면 기록해 둔 처리과정이 수행되도록 하는 기능을 말한다. 매크로는 여러 번 이루어지는 반복적인 작업이나 시간이 많이 걸리는 작업을 보다 빠르게 처리할 수 있다.

1. 매크로로 할 수 있는 작업

매크로는 수많은 작업을 할 수 있다. 다음은 매크로로 할 수 있는 것의 일부분을 들어 본 것이다.

(1) 텍스트 문자열 또는 수식 삽입

워크시트에 같은 문자열이나 수식을 자주 입력하여야 한다면 이 작업을 수행하는 매크로를 만들 수 있다. 엑셀에서 문제처리를 위해 마우스나 키보드를 통해 반복적인 수행이 가능하다.

(2) 자주 실행하는 과정 자동화

정기적인 작업이 요구되는 경우에 작업 과정을 기억시켜 두었다가 필요할 때 꺼내 쓰는 작업이 가능하다.

(3) 반복적인 작업의 자동화

여러 개의 통합 문서에 동일한 작업을 수행해야 한다면 처음 작업을 수행하는 동안 매크로를 기록한 후에 매크로를 사용하여 다른 통합문서 작업을 반복시킬 수 있다.

(4) 사용자 정의 명령 생성

여러 개의 엑셀 메뉴를 조합하여 키를 한 번만 누르거나, 마우스를 한 번만 클릭하여 실행되도록 할 수 있다.

(5) 새 워크시트 함수 개발

엑셀에 다양한 내장 함수가 포함되어 있긴 하지만, 수식을 간단하게 만들어주는 사용자 정의 수식을 생성할 수도 있다.

(6) 대화형 데이터 처리가 가능

필요한 대화 상자를 직접 제작하여 작업 처리 과정에 필요한 각종 인수를 입력받아 일괄적으로 데이터를 처리할 수 있다.

2. 간단한 매크로 만드는 과정 보기

(1) 아래와 같은 데이터가 들어있는 파일을 만들어 글꼴이나 글자 색, 무늬, 테두리 등을 설정하는 서식 매크로를 적용할 수 있도록 한다.

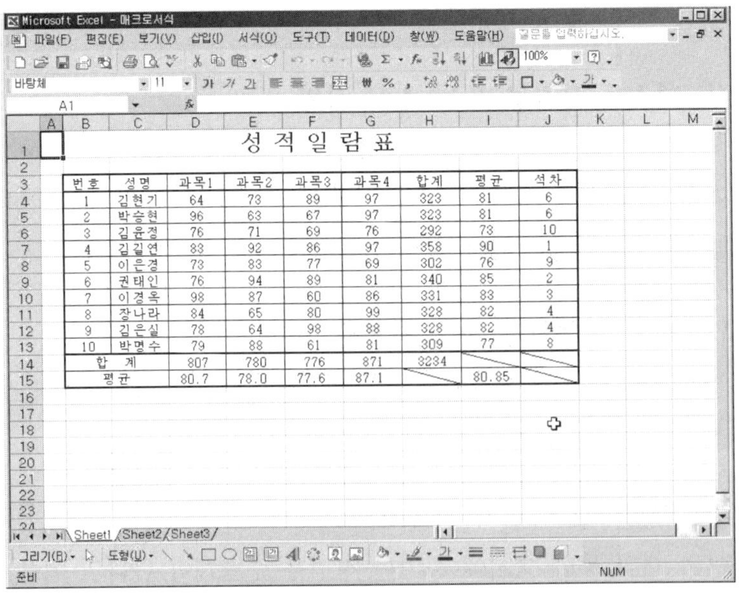

(2) 서식 지정을 원하는 셀 [B3:B15]을 선택하고 메뉴의 [도구]-[매크로]-[새 매크로 기록]을 차례로 선택한다.

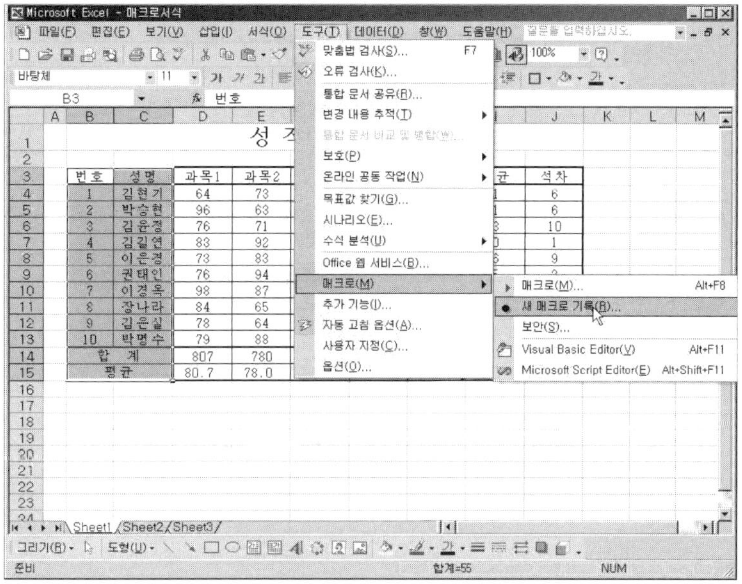

(3) 매크로 기록 대화 상자가 나오는데, [매크로 이름-서식지정(띄워 쓰지 않는다)], [바로 가기 키-Ctrl+a], [설명-서식 지정 매크로 연습]을 각각 입력하고 [확인] 버튼을 누른다.

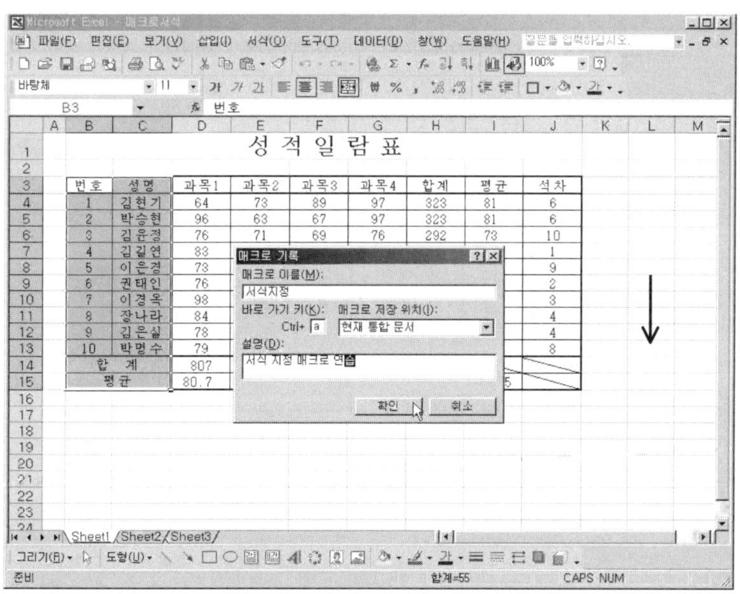

(4) 매크로 기록 중지 버튼이 나온다. 셀 영역 [B3:B15] 위에서 마우스 오른쪽 버튼을 누르고 팝업메뉴에서 [셀 서식]을 선택하고, 글꼴 탭을 누른 후 [글꼴－박명희체], [글꼴 스타일－굵게], [색－파랑] 등을 설정하고 [확인] 버튼을 누른다.

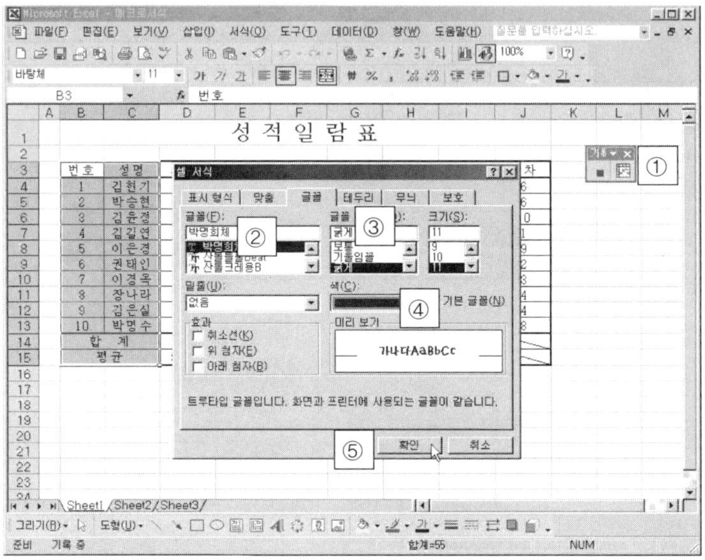

(5) 셀 영역 [B3:B15]이 지정된 서식으로 바뀌는 것을 확인할 수 있다. 매크로 [기록 중지] 버튼을 눌러 매크로 기록을 완성한다.

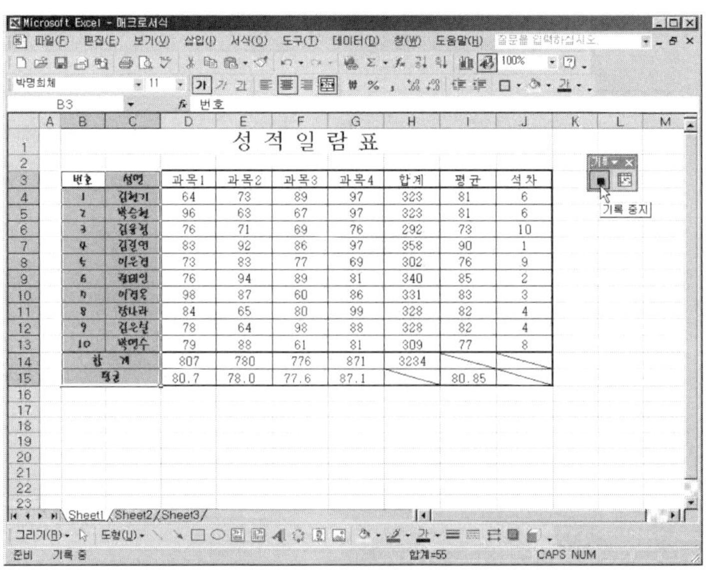

3. 기록된 매크로 실행하는 방법

기록된 매크로를 실행하는 방법을 알아보자.

(1) 방법 1 : 매크로에 기록된 서식을 지정하기 위하여 셀 [E3:E15]를 선택하고 메뉴의 [도구]－[매크로]－[매크로(M)...]을 차례로 선택한다.

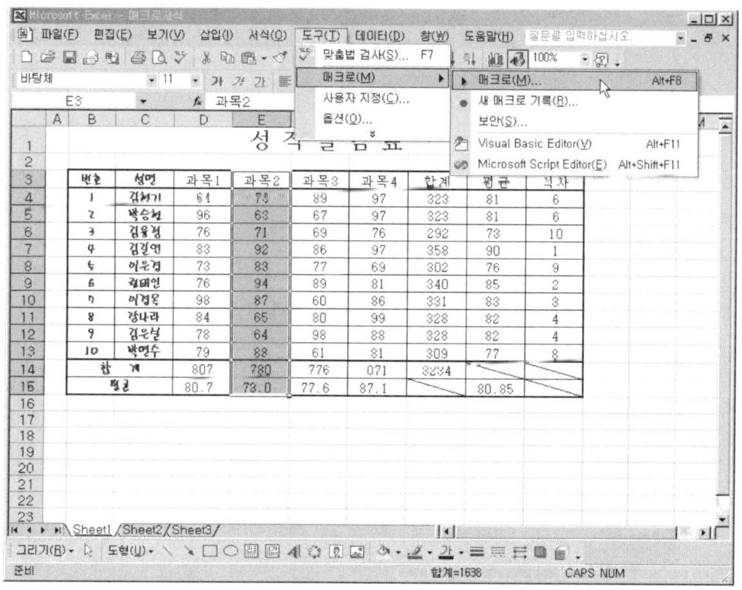

(2) [매크로] 대화 상자가 나오는데 [매크로 이름]에는 [서식지정]이라고 설정이 되어 있다. 오른쪽에 7개의 버튼이 있는데, 그 중에서 [실행] 버튼을 누르면 서식지정 매크로가 실행되어 앞에서 설정한 서식이 지정된다.

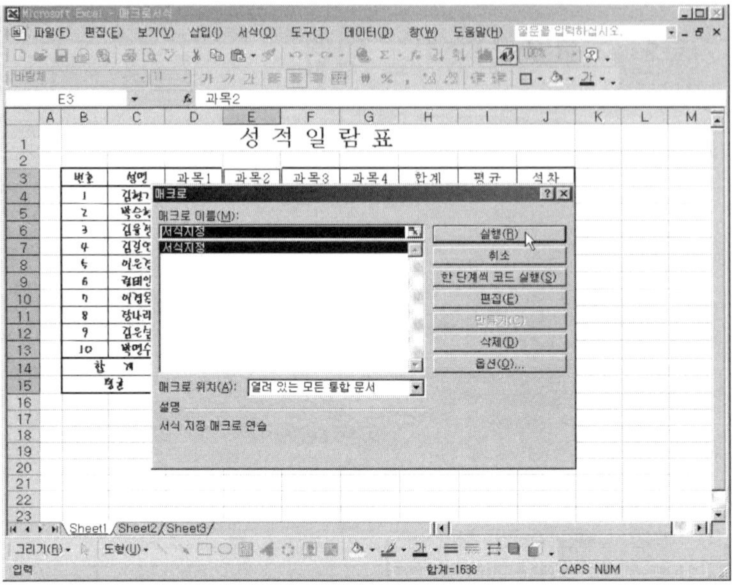

(3) 위에서 설정한 서식이 적용된 화면이다. 이런 과정으로 메뉴를 이용하여 매크로를 실행하는 방법을 알아보았다. 메뉴로 매크로를 실행하는 과정은 메뉴를 고르는 단계와 매크로 대화 상자에서 매크로를 찾아 실행해야 하는 번거로움이 있다.

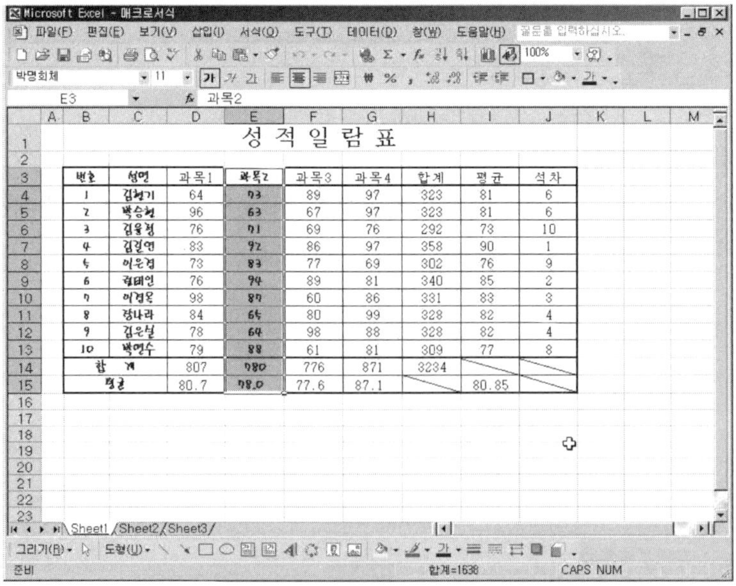

(4) 방법 2 : 매크로 바로가기 키로 설정한 키를 눌러 매크로를 실행한다. 아래 화면에서와 같이 서식을 지정할 셀 [G3:G15]를 선택하고 바로가기 키로 설정된 Ctrl+A를 동시에 누른다.

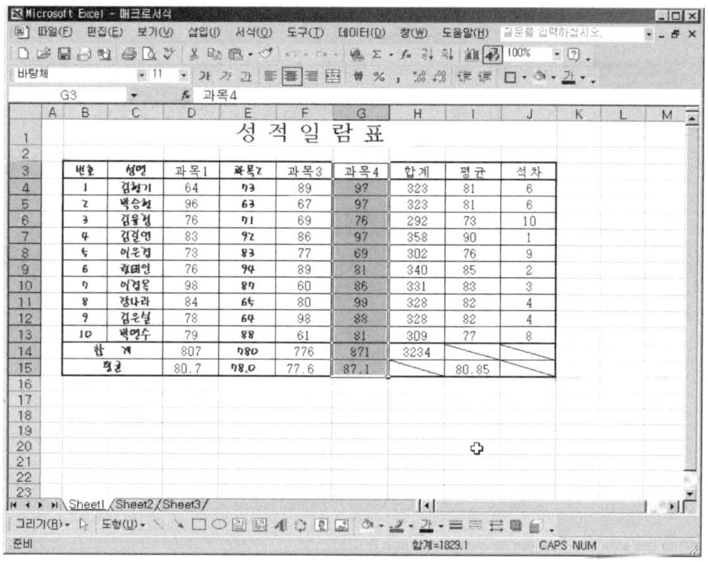

(5) Ctrl+A를 동시에 눌러 선택되어 있는 셀 [G3:G15]의 서식이 지정된 것을 확인할 수 있다. [매크로 바로 가기 키]를 활용하는 것은 지금까지와 같이 서식 지정하는 과정을 기록한 것인데 시간이 지난 뒤에도 바로가기 키를 기억하기는 어렵다.

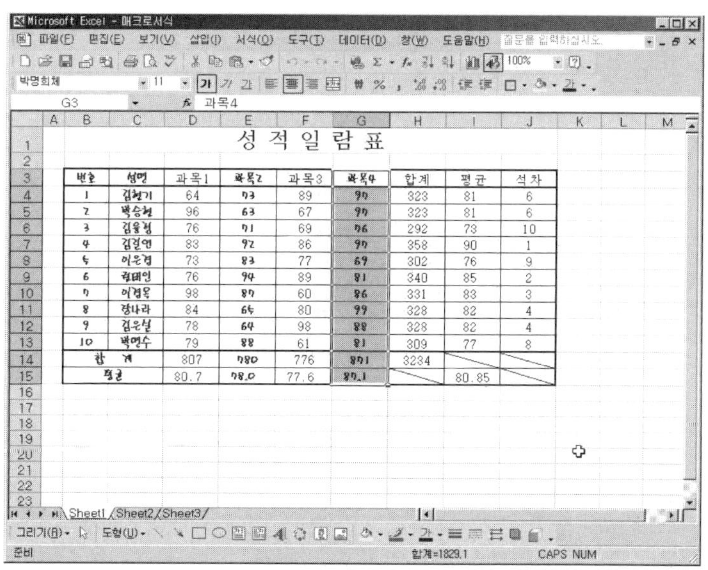

(6) 방법 3 : [바로 가기 키]는 오랫동안 기억하기 어렵기 때문에 매크로를 개체(주로 도형)에 연결하는 방법을 알아보자. 아래와 같이 워크시트에 사각형을 그리고 마우스 오른쪽 버튼을 눌러 나온 메뉴에서 [텍스트 추가]를 선택하고 [서식지정]이라는 텍스트를 입력하고 적당하게 꾸미자.

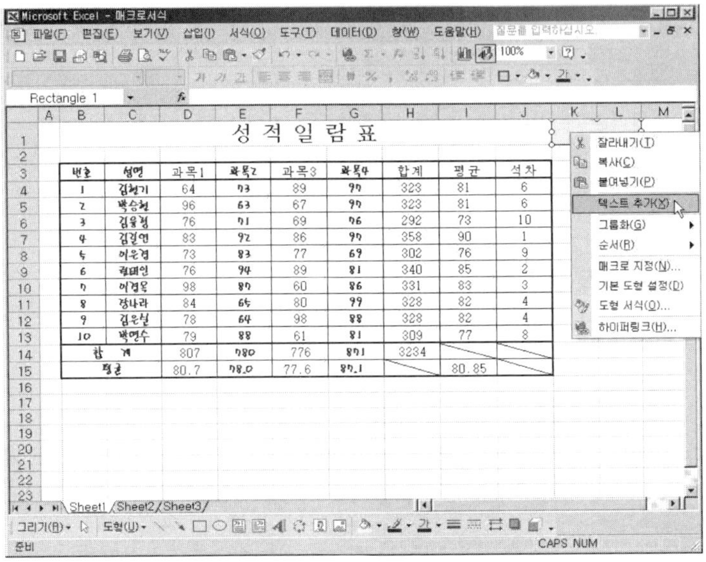

(7) 서식지정 사각형의 경계부분에서 사방화살표(✥)가 나올 때, 마우스 오른쪽 버튼을 눌러 나온 팝업메뉴에서 [매크로 지정]을 선택한다.

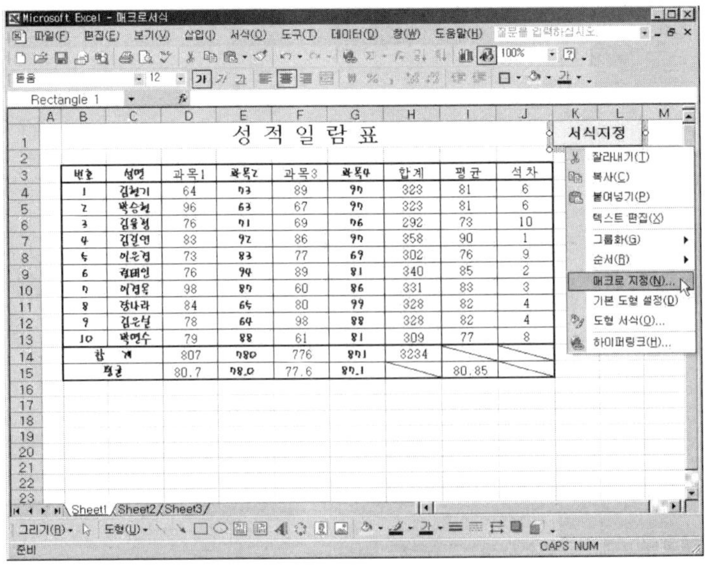

(8) 나오는 매크로 지정 대화 상자에서 매크로 이름으로 [서식지정]을 선택하고, [확인] 버튼을 누르면 위에서 작성한 서식 매크로 기능이 사각형에 연결되어 [서식 지정] 매크로가 실행된다.

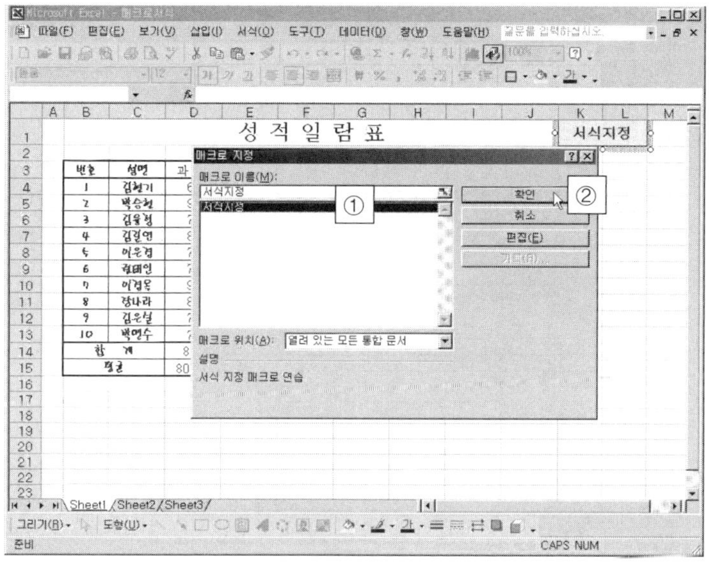

(9) 서식 지정을 할 셀 [I3:J15]를 선택한 다음 [서식지정] 사각형 위로 마우스를 가져가면 아래 그림과 같이 마우스가 손가락 모양으로 바뀐다. 이때 사각형을 클릭하면 셀 [I3:J15]의 서식이 위에서 설정한 대로 적용이 된다.

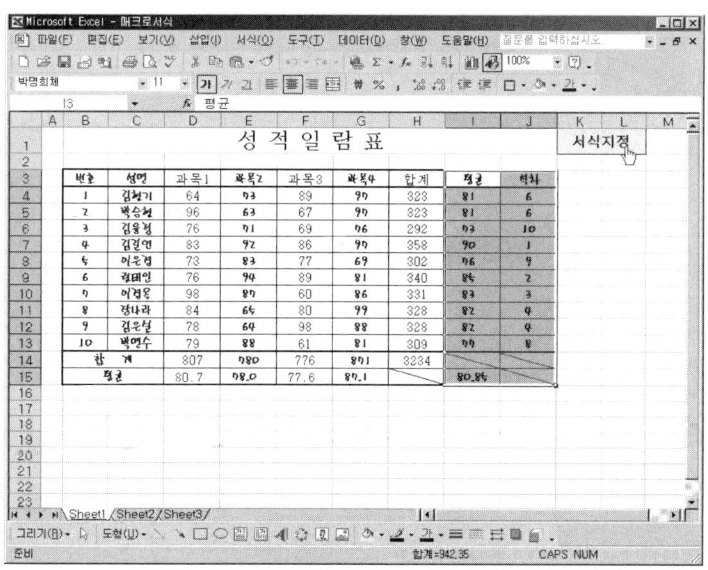

4. 기록된 매크로의 편집

작성된 매크로를 부분적으로 수정하려면 Visual Basic 편집기를 실행하여 직접 매크로 코드를 편집해야 한다.

(1) 메뉴의 [도구]−[매크로]−[매크로]를 차례로 선택한다.

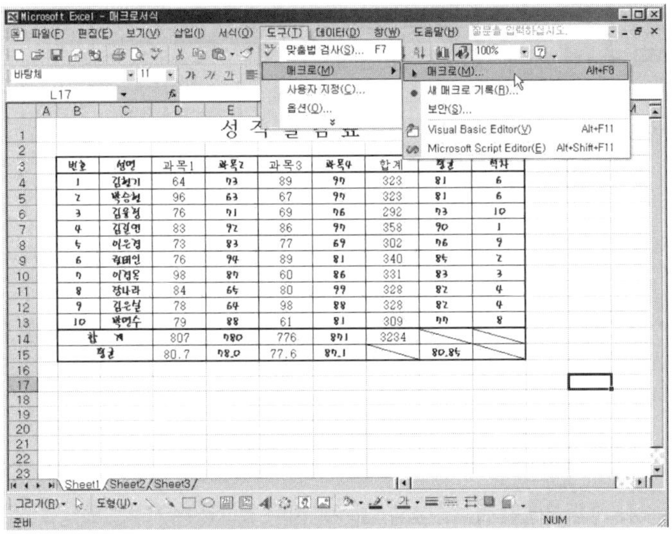

(2) 매크로 대화 상자에서 [서식지정]을 선택하고 [편집] 버튼을 누른다.

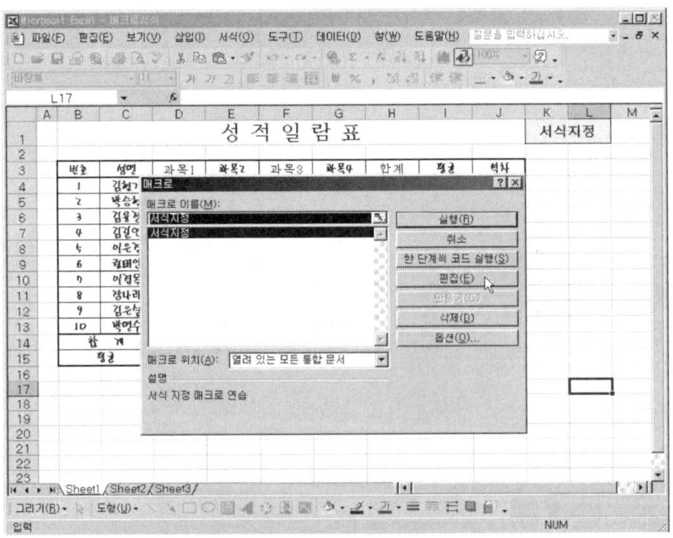

(3) 위에서 매크로를 기록할 때 대화 상자에서 설정한 내용이 아래에 나와 있다. 매크로는 [Sub 매크로이름()]으로 시작해서 [End Sub]로 끝난다. 이 매크로를 프로시저라고도 한다. 프로시저는 하나의 작업 단위를 말한다.

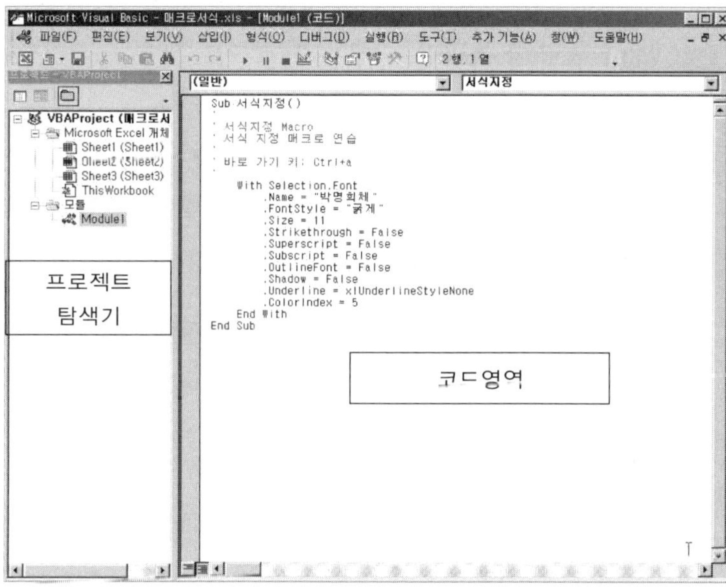

코드설명

[' 서식지정 Macro] 코드영역에서 프로그램의 실행과 관계없는 내용을 입력할 때는 [']를 쓰고 그 뒤에 내용을 적으면 된다.

[With Selection.Font] 매크로를 실행하기 전에 서식을 지정할 셀들을 선택하였는데 이 선택된 셀들의 글꼴에 대한 내용이다. [End With]를 만날 때까지 폰트에 대한 아래의 내용을 설정한다는 뜻이다.

[.Name = "박명희체"] 폰트 이름을 "박명희체"로 설정한다는 내용이다.

[.FontStyle = "굵게"] 글자를 굵게 쓴다는 내용이다.

[.Size = 11] 폰트의 크기를 11 Point로 한다는 내용이다.

[.Strikethrough = False] 취소선(~~취소선~~)을 사용하지 않는다는 내용이다.

[.Superscript = False] 위첨자(주로 지수)로 나타내지 않는다는 내용이다.

[.Subscript = False] 아래첨자로 나타내지 않는다는 내용이다.

[.OutlineFont = False] 윤곽선 폰트를 사용하지 않는다는 내용이다.

[.Shadow = False] 그림자 글꼴을 사용하지 않는다는 내용이다.

[.Underline = xlUnderlineStyleNone] 밑줄을 사용하지 않는다는 내용이다.

[.ColorIndex = 5] 폰트의 색깔을 5(파랑)으로 설정한다는 내용이다.

[End With] With와 호응을 이루는 명령어로 괄호를 대신한다고 보면 된다.

(4) 위에서 설명한 매크로의 내용 중 필요없는 것은 지우고, 필요한 것은 삽입하며 필요하면 내용을 수정하여 다음과 같이 간단하게 고친다. 코드 영역에서는 워드프로세서에서 작업하듯이 글자를 지우고 입력할 수 있다.

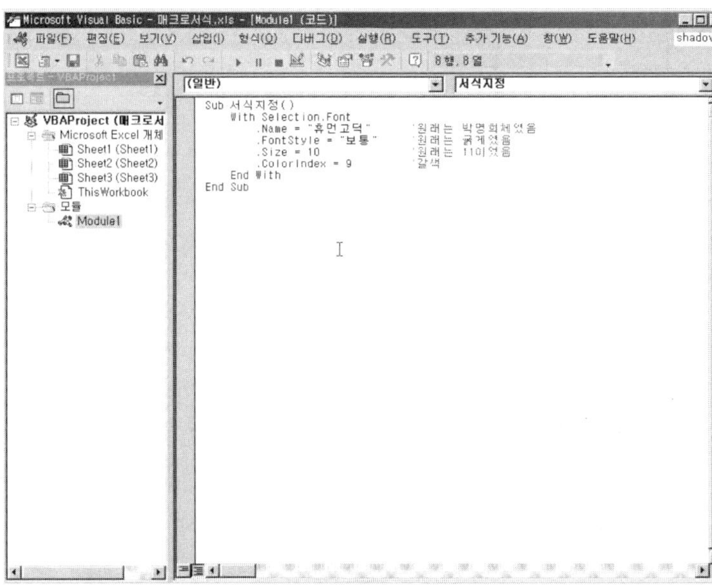

(5) 폰트 이름을 [휴먼고딕], 글꼴 스타일을 [보통], 폰트 크기를 [10], 폰트 색깔은 [9-갈색]으로 바꾼 내용대로 서식을 설정하기 위해 셀 [B3:J15]를 선택하고 [서식지정] 매크로에 연결된 사각형 [서식지정]을 누른다.

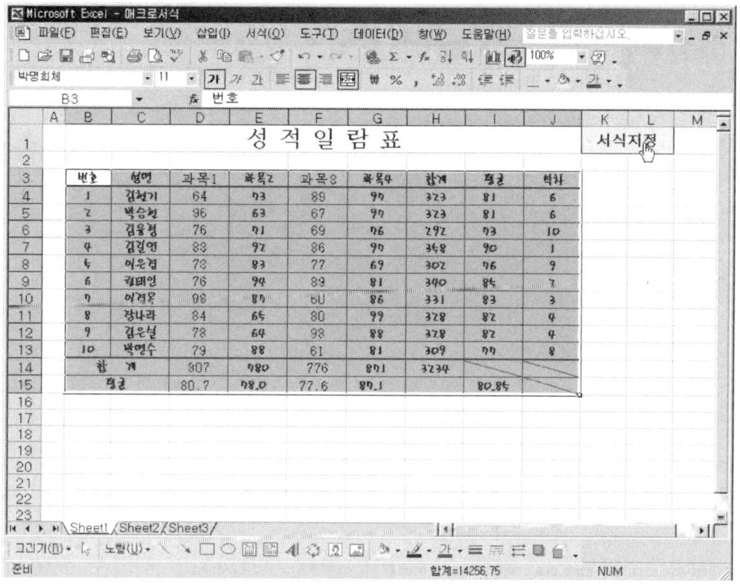

(6) 처음에 매크로를 작성할 때 지정하였던 서식을 변경한 결과가 아래의 그림과 같이 반영되었다. 지금까지 살펴 본 것처럼 매크로는 연속적이며 반복적인 작업을 할 때, 한 번 작성해 두면 이용하기가 편리하다.

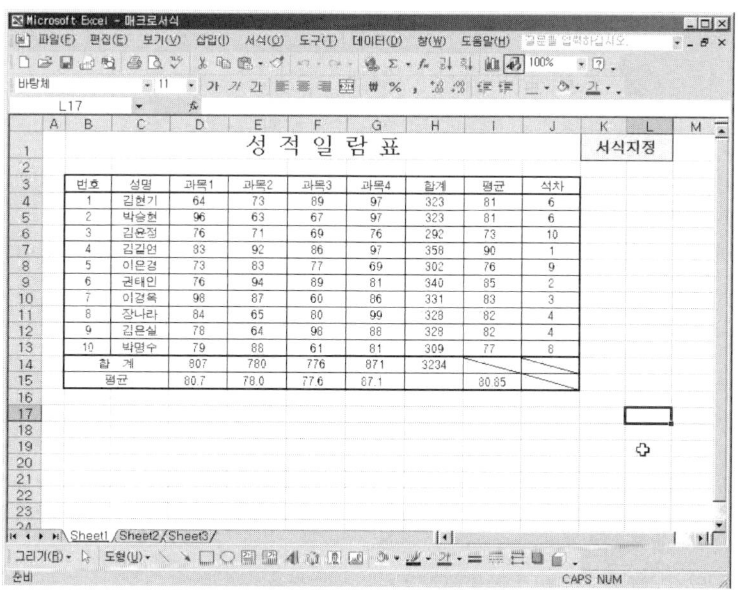

5. 에라토스테네스의 체 만들기

소수는 1과 자신만을 약수로 가지는 자연수를 말한다. 에라토스테네스의 체는 이런 소수를 찾아주는 방법 중의 하나이다. 에라토스테네스의 체를 이용하여 1부터 100까지의 소수를 찾는 과정을 살펴보자.

1은 소수가 아니므로 지운다. 2는 소수이므로 남기고, 2의 배수는 모두 지운다. 3은 소수이므로 남기고, 3의 배수는 모두 지운다. 5는 소수이므로 남기고, 5의 배수는 모두 지운다. 7은 소수이므로 남기고, 7의 배수는 모두 지운다. 이런 방법으로 하여 남은 수 2, 3, 5, 7, 11, 13, …은 소수이다.

예제 에라토스테네스의 체를 이용하여 1부터 100까지의 자연수 중에서 소수를 모두 찾아내는 과정을 엑셀로 만들어 보자.

풀이 (1) ① 셀 [B2:K2]를 선택하고 [셀 병합 후 가운데 맞춤]을 설정한 후 [에라토스 테네스의 체]를 입력한다.

② 병합된 셀 [B2]에서 마우스 오른쪽 버튼을 눌러 나타나는 팝업 메뉴에서 [셀 서식]을 선택하면 [셀 서식] 대화 상자가 나오는데, 테두리 탭을 눌러 괘선을 아래 그림과 같이 넣는다.

③ 행 번호 [4:13]을 마우스로 드래그하여 선택한 후 행 번호의 경계선에서 마우스를 드래그하여 그림과 같이 행 높이를 21.00(28픽셀)로 설정한다.

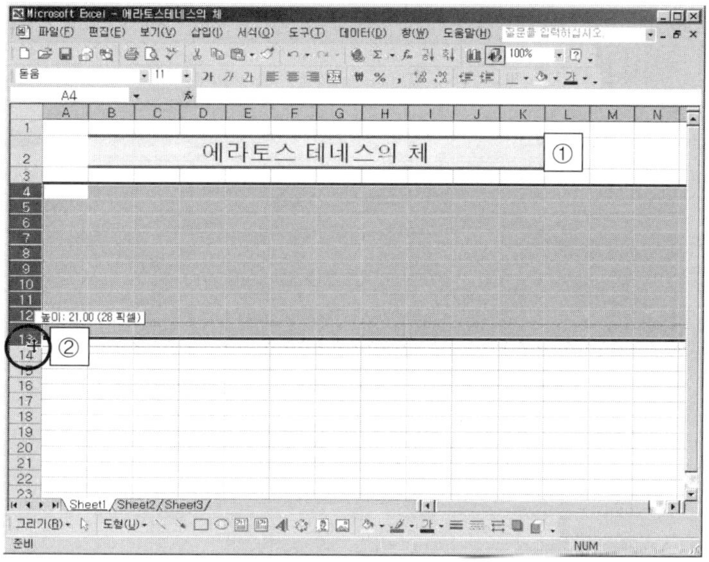

(2) ① 에라토스테네스의 체를 이용하여 소수를 구할 때 사용할 1부터 100까지의 자연수를 아래의 영역 [B4:K13]에 적는다. 이 영역은 자주 쓰일 것이므로 [이름 상자]에 [table]을 입력하고 Enter↵를 눌러 [B4:K13]의 이름을 지정한다.

② 영역 [B4:K13]을 선택한 후 테두리 도구의 오른쪽 부분을 누르고 [모든 테두리]를 선택하여 그림과 같이 테두리가 그려지게 한다.

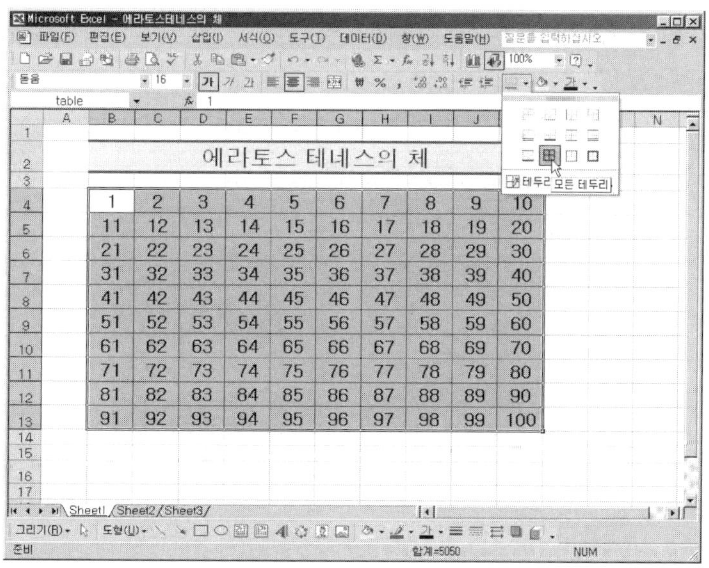

(3) 메뉴 표시줄 위에서 마우스 오른쪽 버튼을 누르고 [Visual Basic]을 선택한다.

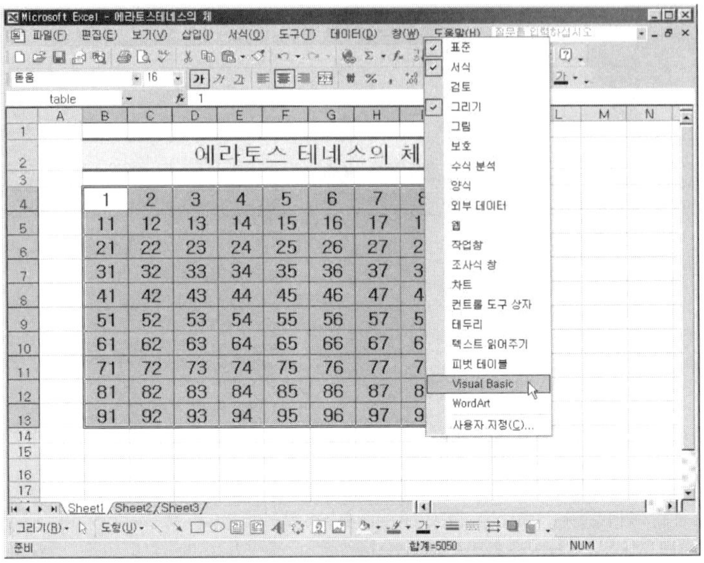

(4) 에라토스테네스의 체는 매크로를 이용하여 실행할 것인데 워크시트에서 매크로를 기록하여 실행해서 완성하기 힘들기 때문에 코드를 직접 입력하여야 한다. 코드를 편집할 수 있는 창을 열기 위해 [Visual Basic Editor] 도구를 클릭한다.

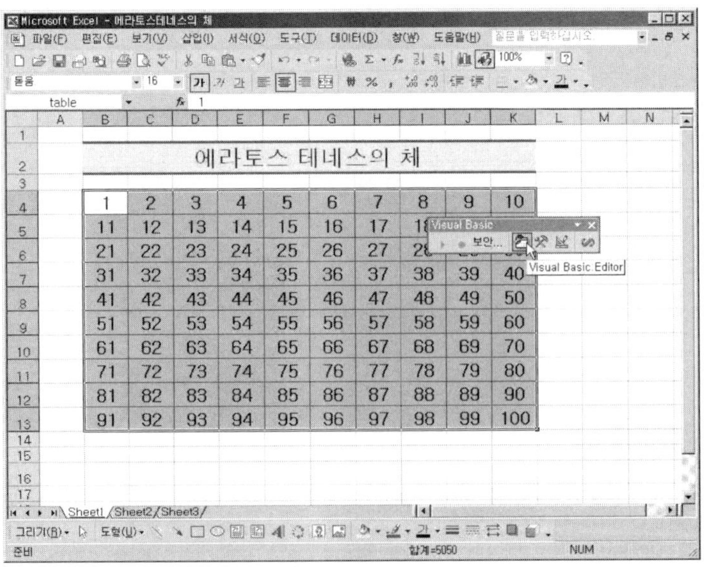

(5) Visual Basic Editor 화면이 나오는데 프로젝트 탐색기에서 마우스 오른쪽 버튼을 누르고 [삽입]-[모듈]을 차례로 클릭한다. 모듈은 Sub로 시작하여 End Sub로 끝나는 프로시저들을 작성하는 프로그램을 코딩하는 곳이다.

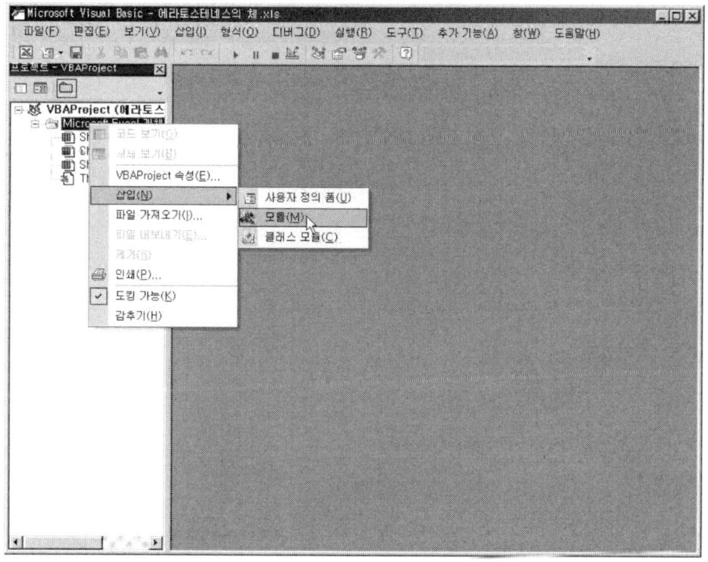

(6) 아래의 그림과 같이 프로젝트 탐색기 오른쪽에 코드영역이 생긴다. 지금부터 코드영역에 Visual Basic for Application 코드를 입력하면 되는데 코드를 입력하는 과정은 코드에 대한 설명으로 대신한다.

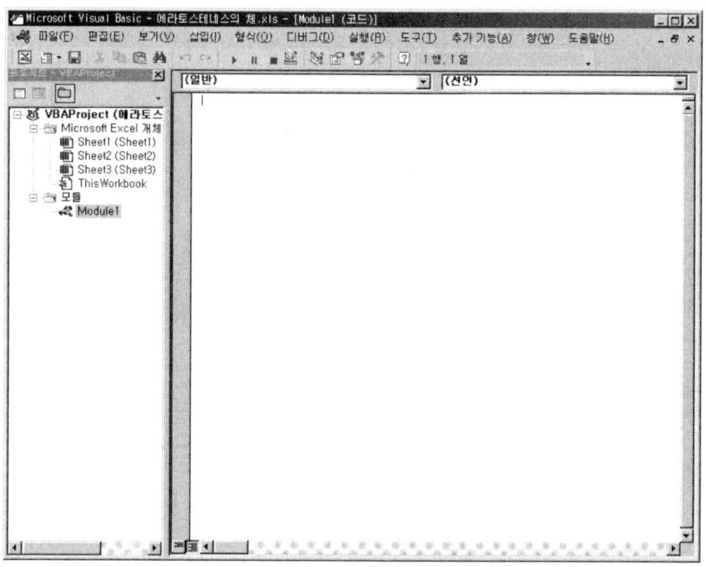

(7) 1~100까지의 자연수가 나타나는 영역에 대하여 에라토스테네스의 체를 실행하기 전에 셀 영역 [B4:K13], [A15:A17]을 깨끗이 정리하는 과정에 대한 프로시저이다. 각 줄에 있는 번호는 설명을 위하여 추가한 것이므로 실제 코드를 입력할 때는 넣어서는 안된다.

```
1: Sub Clear_Screen()
2:     With Range("B4:K13")
3:         .Borders(xlDiagonalDown).LineStyle = xlNone
4:         .Borders(xlDiagonalUp).LineStyle = xlNone
5:         .Font.ColorIndex = 1
6:         .Interior.ColorIndex = 0
7:     End With
8:     ThisWorkbook.Worksheets("Sheet1").Range("A15:A17").ClearContents
9: End Sub
```

| 코드 설명 |

1: 프로시저의 처음을 알린다.
2: 셀 영역 [B4:K13]에 대하여
3: 괘선 중 오른쪽 아래로 향하는 대각선을 지우고
4: 괘선 중 오른쪽 위로 향하는 대각선을 지우고
5: 글꼴의 색을 검정색으로 한다.
6: 셀 채우기 색을 흰색으로 설정하여 지운 것처럼 보이게 한다.
7: 셀 영역 [B4:K13]에 대한 지정이 끝났다는 것을 의미한다.
8: [Sheet1]의 셀 영역 [A15:A17]의 내용을 지운다.
9: 프로시저가 끝났음을 알린다.

(8) 다음은 어떤 자연수(intXX)를 매개변수로 받아서 소수인지 검사하여 소수이면 [참], 소수가 아니면 [거짓]을 되돌려 주는 함수이다.

```
1: Function Is_Prime(intXX As Integer) As Boolean
2: Dim blMy As Boolean
3: Dim intP As Integer
4:      blMy = True
5:      For intP = 2 To Sqr(intXX)
6:           If intXX = Int(intXX / intP) * intP Then blMy = False
7:      Next intP
8:      If blMy = True Then Is_Prime = True Else Is_Prime = False
9: End Function
```

| 코드 설명 |

1: 함수 이름이 Is_Prime으로 진리값(Boolean)을 되돌려 준다.
2: blMy를 진리값을 가지는 변수로 설정한다.
3: intP는 정수(0~32767) 값을 가지는 변수로 지정한다.
4: blMy의 초기값을 참(True)으로 설정한다.
5: intP의 값을 2에서부터 $\sqrt{\text{intXX}}$ 까지의 자연수에 대하여 생각한다.
6: intXX가 intP로 나누어 떨어지면 blMy의 값을 거짓(False)으로 바꾼다. 나누어 떨어지면 약수가 되므로 소수가 아니기 때문에 값을 바꾼다.
7: intP의 값에 1을 더하여 $\sqrt{\text{intXX}}$ 보다 크면 8:로, 아니면 6:으로 간다.
8: blMy의 값이 참이면 Is_Prime의 값이 참, 거짓이면 Is_Prime의 값이 거짓으로 돌려준다.
9: 함수가 끝났음을 알린다.

(9) 다음의 프로시저는 실제로 에라토스테네스의 체를 이용하여 1부터 100까지의 자연수 중에서 소수를 찾아내는 과정을 나타낸 프로시저이다.

```
Sub Eratostenes_Sieve()
Dim intX As Integer, intY As Integer, intZ As Integer
Dim rngMy As Range, intM As Integer
Dim strMy As String
     Clear_Screen
```

```
    Set rngMy = ThisWorkbook.Worksheets("Sheet1").Range("B4")
    intZ = 1
    Do
        If intZ = 1 Then
            MsgBox intZ & "소수가 아니므로 지웁니다"
            rngMy.Borders(xlDiagonalDown).LineStyle = xlContinuous
            rngMy.Borders(xlDiagonalUp).LineStyle = xlContinuous
        ElseIf Is_Prime(intZ) Then
            MsgBox intZ & "은(는) 소수이므로 남기고 " & intZ & "의 배수는 모두 지웁니다"
            For intM = intZ + intZ To 100 Step intZ
                intX = Int((intM - 1) / 10)
                intY = intM - Int((intM - 1) / 10) * 10 - 1
                With rngMy.Offset(intX, intY)
                    .Borders(xlDiagonalDown).LineStyle = xlContinuous
                    .Borders(xlDiagonalUp).LineStyle = xlContinuous
                End With
            Next intM
        End If
        intZ = intZ + 1
    Loop Until intZ > 7
    For intM = 2 To 100
        If Is_Prime(intM) Then
            strMy = strMy & intM & ", "
            intX = Int((intM - 1) / 10)
            intY = intM - Int((intM - 1) / 10) * 10 - 1
            With rngMy.Offset(intX, intY)
                .Interior.ColorIndex = 42
            End With
        End If
    Next intM
    strMy = Left(strMy, Len(strMy) - 2)
    ThisWorkbook.Worksheets("Sheet1").Range("A15") = "따라서 1부터 100까지의 소수는"
    ThisWorkbook.Worksheets("Sheet1").Range("A16") = strMy
    ThisWorkbook.Worksheets("Sheet1").Range("A17") = "입니다."
End Sub
```

| 코드 설명 |

3: rngMy는 셀 영역(Range)을 저장하는 변수로 사용한다.

4: strMy는 문자열을 저장하는 변수로 사용한다.

5: 위의 (7)의 프로시저를 실행하라는 명령이다. 즉 [B4:K13]을 정리한다.

6: rngMy는 [Sheet1]의 셀 영역[B4]을 가리킨다. 쓸 때마다 길게 쓰면 불편하기 때문에 간단하게 대신 쓰기 위해서 하는 작업이다.

8: Do ~ Loop Until (조건)의 형태로 사용하는데 조건이 맞을 때까지 ~을 반복하여 실행한다.

9: 만약 intZ의 값이 1이라면

10: [1은 소수가 아니므로 지웁니다]의 메시지 상자를 띄운다.

11: rngMy의 괘선의 오른쪽 아래로 향하는 대각선을 실선으로 설정한다.

12: rngMy의 괘선의 오른쪽 위로 향하는 대각선을 실선으로 설정한다.

13: 만약 intZ가 1이 아니고 소수이면

14: intZ의 배수를 모두 지운다는 메시지 상자를 띄운다.

15: intM은 intZ을 제외한 intZ의 배수에 대하여

16: intM으로부터 2의 배수(2를 제외한)의 세로의 위치를 계산

17: intM으로부터 2의 배수(2를 제외한)의 가로의 위치를 계산

18: [B4]로부터 (가로로 이동, 세로로 이동)한 위치에 대하여

19:~20: 대각선을 그려서 소수가 아님을 표시한다.

24: intZ에 1을 더한다.

25: 1부터 100까지의 자연수 중에서 2, 3, 5, 7의 배수까지만 지우면 소수는 모두 찾아지므로 7보다 크면 Loop를 벗어난다.

26: 2부터 100까지의 자연수 중에서 (1은 소수가 아니므로 제외하고)

27: 만약 소수이면

28: strMy에 숫자와 콤마(,)를 추가한다.

29:~30: 소수인 수의 세로, 가로의 위치를 계산

31:~33: 소수인 셀의 배경색을 42번 색으로 설정한다.

36: strMy의 마지막 두 문자 “, ” 를 뺀다.

37:~39: 1부터 100까지의 자연수 중에서 소수를 모두 출력한다.

(10) 다음 그림은 지금까지 설명한 프로시저와 함수가 모두 코드 영역에 들어 있는 화면이다. 이제 남은 것은 이 프로시저와 함수들이 잘 연결되어 제대로 실행되도록 매크로를 연결하는 과정만 남았다.

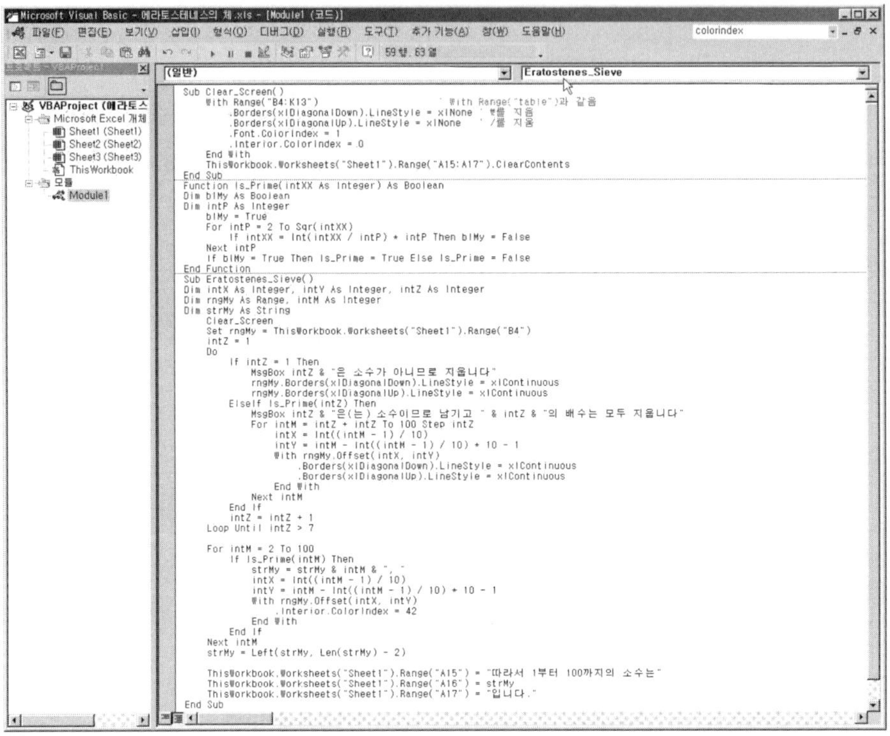

프로시저와 함수

프로시저(Procedure)는 비주얼베이직(이하 VB) 코드로 구성되어 있다. VB 코드의 기본 문장 단위는 Statement이다. Statement는 구문적으로 완전한 한 단위로서 행동, 선언, 정의 등을 표현한다.

프로시저에는 Sub로 시작하는 Sub Procedure와 Function으로 시작하는 Function Procedure가 있다. 각각은 다음과 같이 선언하여 사용한다.

Sub 프로시저이름()	Function 프로시저이름() As 변수Type

Function 프로시저의 변수 Type에는 정수형, 부울형, 실수형 등을 넣을 수 있는데 대개 복잡한 계산을 여러 번 해야 하는 경우에 만들어 사용한다.

(11) 이제는 지금까지 만들어진 매크로를 워크시트의 적당한 위치에 버튼을 만들어 연결시켜서 간단히 실행시킬 수 있도록 한다. 엑셀 화면의 메뉴 표시줄에서 마우스 오른쪽 버튼을 눌러 나타나는 도구모음 메뉴에서 [양식]을 클릭한다.

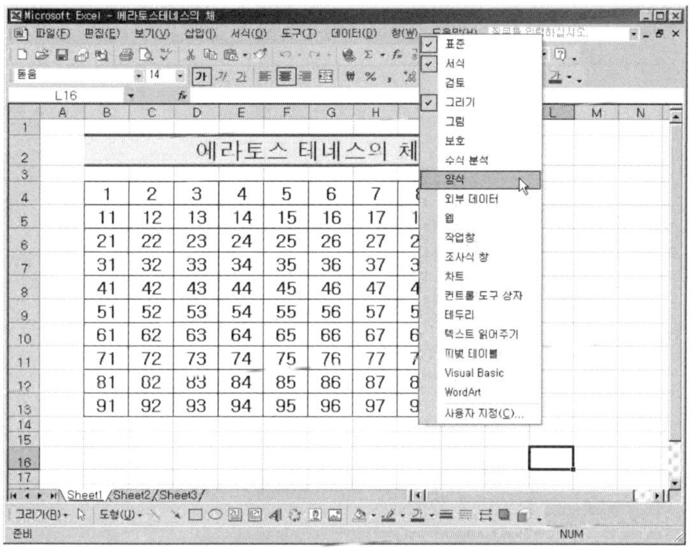

(12) 양식 도구모음에서 버튼을 클릭하고 셀 [M2]의 사각형 왼쪽 위부분에서 Alt 를 누른채 마우스를 드래그하면 버튼이 아래의 화면에서처럼 셀 [M2]의 크기에 맞게 만들어진다. 셀 [N2]에도 같은 버튼을 만든다.

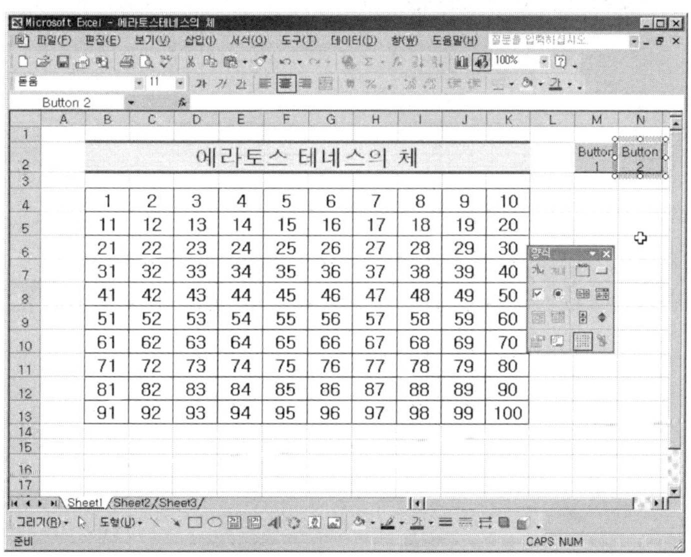

(13) 위에서 넣은 버튼을 어떤 용도로 쓸 것인지를 안내하기 위하여 [Button1], [Button2] 버튼의 글자 위에서 더블클릭하면 버튼의 이름을 편집한다. 각각 [실행], [지우기]를 입력한다.

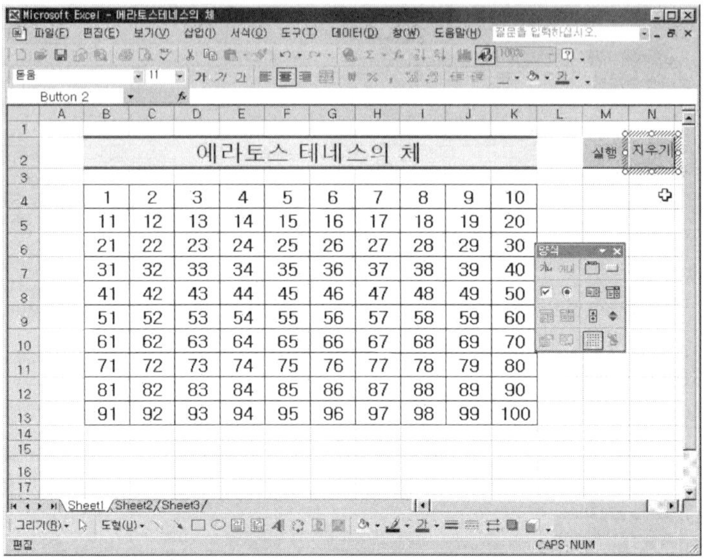

(14) 위에서 넣은 버튼을 누르면 작성되어 있는 매크로가 실행하여 에라토스 테네스의 체가 실행되도록 하기 위하여, [실행] 버튼 위에서 마우스 오른쪽 버튼을 누를 때 나타나는 팝업 메뉴에서 [매크로 지정]을 누른다.

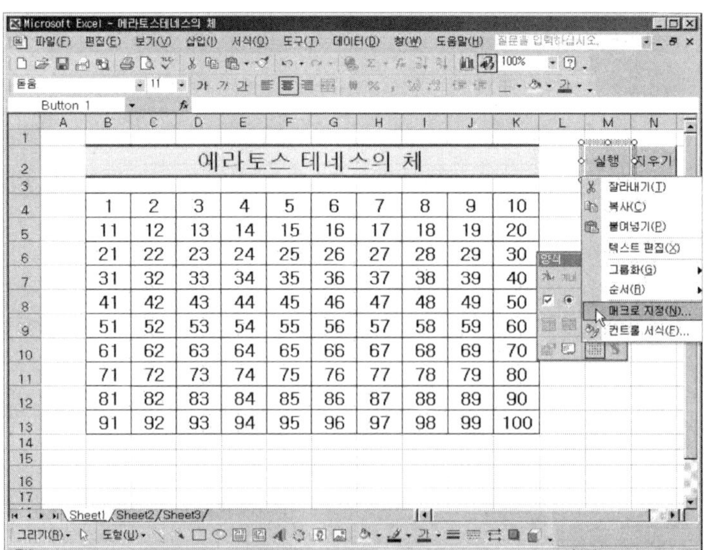

(15) 나타나는 [매크로 지정] 대화 상자에서 작성되어 있는 두 개의 프로시저 중에서 에라토스테네스의 체를 실행하는 프로시저인 [Eratostenes_Sieve]를 클릭하고, [확인] 버튼을 누른다.

(16) 같은 방법으로 [지우기] 버튼을 눌렀을 때, 워크시트에서 소수가 아닌 경우 [X]로 나타나거나 소수인 경우 셀의 배경색 등이 설정되어 있는 것들을 모두 없애주는 프로시저인 [Clear_Screen]을 클릭하고, [확인] 버튼을 누른다.

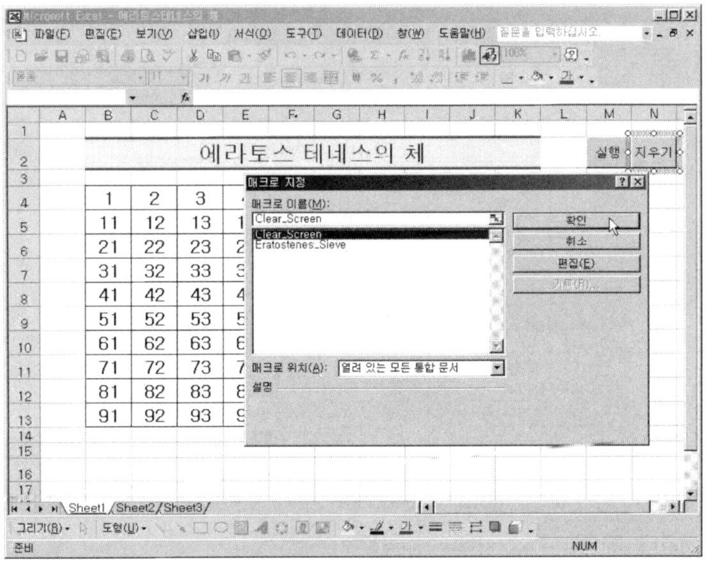

(17) [실행] 버튼을 누르면 에라토스테네스의 체 매크로인 [Eratostenes_Sieve] 프로시저가 실행되는데 처음에 1은 소수가 아니므로 소수가 아니라는 것을 메시지 박스로 안내한다. [확인] 버튼을 누른다.

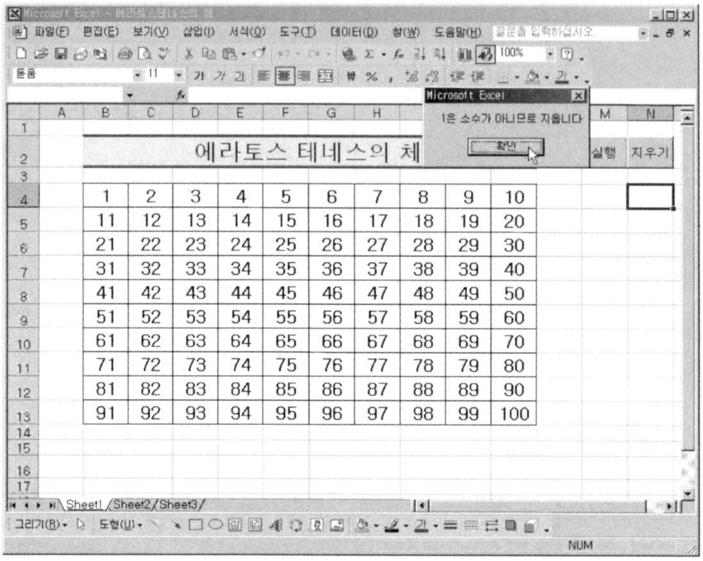

(18) 셀 [B4]에 대각선이 그어지면서 1은 소수가 아니라는 표시를 한 다음 2는 소수이므로 남기고 2의 배수는 모두 지운다는 메시지 박스가 나타난다. [확인] 버튼을 누르면 2의 배수가 되는 셀은 모두 대각선이 그어진다.

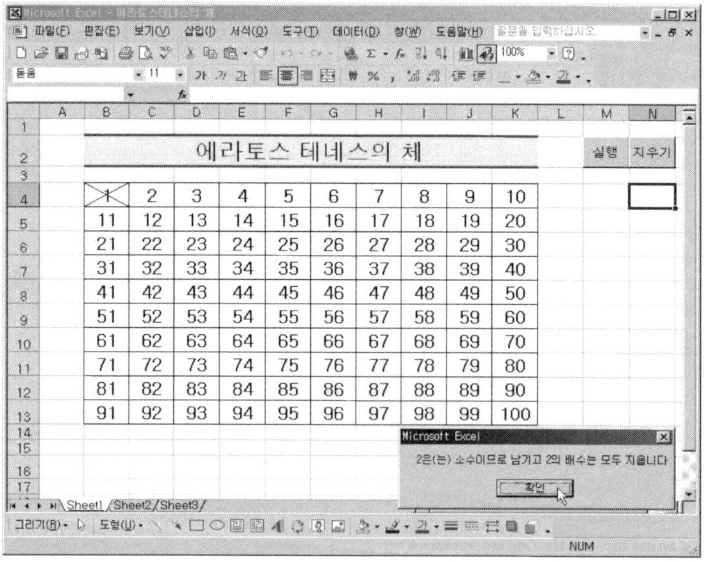

(19) 같은 방법으로 3, 5, 7의 배수를 모두 지우면 1부터 100까지의 소수가 남는다. 남아있는 셀들은 색을 넣어 강조하고 아래에 구한 소수들을 모두 열거하여 그 결과를 나타낸 화면이다.

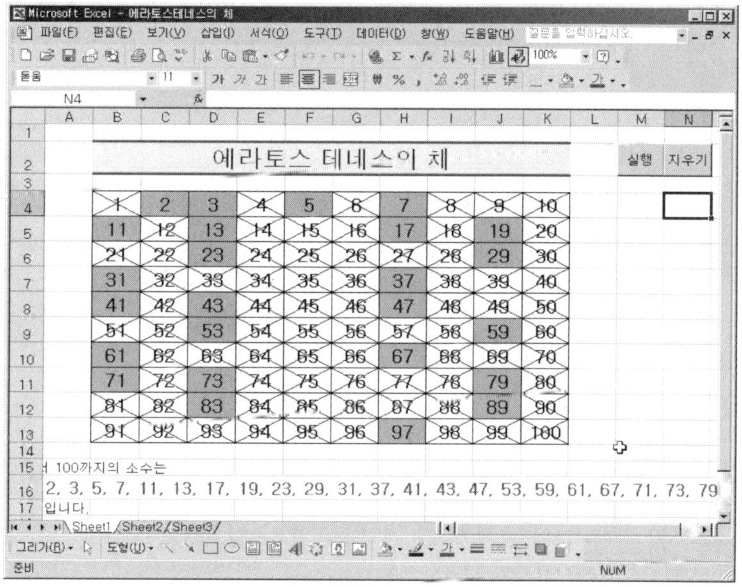

(20) [지우기] 버튼을 눌러 에라토스테네스의 체가 실행되기 전으로 되돌린 화면이다.

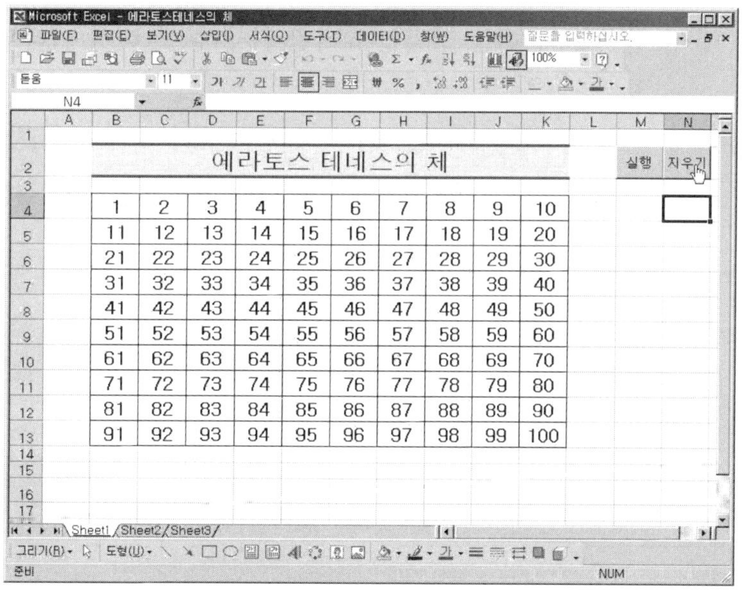

6. 자연수를 소인수분해하기

에라토스테네스의 체를 이용하여 1부터 100까지의 소수를 찾는 과정을 살펴보았다. 1이 아닌 자연수를 소수들의 곱으로 나타내는 소인수분해에 대하여 알아보자.

예제 1보다 큰 자연수를 입력받아서 소인수분해하는 과정을 나타내는 프로그램을 만들어 보자.

풀이 (1) 72를 소인수분해하면 $2^3 \times 3^2$이 되는데 엑셀에서는 흔글 프로그램처럼 수식을 이용하여 지수를 표현하려면 그 과정이 복잡하여 불편하다. 다행히 글꼴 서식에 위첨자, 아래첨자 기능이 있어서 이 기능을 적절히 이용하면 워크시트에서 $2^3 \times 3^2$과 같이 나타내는 것은 어렵지 않다. 위첨자를 설정하는 과정을 매크로로 기록한 것을 보면서 분석해 본다.

① 자연수를 소인수분해하는 과정을 엑셀로 나타내기 위하여 아래의 화면과 같이 셀 [B2:E2]를 선택하고 [자연수의 소인수분해]를 입력하고 셀 병합 후 가운데 맞춤을 선택한다.

② 셀 [C10]에 $2^3 \times 3^2$을 나타내기 위해서 23×32를 입력한다. [×]를 입력할 때는 [ㄷ]을 입력한 후 [한자] 키를 눌러서 나타나는 기호 중에서 찾는다.

③ 메뉴의 [도구]-[매크로]-[새 매크로 기록]을 차례로 눌러 나타나는 매크로 기록 대화 상자에서 매크로 이름을 [지수설정하기]로 입력하고 [확인] 버튼을 누른다.

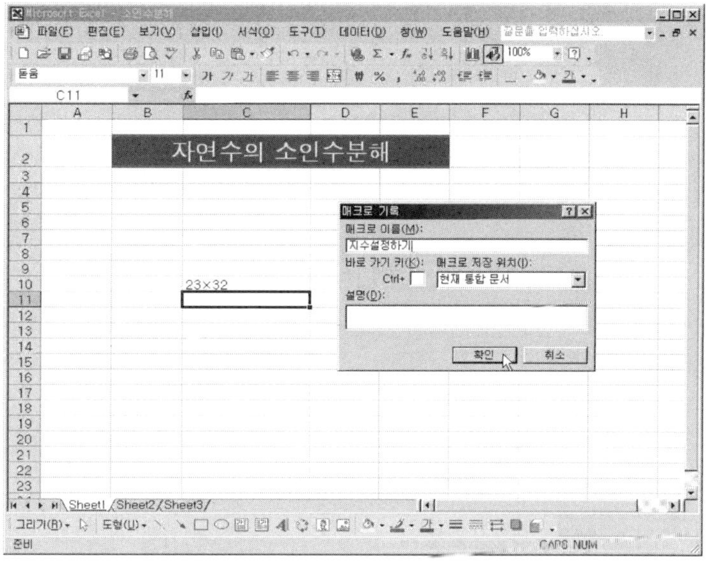

(2) 셀 [C10]을 더블클릭하여 셀의 값을 수정할 수 있도록 하고 $2^3 \times 3^2$의 지수 3을 나타내기 위해 3만 마우스로 드래그하여 선택하고 마우스 오른쪽 버튼을 눌러 나타나는 팝업메뉴에서 [셀 서식]을 선택한다.

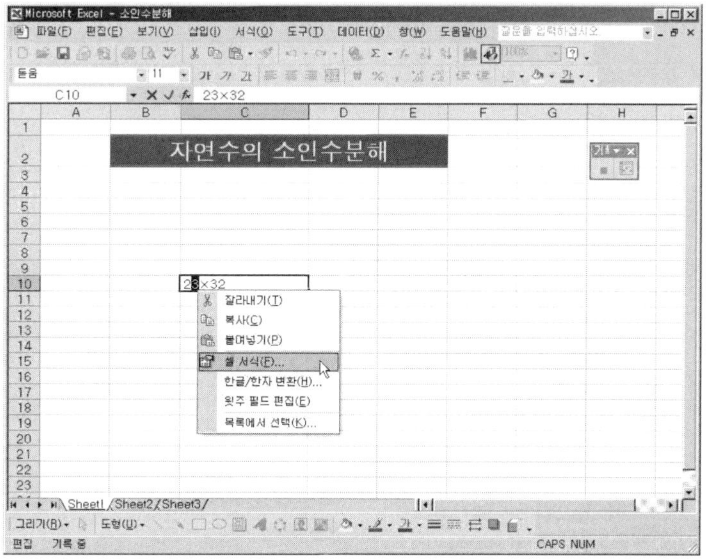

(3) 셀 서식 대하 상지에서 [효과]의 [위첨자]의 체크박스를 클릭하여 체크가 되게 하고 [확인] 버튼을 누른다.

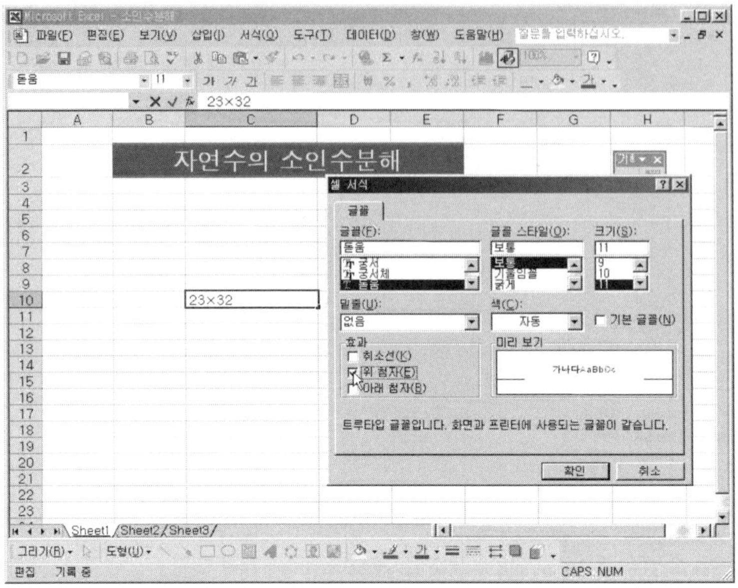

(4) 셀 [D10]을 선택하면 23×32로 입력되었던 것이 $2^3\times32$의 형태로 나타난 것을 확인할 수 있을 것이다. 매크로 기록 중지 버튼을 누른다.

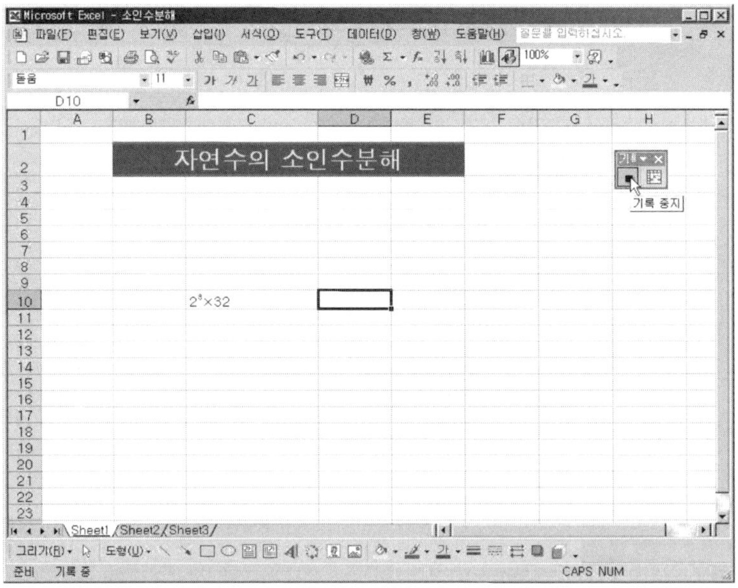

(5) 설정된 매크로를 확인하기 위하여 코드 편집기를 클릭한다. 코드 편집 영역에 지금까지 작업한 내용이 VB 코드로 입력되어 있는 것을 확인할 수

있을 것이다. 자세히 보면 [23×32]의 다섯 글자에 대하여 지수가 들어갈 [3]을 기준으로 [앞], [3], [뒤]로 나누어 각 부분의 글자에 대한 속성을 설정하는 과정이 나타나 있다.

(6) 위에서 매크로를 지정하면서 작업한 주된 내용만 남기면 그림과 같다. 이것도 [Range("C10").Characters(Start:=2, Length:=1).Font.Superscript= True]와 같이 줄일 수 있는데 "셀 [C10]의 문자들(시작위치=2, 위첨자로 설정할 문자의 길이=1)의 폰트의 위첨자 설정이 참이다"는 의미를 담고 있다.

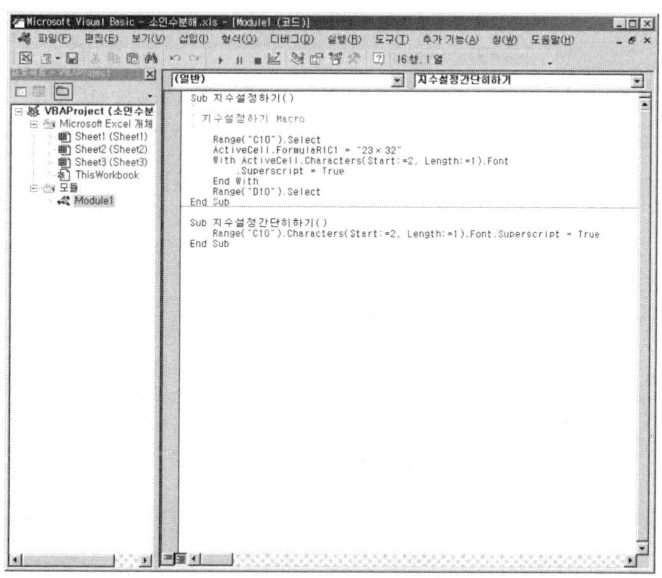

(7) 지금까지의 내용은 엑셀에서 자연수를 소인수분해하는 과정에서 소인수들의 지수를 나타내는 방법에 대하여 알아 본 것이다. 나머지 과정은 코드를 설명하면서 계속한다. 먼저 아래의 프로시저는 lngX로 넘겨온 수가 소수인지 검사하여 소수이면 참, 소수가 아니면 거짓을 되돌려 주는 함수 프로시저이다.

```
1: Function Is_Prime(lngX As Long) As Boolean
2:     Dim lngMM As Long
3:     For lngMM = 2 To Sqr(lngX)
4:         If lngX = Int(lngX / lngMM) * lngMM Then
5:             Is_Prime = False
6:             Exit Function
7:         End If
8:     Next lngMM
9:     Is_Prime = True
10: End Function
```

| 코드 설명 |

1:	lngX가 소수인지 검사하여 논리값(Boolean)으로 되돌리는 함수 프로시저.
2:	lngMM은 Long(long integer) 변수로 −2,147,483,648부터 2,147,483,647까지의 값을 사용할 수 있다.
3:	어떤 자연수 N이 소수인지를 판별하는 데는 $\sqrt{\text{lngX}}$ 이하의 소수로 나누어지는지를 검사하면 되는데 컴퓨터의 속도를 감안하여 $\sqrt{\text{lngX}}$ 이하의 자연수로 검사한다.
4:	lngX가 lngMM으로 나누어지는지 검사하여 참이면 5:, 거짓이면 8:로 int(321/3)*3=107*3=321이므로 321은 3으로 나누어진다. int(130/3)*3=43*3=129≠130이므로 130은 3으로 나누어지지 않는다.
5:	나누어지면 Is_Prime의 값을 False로 설정하여
6:	이 함수 프로시저를 호출하였던 곳으로 되돌아가게 한다.
9:	2이상 $\sqrt{\text{lngX}}$ 이하의 어떤 자연수로도 나누어지지 않는다면 Is_Prime의 값을 True로 설정한다.
10:	이 함수 프로시저를 호출하였던 곳으로 되돌아가게 한다.

(8) 다음은 실제로 1보다 큰 자연수를 입력받아서 소인수분해하는 과정을 보여주는 내용에 대한 VB 코드인데, 작업과정을 나누어서 설명한다. 먼저 다음은 소인수분해를 할 때 VB에서 사용되는 각종 변수를 선언한 것들이다.

```
1: Sub Prime_Factorization()
2: Dim lngL As Long, lngM As Long, lngN As Long, lngNN As Long
3: Dim rngMy As Range
4: Dim strMy As String, strMy2 As String, St1 As String, St2 As String,
   strMy3 As String
5: Dim intCount As Integer
6: Dim intJisu As Integer, intPosition As Integer, intJisuCount As Integer
7: Dim Jisu(10000, 2) As Integer
8: Dim Temp
```

(9) 코드 [9:]부터는 매크로가 실제로 워크시트에서 동작하고 계산하는 과정이다.

```
9:    Range("5:100").Delete
10:    Do
11:       lngNN = CLng(InputBox("1보다 큰 자연수를 입력하세요", "자연수의
          소인수분해", , 300, 300))
12:    Loop While lngNN <= 1
```

| 코드 설명 |

9:	5행부터 100행까지를 모두 지운다. ClearContents는 내용을 지우는 것이지만 Delete는 줄 자체를 지워버린다. 소인수분해할 때 몇 줄까지 내려갈지는 입력되는 수에 따라 다르므로 미리 양식을 지정할 수 없는 관계로 넉넉하게 줄을 잡아서 삭제하는 것이다.
11:	InputBox는 아래의 그림과 같이 대화 상자를 통해 처리하고자 하는 값을 입력받는 명령이다. 

	CLng(내용)는 내용을 Long형 변수로 변환(Change)시키는 명령이다.
11:	lngNN에 InputBox로 입력받은 자연수를 Long형 변수로 변환시킨(CLng) 값을 저장한다.
12:	1보다 큰 자연수를 입력받았는지에 대한 검사를 하여 조건에 맞으면 다음 행으로 가지만 1보다 큰 자연수가 아닌 경우에는 11:로 가서 다시 입력받는다. 1보다 큰 자연수를 입력받을 때까지 반복하여 실행한다.

(10) 코드 [13:~17:]은 lngNN이 그 자체로 소수인지 검사하여 소수인 경우는 소인수분해 결과를 출력하는 단계로 바로 넘어간다. 소수가 아닌 경우에는 소인수분해를 하는 단계인 18:으로 간다.

```
13:   If Is_Prime(lngNN) Then
14:       strMy = Str(lngNN)
15:       strMy2 = ""
16:       GoTo Result
17:   End If
```

(11) 코드 [18:~56:]은 소인수분해를 하는 과정이다.

```
18:   lngM = 2: lngL = lngNN
19:   Do
20:       lngN = 0
21:       Do While lngL Mod lngM = 0
22:           With Range("B5").Offset(intCount, 1)
23:               .Value = lngL
24:               .Borders(xlEdgeBottom).LineStyle = xlContinuous
25:               .Borders(xlEdgeBottom).Weight = xlThick
26:               .Font.Bold = True
27:               .Font.Size = 14
28:           End With
29:           Temp = InputBox("다음 과정을 보려면 [확인]버튼을 누르세요
              ", "자연수의 소인수분해", , 100, 100)
```

```
30:             With Range("B5").Offset(intCount, 0)
31:                 .HorizontalAlignment = xlRight
32:                 .Value = lngM & " )"
33:               .Characters(Start:=1,Length:=Len(Str(lngM))-1).Font.ColorIndex=5
34:                 .Font.Bold = True
35:                 .Font.Size = 14
36:             End With
37:             intCount = intCount + 1
38:             lngL = lngL / lngM
39:             St1 = Right(Str(lngM), Len(Str(lngM)) - 1)
40:             strMy = strMy + St1 & "×"
41:             lngN = lngN + 1
42:         Loop
43:         If lngN >= 2 Then
44:             St2 = Right(Str(lngN), Len(Str(lngN)) - 1)
45:             intJisuCount = intJisuCount + 1
46:             Jisu(intJisuCount, 1) = Len(strMy2 + St1) + 1
47:             Jisu(intJisuCount, 2) = Len(St2)
48:             strMy2 = strMy2 + St1 + St2 + "×"
49:         ElseIf lngN = 1 Then
50:             St1 = Right(Str(lngM), Len(Str(lngM)) - 1)
51:             strMy2 = strMy2 + St1 + "×"
52:         End If
53:         Do
54:             lngM = lngM + 1
55:         Loop While Not (Is_Prime(lngM))
56:     Loop While lngM <= Sqr(lngL)
```

| 코드 설명 |

[lngM=2]는 소인수분해할 때 제일 작은 소수 2부터 시작한다.

18: [lngL=lngNN] InputBox로 입력받은 lngNN의 값을 소수로 계속 나누어 가면서 소인수분해하므로 lngL에 값을 옮겨서 처리한다.

20: lngN은 지수를 저장한다. 만약 lngL이 2로 나누어지는 경우 2로 나누어지지 않을 때까지 반복하여 나누어지는 횟수를 지수로 저장한다.

21: lngM이 lngL의 약수인 동안 계속 Do~Loop를 반복한다.

22: [B5]에는 소수와 ")" 를 적고, [B6]에는 주어진 자연수를 적고 밑줄을 그을 것인데 일단 [B6]의 서식을 설정한다.

23: lngL을 적고

24: 셀의 밑에 선을 그어 나누는 형태를 갖춘다.

25: 줄의 굵기를 굵게 설정한다.

26:, 27: 글꼴을 굵게, 폰트의 크기는 14로 설정한다.

29: 아래의 그림과 같은 대화 상자를 통하여 한꺼번에 모든 과정이 실행되는 것을 막고 약간의 생각할 시간을 준다.

30:~36: With Range("B5").Offset(intCount,0)은 셀 [B5]를 기준으로 한 상대 위치를 말한다. Offset(기준에서 세로의 위치, 기준에서 가로의 위치)를 의미하는데 intCount의 값에 따라서 아래로 이동하면서 적는다.
33: [2)]의 형태에서 [)] 앞까지만 문자의 색을 파랑으로 설정한다.

37: 21:에서 lngL이 lngM으로 나누어질 때마다 소수가 하나씩 늘어나므로 카운트를 늘인다.

38: 42는 소인수 2로 나누어지므로 42 ÷ 2 = 21을 계산하여, 21을 또 소인수분해하는 방식으로 진행되므로 lngL을 lngM으로 나눈다. lngL이 1이 될 때까지 이 과정을 계속한다.

39: 숫자를 문자열로 변환할 때 [Str(수)] 수에는 항상 제일 왼쪽에 부호가 붙을 한 칸이 확보되고, 양수는 부호를 붙이지 않으므로 제외시킨다. 즉, Len(Str(24))=Len(" 24")=3이 되므로 " 24"의 공백을 없애는 작업이다.

40: strMy에 [2×2×3×3×3×]의 꼴로 저장된다.

41: 같은 소인수로 나누어지는 횟수를 구하여 지수를 만든다.

43: 지수가 2보다 크거나 같으면

44: [지수]에 대하여도 [39:]의 [밑]과 같이 공백을 없앤다

45: 지수가 2 이상인 경우에 카운트를 1만큼 증가시킨다.

46:	[지수]인 문자의 시작 위치를 저장시킨다.
47:	지수를 나타내는 숫자의 길이 [5]이면 공백을 뺀 1, [15]이면 공백을 뺀 2를 기억한다.
48:	48의 경우 [48 = 2×2×2×2×3 = 23×3×]로 기억한다. 나중에 23×3× ⇨ 23×3 ⇨ 23×3 으로 고치는 작업을 거친다.
49:~52:	지수가 1인 경우에는 밑만 기억시킨다.
53:~55:	lngM이 소수가 될 때까지 1씩 더해간다.
56:	lngM이 $\sqrt{\text{lngL}}$ 이하의 소수인 동안은 21:~55:를 반복하여 실행한다.

(12) 코드 [57:~62:]는 소인수분해되는 수를 계속 써 내려가는 과정에서 서식을 지정하는 매크로이다.

```
57:  With Range("B5").Offset(intCount, 1)
58:      .Value = lngL
59:      .Font.Bold = True
60:      .Font.Size = 14
61:      If lngL <> 1 Then .Font.ColorIndex = 5
62:  End With
```

| 코드 설명 |

57:	Range("B5").Offset(intCount,1)은 셀 [B5]를 기준으로 상대위치를 지정하는 방법이다. Offset(세로의 위치, 가로의 위치)로 나타내는데, intCount=0이라면 Range("B5").Offset(intCount,1)은 셀 [B6]를 나타내는 것이다.

(13) 코드 [63:~70:]은 소인수분해되는 마지막 단계에서 남은 수를 처리하는 과정의 매크로이다.

```
63:  If lngL <> 1 Then
64:      St1 = Right(Str(lngL), Len(Str(lngL)) - 1)
65:      strMy = strMy + St1
```

```
66:         strMy2 = strMy2 + St1
67:     Else
68:         strMy = Left(strMy, Len(strMy) - 1)
69:         strMy2 = Left(strMy2, Len(strMy2) - 1)
70:     End If
```

| 코드 설명 |

63:~66:	소인수분해의 마지막 단계에서 1이 아닌 경우 즉, 소수인 경우에는 지금까지 마지막에 [×]를 붙였지만 소수가 하나 더 붙게 되므로 숫자만 붙인다.
67:~70	소인수분해의 마지막 단계에서 1인 경우에는 소인수분해가 모두 끝난 경우이므로 결과의 마지막에 붙어있는 [×]를 빼는 과정이다.

(14) 코드 [71:~90:]은 소인수분해된 결과를 화면에 나타내는 과정이다.

```
71: Result:
72:     If strMy2 = "" Then
73:         Range("a5").Offset(intCount + 3, 0) = "∴ " & lngNN& " = "
            & strMy
74:     Else
75:         Range("a5").Offset(intCount + 3, 0)="∴ "&lngNN&"="&strMy&"
            ="&strMy2
76:     End If
77:     With Range("A5").Offset(intCount + 3, 0)
78:         .Font.Size = 14
79:         .Font.Bold = True
80:         .Font.ColorIndex = 5
81:     End With
82:     lngN = 1
83:     Do While lngN <= intJisuCount
84:         With Range("a5").Offset(intCount+3,0).Characters(Start:=Jisu
            (lngN, 1) +Len(Str(lngNN))+Len(strMy)+7,Length:=Jisu(lngN,
            2)).Font
```

```
85:             .Superscript = True
86:             .ColorIndex = 3
87:         End With
88:         lngN = lngN + 1
89:     Loop
90: End Sub
```

| 코드 설명 |

72:~73:	만약 지수가 모두 1인 경우에는 거듭제곱을 쓸 필요가 없으므로 나온 결과만 화면에 나타나면 된다.
74:~75:	지수가 2이상인 것이 하나라도 있으면 지수로 나타낸 것이 strMy2에 저장이 되이 있으므로 소수와 [×]반으로 연결된 식을 거듭제곱을 써서 다시 나타낸다.
77:~81:	소인수분해하기 위해 마지막으로 나누기를 했던 곳으로부터 3행 아래에 소인수분해된 결과를 나타낸다.
83:~89:	124 = 2 × 2 × 31 = 22 × 31로 적는 과정에서 기억된 값, 지수는 22 × 31의 두 번째 [2]이므로 Jisu(카운트, 1)=2와, 지수의 길이는 [2]의 한 자리 지수이므로 Jisu(카운트, 2)=1이 기억되어 있는 것을 참조하여 $2^2 \times 31$의 꼴로 고치는 과정이다.

(15) 위의 코드를 아래 그림의 코드 편집 창에 입력한 화면이다. 이제 워크시트에서 도형을 그려서 아래 코드 편집 창에 보이는 Prime_Factorization 프로시저에 연결시켜주면 자연수의 소인수분해가 이루어지는 일을 자동으로 실행할 수 있다.

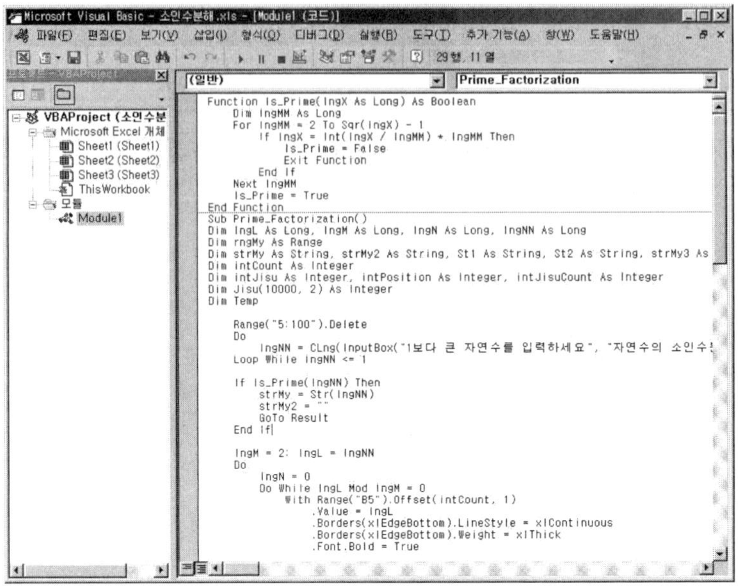

(16) 메뉴 표시줄에서 마우스 오른쪽 버튼을 눌러 나오는 양식 도구모음에서 [버튼]을 클릭하고 Alt 키를 누른 상태에서 셀 [G2:H2]를 드래그하여 그리고 나면 [매크로 지정] 대화 상자에서 매크로 이름에 [Button1_Click]으로 설정되어 있는 것을 마우스로 [Prime_Factorization]을 클릭하여 연결하고 [확인] 버튼을 누른다.

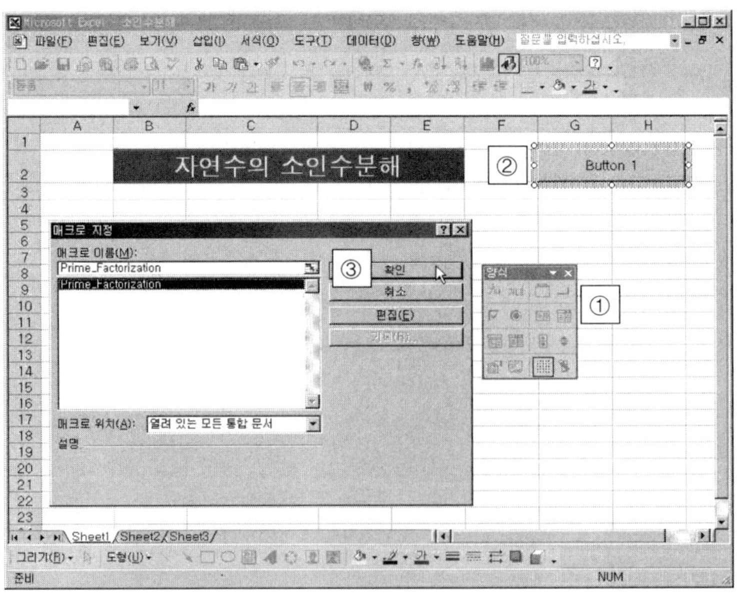

(17) [Button 1]의 글자를 마우스를 드래그하여 선택한 후 [소인수분해 실행]으로 바꾸고, 글자색을 파랑, 폰트의 크기를 12, 글꼴 굵게를 설정한다.

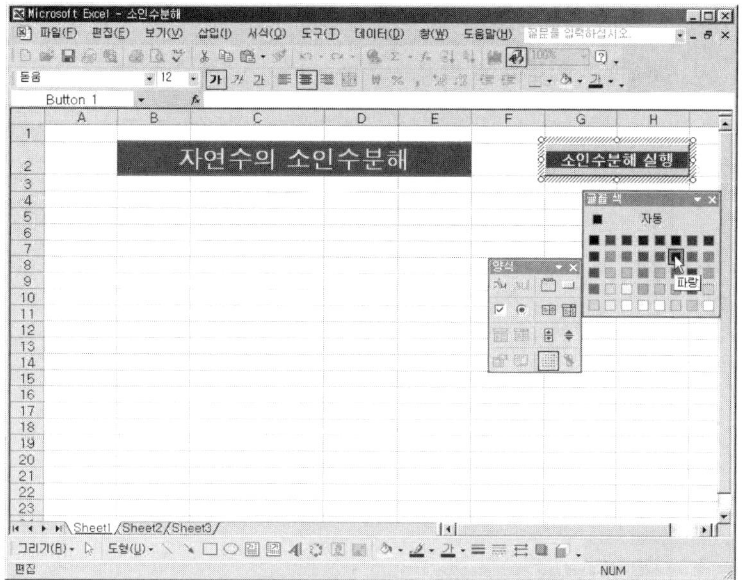

(18) [소인수분해 실행] 버튼을 클릭하면 [자연수의 소인수분해] 대화 상자가 나온다. [1보다 큰 자연수를 입력하세요]라는 안내 메시지가 나오는데, 입력란에 [360]을 넣고 [확인] 버튼을 클릭한다.

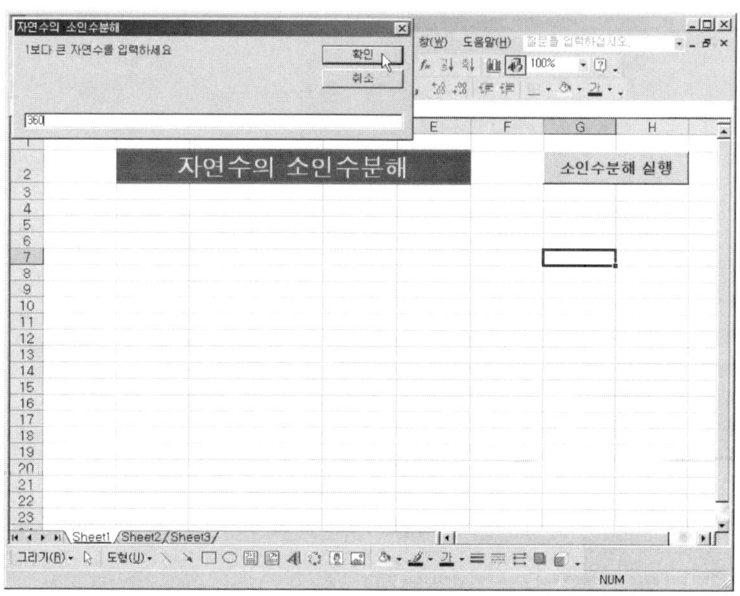

(19) 대화 상자에서 [다음 과정을 보려면 [확인] 버튼을 누르세요]의 안내 메시지에 따라 [확인] 버튼을 누를 때마다 아래의 그림과 같이 소인수분해되어 가는 과정이 나타난다. 소인수분해가 완료되면 대화 상자가 없어진다.

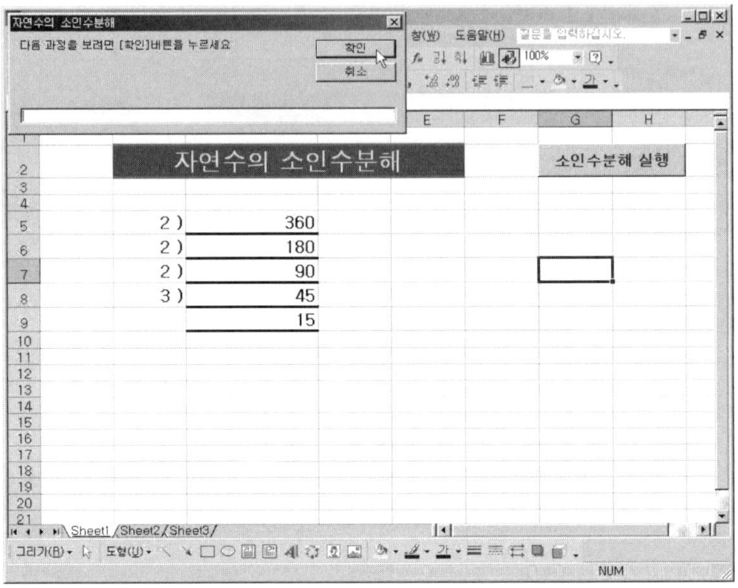

(20) 소인수분해가 완료되고 그 결과를 나타낸 화면이다. 지수만 빨강으로 나타내어 강조하였다.

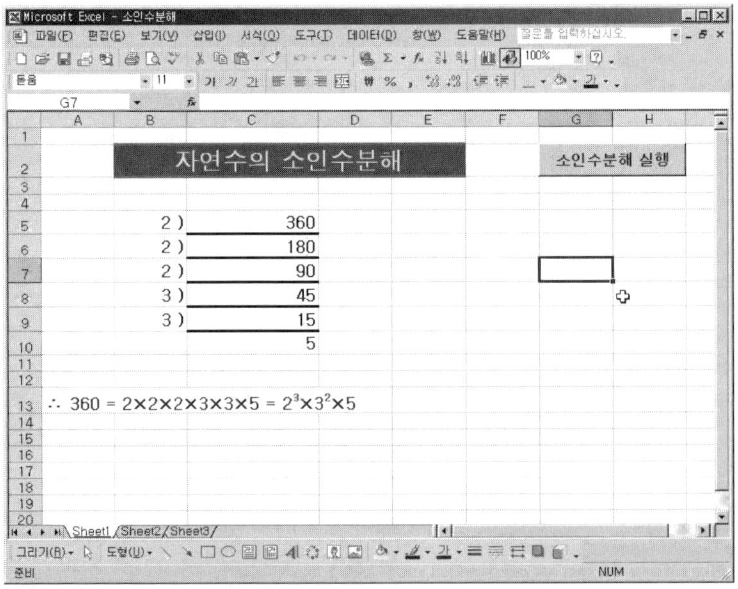

7. 최대공약수 구하기

위에서 1보다 큰 자연수를 소인수분해하는 과정을 나타내는 프로그램을 알아보았다. 소인수분해 과정과 최대공약수를 구하는 과정에는 공통점이 많으므로 소인수분해하는 과정을 이용하여 최대공약수를 구하는 과정에 대하여 알아보자.

예제 1보다 큰 자연수를 두 개 또는 세 개를 입력받아 그들의 최대공약수를 구하는 과정을 나타내는 프로그램을 만들어 보자.

풀이 (1) 소인수분해를 할 때는 한 자연수를 소수들의 곱으로 나타내기 위하여 소수로 계속 나누어 몫이 소수가 나올 때까지 계속한다. 그러나 두 개 이상 자연수의 최대공약수를 구하기 위해서는 제일 작은 수의 소인수로 나누면 최대공약수를 구하는 과정이 소인수분해를 하는 과정보다 간단하게 표현할 수 있다.

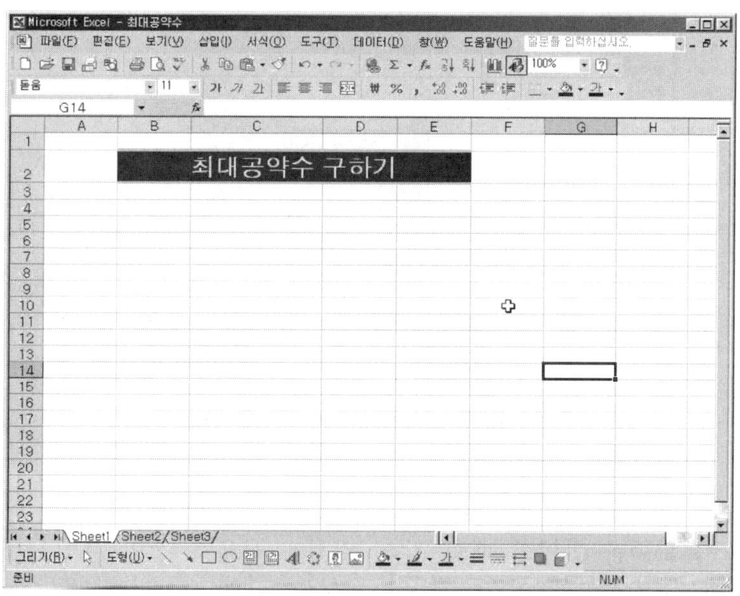

최대공약수 구하는 원리

최대공약수를 얻기 위해서는 유클리드 호제법이 사용된다. 두 자연수 210, 286에 대하여 오른쪽과 같은 과정으로 최대공약수를 구한다. (왼쪽은 r_n이, 오른쪽은 2가 최대공약수이다.

$a = bq_2 + r_2, \quad 0 < r_2 < b$ $b = r_2q_3 + r_3, \quad 0 < r_3 < r_2$ $r_2 = r_3q_4 + r_4, \quad 0 < r_4 < r_3$ $\cdots$ $r_{n-1} = r_nq_{n+1}, \quad r_{n+1} = 0$	$286 = 210 \times 1 + 76$ $210 = 76 \times 2 + 58$ $76 = 58 \times 1 + 18$ $58 = 18 \times 3 + 2$ $18 = 2 \times 9$

(2) VB 코드 편집기를 선택한 후 모듈(매크로 편집기)을 삽입할 때와 같이 프로젝트 탐색기에서 마우스 오른쪽 버튼을 누르고 나타나는 팝업 메뉴에서 [삽입]-[사용자 정의 폼]을 선택한다.

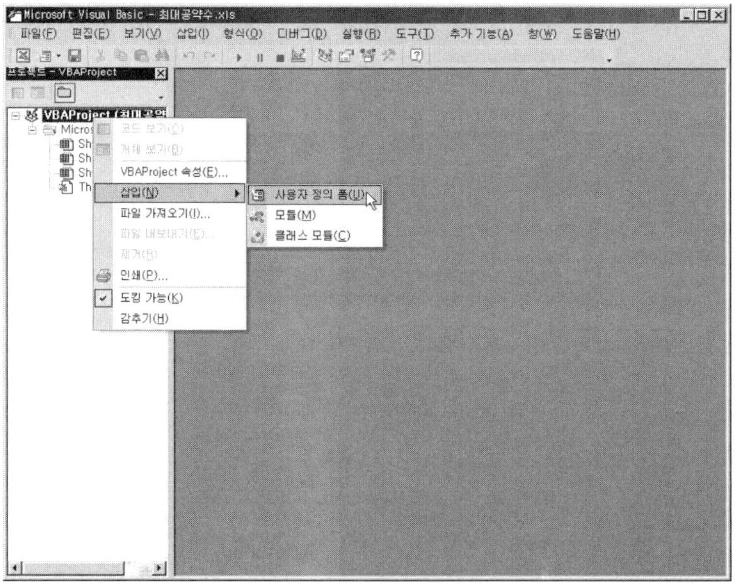

(3) 모듈을 삽입할 때와 같은 위치에 사용자 정의 폼이 삽입되면서 [사용자 정의 폼] 편집 창이 나온다. [UserForm1]에서 마우스 오른쪽 버튼을 눌러 팝업메뉴의 [속성]을 클릭한다.

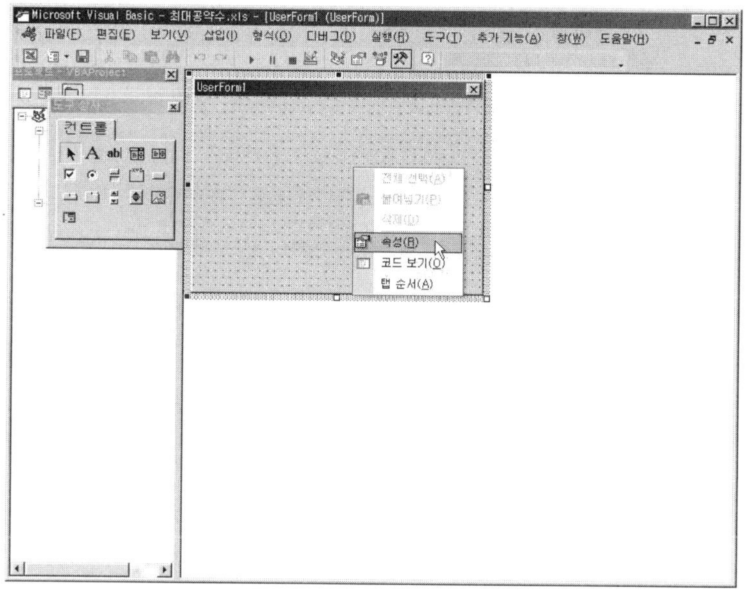

(4) [UserForm1]의 속성 창이 나오는데 값은 언제든지 바꿀 수 있다. 먼저 [Caption]에 [자연수를 입력하세요(2개 또는 3개)]를 입력한다. 아래의 그림처럼 [ForeColor]를 바꾸고 싶을 때는 ■부분을 마우스로 클릭하여 원하는 색을 설정한다.

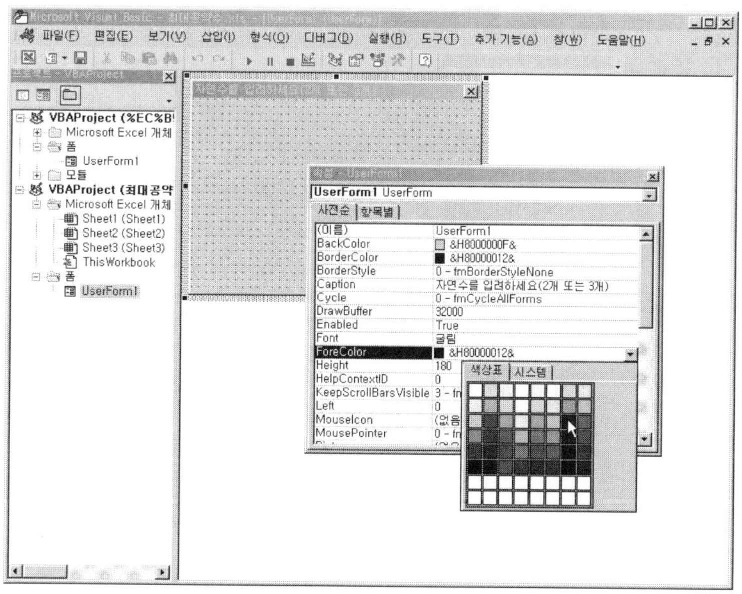

(5) [도구상자]의 Ⓐ를 누르면 레이블을 입력할 수 있는데 사용자 정의 폼 위의 적당한 위치에 마우스로 드래그하여 적당한 크기로 설정하고 [속성]창의 [Font]의 오른쪽 버튼을 눌러 글꼴 대화 상자를 열고 아래와 같이 설정한다.

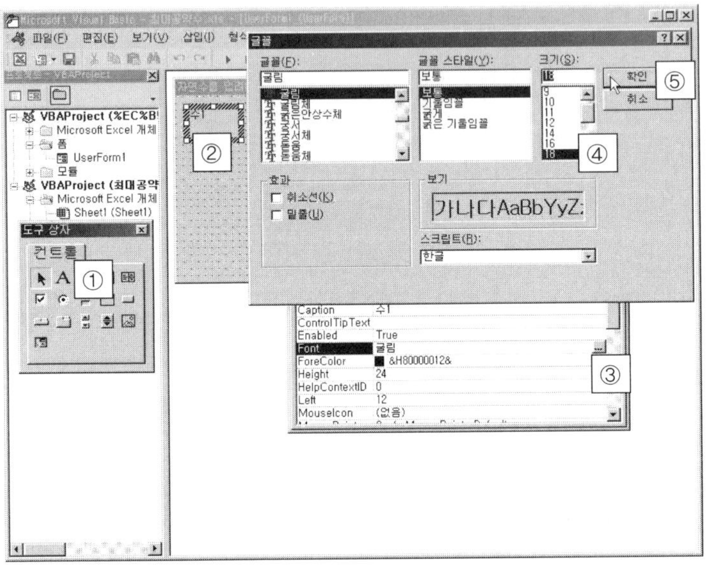

(6) [수1] 레이블을 선택한 후 Ctrl을 누른 채 마우스로 드래그하여 3개가 되도록 복사한다. [도구상자]의 [텍스트 상자]를 클릭하고 사용자 정의 폼에서 적당한 크기로 텍스트 상자를 그린다.

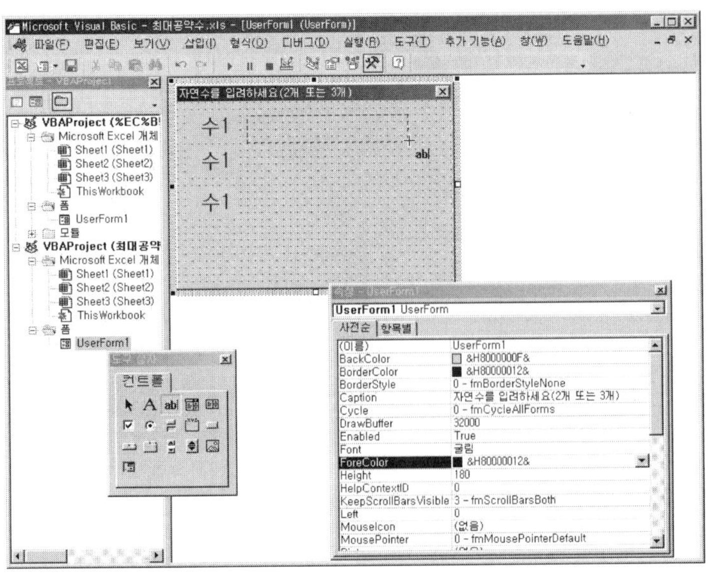

(7) (6)과 같은 방법으로 텍스트 상자가 3개가 되도록 복사하고 이름이 위에서부터 차례로 [TextBox1], [TextBox2], [TextBox3]이 됨을 확인한다. 매크로를 작성할 때 텍스트 상자의 이름이 사용되므로 이름을 확인할 필요가 있다.

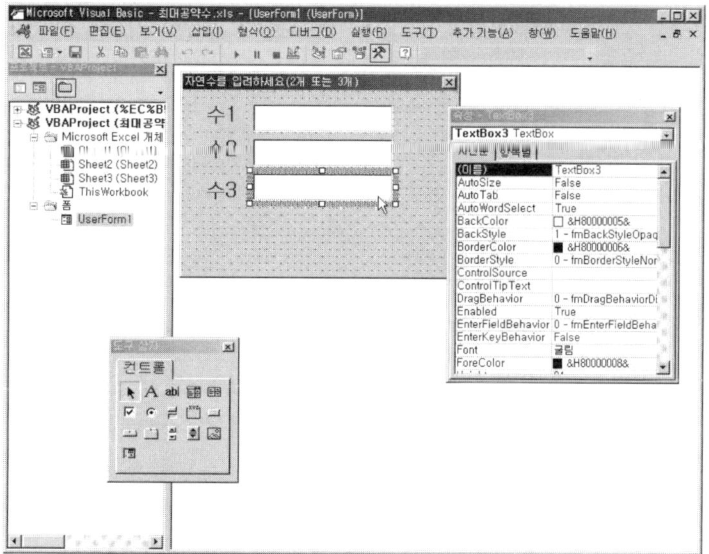

(8) 레이블 3개를 모두 선택하고 마우스 오른쪽 버튼을 눌러 팝업 메뉴의 [맞춤]-[왼쪽]을 눌러 레이블의 왼쪽을 맞춘다. 같은 방법으로 간격을 일정하게 맞춘다. 텍스트 상자도 같은 방법으로 설정한다.

(9) 사용자 정의 폼 위에서 마우스 오른쪽 버튼을 누르면 팝업메뉴가 나오는데 [탭 순서]를 선택하면 [탭 순서] 대화 상자가 나온다. TextBox를 모두 위로 이동시켜서 탭 순서가 [TextBox1] ⇨ [TextBox2] ⇨ [TextBox3]이 되도록 한다.

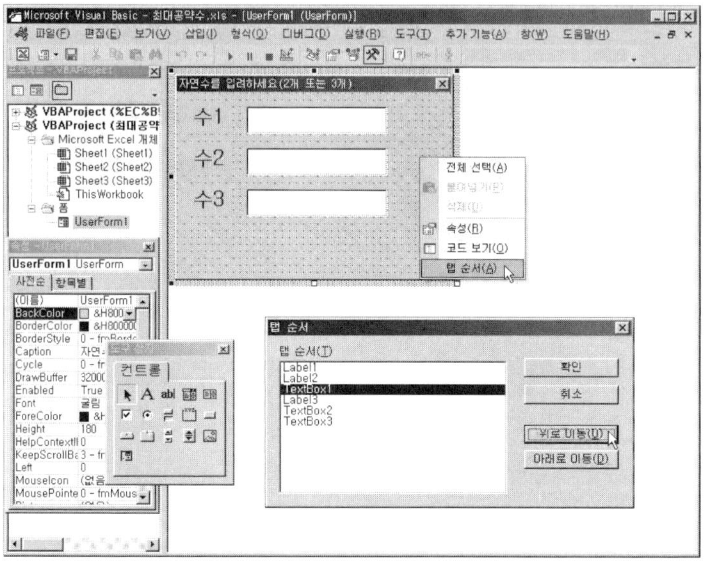

(10) 도구상자의 [명령단추]를 클릭하고 사용자 정의 폼의 적당한 위치에 [최대공약수 구하기], [종료] 버튼을 만든다. 각 버튼의 속성 창에서 원하는 서식을 설정하여 아래의 그림과 같이 되게 한다.

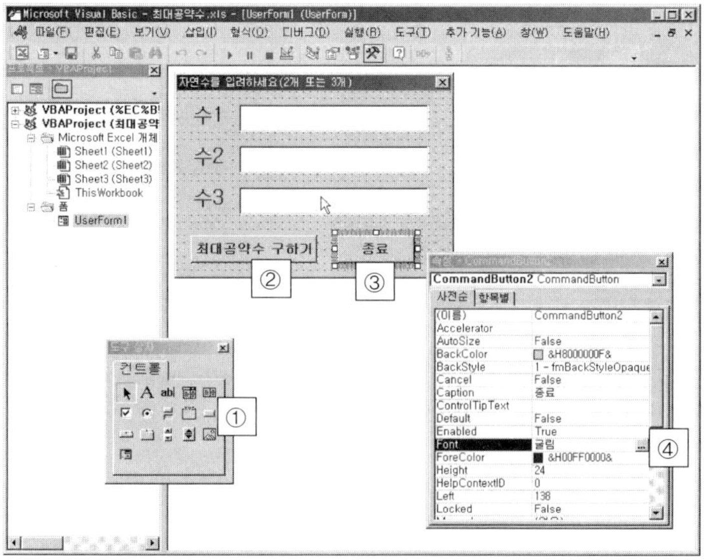

(11) 위의 그림에서 [최대공약수 구하기] 버튼을 더블클릭하면 다음의 화면으로 바뀌는데 사용자 정의 폼에 자연수를 넣고 [최대공약수 구하기] 버튼을 눌렀을 때 처리하는 과정이 들어가는 곳이다. [종료] 버튼도 같은 방법을 매크로를 작성한다.

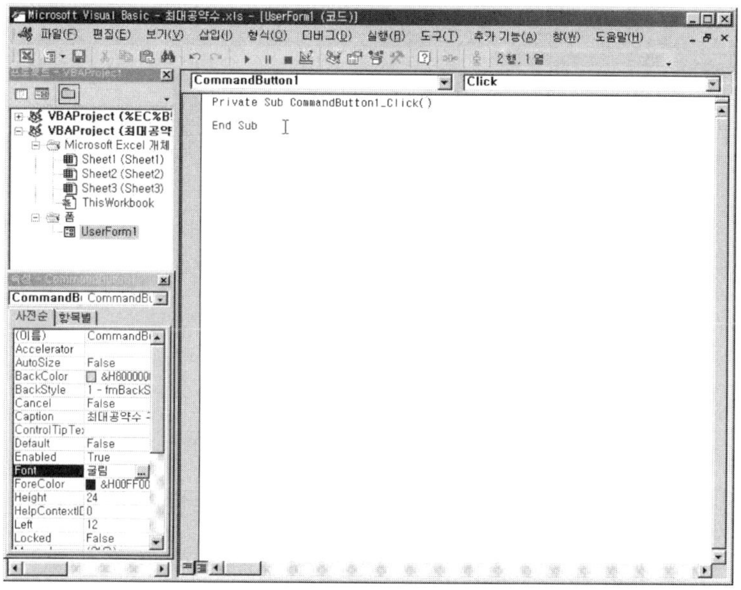

(12) 사용자 정의 폼의 개체에 관한 동작 매크로 내용

1) 텍스트 상자의 값이 변화할 때의 조치

```
Private Sub TextBox1_Change()  ⇨TextBox1을 더블클릭하여 입력한다.
    If TextBox1 = "" Then Exit Sub
    If Not (IsNumeric(TextBox1)) Then
      MsgBox "자연수를 입력하여야 합니다.", vbOKOnly, "입력에러입니다"
      TextBox1 = ""
      TextBox1.SetFocus
    End If
End Sub
Private Sub TextBox2_Change()  ⇨TextBox1을 더블클릭하여 입력한다.
    If TextBox2 = "" Then Exit Sub
    If Not (IsNumeric(TextBox2)) Then
```

```
12:         MsgBox "자연수를 입력하여야 합니다.", vbOKOnly, "입력에러입니다"
13:         TextBox2 = ""
14:         TextBox2.SetFocus
15:     End If
16: End Sub
17: Private Sub TextBox3_Change() ⇨TextBox3을 더블클릭하여 입력한다.
18:     If TextBox3 = "" Then Exit Sub
19:     If Not (IsNumeric(TextBox3)) Then
20:         MsgBox "자연수를 입력하여야 합니다.", vbOKOnly, "입력에러입니다"
21:         TextBox3 = ""
22:         TextBox3.SetFocus
23:     End If
24: End Sub
```

| 코드 설명 |

1: TextBox1의 값이 변할 때 작동하는 매크로이다.
2: 만약 TextBox1의 Null로 변하면 별다른 할 일이 없으므로 돌아간다.
3: 만약 TextBox1에 숫자가 아닌 값을 넣었을 때
4: 자연수를 입력하라는 메시지를 내보낸다.
5: TextBox1을 공백(Null)으로 만든다.
6: TextBox1에서 내용을 다시 입력받도록 커서를 TextBox1에 둔다.
9:~24: 1:~6:의 과정에서 설명한 내용과 동일하다.

2) [최대공약수 구하기] 버튼을 누를 때의 조치

```
1: Private Sub CommandButton1_Click() ⇨버튼을 더블클릭하여 입력한다.
2:     Dim lngNo1 As Long, lngNo2 As Long, lngno3 As Long
3:     Dim Temp
       '입력된 사항이 2개 이상인 지를 검사
4:    If (TextBox1 = "" And TextBox2 = "") Or (TextBox1 = "" And TextBox3
        = "") Or (TextBox2 = "" And TextBox3 = "") Then
```

```
5:      MsgBox "2개 이상의 자연수가 필요합니다", vbOKOnly, "입력 에러입니다"
6:      Exit Sub
7:    End If
8:    If TextBox1 = "" Or TextBox1 = "0" Then
9:       TextBox1 = TextBox2
10:      TextBox2 = TextBox3
11:      TextBox3 = "0"
12:   End If
13:   If TextBox2 = "" Or TextBox2 = "0" Then
14:      TextBox2 = TextBox3
15:      TextBox3 = "0"
16:   End If
17:   If TextBox3 = "" Then TextBox3 = "0"
      '소수점이 있으면 다시 입력을 받게 한다.
18:   If Val(TextBox1) <> CLng(TextBox1) Or Val(TextBox2) <>
      CLng(TextBox2) Or Val(TextBox3) <> CLng(TextBox3) Then
19:      MsgBox "자연수를 입력하지 않았군요" & Chr(13) & "자연수를 입력하
                    세요", vbOKOnly, "입력에러입니다"
20:       Exit Sub
21:    End If
       '입력된 문자열을 Long형으로 변환
22:    lngNo1 = CLng(TextBox1)
23:    lngNo2 = CLng(TextBox2)
24:    lngno3 = CLng(TextBox3)
25:    Find_GCM lngX:=lngNo1, lngY:=lngNo2, lngZ:=lngno3
26: End Sub
```

| 코드 설명 |

1:	[최대공약수 구하기] 버튼을 클릭하였을 때 실행되는 매크로이다.
2:	각각 lngNo1:TextBox1, lngNo2:TextBox2, lngNo:TextBox3에 연결하여 입력되는 자연수를 기억하게 한다.
3:	Temp는 임시로 사용할 변수이다.
4:	TextBox1~TextBox3 중 두 개 이상이 입력되었는지 검사한다.

5:	두 개 미만의 데이터가 입력되었다면 에러 메시지가 나타난다.
6:	데이터가 두 개 미만 입력되면 실행할 수 없으므로 Sub를 벗어난다.
8:~16:	TextBox 중 두 개에만 데이터가 입력되었을 경우 그 값을 TextBox1과 TextBox2에 옮겨서 최대공약수를 구하려는 조치이다.
18:~21	소수점이 있으면 입력에러에 대한 메시지를 나타내고 다시 입력받도록 한다.
22:~24:	2:에서 선언한 변수lngNo에 TextBox의 값을 옮기는 과정이다.
25:	Find_GCM 프로시저를 부를 때, lngNo1, lngNo2, lngNo3의 값을 같이 보낸다.

3) [종료] 버튼을 누를 때의 조치

```
Private Sub CommandButton2_Click() ⇨버튼을 더블클릭하여 입력한다.
    End
End Sub
```

| 코드 설명 |

[종료] 버튼을 클릭하였을 때는 최대공약수를 구하는 프로시저를 끝내는 명령이다.

4) 아래 Function 프로시저 1:~16:은 두 정수 lngX, lngY의 최대공약수를 구하여 돌려주는 역할을 한다. 다음은 모듈을 삽입하고 직접 코드를 입력한다.

```
1: Option Explicit
   '두 수 lngX, intY의 최대공약수를 구하여 그 값을 돌려 줌
2: Function GCM(lngX As Long, lngY As Long) As Long
3:     Dim lngR As Long
4:     If lngX > lngY Then
5:         lngR = lngX
6:         lngX = lngY
7:         lngY = lngR
```

```
8:    End If
9:    lngR = lngY - Int(lngY / lngX) * lngX
10:    Do While lngR <> 0
11:        lngY = lngX
12:        lngX = lngR
13:        lngR = lngY - Int(lngY / lngX) * lngX
14:    Loop
15:    GCM = lngX
16: End Function
```

| 코드 설명 |

1:	Option Explicit는 변수를 선언하지 않고 사용할 경우에 미리 알려주는 역할을 한다. 어떤 면에서 편한 점도 있고 다른 한 점에서 보면 불편한 점도 있다.
2:	Long형 변수로 입력받은 lngX, lngY의 최대공약수를 구하여 Long형으로 되돌려 준다.
4:~8:	lngX, lngY를 검사하여 lngX<lngY가 되도록 하는 명령이다. 만약 lngX>lngY이면 lngX, lngY의 값을 바꾼다.
9:~14:	나머지 lngR이 0이면 최대공약수는 lngX이다.
15:	Funtion 프로시저 GCM의 값(최대공약수)은 lngX이므로 돌려준다.

5) 코드 17:~20:은 앞의 TextBox1, TextBox2, TextBox3로 입력받은 세 수에 대하여 최대공약수를 구하기 위하여 선언된 변수들의 이름과 데이터형이다.

```
17: Sub Find_GCM(lngX As Long, lngY As Long, lngZ As Long)
18: Dim lngM As Long, lngN As Long, lngSmall As Long, lngAnswer As
    Long
19: Dim rngMy As Range, strMy As String
20: Dim strAnswer As String
```

| 코드 설명 |

17:	lngX, lngY, lngZ의 최대공약수를 구하는 프로시저이다.
18:~20:	이 프로시저에서 사용할 각종 변수를 선언한 것이다.

6) 코드 21:~27:은 본격적으로 최대공약수를 구하기 위하여 준비 작업을 하는 명령들이다. 주로 변수의 초기화 작업이라고 할 수 있다.

```
21:    UserForm1.Hide
22:    Range("7:100").Delete
23:    Set rngMy = ActiveSheet.Range("B7")
24:    If lngX < lngY Then lngSmall = lngX Else lngSmall = lngY
25:    If lngSmall > lngZ And lngZ <> 0 Then lngSmall = lngZ
26:    lngAnswer = 1
27:    lngM = 2
```

| 코드 설명 |

21:	사용자 정의 폼은 세 수를 입력받기 위해 사용된 것이므로 세 수를 17:을 통해 넘겨받았으므로 보이지 않게 한다.
22:	최대공약수를 처리할 부분을 삭제한다. 내용만 지우면 서식이 설정되어 다시 돌리려면 많은 명령이 필요하므로 간단히 삭제한다.
23:	화면에 출력될 기준 자리를 설정한다.
24:~25:	lngX, lngY, lngZ 중에서 작은 수를 찾아서 lngSmall에 기억시킨다.
26:	최대공약수를 일단 1로 둔다.
27:	가장 작은 공통 소수를 2부터 시작한다고 보고 설정한다.

7) 코드 28:~54:는 세 수 lngX, lngY, lngZ의 공통소인수인 lngM으로 나누기 전에 무엇으로 나누어야 할까? 하는 물음을 제시하는 매크로이다.

```
28:    Do While lngM <= lngX
29:       If (lngX Mod lngM = 0) And (lngY Mod lngM = 0) And (lngZ Mod
          lngM = 0) Then
```

```
30:         'rngMy.Offset(lngN, 0).Rows.Height = 20
31:         With Range(rngMy.Offset(lngN, 0), rngMy.Offset(lngN, 4)).Font
32:             .Size = 16
33:             .Bold = True
34:         End With
35:         With rngMy.Offset(lngN, 1)
36:             .Value = lngX
37:             .HorizontalAlignment = xlCenter
38:             .Borders(xlEdgeBottom).LineStyle = xlContinuous
39:             .Borders(xlEdgeBottom).Weight = xlThick
40:         End With
41:         With rngMy.Offset(lngN, 2)
42:             .Value = lngY
43:             .HorizontalAlignment = xlCenter
44:             .Borders(xlEdgeBottom).LineStyle = xlContinuous
45:             .Borders(xlEdgeBottom).Weight = xlThick
46:         End With
47:         If lngZ > 0 Then
48:             With rngMy.Offset(lngN, 3)
49:                 .Value = lngZ
50:                 .HorizontalAlignment = xlCenter
51:                 .Borders(xlEdgeBottom).LineStyle = xlContinuous
52:                 .Borders(xlEdgeBottom).Weight = xlThick
53:             End With
54:         End If
```

| 코드 설명 |

28:	lngM이 세 수 중 가장 작은 lngX의 값보다 작거나 같은 경우에 대하여 같은 작업을 반복한다.
29:	만약 lngM이 세 수의 공통소인수라면 30:부터 실행하고 아니면 67:로 가서 실행하라.
30:	행의 높이를 20을 설정하고

31:	공통소인수, 세 수 등이 표현될 네 개의 셀에 대하여
32:~34:	글꼴의 크기를 16으로 하고 굵게 나타낸다.
35:~40	lngX를 쓰고 가운데 맞춤을 설정하고, 굵은 밑줄을 긋는다.
41:~46:	lngY를 쓰고 가운데 맞춤을 설정하고, 굵은 밑줄을 긋는다.
47:~54	lngZ의 값이 입력되었다면 lngZ를 쓰고 가운데 맞춤을 설정하고, 굵은 밑줄을 긋는다.

8) 코드 55:~70:은 세 수 lngX, lngY, lngZ의 공통소인수인 lngM으로 계속 나누면서 나오는 공통소인수들을 곱하여 최대공약수에 숫자 및 문자로 기억시키는 과정에 대한 매크로이다.

```
55:             lngX = lngX / lngM
56:             lngY = lngY / lngM
57:             lngZ = lngZ / lngM
58:             strMy = InputBox("다음으로 진행하려면 [확인]을 클릭하세요",
                        "왼쪽에 어떤 수를 적어야 할까요?", , 5000, 1000)
59:             With rngMy.Offset(lngN, 0)
60:                 .Value = Str(lngM) + " )"
61:                 .HorizontalAlignment = xlRight
62:             End With
63:             rngMy.Offset(lngN, 0).Characters(Start:=1,
                            Length:=Len(lngM) - 1).Font.ColorIndex = 5
64:             lngAnswer = lngAnswer * lngM
65:             strAnswer = strAnswer + Right(Str(lngM), Len(Str(lngM) -
                1)) + "×"
66:             lngN = lngN + 1
67:         Else
68:             lngM = lngM + 1
69:         End If
70:     Loop
```

| 코드 설명 |

55:~57:	lngX, lngY, lngZ의 값을 공통소인수 lngM으로 나눈다.
58:	55:~57:의 과정에서 실행한 결과를 출력하기 전에 생각할 시간을 주기 위하여 마련한 입력 대화 상자이다.
59:~63:	) ___에서 “)” 왼쪽에 들어갈 문자의 색을 지정한다.
64:	최종 최대공약수의 값이 되도록 계산한다.
65:	64:를 분자로 기억한다. (예)24= “2×2×2×3×”
66:	소인수분해 과정에서 써내려가야 할 세로의 위치를 계산한다.
68:	lngX, lngY, lngZ중 어느 하나라도 lngM으로 나누어지지 않을 경우에는 lngM에 1을 더하라.

9) 코드 71:~92:은 세 수 lngX, lngY, lngZ의 최대공약수를 구하는 과정과 그 결과를 처리하는 작업에 대한 매크로이다.

```
71:   With Range(rngMy.Offset(lngN, 1), rngMy.Offset(lngN, 3))
72:       .Font.Size = 16
73:       .Font.Bold = True
74:       .HorizontalAlignment = xlCenter
75:   End With
76:   rngMy.Offset(lngN, 1) = lngX
77:   rngMy.Offset(lngN, 2) = lngY
78:   If lngZ > 0 Then rngMy.Offset(lngN, 3) = lngZ
79:   If lngAnswer <> 1 Then
80:       strAnswer = Left(strAnswer, Len(strAnswer) - 1)
81:   Else
82:       MsgBox "공통된 인수가 없습니다.", vbOKOnly, "확인해보세요"
83:       strAnswer = Str(1)
84:   End If
85:   With rngMy.Offset(lngN + 2, 0)
86:      .Valuc = "∴ 최대공약수는 " + strAnswer + " =" + Str(lngAnswer)
87:       .Font.Size = 16
88:       .Font.Bold = True
```

```
89:         .Font.ColorIndex = 5
90:         .Characters(Start:=Len(".'. 최대공약수는 " + strAnswer + " =")
                + 1, Length:=Len(Str(lngAnswer))).Font.ColorIndex = 3
91:     End With
92: End Sub
```

| 코드 설명 |

71:~75:	) 의 ")" 오른쪽에 적힐 lngX, lngY, lngZ의 서식 설정이다.
76:~78:	) 의 ")" 오른쪽에 lngX, lngY, lngZ을 적는 과정이다.
79:~80:	최대공약수가 1이 아닐 때 마지막의 "×"를 빼는 작업이다.
81:~84:	최대공약수가 1일 때 메시지 박스로 알리고 답을 처리한다.
85:~91	[∴ 최대공약수는 Ⓐ×Ⓑ×Ⓒ=XXX]의 형태로 나타내고 XXX는 빨강으로 출력하게 한다.

10) 코드 92:~94:는 위에서 작성한 사용자 정의 폼(그림 참조)이 화면에 보이도록 하는 명령이다. 사용자 정의 폼이 보이고 나면 사용자 정의 폼 위의 버튼을 누르거나 텍스트 상자의 값을 변화시켰을 때 할 일을 위에서 미리 지정해 두었으므로 원하는 작업을 할 수 있다. 일단 버튼이 눌러지면 수1, 수2, 수3에 입력된 수를 검사하여 조건에 맞는 값인지 판단하고, 정상적인 숫자가 입력이 되었다면 93:의 명령과 반대인 UserForm1.Hide(위의 21: 참조) 명령을 써서 아래의 사용자 정의 폼(대화 상자)이 보이지 않게 처리한다.

```
92: Sub Start_GCM()
93:     UserForm1.Show
94: End Sub
```

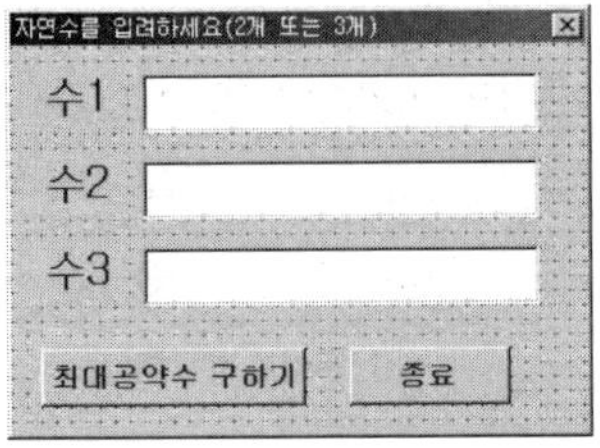

11) 이제 워크시트로 돌아와서 메뉴 표시줄에서 마우스 오른쪽 버튼을 누르고 [양식]을 눌러 양식 도구모음이 나오도록 하고 단추(버튼) 도구를 클릭한 후, 셀 [F2:G2]에 맞게 버튼을 만들고 [최대공약수 구하기]의 텍스트를 입력한다.

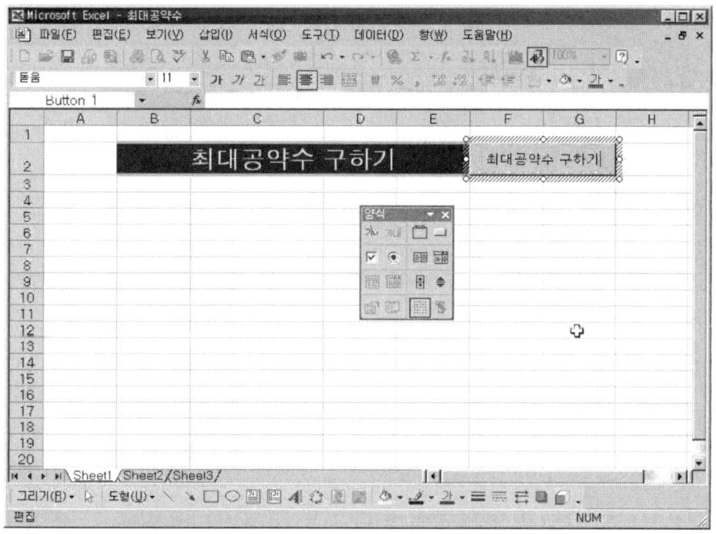

12) 이제 위에서 작성한 최대공약수를 구하는 과정에 따른 매크로에 버튼을 연결시켜 버튼을 누르면 실행이 될 수 있도록 하기 위하여 [최대공약수 구하기] 버튼에서 마우스 오른쪽 버튼을 눌러 [매크로 지정]을 누른다.

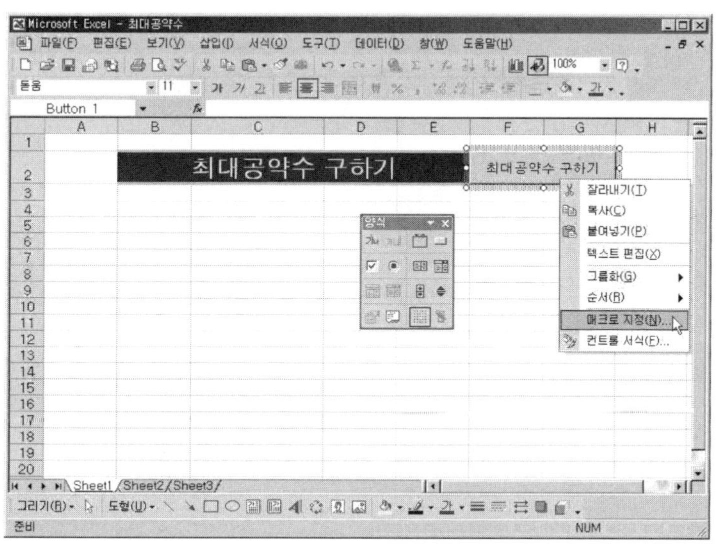

13) 매크로 지정 대화 상자에서 매크로 이름의 Start_GCM을 마우스로 클릭하고 [확인] 버튼을 눌러 매크로 지정을 마친다.

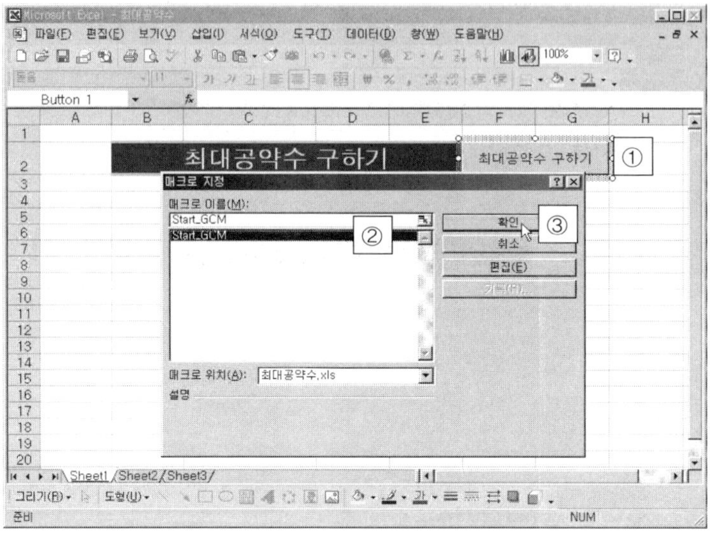

14) 워크시트에 있는 [최대공약수 구하기] 버튼을 누르면 그림의 대화 상자가 나오는데 텍스트 상자 [수1]에 124, [수2]에 72, [수3]에 96을 입력하고 대화 상자의 [최대공약수 구하기] 버튼을 클릭한다.

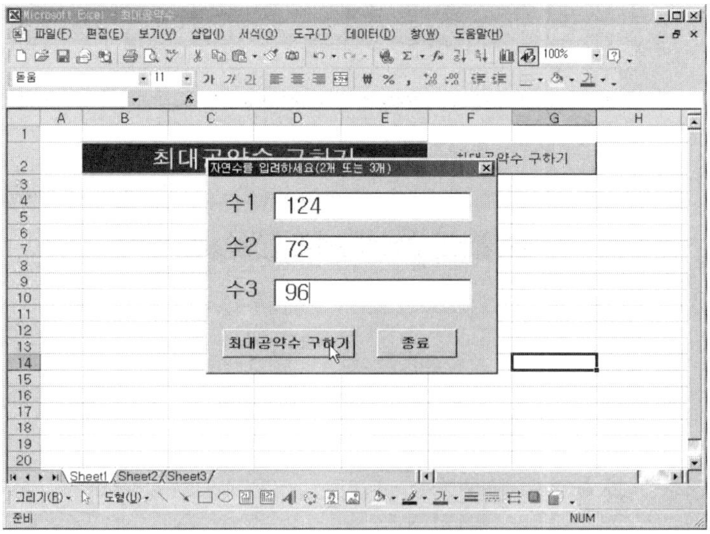

15) 먼저 입력한 124, 72, 96을 쓰고 이들의 소인수 중에서 가장 작은 수부터 생각해서 어떤 소인수가 들어가면 최대공약수를 구할 수 있을까 하는 생각의 시간을 주기 위하여 마련된 대화 상자가 나온다. [확인] 버튼을 누른다.

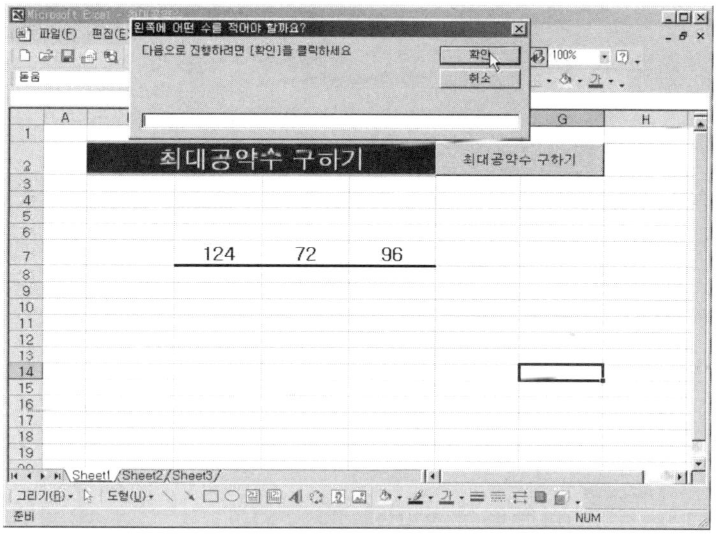

16) 위의 과정을 계속하면 아래와 같이 최대공약수를 모두 구했다는 결과 화면이 나오게 된다. 먼저 구하는 과정에서는 소인수들의 글꼴은 파랑으로 쓰고 결과의 글꼴은 정답만 빨강으로 설정하여 구별이 쉽게 되도록 하였다.

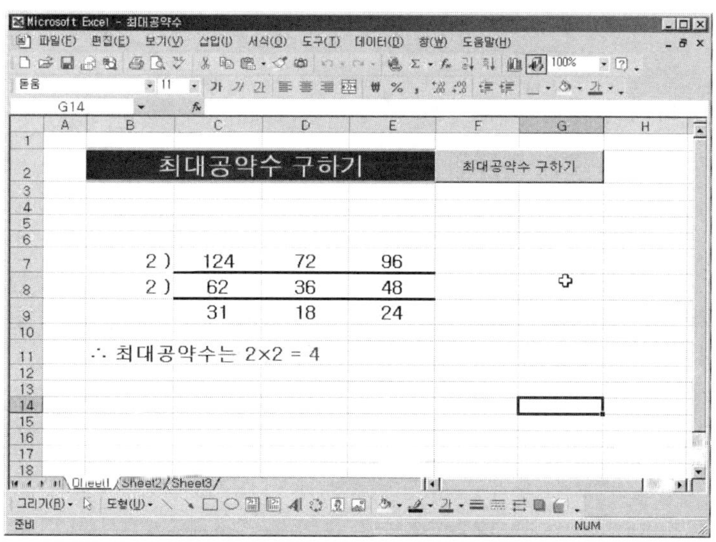

17) 아래 그림은 수1, 수2, 수3 중 어느 하나에 정확한 범위의 숫자가 나오지 않으면 에러 메시지를 내보내는 화면이다. [확인] 버튼을 누르고 다시 수를 입력하여 실행하면 된다.

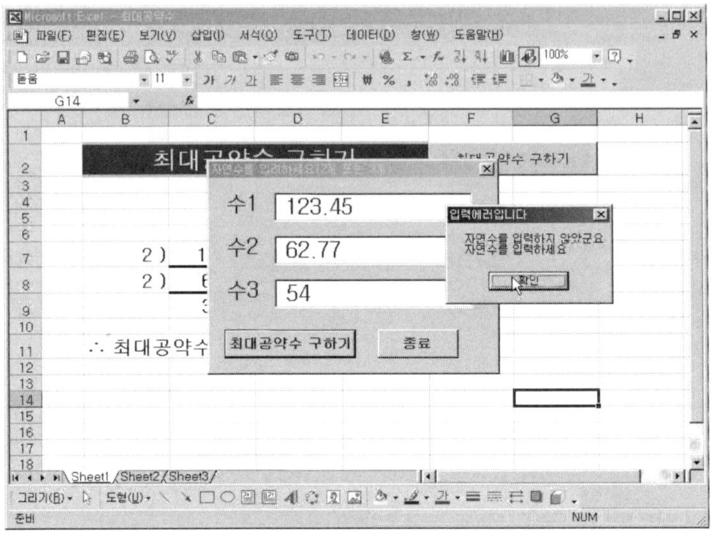

8. M(M≦16)진법의 수를 N(N≦16)진법의 수로 나타내기

중학교 7－가 단계(1학년)에서 십진법과 이진법에 대하여 배운다. 여기에서는 컴퓨터에서 많이 사용되는 16진법과 관련하여 보다 넓은 범위에서 진법을 생각해 보기 위해, 아래의 그림과 같이 M(M≦16)진법의 수를 N(N≦16)법의 수로 나타내는 프로그램에 대하여 알아보기로 한다.

예제 다음 그림과 같이 M(M≦16) 진법의 수를 N(N≦16) 진법의 수로 바꾸는 과정을 나타내어 주는 엑셀 프로그램을 제작해 보자.

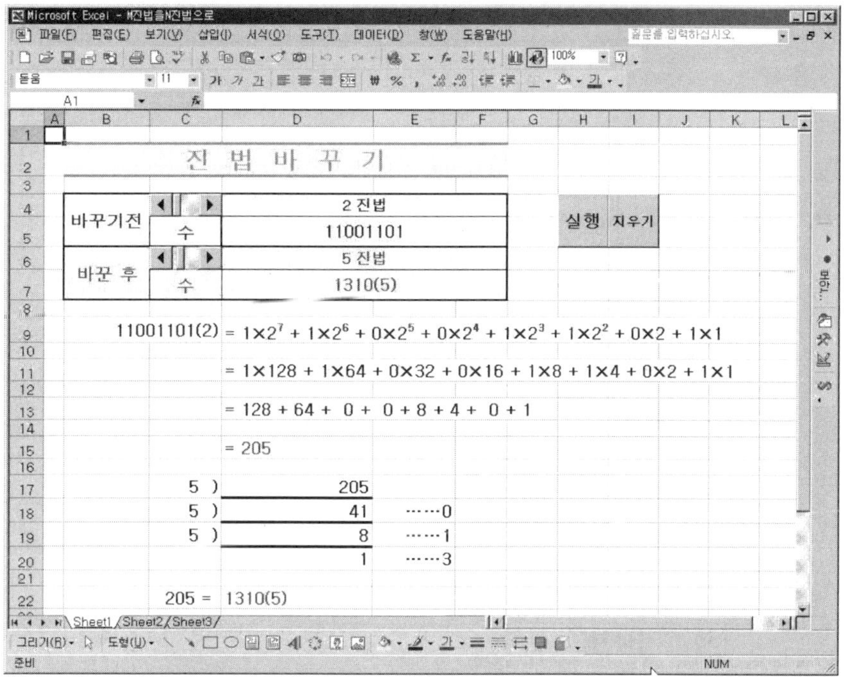

풀이 (1) M진법이란 1이 M개 모여서 10, 10이 M개 모여서 100, … 과 같이 자리가 하나씩 올라감에 따라 자리값이 M배씩 커진다. 즉, 1, M, M^2, M^3, … 으로 자리값이 커진다. 따라서 M진법으로 나타낸 수 1256은 M의 거듭제곱을 써서 M진법의 전개식 $125638_{(M)} = 1\times M^5 + 2\times M^4 + 5\times M^3 + 6\times M^2 + 3\times M + 8\times 1$으로 나타낼 수 있다.

이 전개식을 계산하면 M진법의 수를 10진법의 수로 나타낼 수 있는데 이 10진법의 수를 N으로 나누는 과정을 계속하여 N진법의 수로 바꿀 수 있다. 즉 M진법의 수를 N진법의 수로 바꾸기 위해서는 10진법을 거쳐야 고칠 수 있다.

이 일정한 규칙으로 나타나는 M진법과 N진법의 관계를 알아본다.

(2) 아래의 그림과 같이 진법바꾸기 화면을 준비한다. 셀 [B2:F2], [D4:F4], [D5:F5], [D6:F6], [D7:F7]는 셀 병합 후 가운데 맞춤을 설정하고, [D열]은 열 너비를 조금 넓게 잡아서 긴(큰) 숫자가 들어갈 수 있도록 준비한다.

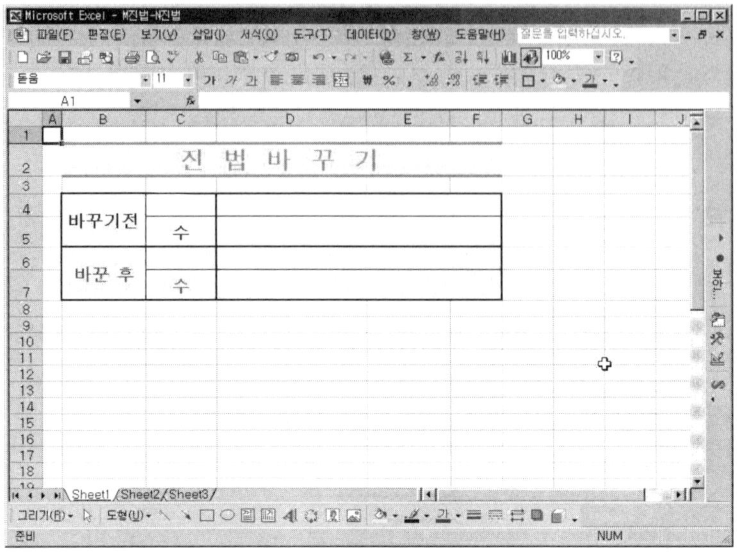

(3) 셀 [D4]를 선택하고 마우스 오른쪽 버튼을 눌러 나타나는 셀 서식 대화 상자에서 표시형식 탭의 범주에 [사용자 지정]을 선택하고 형식에는 [##" 진법"]을 직접 입력하고 Enter↵키를 누른다. 셀 [D6]도 같은 방법으로 설정한다.

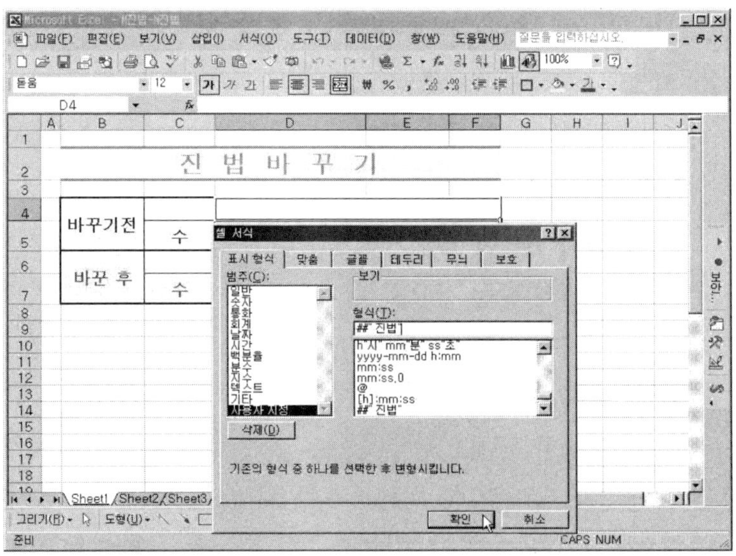

(4) 병합된 셀 [D4]와 [D6]에 각각 [16], [6]을 입력하고 Enter↵를 누를 때, 각 셀에 [16진법], [6진법]으로 나타나는가를 확인한다.

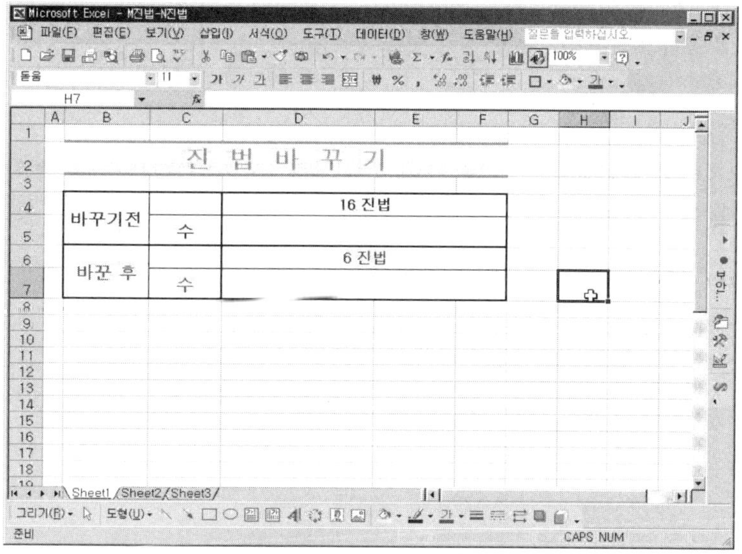

(5) 메뉴 표시줄에서 마우스 오른쪽 버튼을 누르고 나타나는 메뉴에서 [양식]을 선택하여 양식 도구모음이 나오게 한다. 양식 도구모음의 스크롤 막대를 선택한 다음 셀 [C4]에서 Alt를 누른 채로 스크롤막대를 끌면 [+] 표시가 보이면서 셀 [C4]의 크기에 꼭 맞게 들어간다. 셀 C6에도 스크롤 막대를 삽입한다.

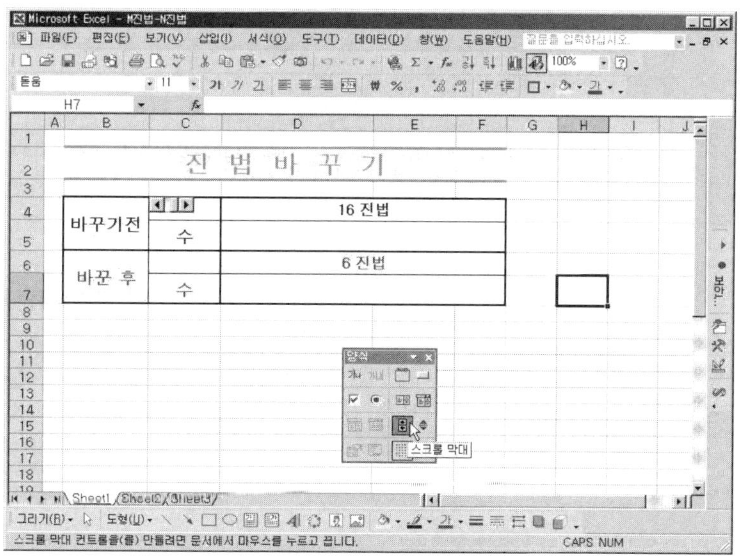

(6) 위에서 삽입한 두 개의 스크롤 막대는 셀에 값을 직접 입력하지 않고 미리 구간을 정하여 일정한 단위로 값을 변하게 하여 활용할 수 있다. 먼저 스크롤막대에서 마우스 오른쪽 버튼을 누르고 팝업 메뉴의 [컨트롤 서식]을 선택한다.

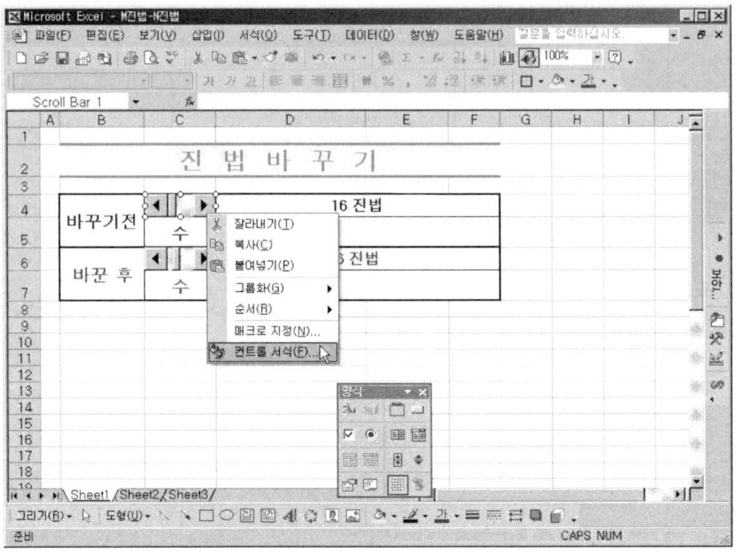

(7) 아래 그림과 같이 컨트롤 서식의 컨트롤 탭에서 처음 주어진 값들이 나오는데, 오른쪽 그림과 같이 값을 변경한 다음 [확인] 버튼을 누른다. 스크롤 막대의 화살표를 누르는 것은 [증분]이고 화살표 사이를 누르는 것은 [페이지 변경]이다.

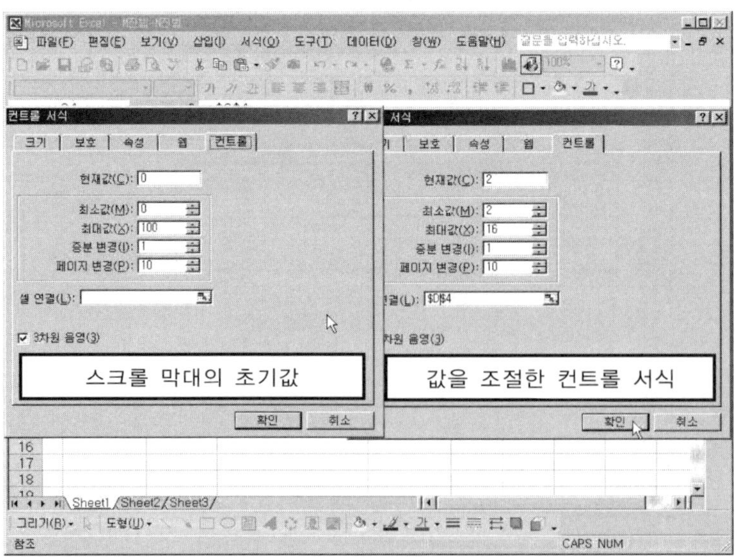

(8) 셀 [D4], [D6]에 각각 스크롤 막대 컨트롤의 값과 연결되어 있어서, 값을 직접 입력하지 않고 마우스로 화살표 버튼을 누르거나 화살표 사이의 공간을 눌러 값을 변화시킬 수 있다. 또, 셀 [D4], [D6]에 값을 직접 넣으면 스크롤 막대에 반영되기 때문에 수를 직접 [D4], [D6]에 입력하여도 상관없다. 직접 확인해 보자.

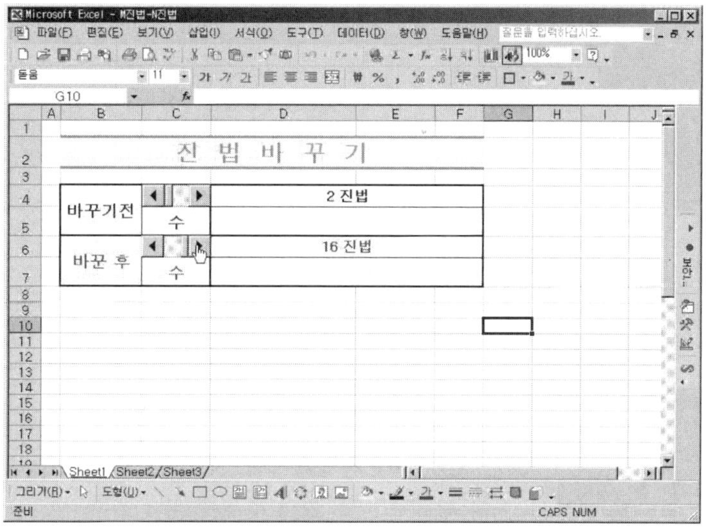

(9) 이렇게 준비된 화면에서 이제는 코드를 작성할 준비를 해야 한다. 아래 그림에서 입력된 M진법의 수를 N진법으로 바꿀 때 입력되는 수의 위치를 확인하자.

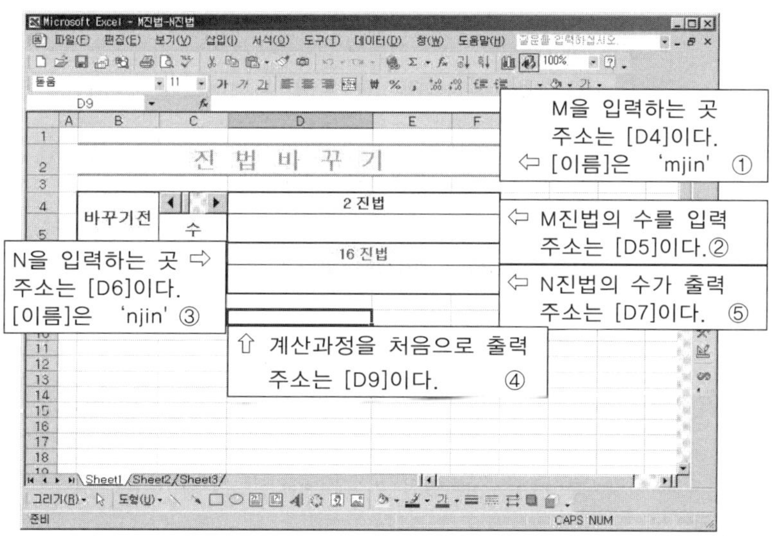

(10) 아래 Clear_Sheet 프로시저의 코드 1:~4:는 그림 (9)에서 설명한 [④]의 계산 과정을 처음으로 출력하는 곳인 9행부터 100행까지의 자료를 삭제하고 M진법의 수를 N진법의 수로 바꾼 결과를 출력하는 [⑤]의 셀들의 내용을 지운다.

```
1: Sub Clear_Sheet()
2:     ThisWorkbook.Worksheets("sheet1").Range("9:100").Delete
3:     ThisWorkbook.Worksheets("sheet1").Range("D7:F7").ClearContents
4: End Sub
```

| 코드 설명 |

3:	위의 (9)의 그림에서 설명한 것처럼 결과를 출력하는 셀의 내용을 지우는 과정이다. 그림에서 주소를 [D7]이라고 했는데 [D7:F7]이라고 적은 이유는 셀[D7:F7]이 병합된 [D7]의 내용을 지울 때는 주소를 모두 적어주어야 하기 때문이다.
▶ 설명 ◀	병합된 셀에 저장되어 있는 값을 이용할 때는 병합된 사각형 영역의 셀들의 왼쪽 위의 주소를 써야 한다.

(11) 아래의 코드 1:~4:는 그림 (9)에서 설명한 [④]의 계산 과정을 처음으로 출력하는 과정이다.

```
1: Sub Job_Start()
2: Dim strMtoTen As String, intL As Integer, intM As Integer, intN As
   Integer
3:    Set shtMy = ThisWorkbook.Worksheets("sheet1")
4:    Clear_Sheet
5:    Set rngStart = shtMy.Range("D9")
6:    shtMy.Range("D5") = UCase(shtMy.Range("D5"))
   '진법이 제대로 설정이 되었는지 검사
7:    If shtMy.Range("D4") = shtMy.Range("D6") Then
8:       MsgBox "처음 수와 바뀔 수의 진법이 같습니다" & vbCrLf & "입력하시
                  고 다시 시작하세요!!!", vbOKOnly
```

```
9:        End
10:     End If
11:     For intM = 1 To Len(shtMy.Range("D5"))
12:         If IsNumeric(Mid(shtMy.Range("D5"), intM, 1)) Then
13:             intL = Val(Mid(shtMy.Range("D5"), intM, 1))
14:      Else
15:          intL = Asc(Mid(shtMy.Range("D5"), intM, 1)) - 55
16:      End If
17:      intN = shtMy.Range("d4")
18:      If (intL >= intN) Or (intL < 0) Then
19:          MsgBox intN & "진법에서 " & intN & "보다 크거나 같은 수는 쓸
             수 없습니다." & vbCrLf & "입력하시고 다시 시작하세요!!!",
             vbOKOnly
20:          boolMy = False
21:          End
22:      End If
23:    Next intM
24:    If shtMy.Range("mjin") = "10" Then
25:      TentoN strTen:=shtMy.Range("D5"), intN:=shtMy.Range("D6")
26:    Else
27:       strMtoTen = MtoTen(strM:=shtMy.Range("D5"),
             strN:=shtMy.Range("D4"))
28:       If shtMy.Range("D6") <> "10" Then _
             TentoN strTen:=strMtoTen, intN:=shtMy.Range("D6")
29:    End If
30:    intLine = 0
31: End  Sub
```

| 코드 설명 |

3:	이 명령은 현재 작업 중인 파일(M진법N진법.xls)의 시트를 지정해서 시트를 이동한 다른 위치에서 매크로를 실행시켜도 항상 같은 시트(Sheet1)에 대하여 처리할 수 있도록 하기 위해 사용한다. 이 프로그램에서는 자주 사용되기 때문에 선언하여 간단히 사용할 수 있도록 한다.
4:	Clear_Sheet 프로시저를 호출(실행)하는 명령이다.

5: ThisWorkbook.WorkSheets("Sheet1").Range("D9")와 같은 명령인데 3:에서 지정한 shtMy를 써서 나타낸 것이다.

6: 셀 [D5]에 입력된 값 중 11진수 이상은 A, B, C, …을 사용하는데 실수로 소문자를 넣었을 경우 문자를 대문자로 바꾸어 주어서 프로그램을 실행할 때, 소문자와 대문자 차이로 일어나는 에러를 예방할 수 있다.

7:~10: 8:의 MsgBox의 에러 내용에 대한 설명을 참조한다. 출력될 때는 다음 그림과 같은 에러메시지가 뜬다.

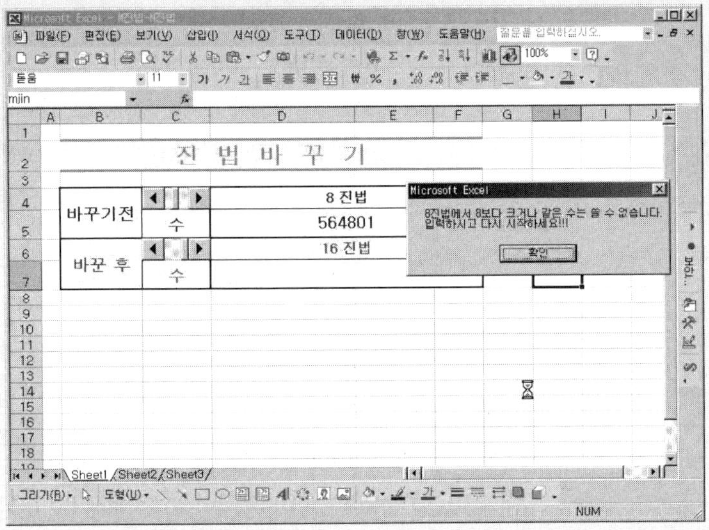

11:~23: M진법의 수를 [D5]에 입력하고 실행할 때, 셀 [D5]에 입력된 숫자를 하나하나 검사해서 숫자가 M보다 크지 않은지 확인하고, 크다면 다시 수를 입력한 후 실행하라는 메시지를 남기고 프로그램을 종료한다.

24:~25: 만약 M진법의 M의 값이 10, 즉 십진법의 수를 나타내고 있으면, 십진법의 수를 N진법의 수로 나타내는 프로시저로 간다. 이 때 값을 넘겨 줄 때는 TentoN(십진법의 수는 [D5]의 값, N진법의 N은 [D6]의 값)으로 설정함.

27: 만약 M진법의 M의 값이 10이 아니라면 먼저 M진법의 수를 10진법의 수로 바꾸는 함수 프로시저 MtoTen(넘겨 줄 값은 [D5]의 값, 현재의 진법은 [D4]의 값)를 먼저 실행하고 그 결과를 strMtoTen이라는 변수에 저장시킨다.

28: N진법의 N이 10이 아니라면 N진법으로 바꾸어야 하므로 프로시저 TentoN(십진법의 수는 strMtoTen, N은 [D6]의 값)을 실행한다.

30: intLine은 셀 [D9]에 출력될 때마다 2씩 더해주어서 다음줄로 이동할 수 있도록 하는 카운터로 사용하고 있다.

(12) 다음의 코드 [1:~5:]는 이 프로그램을 실행하는 데 프로시저의 위치에 관계없이 어떤 프로시저에서도 사용될 수 있는 전역변수이다. 전역변수를 사용하여 설정해 두면 프로시저가 달라져도 계속 그 값이 유지 및 관리가 된다.

```
1: Option Explicit
2: Dim intLine As Integer
3: Dim rngStart As Range, shtMy As Worksheet
4: Const strNumber = "0123456789ABCDEF"
```

| 코드 설명 |

1:	변수 사용을 정확하게 하기 위하여 사용되는 명령이다. 선언(Dim)되지 않은 변수를 사용하거나 변수의 이름이 틀린 경우에 에러 메시지가 나타나서 조치를 취할 수 있다.
2:	셀 [D9]를 기준으로 한 상대적 행의 위치
3:	셀 [D9]를 기억하고, [Sheet1]을 설정하기 위하여 사용한 변수
4:	M, N진법에 사용될 숫자를 문자로 기억한다.

(13) 다음의 프로시저는 십진법의 수를 N진법의 수로 바꾸어 주는 과정을 화면에 표시하는 프로시저이다.

```
5: Sub TentoN(strTen As String, intN As Integer)
6: Dim intL As Long, intM As Long
7: Dim strDec As String, Temp, strSrc As String
8: Dim shtMy As Worksheet
9:    strSrc = strTen
```

| 코드 설명 |

5:~9:	이 함수 프로시지는 10진법의 수를 N진법의 수로 바꾸는 과징을 나타내는 것이다. 이 프로시저에서 사용될 변수를 선언하고 strTen으로 넘어온 십진법의 수를 문자열로 취급한다.

(14) 다음의 코드 [10:~32:]는 십진법의 수를 저장하고 있는 문자열 변수 strTen을 숫자로 바꾸어서 N으로 나누어 가는 과정의 일부이다.

```
10:  Do While Val(strTen) >= intN
11:      If intLine > 0 And strSrc <> strTen Then
12:          With rngStart.Offset(intLine, 1)
13:              .Value = "……" & intM
14:              .Font.Size = 14
15:              .Font.Bold = True
16:              .HorizontalAlignment = xlRight
17:          End With
18:      End If
19:      With rngStart.Offset(intLine, 0)
20:          .Value = strTen
21:          .Font.Size = 14
22:          .Font.Bold = True
23:          .HorizontalAlignment = xlRight
24:          .Borders(xlEdgeBottom).LineStyle = xlContinuous
25:          .Borders(xlEdgeBottom).Weight = xlThick
26:      End With
27:      With rngStart.Offset(intLine, -1)
28:          .Value = intN & "  )"
29:          .Font.Size = 14
30:          .Font.Bold = True
31:          .HorizontalAlignment = xlRight
32:      End With
```

| 코드 설명 |

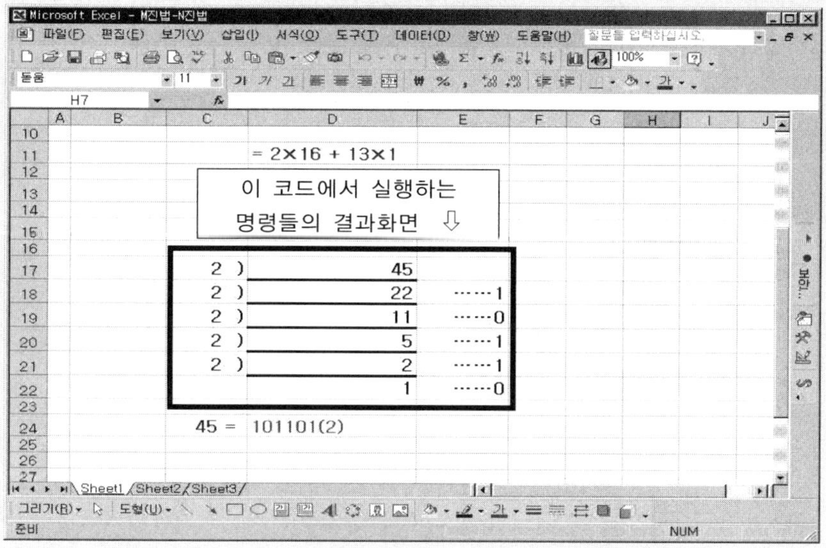

10:	문자열 strTen의 숫자 값이 N진법의 N보다 큰 동안은 나눗셈을 계속하여 나머지를 구하고, 몫과 나머지를 셀에 표현한다.
11:	M의 값이 10이 주어졌다면 처음 나누는 경우에는 나머지를 쓰지 않고 1 이상의 경우 몫과 나머지를 화면에 적는다. 하지만 M의 값이 10이 아닌 경우 intLine의 값이 1보다 커도 N으로 한 번도 나누지 않았기에 나머지를 표시하지 못하게 한다.
12:~18:	지정된 위치에 [……나머지]를 적고 글꼴 크기 14, 글꼴 굵게, 셀에서 오른쪽에 정렬한다.
19:~26:	지정된 위치에 [몫]을 적고 글꼴 크기 14, 글꼴 굵게, 셀에서 오른쪽에 정렬하고 셀의 밑줄을 두꺼운 선으로 설정한다.
27:~32	지정된 위치에 [N)]를 적고 서식을 지정한다.

(15) 다음의 코드 [33:~38:]은 십진법의 수를 N진법으로 나누는 과정에서 몫과 나머지를 구하여 그 결과를 화면에 출력하고 저장하는 과정의 일부이다.

```
33:    Temp = InputBox(intN & "(으)로 나눈 몫과 나머지는 얼마일까요?",
       "10 진 법  ▶ " & intN & " 진 법", , 4000, 1000)
```

```
34:        intL = Val(strTen) - Int(Val(strTen) / intN) * intN
35:        intM = intL
36:        strDec = Mid(strNumber, intL + 1, 1) + strDec
37:        intL = Int(Val(strTen) / intN)
38:        strTen = Right(Str(intL), Len(Str(intL)) - 1)
```

| 코드 설명 |

33:	10진법의 수를 N진법의 N으로 나누기 전에 몫과 나머지를 구할 시간적인 여유를 주기 위해 마련한 것임. 4000과 1000은 화면상에서 (가로, 세로)의 위치를 설정하기 위한 숫자.
34:	intL에 N으로 나눈 나머지를 기억시킨다.
35:	intM에 intL의 값을 바꾸어 저장한다.
36:	strtDec에 나머지를 계속 붙여서 N진법의 수로 바꾸어가고 있다.
37:	intL에 몫을 구하여 저장한다.
38:	숫자의 부호부분을 제외한 나머지 부분을 다시 문자로 바꾸어 10진법의 수인 strTen에 저장한다.

(16) 다음의 코드 [39:~54:]는 십진법의 수를 N으로 나누는 과정에서 십진법의 수를 문자열로 기억하고 있는 strTen 변수의 값이 N보다 작을 때, 즉 N진법으로 바꾸는 마지막 과정을 처리하는 것이다.

```
39:      If Val(strTen) < intN Then
40:          strDec = strTen + strDec
41:          With rngStart.Offset(intLine + 1, 0)
42:              .Value = strTen
43:              .Font.Size = 14
44:              .Font.Bold = True
45:          End With
46:          With rngStart.Offset(intLine + 1, 1)
47:              .Value = "……" & intM
48:              .Font.Size = 14
```

```
49:                 .Font.Bold = True
50:                 .HorizontalAlignment = xlRight
51:             End With
52:         End If
53:         intLine = intLine + 1
54:     Loop
```

| 코드 설명 |

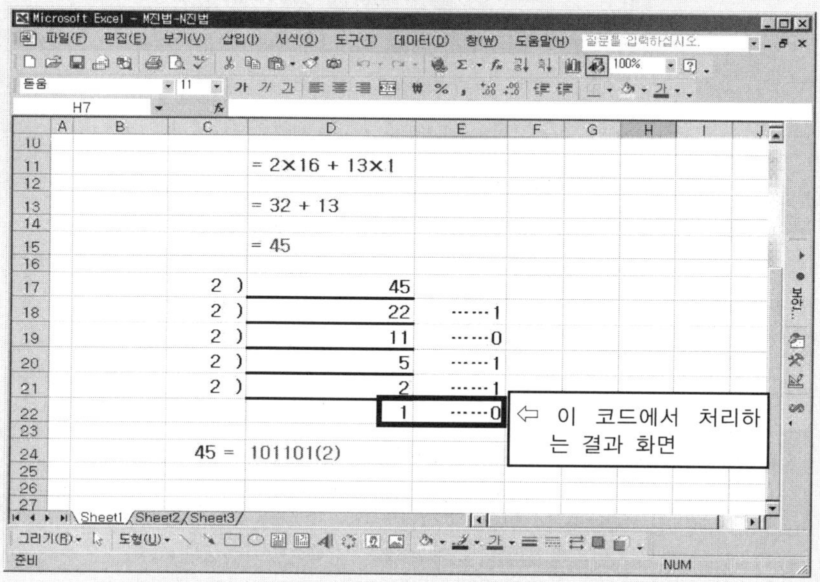

39:~40:	strTen<N이면 마지막 나머지 처리만 하면 되므로 strTen을 나머지로 설정하여 결과인 strDec에 붙여 넣는 과정이다.
41:~52:	결과를 적고 서식을 적용하는 과정이다.
53:	N으로 나누어 가는 과정에서는 한 행씩 사용하므로 줄 번호 카운터를 1만큼씩만 증가시킨다.
54:	10:에서 시작한 Do While~에 대응하는 명령이다.

(17) 다음의 코드 [55:~69:]는 M진법의 수를 N진법의 수로 바꾼 다음 그 답을 화면에 나타내는 것이다.

```
55:    With rngStart.Offset(intLine + 2, -1)
56:        .Value = strSrc & " = "
57:        .Font.Size = 14
58:        .Font.Bold = True
59:        .Font.ColorIndex = 5
60:        .HorizontalAlignment = xlRight
61:    End With
62:     With rngStart.Offset(intLine + 2, 0)
63:         .Value = strDec & "(" & intN & ")"
64:         .Font.Size = 14
65:        .Font.Bold = True
66:        .Font.ColorIndex = 3
67:   End With
68:   shtMy.Range("D7") = strDec & "(" & intN & ")"
69: End Sub
```

| 코드 설명 |

55:~61:	결과를 출력할 셀에 [10진법의 수 =]의 형태로 적고 서식을 설정하는 명령이다.
62:~67:	[55:~61:]에서 나타낸 [10진법의 수 =] 뒤에 10진법의 수를 N진법으로 고친 수 strDec를 적는다.
68:	M진법의 수를 N진법의 수로 고친 결과를 워크시트의 셀 [D7]에 적는 명령이다. 101101(2)의 꼴로 나타낸다.

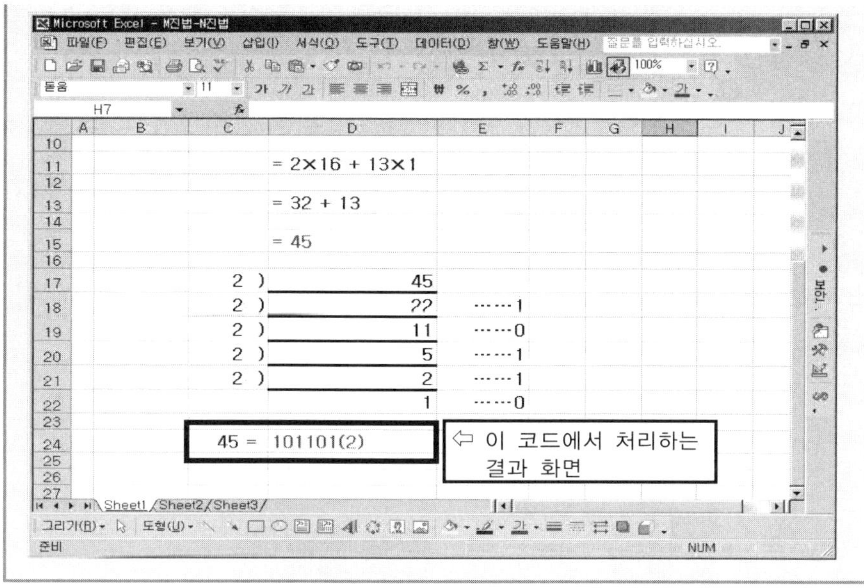

(18) 이렇게 하여 M진법의 수를 N진법의 수로 바꾸는 과정에 대한 자료의 입력과 처리 과정을 나타내는 워크시트의 내용과 코드의 작성이 모두 끝이 났다. 이제 남은 것은 버튼을 코드에 연결시키는 작업만 남았다. ①메뉴 표시줄에서 마우스 오른쪽 버튼을 눌러 양식 도구모음이 나타나게 한다. ②양식 도구모음에서 단추 도구를 클릭하고 셀 [H5:H6]의 크기에 맞추면, 매크로 지정 대화 상자가 자동으로 나타나는데 [Jop_Start]을 지정하고 단추의 이름을 [실행]으로 설정한다.

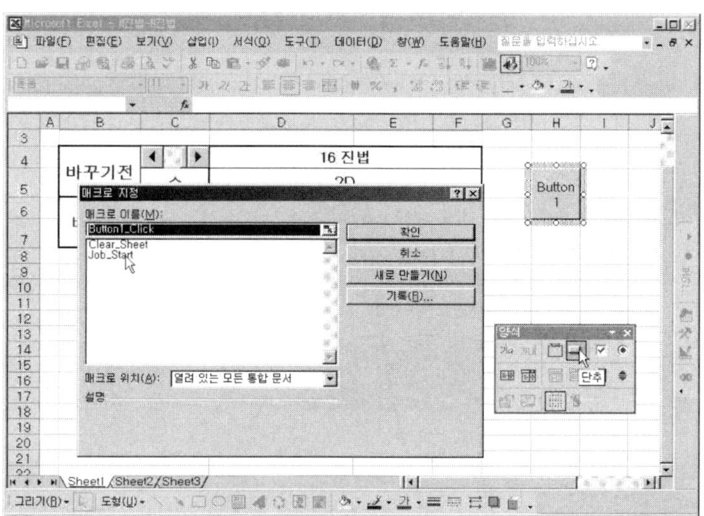

(19) 셀 [D4]에 [2], 셀 [D5]에 [110110], 셀 [D6]에 [5]를 입력한 후 실행 버튼을 누르면 1단계인 [M진법의 전개식]과 메시지 박스가 동시에 출력된다. 메시지 박스의 [확인] 버튼을 누르면 다음 단계로 진행한다.

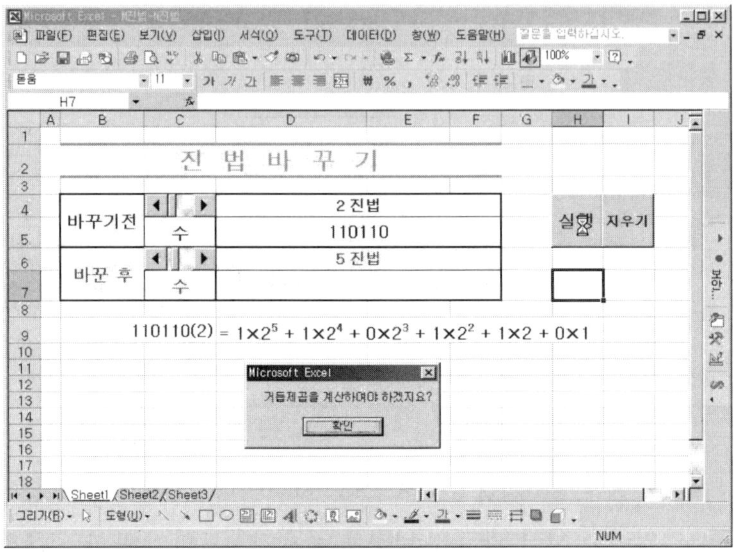

(20) 계속하여 4단계에 걸쳐 M진법의 수를 10진법의 수로 바꾸어 주는 과정과 대화 상자가 같이 나타나는데 [확인] 버튼을 눌러 주면 다음 단계인 10진법의 수를 N으로 나누고 몫과 나머지를 구하는 과정과 대화 상자가 나온다.

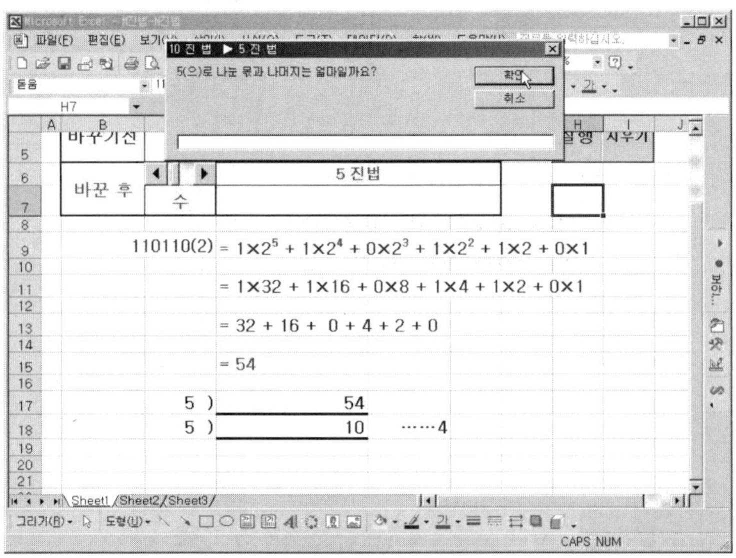

(21) M진법의 수를 [M진법의 전개식]을 써서 10진법의 수로 바꾸고, 10진법의 수를 N으로 나누어가면서 생기는 나머지를 문자열로 얻어서 화면에 표시해서 N진법으로 나타내는 프로그램 전체가 진행되는 화면이다.

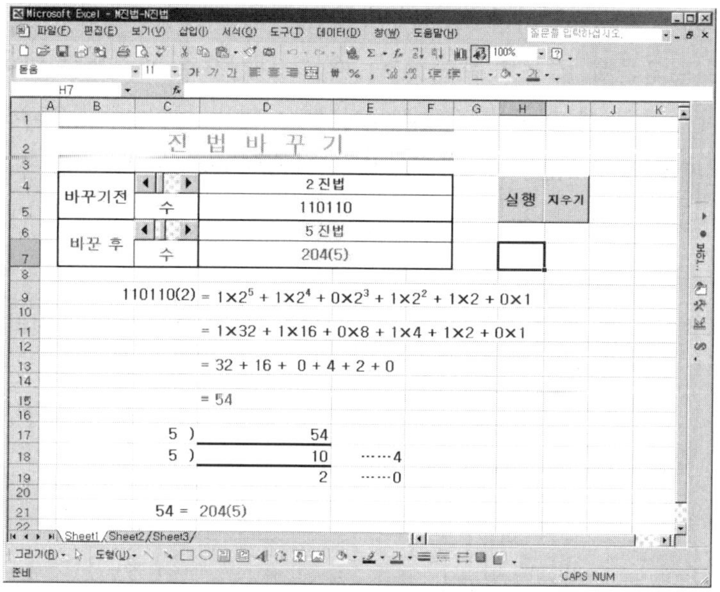

(22) [M=10, N=5]를 입력하고 실행한 화면이다. M=10이기 때문에 MtoTen 프로시저는 실행하지 않고 TentoN 프로시저만 실행한다. 같은 방법으로 [M=2, N=10]을 입력한다면 TentoN은 실행하지 않고 MtoTen 프로시저만 실행할 것이다.

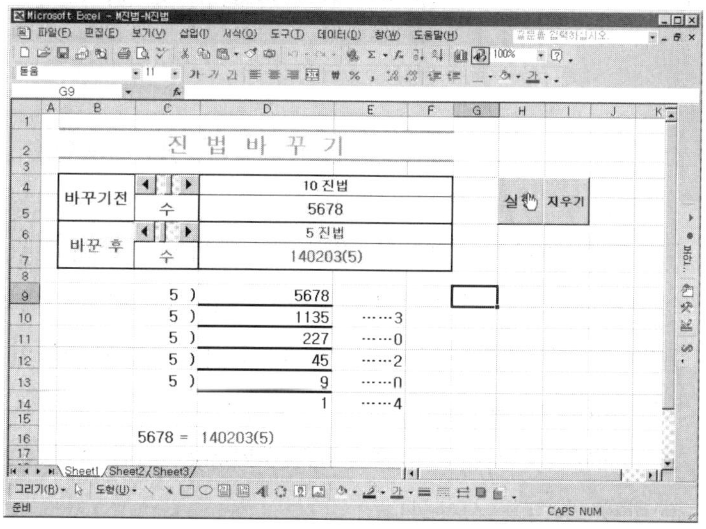

9. 주사위 한 개 던질 때 일어날 수 있는 경우의 수

중학교 8－나 단계(2학년)의 확률 단원을 시작할 때 경우의 수를 구하는 내용이 나오는데, 경우의 수를 구할 때 그 대상으로 주사위를 많이 잡는다. 여기서는 주사위 한 개를 던질 때 일어날 수 있는 여러 가지 경우의 수를 대비하여 문제를 준비하고 주사위를 실제로 던지는 듯한 느낌을 줄 수 있는 프로그램을 만들어 보자.

예제 아래의 그림과 같이 주사위 한 개를 던질 때 일어날 수 있는 여러 가지 경우의 수를 구할 수 있는 엑셀 프로그램을 제작해 보자.

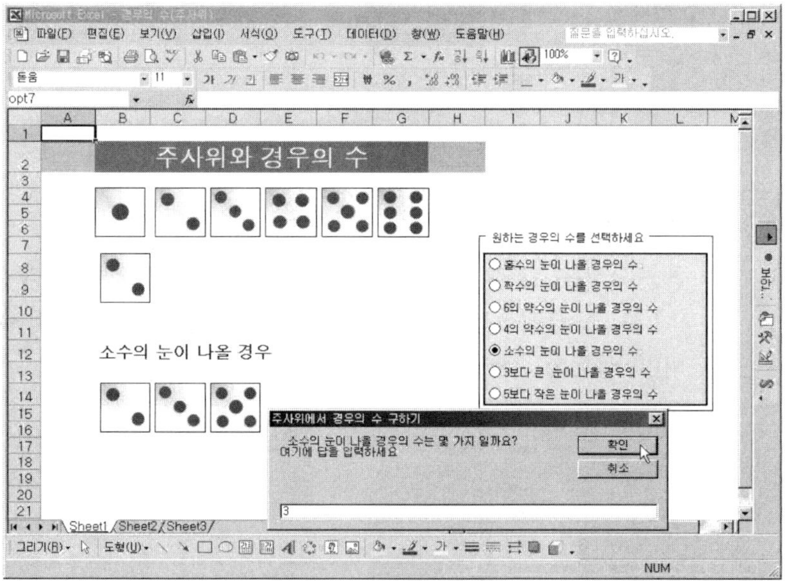

풀이 (1) 주사위 한 개를 던질 때 일어날 수 있는 여러 가지 경우를 생각해 볼 때, 위의 그림에서와 같이 주사위의 그림이 필요하다. 이 주사위의 그림은 아래 부분의 결과를 나타낼 때 복사하여 다시 사용하여 학생들의 이해를 도우고자 한다. VBA에서는 이런 그림들을 Shape로 취급을 하는데, 주사위 그림과 같은 개체에 접근하는 방법은 ThisWorkbook.WorkSheets(“Sheet1”).Shapes(“개체이름”)을 사용한다.

프로그램의 시작시에 Set shtMy=ThisWorkbook.WorkSheets("Sheet1") 로 선언하게 되면 간단히 shtMy.Shapes("개체이름")으로 접근할 수 있으며 개체이름으로는 주사위의 각 눈에 따라 dice1, dice2, … , dice6로 설정한다. 이제 주사위의 1의 눈은 shtMy.Shapes("dice1"), 2의 눈은 shtMy.Shapes("dice2") 등과 같이 그림 개체에 접근하여 코드를 작성하면 된다.

(2) 처음부터 주사위를 동시에 던지는 프로그램을 제작하는 과정을 따라하기 위해 먼저 빈 문서를 준비하고, 행과 열이 만나는 부분을 클릭하고 그림과 같이 열 너비를 [6.00]으로 맞춘다.

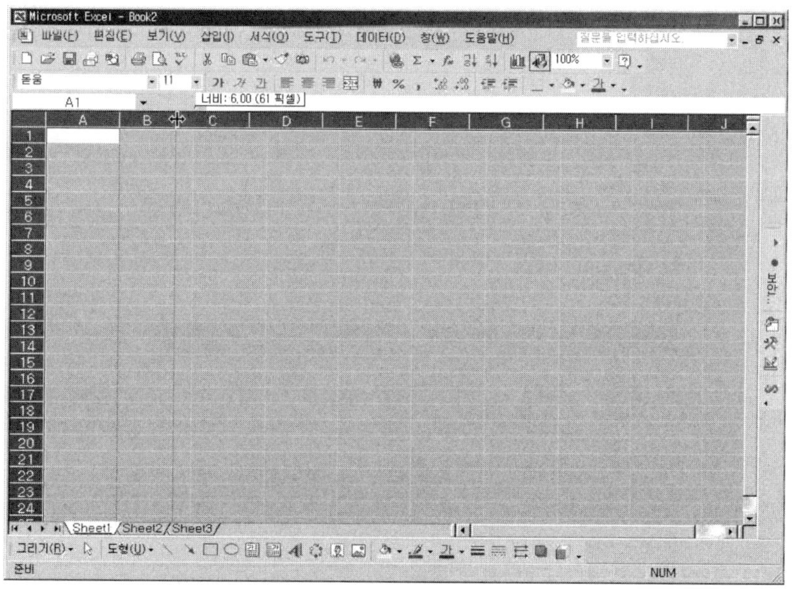

(3) 셀 [B2:G2]를 선택한 다음 셀 병합 후 가운데 맞춤 도구를 클릭하고 글꼴 크기를 20으로 설정한다. 셀 채우기색과 글꼴 색을 적당한 것으로 선택하고 셀 [A2], [H2]에는 셀 채우기 색만 지정한다.

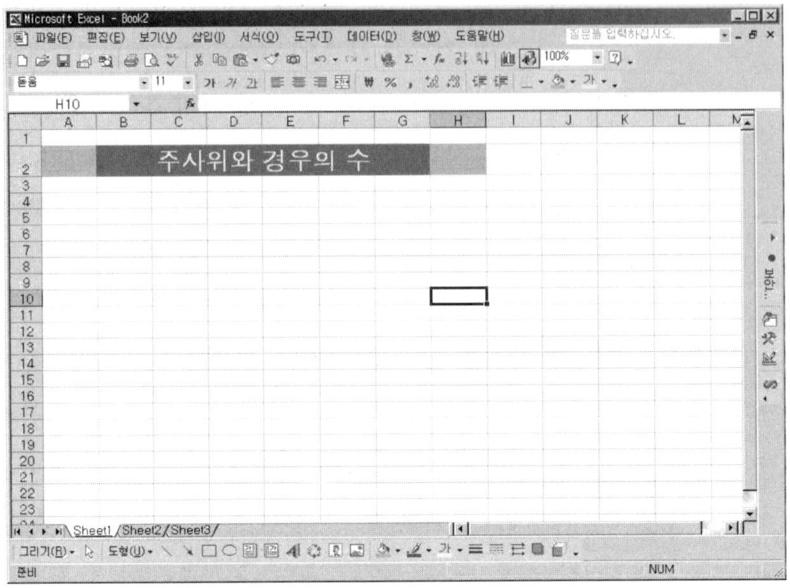

(4) 주사위를 그리기 위해 그리기 도구모음의 직사각형 도구를 클릭하고 Alt 키를 누른채 셀 [B4:B6]까지 드래그하여 놓은 상태에서 정사각형이 되도록 B열과 C열 사이의 경계 부분을 약간 조정한다.

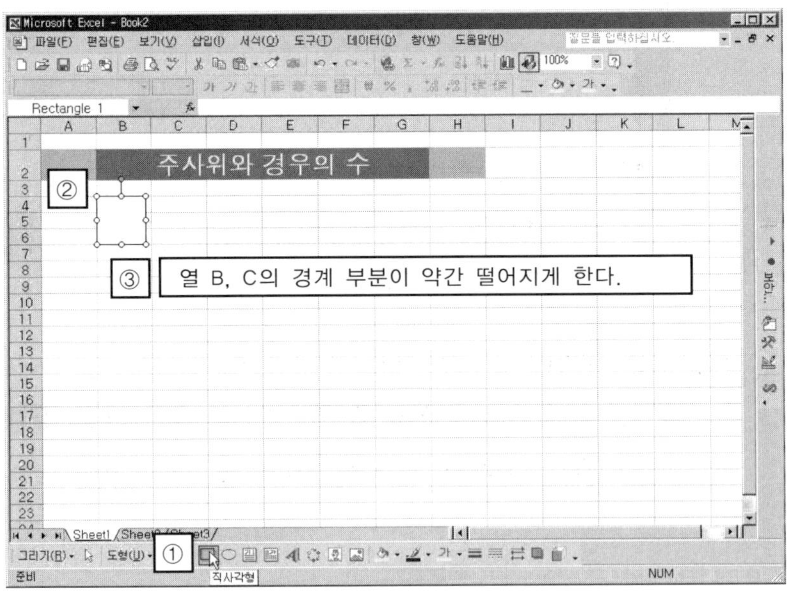

(5) 직사각형이 선택된 상태에서 채우기 도구를 클릭하여 채우기 효과를 선택한다. 이 때 나타난 대화 상자의 그라데이션 탭에서 [색-단색:옥색]을 선택하고, 기본설정 색을 밝게 조정한 다음 [음영스타일-모서리에서]를 선택하고 확인을 클릭한다.

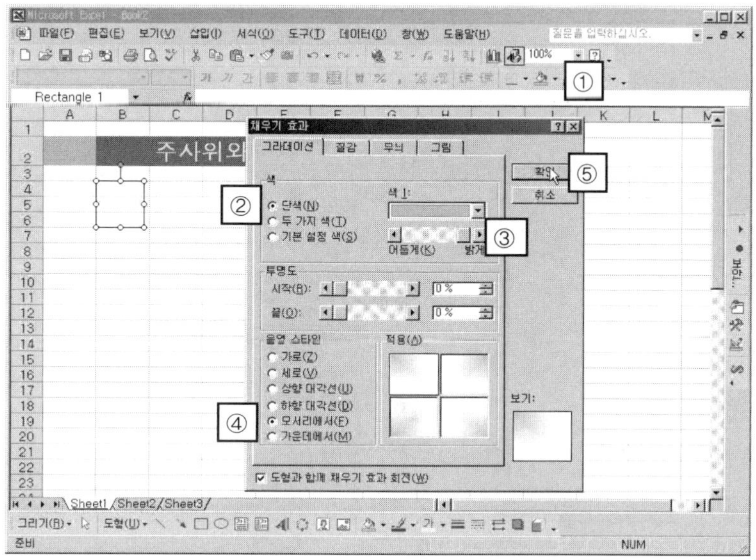

(6) 그리기 도구모음에서 타원을 선택하고 (5)까지 제작한 직사각형의 중앙 부분에서 주사위의 눈금을 나타내는 원을 그린다. 채우기 도구모음에서 색을 빨강으로 설정한다. 선 색도 같은 방법으로 빨강으로 설정한다.

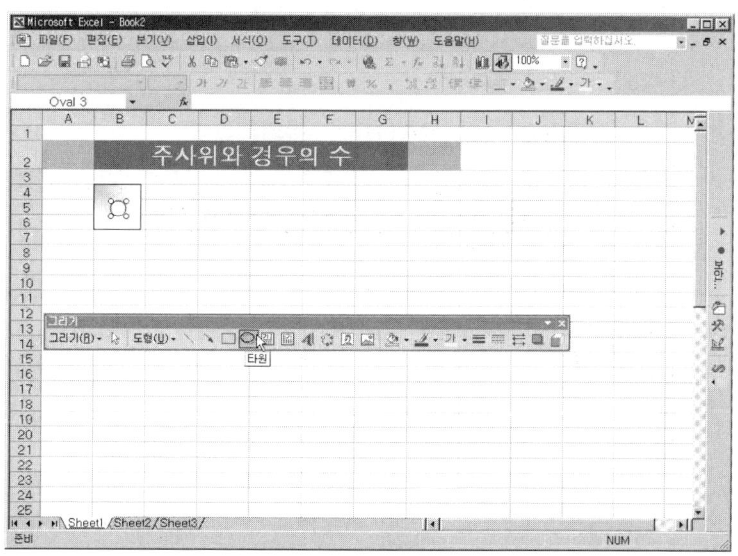

(7) 직사각형과 원을 선택한 다음 그리기 도구모음의 [그리기]－[맞춤/배분]－[가운데 맞춤]을 차례로 선택하고, [그리기]－[맞춤/배분]－[중간맞춤]도 설정하여 가로, 세로의 중심을 맞춘다.

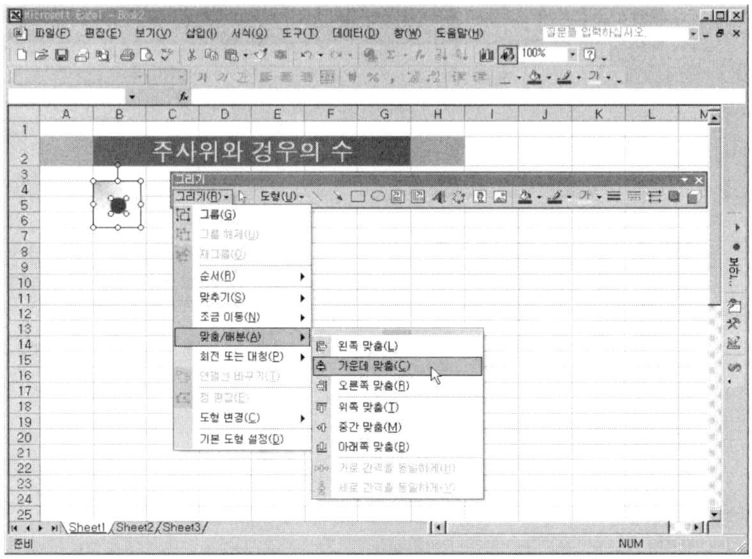

(8) 직사각형과 원을 선택한 다음 그리기 도구모음의 [그리기]－[그룹]을 차례로 선택하여 직사각형과 원이 한 그룹이 되게 하고, 이름상자에 [dice1]을 입력하고 Enter↵를 눌러 지금까지 제작한 주사위의 이름을 [dice1]이라 설정한다.

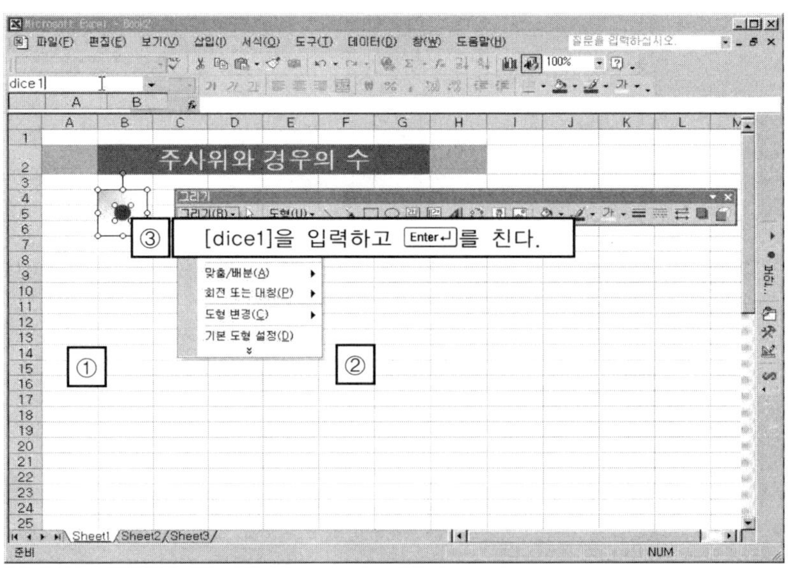

(9) 같은 방법으로 나머지 주사위를 그리고 각각 [dice2], [dice3], [dice4], [dice5], [dice6]라 이름을 짓는다. 이 그림들은 나중에 주사위를 던지는 실행에 따른 사건에 활용할 것이므로 이름을 정확하게 관리하는 것이 중요하다.

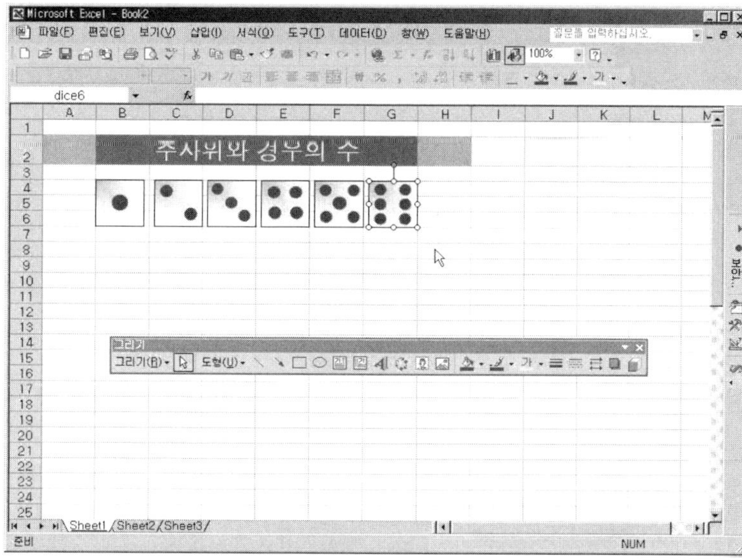

(10) 메뉴의 도구모음에서 마우스 오른쪽 버튼을 눌러 양식 도구모음이 나오게 한 다음 옵션단추를 선택하고 셀 [I7:L7]까지 그린 다음 텍스트를 [홀수의 눈이 나올 경우의 수]라 입력하고 이름상자에 [opt1]이라 입력하고 Enter↵를 누른다.

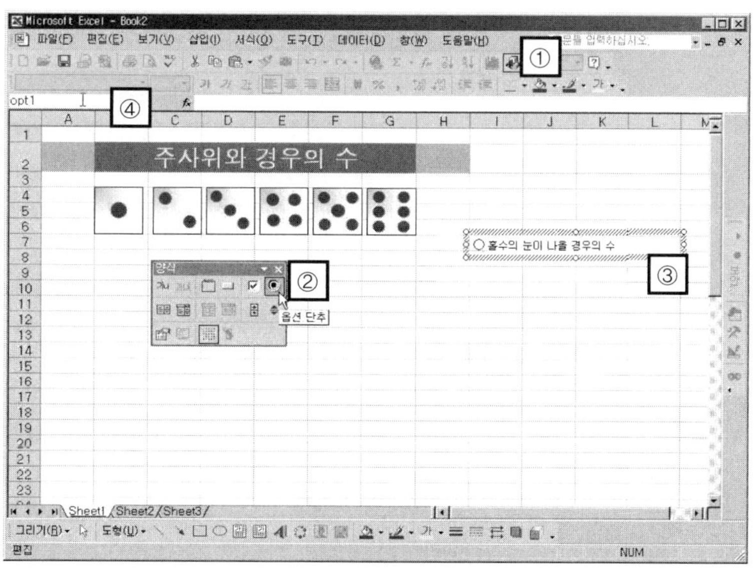

(11) 8행부터 14행까지의 높이를 [18.00]으로 설정한 다음, 위에서 작성한 옵션단추를 Ctrl을 누른채 모두 7개가 되게 복사하고 I열부터 L열까지 맞추어서 넣고 이름을 각각 [opt2]~[opt7]까지 설정한다.

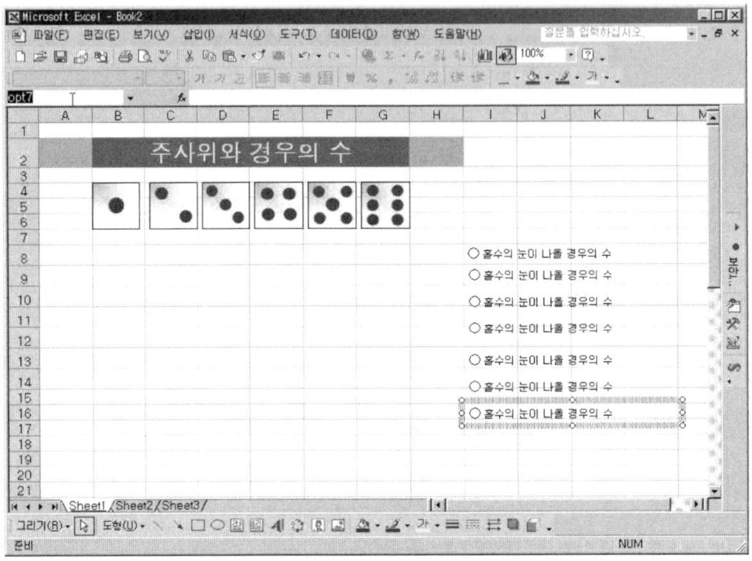

(12) Alt를 누른 채 8행부터 14행까지 끌어서 하나씩 한 행에 넣은 다음 옵션 단추에 아래의 그림과 같은 내용으로 대체한다. 앞으로 각각의 내용에 대한 경우의 수를 구하여 화면의 왼쪽 중앙에 나타낼 것이다.

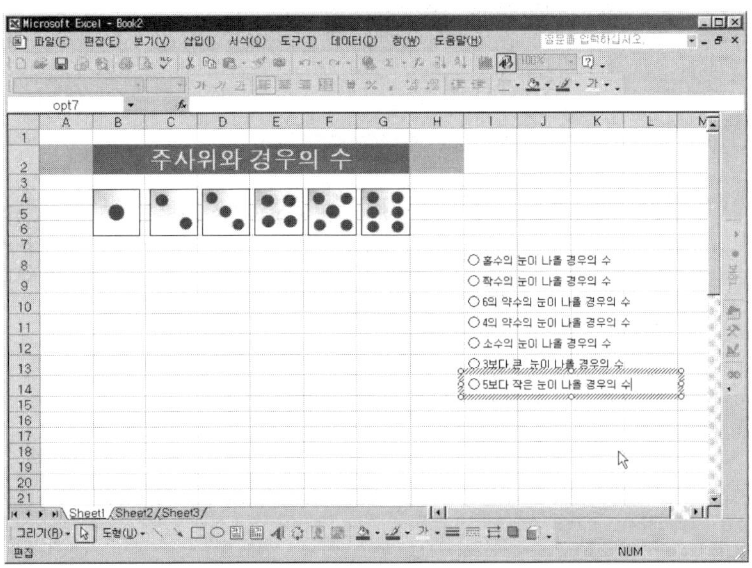

(13) 옵션단추들이 하나의 그룹을 이루는 것처럼 하기 위하여 양식 도구모음의 그룹상자를 클릭하고 위에서 작성한 옵션단추를 모두 덮을 만큼 드래그하여 설정하고 텍스트를 [원하는 경우의 수를 선택하세요]를 입력한다.

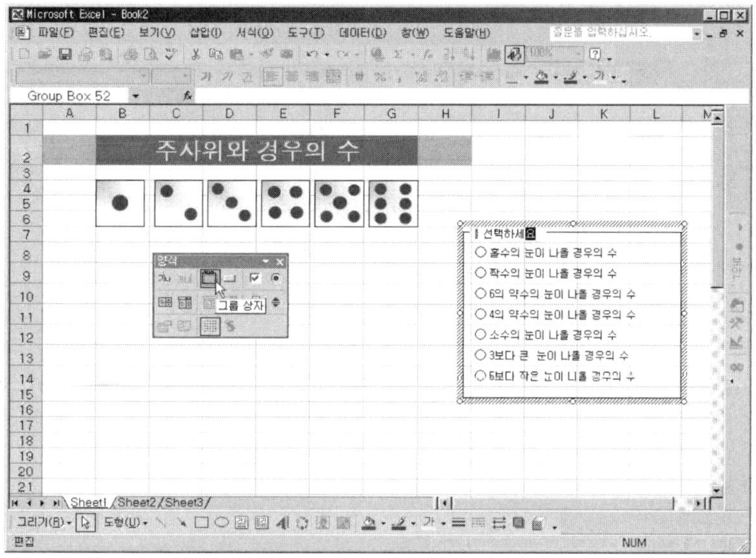

(14) 메뉴의 [도구]-[옵션]을 차례로 눌러 옵션 대화 상자를 부르고 [화면 표시] 탭에서 눈금선의 체크를 해제하고 [확인] 버튼을 눌러 워크시트에서 눈금선이 보이지 않도록 한다.

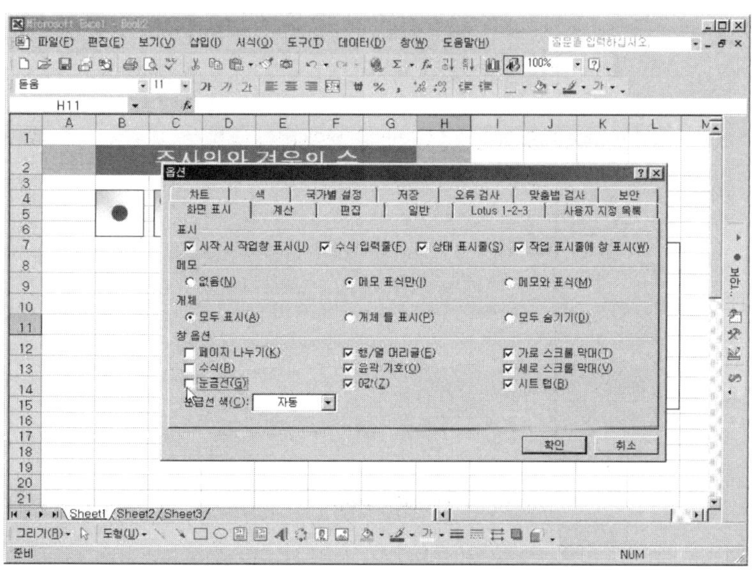

(15) 셀 [I8:L14]를 선택하고 채우기를 황갈색으로 설정하고 테두리를 두어 옵션단추들이 드러나게 한다. 이렇게 하여 주사위 한 개를 던질 때 일어날 수 있는 여러 가지 경우의 수를 구할 준비는 되었다. 옵션단추를 그림과 같이 눌러 확인하자.

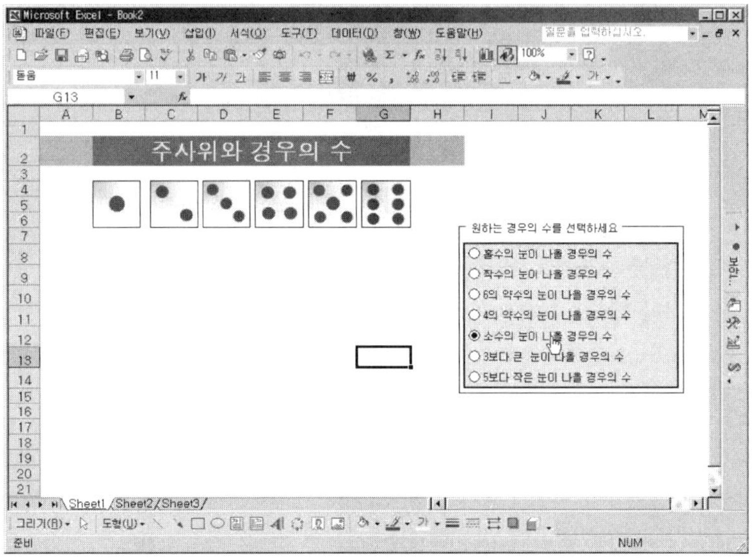

(16) 이제 준비가 끝났다고 볼 수 있으니 메뉴의 [파일]−[다른 이름으로 저장]−[경우의 수(주사위)]를 입력하고 Enter↵를 친다. 이제 코드를 작성하여 위에서 작성한 옵션단추 중 어떤 것을 선택했느냐에 따라 그 결과를 출력하는 것이 남았다.

(17) 아래의 코드 [1:~15:]는 변수를 제대로 사용하는지의 검사를 설정하고 전역변수로 쓸 변수의 선언 및 작업장[A8:H50]에 있는 주사위 그림과 셀들에 들어있는 내용 등을 모두 지워서 정리하는 과정에 대한 것이다.

```
1: Option Explicit
2: Dim intCheck As Integer, shtMy As Worksheet
3: Sub Clean_Space()
4:   intM As Integer
5: Dim shtMy As Worksheet
6:      Set shtMy = ThisWorkbook.Worksheets("Sheet1")
7:      intM = shtMy.Shapes.Count
8:      Do While intM >= 1
9:          If InStr(shtMy.Shapes(intM).Name, "0") Then
10:             shtMy.Shapes(intM).Delete
11:         End If
12:         intM = intM - 1
13:     Loop
14:     shtMy.Range("A8:H50").ClearContents
15: End Sub
```

| 코드 설명 |

2: intCheck는 어떤 옵션단추가 선택되었는지를 가리키는 index 값을 저장하는 변수로 사용되고, shtMy는 ThisWorkbook.WorkSheets("Sheet1")을 대신할 변수이다.

6: 프로시저 Clean_Space()는 워크시트에서도 지울 수 있는 버튼을 만들어 넣어 내용을 지울 수 있도록 하기 위해 선언한 것이다.

7: intM에 개체(그림, 옵션단추, 그룹박스)의 개수를 구하여 저장한다. 프로그램 시작 전에는 14개(그림 6개, 옵션단추 7개, 그룹박스 1개)로 시작한다.

8: intM이 1이 될 때까지 intM의 값을 1씩 빼가면서 검사한다.

9:~10: intM 번째 개체의 이름에 "0"이 있다면 그 개체를 지운다.

(18) 아래의 코드 [1:~24:]는 [실행] 버튼을 클릭하였을 때, 바로 선택된 옵션단추의 번호대로 그 결과를 출력하지 않고, 약간의 시간 동안 마치 주사위를 던지는 듯한 장면을 보여주는 것이다.

```
1: Sub Turn_Dice()
2: Dim intM As Long, intN As Long, intCount As Long, lngMy As Long
3: Dim intRnd As Integer
4: Dim rngMy As Range
5: Dim strMy As String
6:     Set rngMy = shtMy.Range("B8")
7:     Clean_Space
8:     For intM = 1 To 1000
9:         For intN = 1 To 1000
10:            intCount = intCount + 1
11:            If intCount = Int(intCount / 50000) * 50000 Then
12:                If strMy <> "" Then shtMy.Shapes(strMy).Delete
13:                intRnd = Int(Rnd() * 6) + 1
14:                With shtMy
15:                    .Shapes("dice" & intRnd).Copy
16:                    rngMy.Select
17:                    .Paste
18:                    Selection.Name = "dice0" & intRnd
19:                    strMy = "dice0" & intRnd
20:                End With
21:            End If
22:        Next intN
23:    Next intM
24: End Sub
```

| 코드 설명 |

1:~5:	프로시저의 이름 및 이 프로시저에서 사용될 변수 선언
6:	셀 [B8]의 사각형 부분에 주사위의 위를 맞추어 출력하기 위해 위치 설정
7:	선택된 옵션 단추에 대한 결과를 출력하였던 장소를 다시 사용하기 위하여 깨끗이 지운다.
11:	intCounter가 50000의 배수가 될 때마다, 즉 1000000÷50000=20번 동안 아래 부분을 실행한다.

12:	만약 strMy에 문자가 저장되지 않았다면(strMy=""이면) 그냥 넘어가고 아니면(strMy="dice0x", x는 1부터 6) 지운다.
13:	1부터 6사이의 눈을 만들기 위해 난수를 만든다.
15:	13:에서 만든 난수의 눈을 주사위 이름에 수를 붙인다. 즉 "dice"+[1, 2, 3, 4, 5, 6]를 하여 dice1, dice2, … , dice6의 문자열을 만들고 그 그림을 복사한다.
16:	셀 [B8]을 선택한다. 즉, 마우스로 셀 [B8]을 클릭하는 것과 같다.
17:	그 셀에 붙여넣기를 한다.
18:	붙여 넣은 개체(주사위 그림)의 이름을 지정한다. 여기서는 나중에 지울 것을 염두에 두고 "dice0"+[1, 2, 3, 4, 5, 6]으로 지정한다.

(19) 아래의 코드 [1:~7:]은 intPP가 소수인지를 검사하여 그 결과를 참, 거짓으로 되돌려주는 함수 프로시저이다. 여기서는 intPP가 1부터 자기 자신까지의 자연수로 나누어지는 개수가 2개이면 소수로 판명하는 방법을 썼다.(intPP가 작은 수이므로)

```
1: Function Prime_Num(intPP As Integer) As Boolean
2: Dim intX As Integer, intY As Integer
3:     For intX = 1 To intPP
4:           If intPP Mod intX = 0 Then intY = intY + 1
5:     Next intX
6:     If intY = 2 Then Prime_Num = True Else Prime_Num = False
7: End Function
```

| 코드 설명 |

4:	intPP를 intX로 나눈 나머지가 0이면, 즉 intPP가 intX로 나누어지면 intX가 intPP의 약수이므로 약수의 개수를 1 증가시킨다.
6:	intPP의 약수의 개수가 2개이면 참, 아니면 거짓을 되돌려 준다.

(20) 아래의 코드 [1:~40:]은 선택된 옵션단추의 번호 intP에 대하여 주사위의 눈 1부터 6까지의 수가 조건 intP(선택된 옵션단추의 내용)를 만족하는

지 검사하여 참인 경우 그 번호의 주사위 그림을 셀 [B11]을 기준으로 그 눈의 주사위를 복사하여 붙여넣는 과정이다.

```
Sub Display_Dice(intP As Integer)
Dim rngMy As Range
Dim intM As Integer, intN As Integer
Dim boolMy As Boolean
Dim strMy As String
    Set rngMy = shtMy.Range("B11")
    strMy = shtMy.OptionButtons("opt" & intP).Text
    With rngMy.Offset(1, 0)
        .Value = Left(strMy, Len(strMy) - 3)
        .EntireRow.Font.ColorIndex = 5
        .EntireRow.Font.Bold = True
        .EntireRow.Font.Size = 13.5
    End With
    For intM = 1 To 6
        Select Case intP
            Case 1
                boolMy = (intM Mod 2 = 1)
            Case 2
                boolMy = (intM Mod 2 = 0)
            Case 3
                boolMy = (6 Mod intM = 0)
            Case 4
                boolMy = (4 Mod intM = 0)
            Case 5
                boolMy = Prime_Num(intM)
            Case 6
                boolMy = (intM > 3)
            Case 7
                boolMy = (intM < 5)
        End Select
        If boolMy Then
```

```
32:             shtMy.Shapes("dice" & intM).Select
33:             Selection.Copy
34:             rngMy.Offset(3, intN).Select
35:             shtMy.Paste
36:             Selection.Name = "dice000" & intM
37:             intN = intN + 1
38:         End If
39:     Next intM
40: End Sub
```

| 코드 설명 |

1:~5:	프로시저의 이름 및 이 프로시저에서 사용될 변수의 선언
6:	주사위는 셀 [B11]을 출력 기준으로 잡는다.
7:	옵션 단추 intP의 오른쪽 문자열을 저장한다. (예) strMy="홀수의 눈이 나올 경우의 수"
8:~13:	셀 [B12]에 아래의 서식을 적용한다. rngMy.Offset(1,0)은 셀 [B11]을 기준으로 한 행 아래이므로
15:~30:	주사위의 눈 1~6을 옵션단추 intP의 조건에 맞는지 검사하여 그 결과를 bookMy에 참, 거짓으로 저장한다.
31:~38:	만약 조건을 만족한다면 "dice"+[1, 2, 3, 4, 5, 6] 주사위 그림을 복사하여 셀 [B11]을 기준으로 (3행, intN열)의 위치에 붙여 넣고, "dice000"+[1, 2, 3, 4, 5, 6]으로 이름을 준다. intN의 값을 1씩 증가시켜 다음에 복사해 붙여 넣을 장소를 준비한다.

(21) 아래의 코드 [1:~15:]는 선택된 옵션단추의 번호를 intCheck에 넣어서 프로그램 전체를 실행하는 과정대로 프로시저를 호출하여 그 결과를 보여주는 것이다.

```
1: Sub Start()
2: Dim intMy As Integer
3: Dim rngMy1 As Range
4:     Set shtMy = ThisWorkbook.Worksheets("Sheet1")
```

```
5:     Clean_Space
6:     For intMy = 1 To shtMy.OptionButtons.Count
7:         If shtMy.OptionButtons(intMy) = xlOn Then
8:             intCheck = Val(Right(shtMy.OptionButtons(intMy).Name, 1))
9:             Exit For
10:        End If
11:    Next intMy
12:    Turn_Dice
13:    Display_Dice (intCheck)
14:    Display_Result
15: End Sub
```

| 코드 설명 |

4:	이 프로그램 전체에서 사용할 Sheet에 쉽게 접근하기 위한 명령이다.
5:	출력할 장소를 깨끗이 지운다.
6:~11:	7개의 옵션단추 중에서 마우스로 클릭하여 선택한 옵션이 어떤 것인지 찾아서 그 index를 intCheck에 저장한다.
12:	주사위를 던지는 애니매이션을 한다.
13:	조건에 맞는 주사위 그림을 화면에 보여주는 프로시저에 선택된 옵션단추의 index를 intCheck에 저장하여 보낸다.
14:	문제의 답을 제시하여 준다.

(22) 아래의 코드 [1:~20:]은 선택된 옵션단추의 내용에 대한 정답을 묻는 대화 상자가 나오고 사용자가 답을 입력하면 정답과 비교하여 맞는 경우와 틀린 경우에 대하여 메시지를 출력해 주는 것이다.

```
1: Sub Display_Result()
2: Dim intJ As Integer
3: Dim strAns As String, strAns2 As String
4:     shtMy.Range("A1").Select
5:     Do
```

```
6:        strAns = shtMy.OptionButtons("opt" & intCheck).Text
7:      strAns = InputBox(strAns & "는 몇 가지일까요?" & vbCrLf & vbCrLf
        & "여기에 답을 입력 하세요", "주사위에서 경우의 수 구하기", , 1000,
        1000)
8:        Select Case intCheck
9:            Case 1, 2, 4, 5, 6
10:               strAns2 = "3"
11:           Case 3, 7
12:               strAns2 = "4"
13:       End Select
14:        If strAns = strAns2 Then
15:        MsgBox "정답입니다" & vbCrLf & "구하는 경우의 수는 " & strAns2
           & "가지 입니다", vbOKOnly + vbExclamation, " !!! 맞았습니다
           !!!"
16:        ElseIf strAns <> "" Then
17:      MsgBox "그럴까요? 다시 한 번 생각해 보세요", vbOKOnly +
         vbExclamation, "???  잘 생각해 보세요 ???"
18:        End If
19:    Loop Until strAns = "" Or strAns = strAns2
20: End Sub
```

| 코드 설명 |

6: 선택된 옵션단추의 index인 intCheck의 옵션단추의 텍스트를 문자열 변수 strAns에 저장한다.

7: InputBox는 MsgBox와 비슷하게 사용되는데, 차이점은 InputBox의 텍스트 입력상자에 입력되는 값을 선언된 변수로 넘겨서 사용할 수 있는데, MsgBox는 그냥 메시지만 화면에 출력하는 역할을 한다. 아래는 이 행의 코드로 나오는 대화 상자이다.

8:~13: 1, 2, 4, 5, 6번 옵션단추의 내용에 대한 정답은 3이고, 3, 7번 옵션단추의 내용에 대한 정답은 4이다.

14:~15: 정답을 입력한 경우의 처리 내용으로 아래 화면과 같다.

16:~17: 오답을 입력한 경우의 처리 내용으로 화면은 다음과 같다.

19: 취소 버튼을 클릭하거나 정답이 나올 때까지 5:~18:을 반복한다.

(23) 워크시트로 돌아가서 메뉴 표시줄에서 마우스 오른쪽 버튼을 눌러 양식 도구모음이 나오게 하고, 버튼 도구를 누르면 매크로 지정 대화 상자가 나오는데 매크로 이름으로 Start 프로시저를 선택하고 [확인] 버튼을 누른다. 버튼을 선택한 후 버튼의 이름을 btnStart로 설정한다.

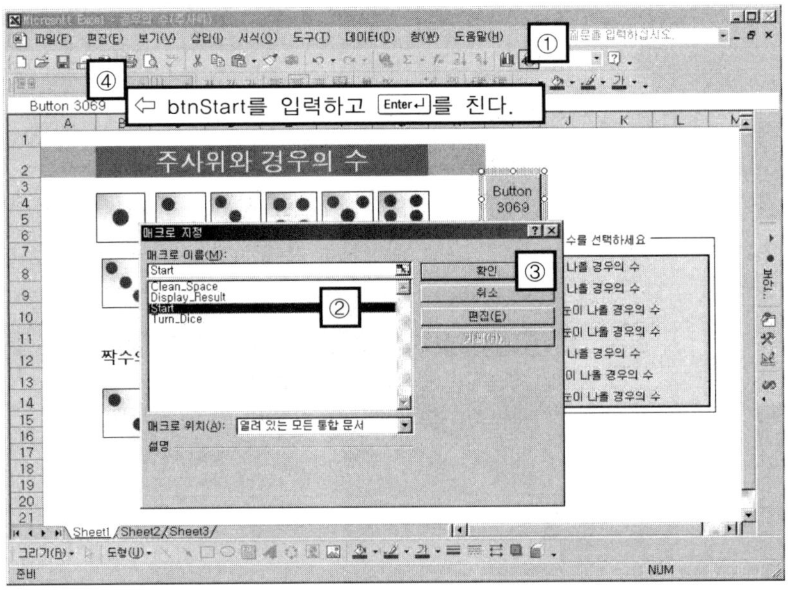

(24) 버튼의 텍스트를 선택하여 지우고 텍스트 내용을 [실행]으로 바꾼 다음 글꼴 서식을 적당하게 지정한다. 같은 방법으로 버튼을 하나 더 만들고 매크로 이름으로 Clean_Space를 지정하고 텍스트 내용을 [지우기]로 넣는다.

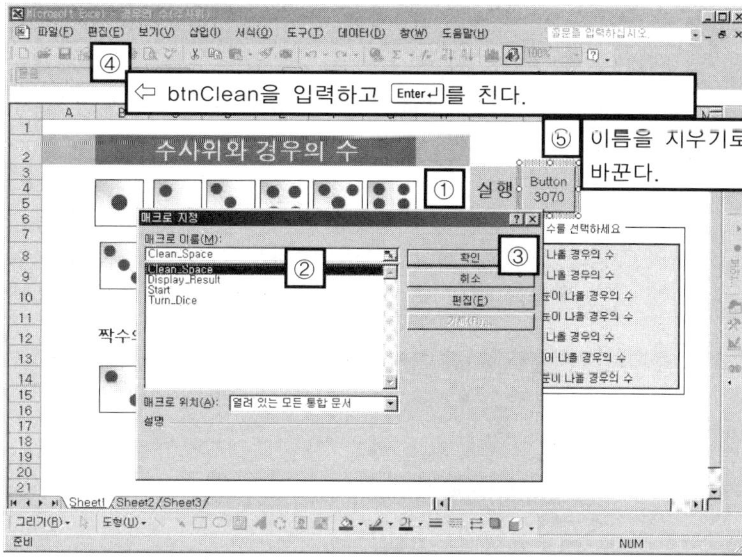

(25) [5보다 작은 눈이 나올 경우의 수]의 옵션버튼을 선택한 후 [실행] 버튼을 눌러 주사위 한 개를 던질 때 5보다 작은 눈이 나올 경우의 수를 구하는 과정을 확인해 본다. 대화 상자를 읽고 맞는 답이나 틀린 답을 넣어 확인해 보자.

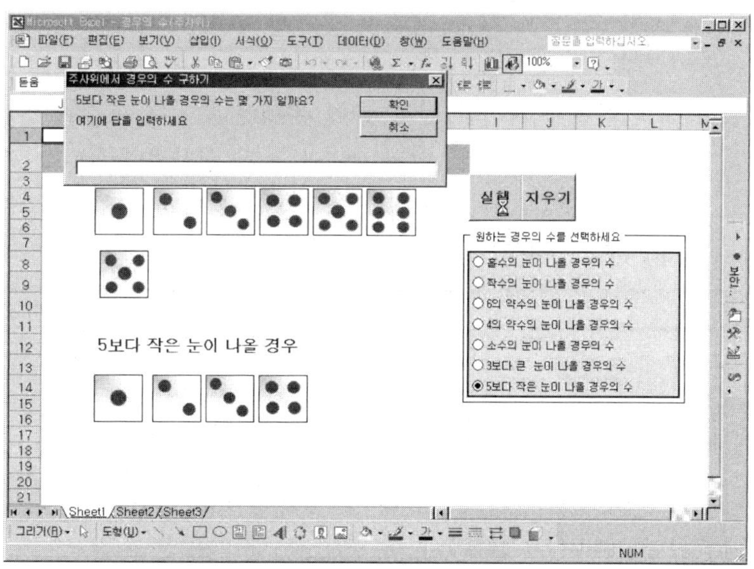

10. 주사위 두 개를 던질 때 여러 가지 확률 구하기

중학교 8－나 단계(2학년)에서 확률을 계산할 때 많이 사용하는 내용으로, 두 개의 주사위를 던질 때 일어날 수 있는 여러 가지 사건의 확률을 예로 드는 경우가 많다. 여기서는 확률의 계산 도입부분에서 활용할 수 있는 엑셀 프로그램을 제작하는 방법을 알아보기로 한다.

예제 아래의 그림과 같이 두 개의 주사위를 동시에 던질 때 일어날 수 있는 여러 가지 사건에 대한 확률을 구할 수 있는 엑셀 프로그램을 제작해 보자.

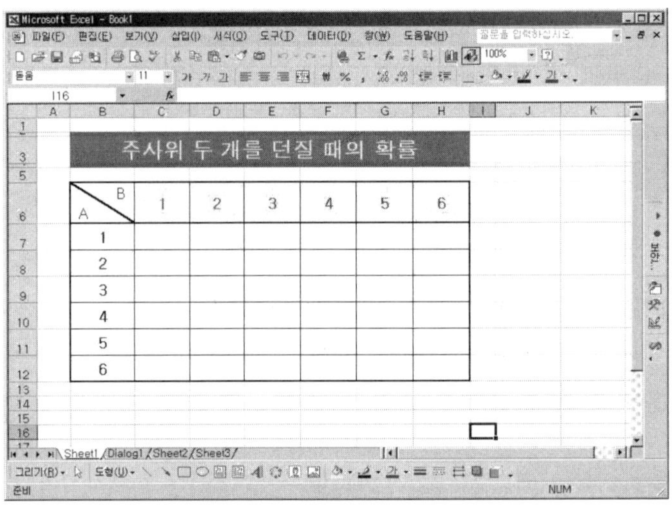

풀이 (1) 위의 화면에 나타난 것과 같이 문제에 주어진 조건을 판단하는 것은 비교 연산자 [=, >, <, >=, <=, <>]와 논리 연산자 [and, or]를 사용한다. 조건 6가지를 모두 나타내면 다음과 같다. 셀 [C7:H12]를 중복 For~Next 문을 사용하여 접근한다.

순	조 건	논리식
1	눈의 합이 4 또는8이 될 확률	(intX+intY=4) or (intX+intY=8)
2	눈의 합이 9 이상일 확률	intX+intY>=9
3	눈의 합이 8일 확률	intX+intY=8
4	눈의 차가 3일 확률	Abs(intX−intY)=3
5	A에는 2의 배수, B에는 홀수일 확률	(intX mod 2 =0) and (intY mod 2= 1)
6	두 눈이 같을 확률	intX=intY

(2) 아래의 그림과 같은 화면을 준비한다. 셀 [B3:H3]는 셀 병합 후 가운데 맞춤으로 설정하고 [주사위 두 개를 던질 때의 확률]을 입력한다. 셀 [B6]에는 [B]를 입력하고 Alt+Enter↵를 누른 후 [A]를 넣은 다음 테두리에서 대각선을 그림과 같이 입력한다. 행 높이는 [24.75], 열 너비는 [6.89]로 설정하였다.

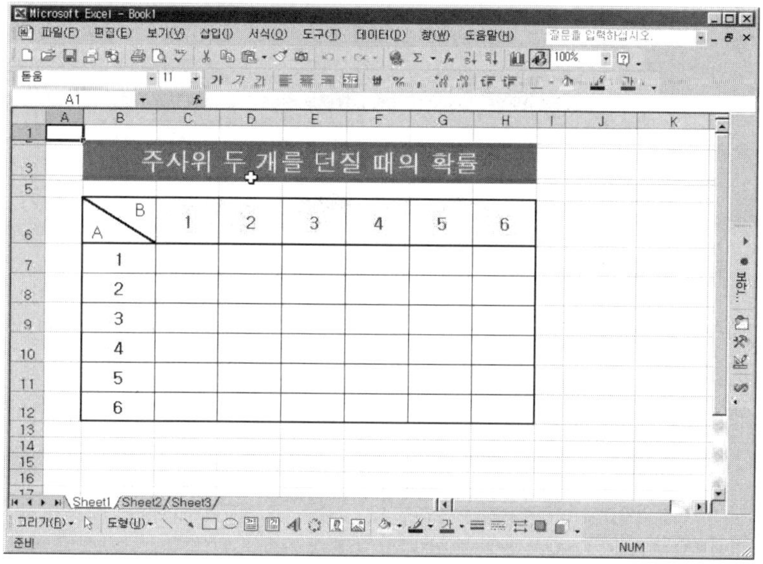

(3) 시트 탭에서 마우스 오른쪽 버튼을 누르고 나타나는 팝업 메뉴에서 [삽입]을 선택한다.

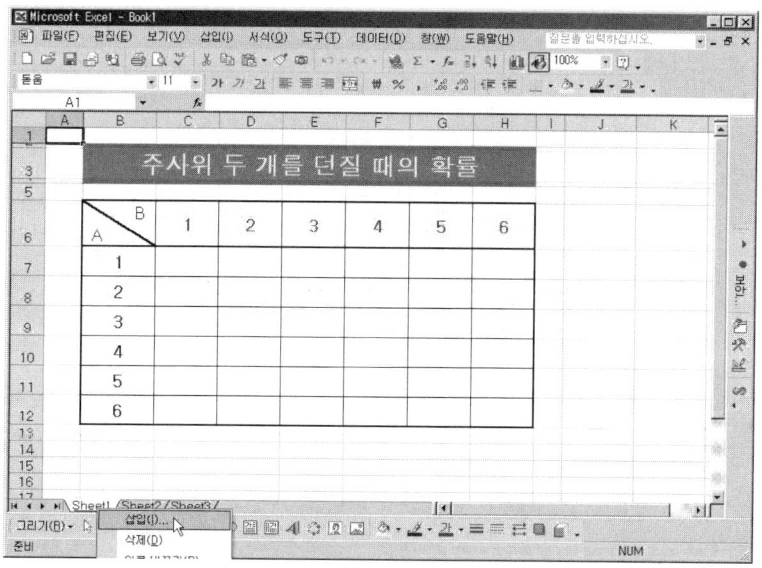

(4) 삽입 대화 상자의 [일반] 탭에서 그림과 같이 [MS Excel5.0 Dialog]를 선택한다. 이 시트는 양식 도구모음의 도구를 이용하여 여러 가지 개체를 묶어서 관리하고 대화 상자를 통하여 제어할 수 있다.

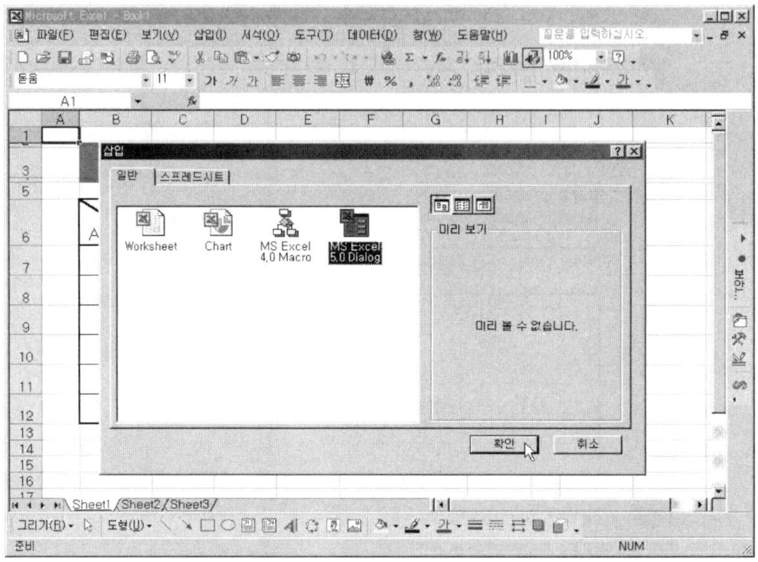

(5) 양식 도구모음의 옵션단추를 클릭하고 대화 상자 위에서 마우스를 드래그하여 적당한 크기로 설정하고 [Option Button 4] 부분을 편집하여 [눈의 합이 4 또는 8이 될 확률]을 입력한다.

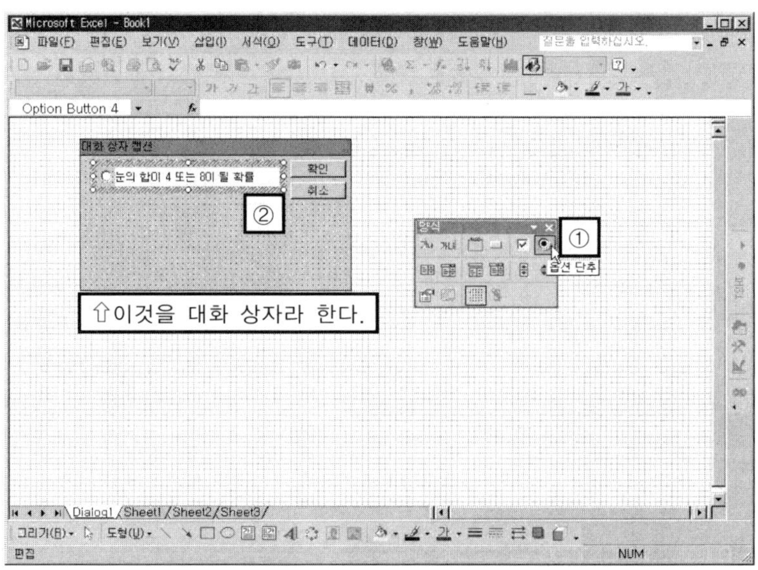

(6) 이름상자를 마우스로 클릭하고 [opt1]을 입력한 후 Enter↵를 친다. 이것은 매크로에서 선택된 옵션단추를 찾아내는 index로 사용하기 위하여 필요한 작업이다.

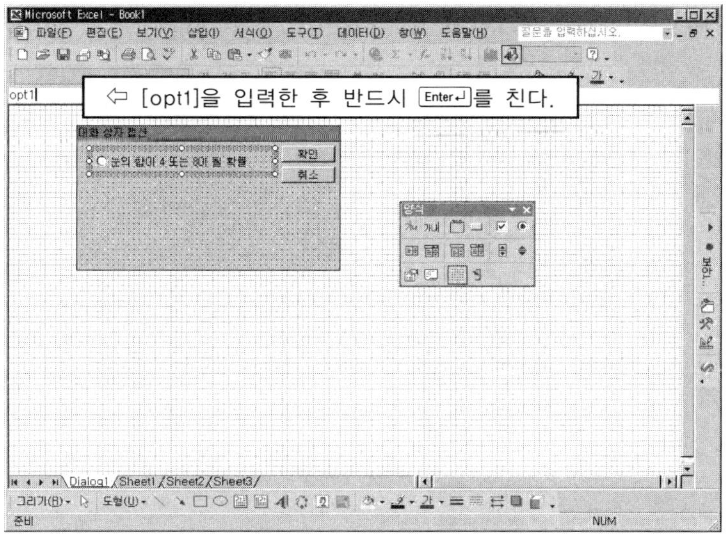

(7) 옵션단추 [opt1]을 선택한 후 Ctrl을 누른 상태에서 옵션단추가 6개가 되도록 복사하는 작업을 반복한다. 6개의 옵션단추를 모두 선택하고 그리기 도구모음의 [그리기]-[맞춤/배분]-[세로 간격을 동일하게]를 차례로 선택하여 선택된 옵션단추들의 간격을 일정하게 한다.

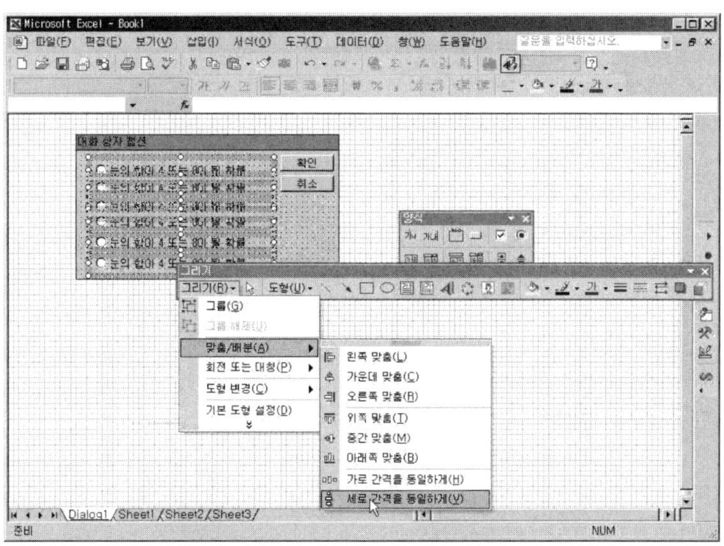

(8) 대화 상자의 크기를 위에서 입력한 옵션단추들 아래에 [확인], [취소] 버튼이 들어갈 정도로 조정하고 [확인]을 [확률 구하기], [취소]를 [종료]로 캡션을 변경시킨다. 버튼의 크기도 아래의 화면과 같이 적당한 크기로 변경한다.

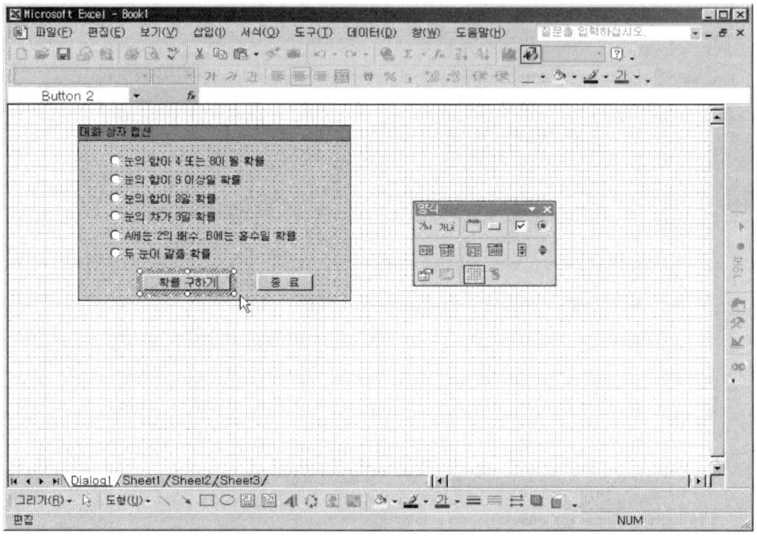

(9) 대화 상자의 캡션을 선택하여 [두 개의 주사위를 던질 때 다음의 확률을 구하여 보자]로 입력한다. 위에서 복사해 넣은 옵션단추들의 이름을 각각 opt2, opt3, opt4, opt5, opt6로 설정한다. 반드시 Enter↵ 키를 치는 것을 잊지 말자.

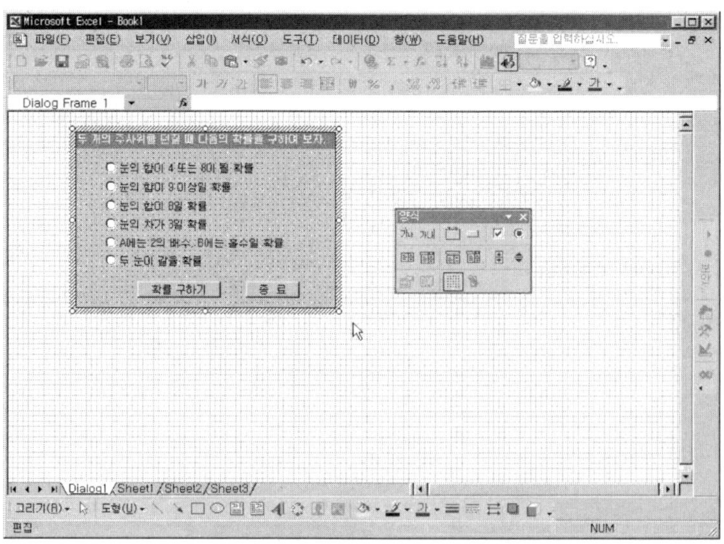

(10) 대화 상자 위에서 마우스 오른쪽 버튼을 누르고 나타나는 팝업메뉴에서 [대화 상자 실행]을 선택하면 지금까지 작성한 대화상자 그대로 나타나는 것을 확인할 수 있다. 대화상자 위에 버튼 때문에 글자가 다 나오지 않는데 적당히 키우자.

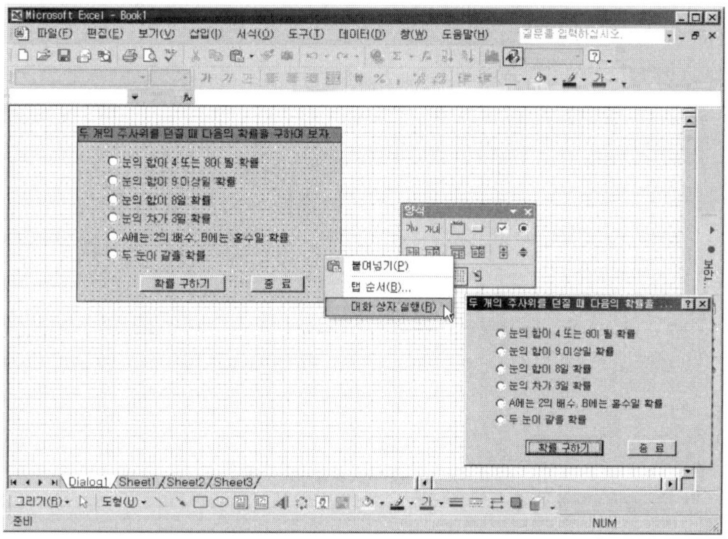

(11) 다시 워크시트로 돌아와서 양식 도구모음이 나타나게 한다. 양식 도구모음의 버튼을 클릭하고 셀 [J6]에 맞게 마우스로 드래그하면 매크로 지정 대화상자가 나오는데, 매크로 이름을 [Start]로 입력하고 [새로만들기]를 누른다.

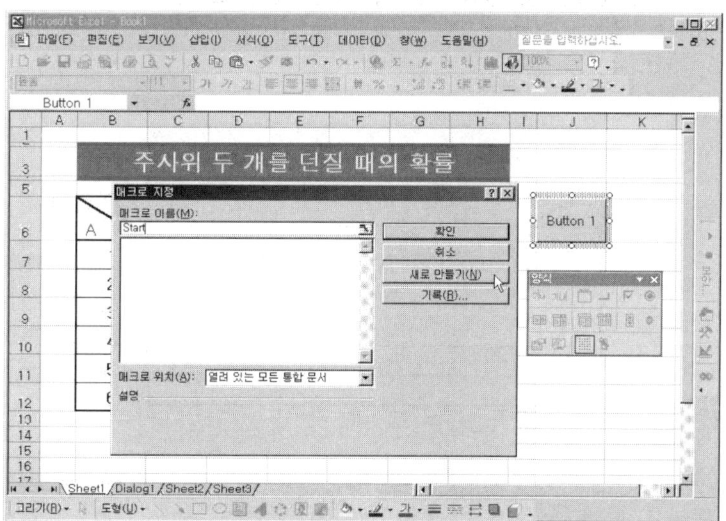

(12) 매크로 편집 창이 나오면서 [Sub Start~End Sub]만 나오는데 아래 부분과 같이 나머지 코드를 입력한다. 코드의 내용은 Dialog Sheet의 [종료] 버튼을 누를 때까지 확률을 구하는 과정을 되풀이하는 것이다.

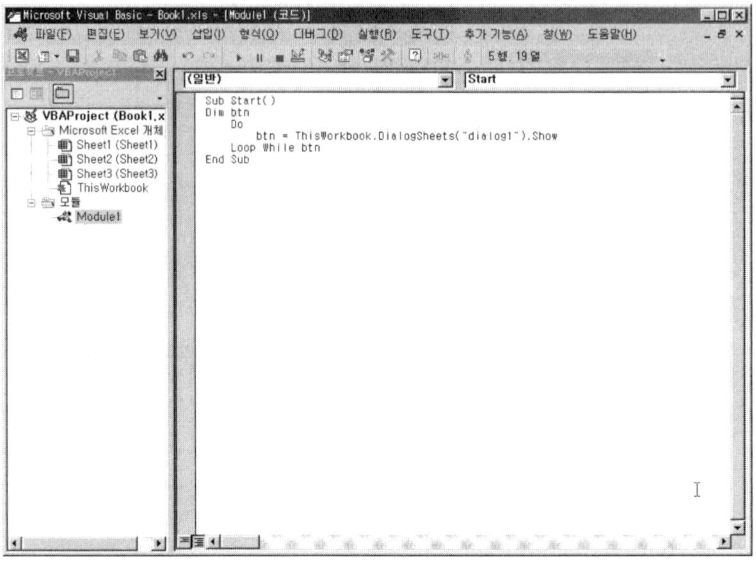

(13) 다시 워크시트로 돌아와서 버튼의 캡션을 [실행]이라 고치고 글꼴 크기를 [14], 글꼴 색을 [파랑], 글꼴 [굵게]를 선택하여 [실행] 버튼의 작성과 버튼을 프로시저에 연결하는 작업을 완료한다.

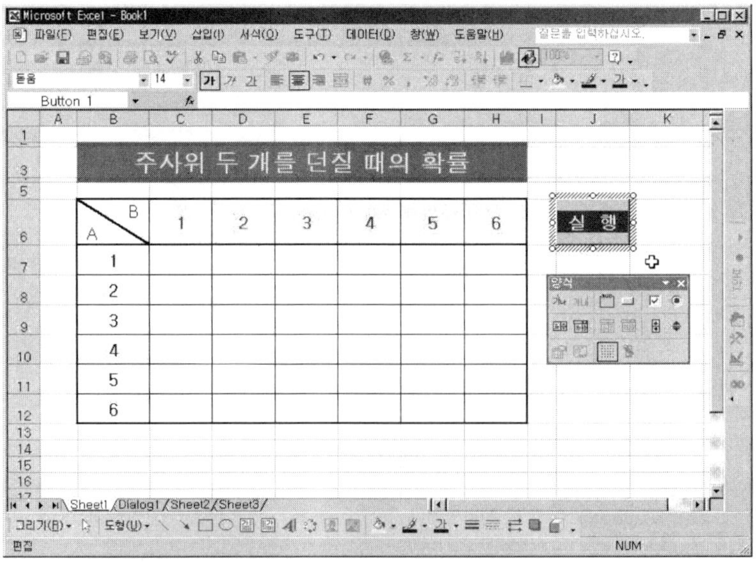

(14) 같은 방법으로 [지우기] 버튼을 아래와 같이 [Clear_Screen] 프로시저에 연결하기 위하여 [새로 만들기]를 클릭하고 [Sub Cleare_Screen() ~ End Sub]의 [~] 부분을 아래와 같이 입력한다. 버튼의 캡션을 [실행]과 같이 [지우기]로 설정한다.

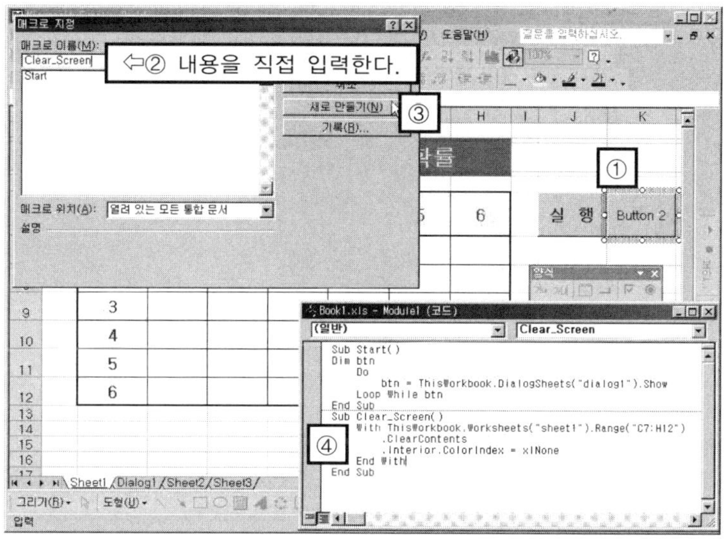

(15) 이제 Dialog Sheet로 돌아와서 [확률 구하기] 버튼에서 마우스 오른쪽 버튼을 누르고, 팝업 메뉴에서 [매크로 지정]을 선택하고, 매크로 이름에 [Find_Probability]를 입력한 후 [새로 만들기] 버튼을 누른다.

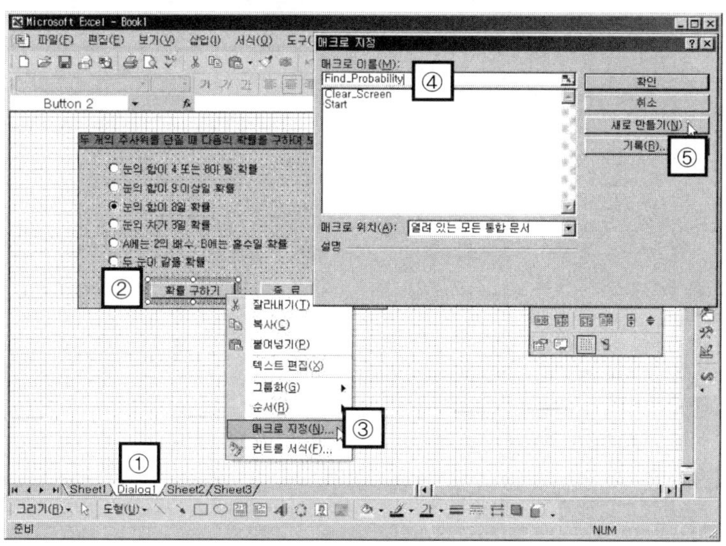

(16) 코드 편집창이 열리면서 [Sub Find_Probability() ~ End Sub]가 나타나는데 여기서 선택된 옵션 단추의 index에 따른 경우의 수를 구하여 확률로 나타내는 과정을 여기에 적는다. 이 부분은 별도의 코드로 설명한다.

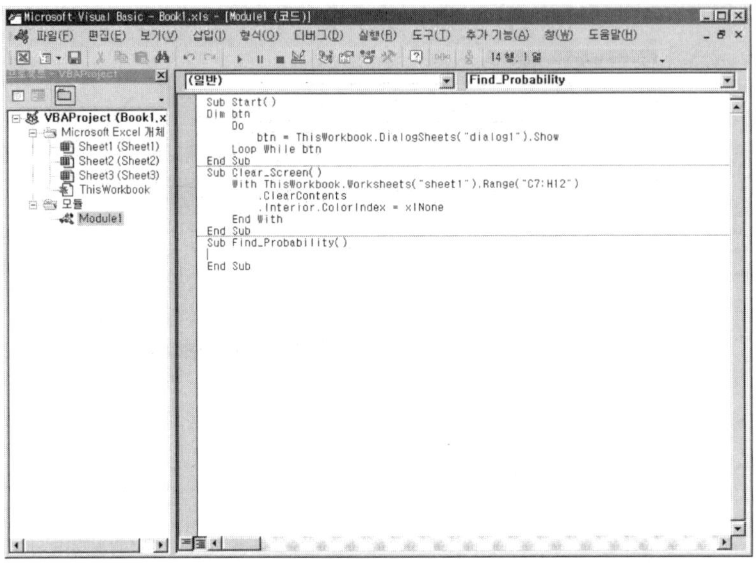

(17) Dialog1 Sheet의 [종료] 버튼은 프로시저 [Sub Jop_Done() ~ End Sub]로 연결시키고, [~] 부분에는 [Clear_Screen과 End]만 입력한다. [종료] 버튼을 누르면 워크시트에서 내용을 지우고 대화 상자가 없어진다.

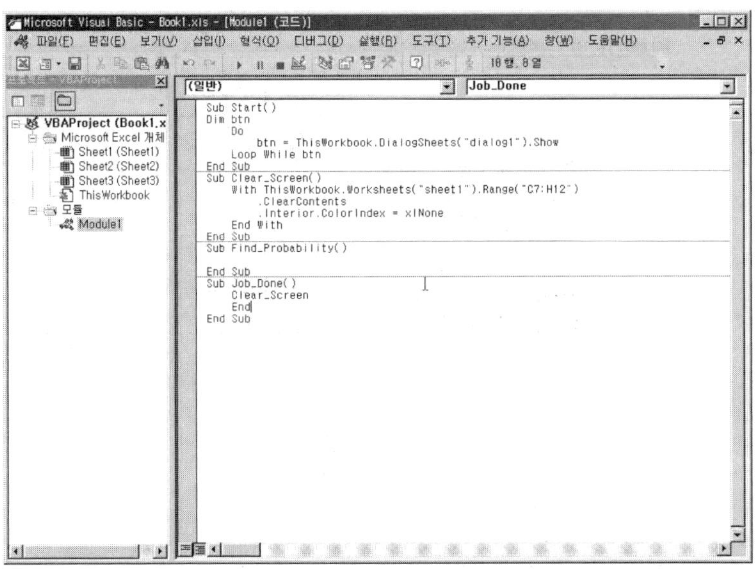

(18) 이제 남은 부분은 Find_Probability() 프로시저의 코드를 작성하는 과정이 남아있다. 아래 코드 1:~6:은 이 프로시저의 이름과 사용될 변수를 선언한 것이다.

```
1: Sub Find_Probability()
2: Dim intX As Integer, intY As Integer, optIndex As Integer
3: Dim intBunja As Integer, intBunmo As Integer, OK_Count As Integer
4: Dim strDabIn As String
5: Dim optCondition As Boolean
6: Dim rngMy As Range, dlgMy As DialogSheet
```

| 코드 설명 |

3:	intBunja, intBunmo는 InputBox로 입력받은 사용자의 답을 문자열 "A/B"의 형태에서 intBunja=A, intBunmo=B로 저장하여 계산하기 위하여 선언된 변수이고, optIndex는 Dialog Sheet에서 작성한 6개의 옵션단추 중에서 마우스로 클릭하여 선택된 것의 index를 기억하는 변수이다.
4:	사용자로부터 답을 입력받아 저장하는 변수이다.
5:	위에서 제작한 옵션단추의 내용을 만족하는지 검사하여 참, 거짓으로 기억한다.

(19) 아래 코드 7:~12:는 옵션단추의 내용에 따른 확률을 구하기 위한 준비작업이라고 할 수 있다. 화면을 지우고 옵션단추 중 선택된 것의 번호를 기억한다.

```
7:    Clear_Screen
8:    Set rngMy = ThisWorkbook.Worksheets("sheet1").Range("B6")
9:    Set dlgMy = ThisWorkbook.DialogSheets("dialog1")
10:   For intX = 1 To 6
11:       If dlgMy.OptionButtons(intX) = xlOn Then optIndex = intX
12:   Next intX
```

| 코드 설명 |

7:	셀 영역 [C7:H12]의 내용을 지우고 셀 채우기를 해제한다. DialogSheet의 [확률 구하기] 버튼을 눌렀을 때 이전에 실행하여 남아있던 내용을 모두 지워서 깨끗한 화면에서 시작하도록 하는 것이다.
10:~12:	옵션단추 6개 중에서 선택된 것의 번호를 optIndex에 저장한다.

(20) 아래 코드 13:~43:은 [확률 구하기] 버튼을 누르기 전에 선택된 옵션단추의 내용에 따라서 셀 [C7:H12]에 두 주사위 A, B에 대하여 [(A의 눈, B의 눈)], [A의 눈+B의 눈], [절대값(A의 눈−B의 눈)]의 세 가지 형태로 나타낸다. 또 그에 따른 조건을 검사하여 조건에 맞는 셀의 개수를 헤아리는 과정을 나타내고 있는데 옵션단추 번호에 따라서 처리할 때, [Select Case ~ End Select]문을 사용하였다.

```
13:  For intX = 1 To 6
14:      For intY = 1 To 6
15:          Select Case optIndex
16:              Case 1, 2, 3
17:                  rngMy.Offset(intX, intY) = intX + intY
18:              Case 4
19:                  rngMy.Offset(intX, intY) = Abs(intX - intY)
20:              Case 5, 6
21:                  rngMy.Offset(intX, intY) = "(" & intX & ", " & intY & ")"
22:          End Select
23:          optCondition = False
24:          Select Case optIndex
25:              Case 1
26:                  optCondition = intX + intY = 4 Or intX + intY = 8
27:              Case 2
28:                  optCondition = intX + intY >= 9
29:              Case 3
30:                  optCondition = intX + intY = 8
31:              Case 4
```

```
32:                 optCondition = Abs(intX - intY) = 3
33:             Case 5
34:                 optCondition = intX Mod 2 = 0 And intY Mod 2 = 1
35:             Case 6
36:                 optCondition = (intX = intY)
37:         End Select
38:         If optCondition Then
39:             rngMy.Offset(intX, intY).Interior.ColorIndex = 45
40:             OK_Count = OK_Count + 1
41:         End If
42:     Next intY
43: Next intX
```

| 코드 설명 |

17:	1, 2, 3 번째 옵션단추가 선택되었을 때는 문제의 내용이 모두 두 주사위 A, B의 눈의 합을 구하는 문제이므로 셀에 두 눈의 합을 구하여 셀 [C7:H12]에 쓴다. 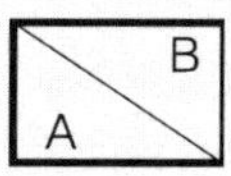 와 같이 나타난 셀 [B5]를 기준으로 하여 (intX, intY)위치에 나타낸다.
19:	네 번째 옵션단추가 선택되었을 때는 두 주사위 A, B의 눈의 차를 구하는 것이므로 A-B의 절대값을 셀 [C7:H12]에 쓴다.
21:	5, 6 번째 옵션단추가 선택되었을 때는 두 주사위 A, B의 눈을 따로 관찰하여야 하므로 [(A 주사위의 눈, B 주사위의 눈)]의 형태로 셀 [C7:H12]에 쓴다.
23:	optCondition의 값을 초기화함.
24:~37:	문제의 내용에 따라 기준셀 [B5]에서 (intX, intY)의 위치에 있는 셀이 옵션단추의 내용을 만족하는지 검사하여 결과를 참, 거짓으로 기억함
38:~41:	조건에 맞는 셀에 대하여 채우기 색 45로 설정하고, 조건에 맞는 셀의 카운터를 1만큼 증가시킨다.

(21) 아래 코드 44:~58:은 선택한 옵션단추의 내용에 맞게 워크시트에 나타나 있는 결과를 보고 확률을 구하여 그 답을 대화상자에 입력하면 그 결과를 화면에 출력하고 대화상자에 입력하지 않으면 그냥 결과만 나타내는 과정에 대한 것이다.

```
44::     Do
45:   strDabIn = InputBox("5/36과 같이 입력하세요.", dlgMy.OptionButtons
                (optIndex).Text & "은 얼마일까요?", , 5000, 1000)
46:        If strDabIn = "" Then Exit Do
47:        On Error GoTo MM
48:       intBunja = Val(Mid(strDabIn, 1, Application.Find("/", strDabIn)
                 - 1))
49:      intBunmo = Val(Mid(strDabIn, Application.Find("/", strDabIn) +
                 1, Len(strDabIn)))
50:        optCondition =  intBunja / intBunmo = OK_Count / 36
51:        If optCondition Then
52:            MsgBox "맞았습니다!!!", vbOKOnly, "정답입니다"
53:        Else
54:            MsgBox "그럴까요?" & vbCrLf & "다시 한 번 생각해 보세요",
                  vbOKOnly, "오답입니다"
55:        End If
56:    Loop Until optCondition
57: MM:
58: End Sub
```

| 코드 설명 |

옵션단추에 있는 내용에 대한 확률을 구하여 아래 그림의 대화상자에 입력하라는 메시지를 보여주는 것이다.

45:

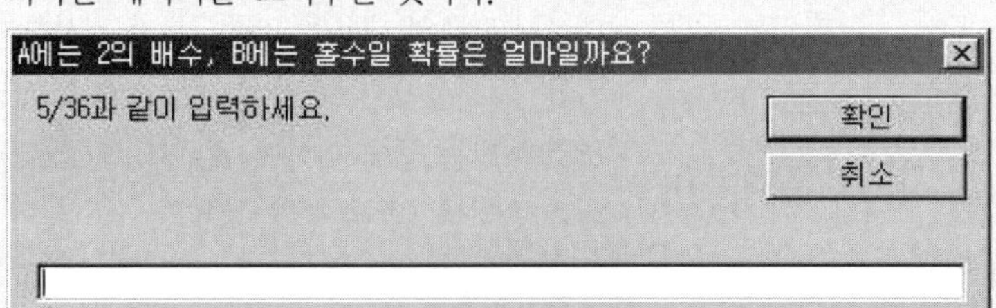

46:	위의 대화상자를 통하여 입력된 내용이 아무것도 없으면 즉 텍스트박스에 입력된 내용이 없거나 [취소] 버튼을 눌렀거나, Esc 키를 누른 경우에는 Do~Loop 문을 벗어나게 하는 명령이다.
47:	만약 대화상자에 입력된 내용이 분수의 꼴이 아닌 경우 intBunja를 intBunmo로 나누어야 하는데 에러가 발생할 수 있다. 이런 경우 에러메시지를 남기지 않고 그대로 처음으로 돌아가도록 하기 위한 조치이다.
48:~49:	intBunja는 대화상자를 통하여 입력된 분수의 "/" 앞부분을 숫자로 바꾸어서 저장하고, intBunmo는 "/" 의 뒷부분을 숫자로 바꾸어 저장한다.
50::	옵션단추에 있는 내용에 대한 확률의 정답과 사용자가 입력한 답이 일치하는지 검사하여 optCondition에 저장한다. 산술연산자가 논리연산자보다도 계산 순서에서 우선 순위에 있으므로 참, 거짓을 판단하는 식은 이와 같은 방법으로 표현한다. OK_Count는 위에서 조건에 맞는 셀을 헤아린 값이므로 정답이고, intBunja/intBunmo는 사용자가 입력한 내용이다.
51:~55:	정답, 오답이 입력된 경우에 대한 안내 메시지이다.
57:	47:에서 설정한 에러가 발생시 넘어오는 곳이다.

(22) 다시 워크시트로 돌아와서 메뉴의 [도구]−[옵션]을 차례로 클릭하고 옵션 대화상자에서 [화면 표시] 탭의 눈금선의 체크 상태를 해제하여, 아래의 그림과 같이 확률을 구하여 표현할 부분이 잘 보이게 하자.

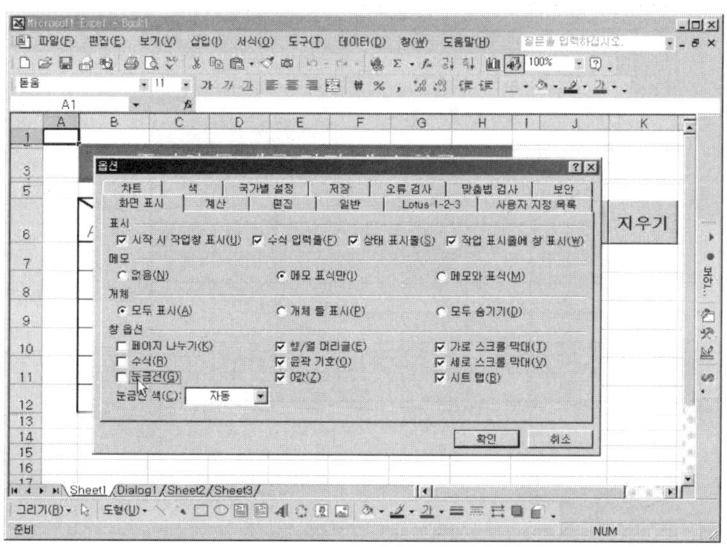

(23) 이제 DialogSheet의 [확률 구하기] 버튼에 대한 프로시저의 작성이 끝나 주사위 두 개를 동시에 던질 때 일어날 수 있는 여러 가지 경우에 대한 확률을 구하는 프로그램이 다 만들어졌다. 그림의 [실행] 버튼을 눌러 보자.

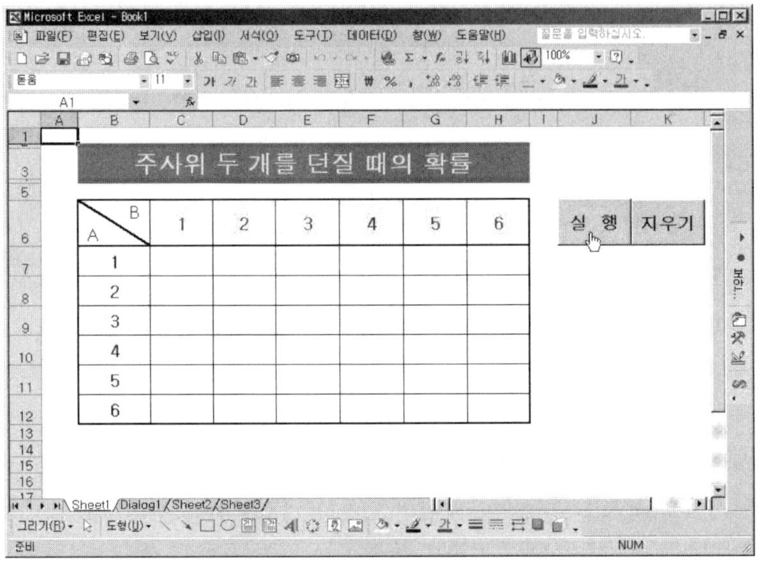

(24) DialogSheet의 대화상자가 나타날 것이다. 화면과 같이 적당한 위치로 옮겨서 결과를 나타낼 셀 [C7:H12] 부분이 잘 보이도록 한다. 알아보고자 하는 문제를 선택하고 [확률 구하기] 버튼을 클릭한다.

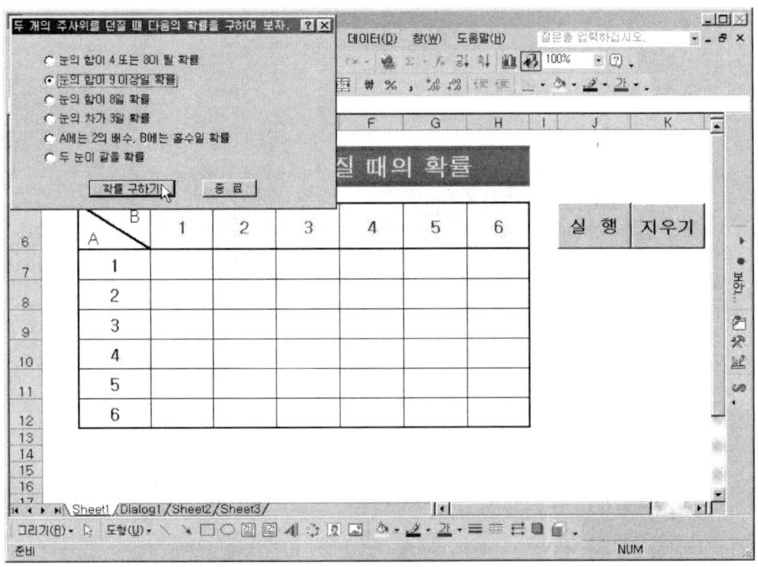

(25) 선택한 문제가 [눈의 합이 9 이상일 확률]일 때 셀 [C7:H12]에는 눈의 합을 구하여 나타내고 눈의 합이 9이상인 셀에는 채우기를 실행하여 눈에 잘 띄게 하였다. 이 셀들의 개수를 헤아려 구한 답을 대화상자에 [10/36]으로 입력한다.

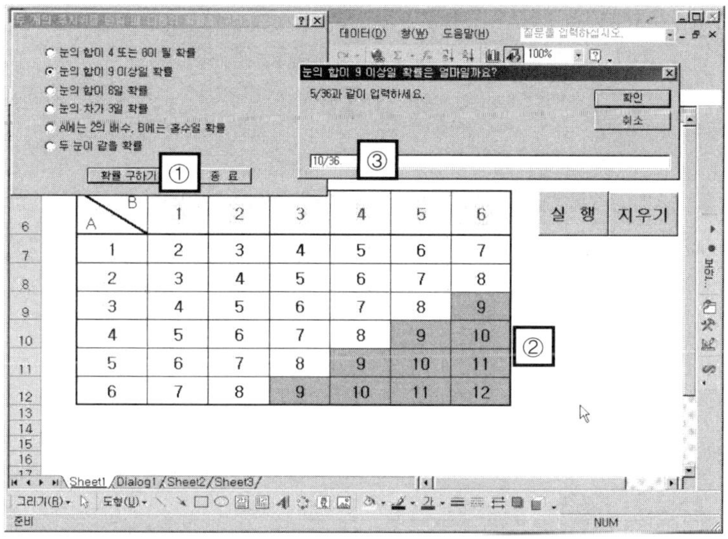

(26) 정답을 입력한 경우에 대한 메시지가 나타난다. 아래에는 오답을 입력하였을 때에 대한 메시지이다. 만약 (25)의 ③에 답을 입력하지 않거나, [취소] 버튼을 누르거나, Esc 키를 누르면 이런 메시지가 나오지 않고 대화상자만 나타난다.

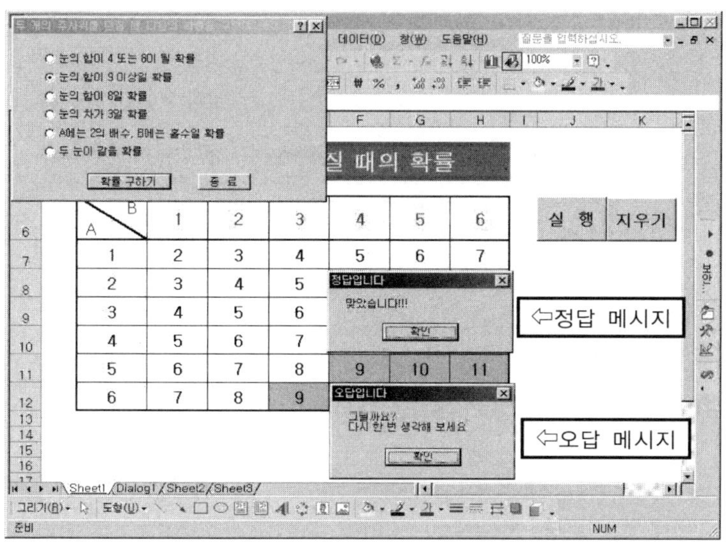

(27) 대화상자에서 [A에는 2의 배수, B에는 홀수일 확률]을 선택하고 [확률 구하기] 버튼을 누르면 셀 [C7:H12]에는 (A 주사위의 눈, B 주사위의 눈)의 꼴로 나타나고 문제의 조건을 만족하는 셀은 채우기를 설정하여 조건에 맞는 셀을 찾기 쉽다.

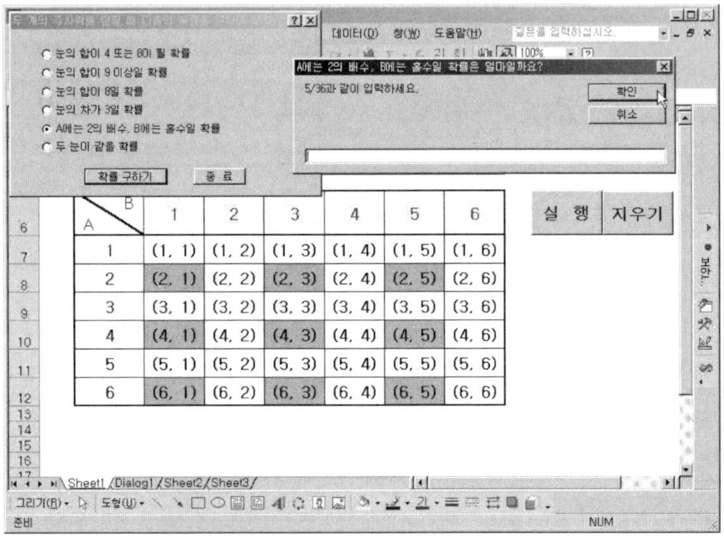

(28) 제대로 작동이 되는 것을 확인하였으므로 메뉴의 [파일]−[다른 이름으로 저장]을 선택하여 나온 대화상자에서 적당한 경로를 찾아서 [주사위와 확률]을 입력하고 [저장] 버튼을 눌러 저장한다.

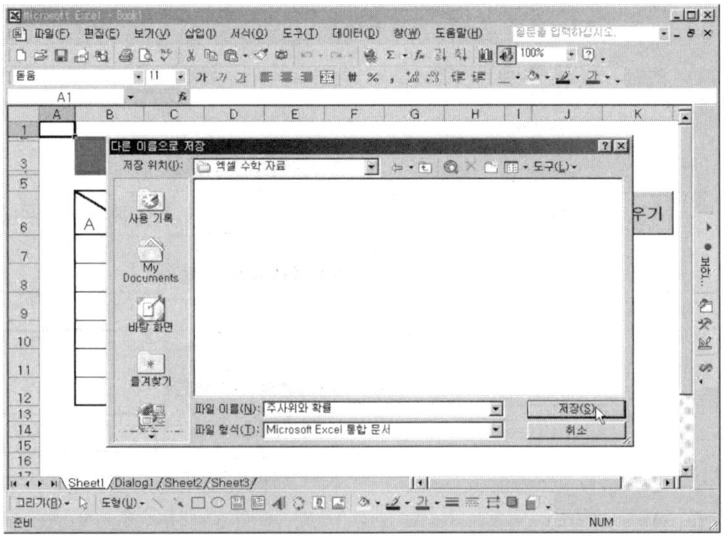

11. 주사위 한 개를 여러 번 던질 때 1의 눈이 나온 횟수에 대한 상대도수와 확률

중학교 8－나 단계(2학년)에서 주사위를 던지는 실험을 통하여 확률의 뜻을 설명한다. 주사위를 던진 총 횟수에 대하여 1의 눈이 나온 횟수의 상대도수를 구할 때, 던지는 횟수를 늘이면 상대도수가 $\frac{1}{6}$에 가까워짐을 보이고 이 때, $\frac{1}{6}$을 주사위를 한 번 던질 때 1의 눈이 나올 확률이라고 설명한다.

엑셀의 RAND 함수, 그래프 기능, Visual Basic for Application을 활용하여 주사위를 던지는 모의실험을 하고 그 결과를 상대도수와 그래프로 나타내어 확률의 뜻을 설명하는 데 활용할 엑셀 프로그램을 제작해 보자.

예제 아래의 그림과 같이 한 개의 주사위를 계속하여 10만 번 던지는 모의실험을 통하여 주사위의 1의 눈이 나올 상대도수를 구하고, 그 상대도수를 그래프로 나타내어 확률의 뜻을 설명할 수 있는 엑셀 프로그램을 제작하여 보자.

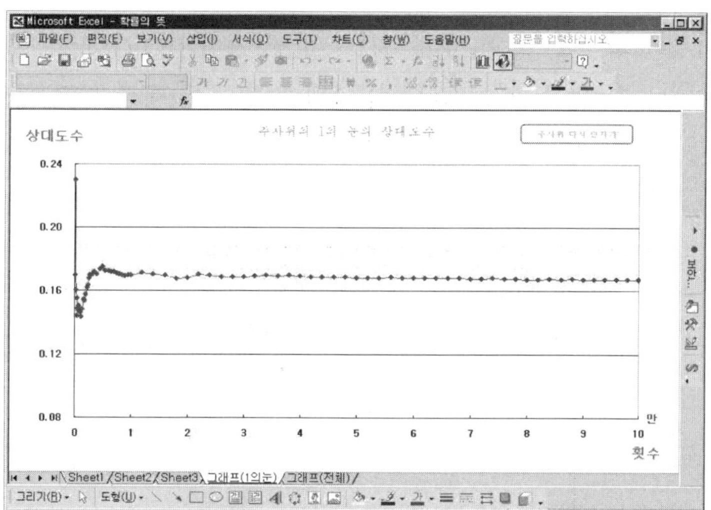

풀이 (1) 문제에서 제기된 주사위의 눈은 1에서 6까지의 난수를 발생시켜서 주사위를 던지는 과정을 내신할 수 있다. 그림에서 알 수 있듯이 횟수가 적을 때는 상대도수의 변화가 심하지만 횟수가 늘어나면서 변화하는 폭이 작아짐을 확인할 수 있는데 이를 이용하여 확률의 뜻을 설명할 수 있다.

(2) 워크시트를 아래의 그림과 같이 준비한다. 횟수는 0~1000까지는 100씩, 1000~3000까지는 200씩, 3000~10000까지는 500씩, 10000~100000까지는 2000씩 증가시켜서 셀 [A3:A81]에 100~100000을 입력하고 나머지는 그림과 같이 설정한다.

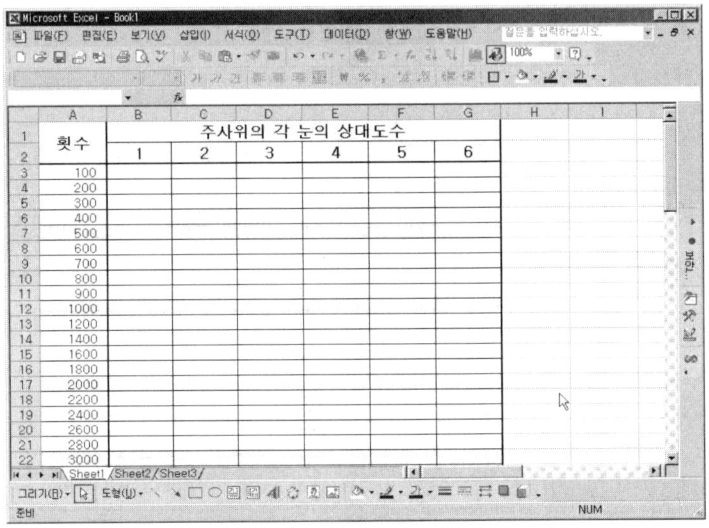

(3) 워크시트에 상대도수를 써 넣을 셀 영역 [B3:G81]를 지우는 프로시저를 만들기 위해 메뉴의 [도구]–[매크로]–[새 매크로 기록]을 차례로 선택한다. 이 매크로를 만드는 과정에서 생기는 코드를 이용하여 프로시저를 수정할 것이다.

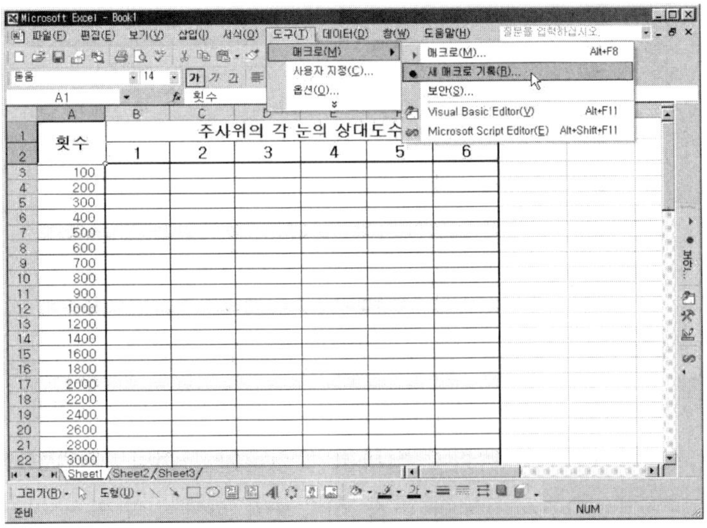

(4) 나중에 수정을 하여 활용할 것이므로 매크로 기록 대화상자에 [매크로 이름]을 [Clear_Screen]으로, [설명]에는 [셀 영역 [B3:G81]을 지우는 프로시저]로 입력한 후 [확인] 버튼을 누른다.

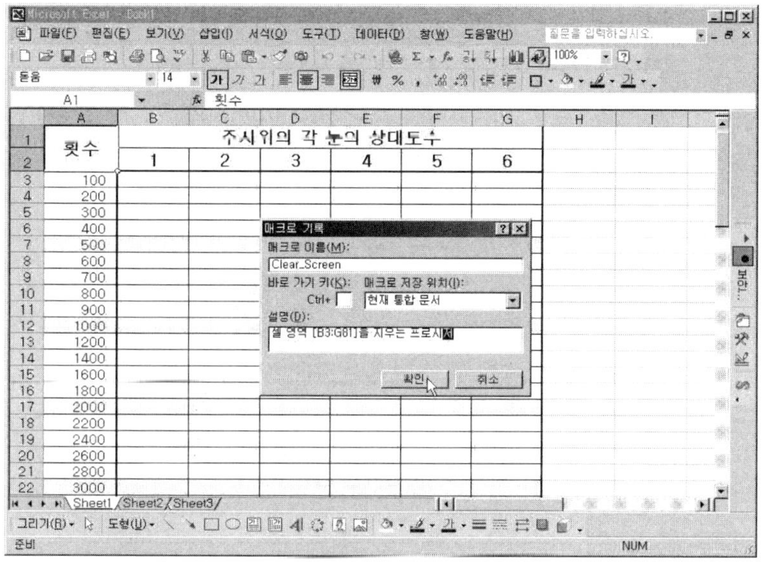

(5) 이제부터 작업하는 내용은 모두 매크로에 기록된다. 먼저 아래의 그림과 같이 셀 [B3:G81]을 마우스로 드래그하여 잡은 다음에 Delete(Delete) 키를 누른다. 화면에서는 아무런 변화가 없지만 내용을 지우는 명령이다.

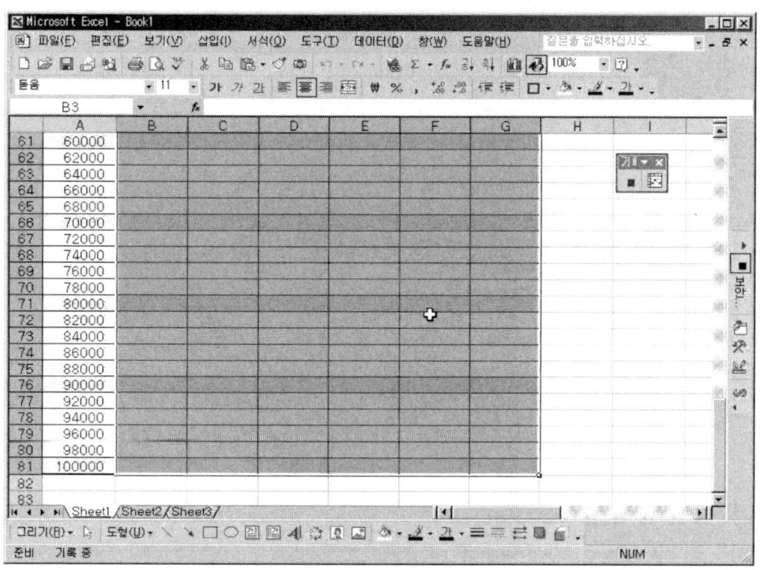

(6) 코드 작성 화면으로 들어가면 지금까지의 작업 과정이 그대로 나타나 있다. 여기서 불필요한 부분은 다 빼버리고 아래의 그림과 같이 사각형 안의 내용을 [ThisWorkbok.Worksheets("Sheet1").Range("B3:G81").ClearContents]으로 고친다.

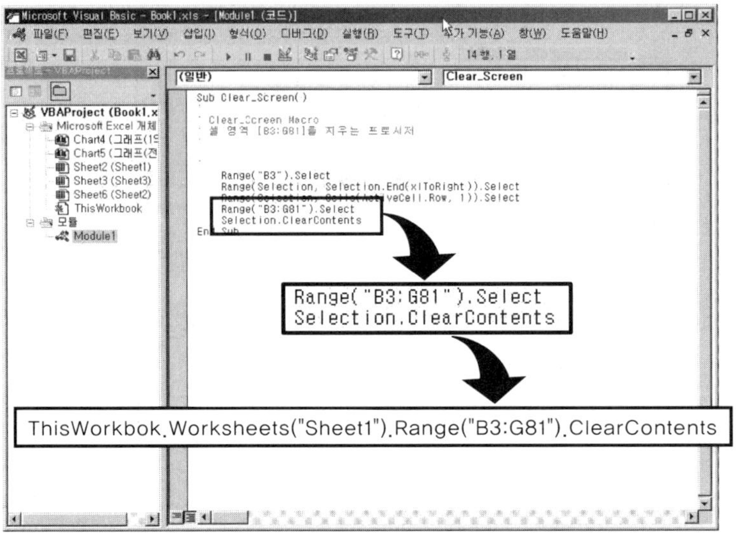

(7) [양식] 도구모음에서 버튼을 클릭하고 셀 [I3:I4]까지 드래그한 후 놓으면 매크로 지정 대화상자가 나오는데 [Clear_Screen]을 마우스로 클릭하고 [확인] 버튼을 누른다. 버튼의 이름은 [지우기]로 설정하고 글꼴을 알맞게 설정한다.

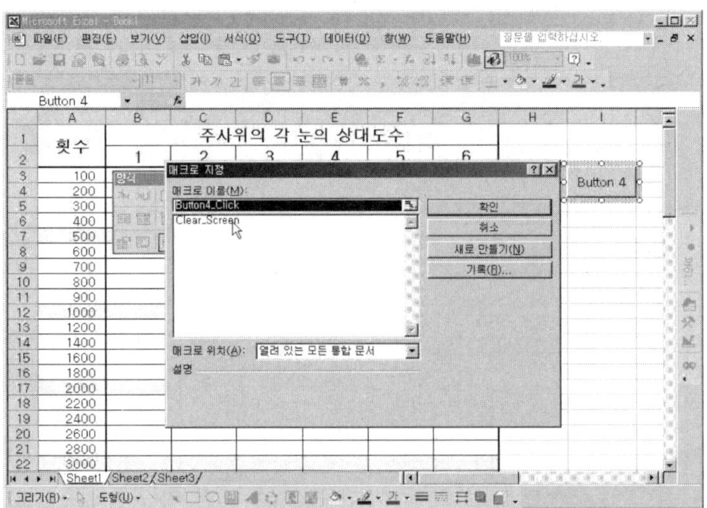

(8) 이제 주사위를 10만 번 던지는 모의실험을 하는 동안 각 눈이 나오는 횟수를 계산하고, 그에 대한 상대도수를 화면에 나타내기 위한 프로시저를 만들기 위해 양식 도구모음의 버튼을 클릭한 후 셀 [I5:I6]에 버튼을 그리고, 매크로 지정 대화상자에서 매크로 이름을 [Calculate_Count]를 입력하고 [새로 만들기] 버튼을 누른다.

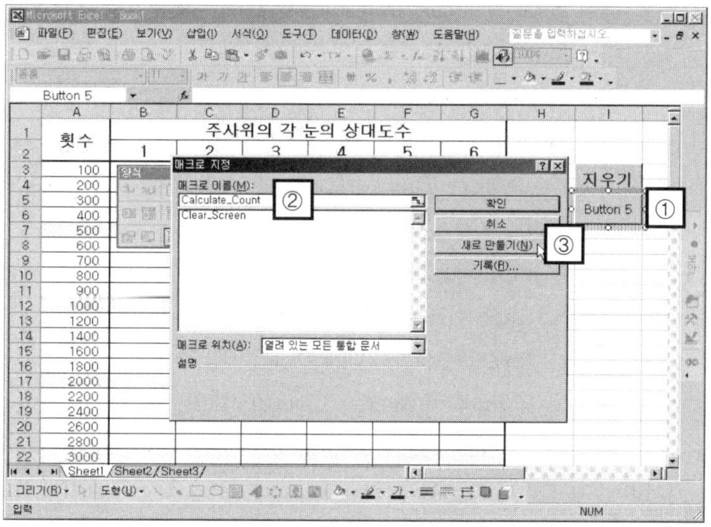

(9) 이제 아래의 Sub Calculate_Count()~End Sub 사이에 주사위를 10만 번 던지고 각 눈이 나온 횟수를 저장하고 상대도수를 구하여 나타내는 과정을 넣는다.

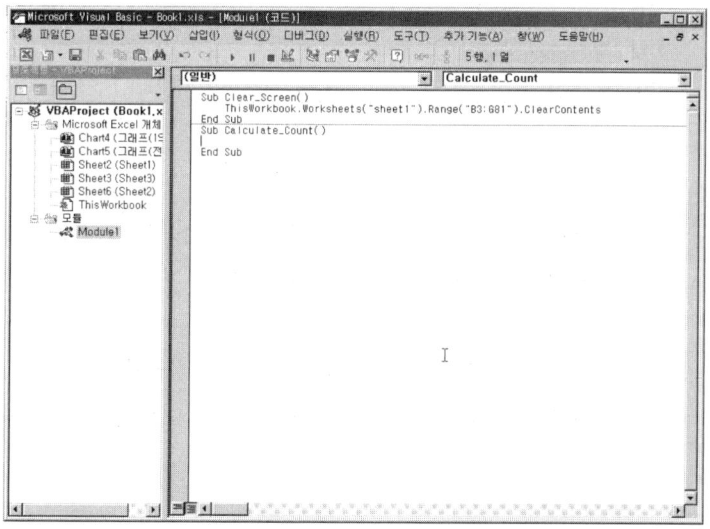

(10) 아래의 Calculate_Count 프로시저는 10만 번 동안 1 ~ 6의 난수를 발생시키고 각 눈이 나온 횟수를 누적시키는 과정을 수행한다. 특히 A 열의 횟수와 일치하는 경우에는 상대도수를 구하여 나타내는 과정을 수행한다.

```
1: Sub Calculate_Count()
2: Dim lngX As Long, lngLine As Long, intN As Integer
3: Dim lngDice(6) As Long
4: Dim rngMy As Range
5:     Randomize
6:     Set rngMy = ThisWorkbook.Worksheets("sheet1").Range("A3")
7:     lngLine = 0
8:     For lngX = 1 To 100000
9:          intN = Int(Rnd() * 6 + 1)
10:         lngDice(intN) = lngDice(intN) + 1
11:         If lngX = rngMy.Offset(lngLine, 0) Then
12:              rngMy.Offset(lngLine, 1) = lngDice(1) / lngX
13:              rngMy.Offset(lngLine, 2) = lngDice(2) / lngX
14:              rngMy.Offset(lngLine, 3) = lngDice(3) / lngX
15:              rngMy.Offset(lngLine, 4) = lngDice(4) / lngX
16:              rngMy.Offset(lngLine, 5) = lngDice(5) / lngX
17:              rngMy.Offset(lngLine, 6) = lngDice(6) / lngX
18:              lngLine = lngLine + 1
19:         End If
20:    Next lngX
21: End Sub
```

| 코드 설명 |

3:	lngDice는 Long형 배열 변수이다. lngDice(1), lngDice(2), · · · , lngDice(6)에는 각각 주사위의 1, 2, · · · , 6의 눈이 나온 횟수를 저장한다.
6:	작업의 기준 셀을 Sheet1의 [A3]로 설정한다.
9:	intN은 난수를 발생시켜 1~6의 정수를 만든 값을 저장하여 아래에서 첨자로 사용하여 처리한다.

10:	주사위의 눈 intN에 1을 누적시킨다. (intN=1, 2, 3, 4, 5, 6)
11:	작업 기준셀로부터 아래로 lngLine 번째 셀의 값과 lngX의 값이 같다면, 즉 A열의 값과 lngX의 값이 같으면
12:~17:	각 눈의 상대도수를 구하여 나타낸다.
18:	lngLine의 값에 1을 더하여 다음 행에 상대도수를 나타낼 준비를 한다.

(11) [실행] 버튼을 눌러 상대도수가 원하는 위치에 나타나는지 확인한다.

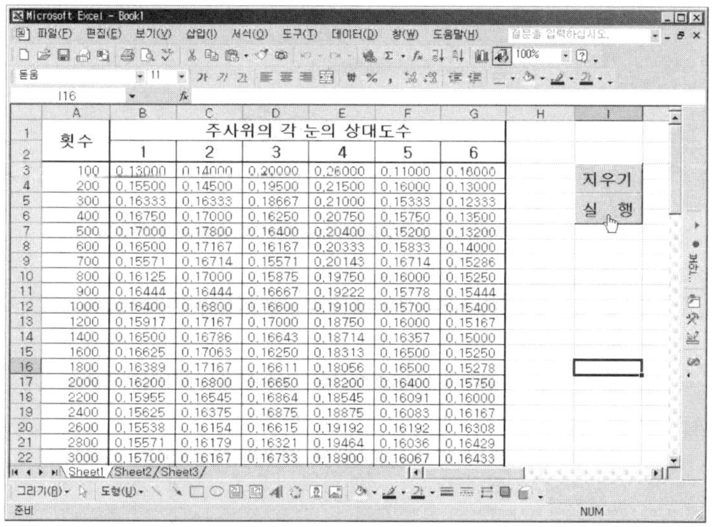

(12) 셀 [A3:B81] 을 선택하고 [차트 마법사] 도구를 클릭하여 그래프를 그린다.

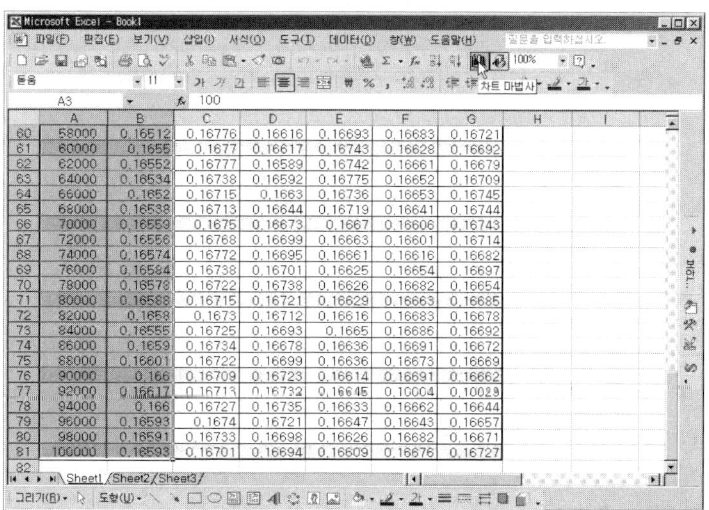

(13) 주사위를 10만 번 던질 때 1의 눈이 나올 경우에 대한 상대도수의 변화를 살펴보기 위해 차트 마법사 1단계에서는 차트 종류를 [분산형], 차트 하위 종류를 [꺾은선으로 연결한 분산형]을 선택하고 [다음] 버튼을 클릭한다.

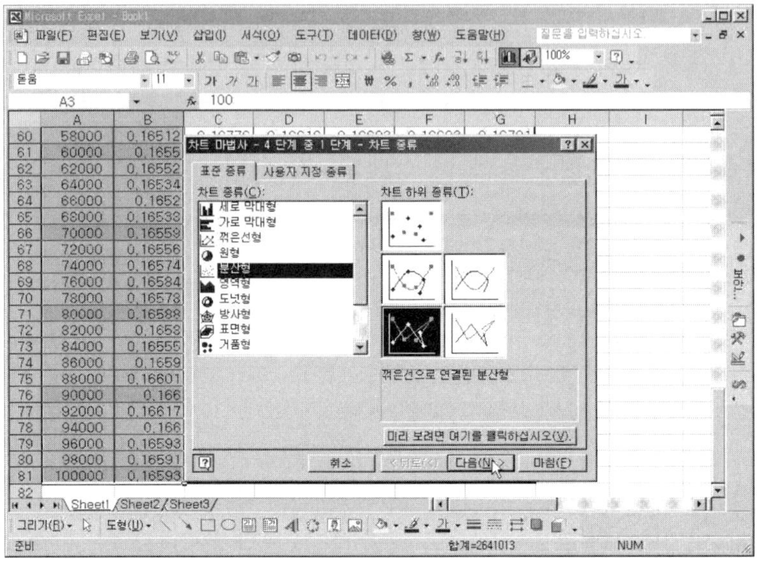

(14) 차트마법사 2단계에서는 주사위를 10만 번 던질 때 A 열에서 지정된 횟수마다 구한 상대도수의 변화에 대한 그래프가 나타나는데, 이 단계에서는 선택할 내용이 없으므로 [다음] 버튼을 클릭한다.

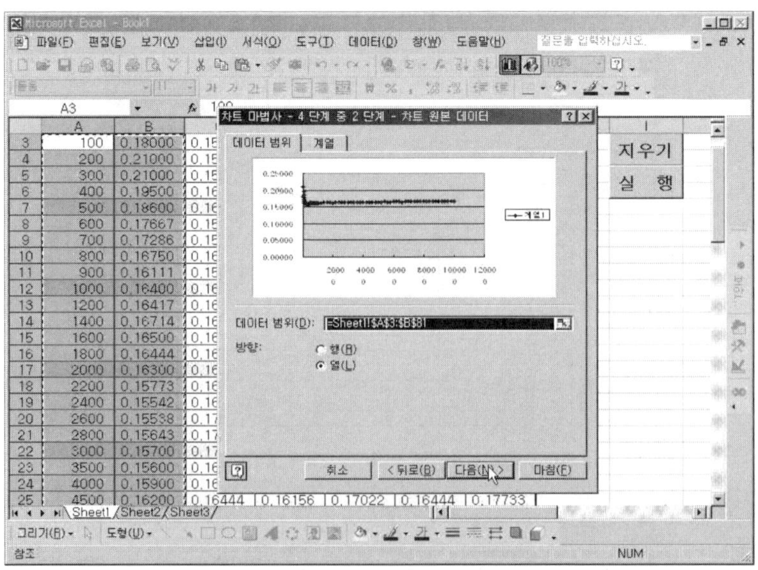

(15) 차트마법사 3단계에서는 제목 탭에서 차트 제목을 [주사위의 1의 눈의 상대도수], X(값) 축을 횟수, Y(값) 축은 상대도수를 선택하고 범례 탭의 [범례 표시]의 체크상자의 체크를 해제한다.

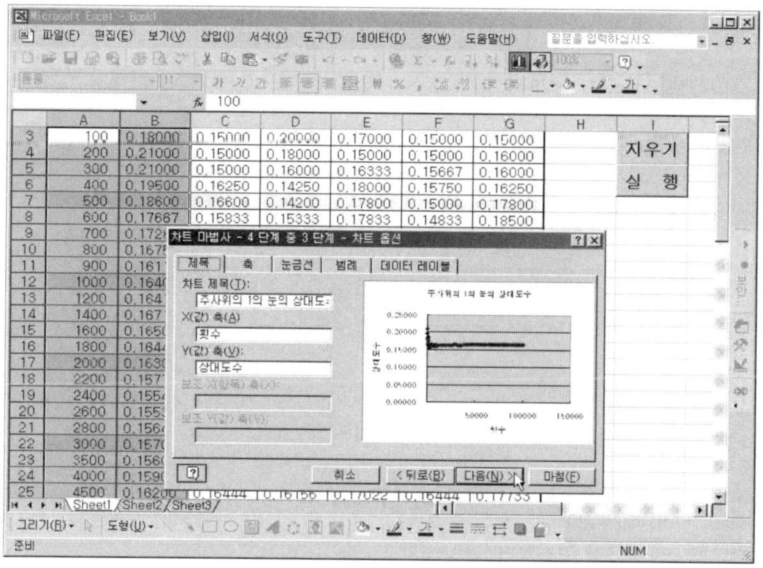

(16) 차트 마법사 4단계에서는 새로운 시트로에서 시트의 이름을 [그래프(1의 눈)로 설정하고 [마침] 버튼을 클릭한다.

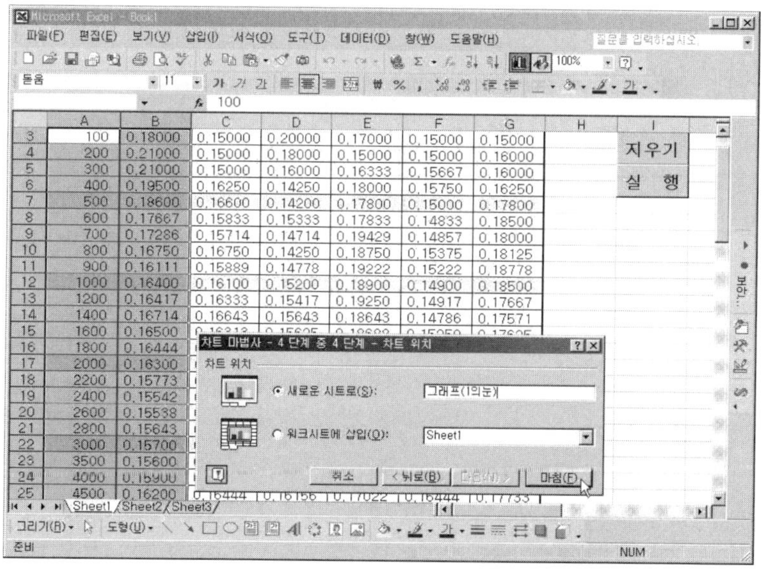

(17) 새로운 차트가 완성된 것을 확인할 수 있을 것이다. 아래 그림을 보면 횟수가 12만 번까지 나와 있고 그래프가 중간에 끊긴 것 같은 느낌을 줄 수 있기 때문에 축의 눈금을 10만까지 나타내는 등 서식을 변경시킨다.

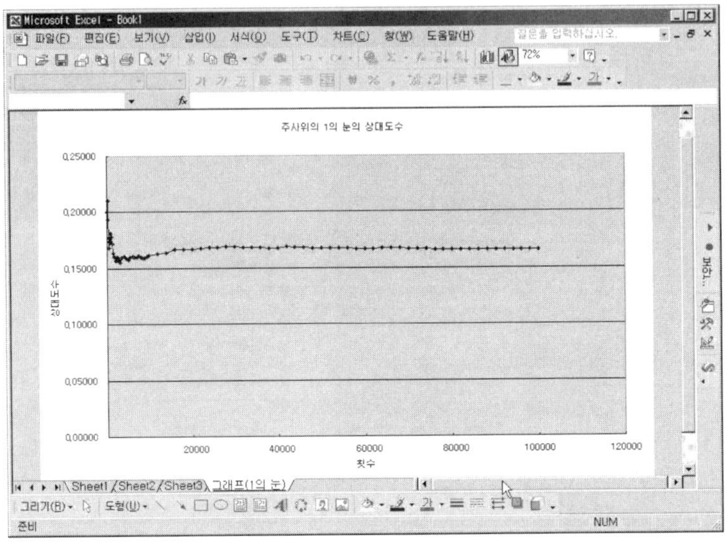

(18) 아래의 그림과 같이 각종 서식을 변경하여 설정하고, 글상자 도구를 클릭하고 텍스트를 [주사위 다시 던지기]로 입력하고 서식을 적당하게 설정한 후 마우스 오른쪽 버튼을 눌러 [매크로 지정]을 클릭하고 [Calculate_Count]에 연결시킨다.

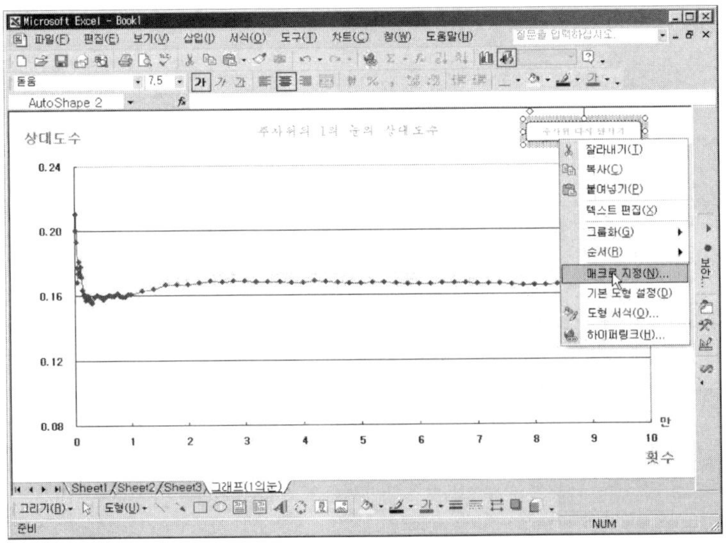

(19) [주사위 다시 던지기] 글상자를 클릭하면 주사위를 10만 번 던지는 과정이 반복되고 새로운 그래프가 나타나는데, 위의 그래프와 다른 그래프가 나타나는지 관찰한다.

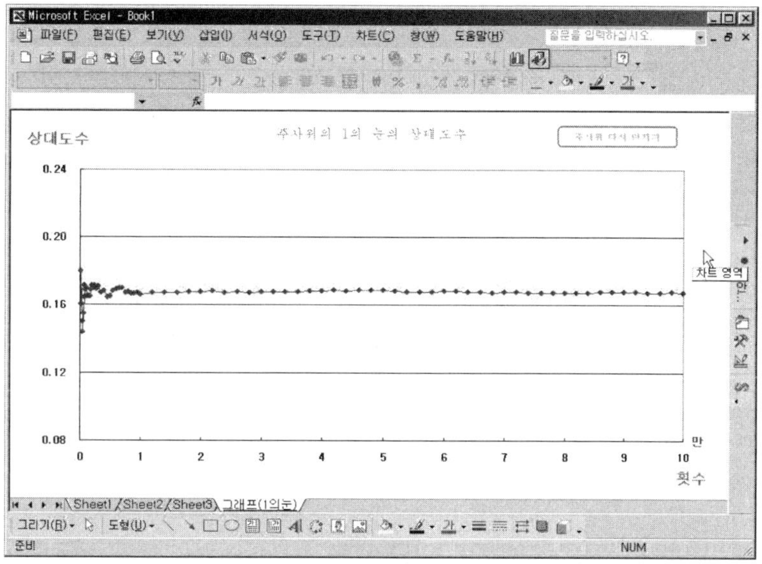

(20) 주사위를 10만 번 던질 때, 주사위의 각 눈이 어떻게 변하는지 관찰하기 위해 Ctrl 키를 누른 채 [그래프(1의눈)]을 오른쪽으로 당겨서 차트 시트를 하나 더 복사하고 이름을 [그래프(전체)]로 바꾼다.

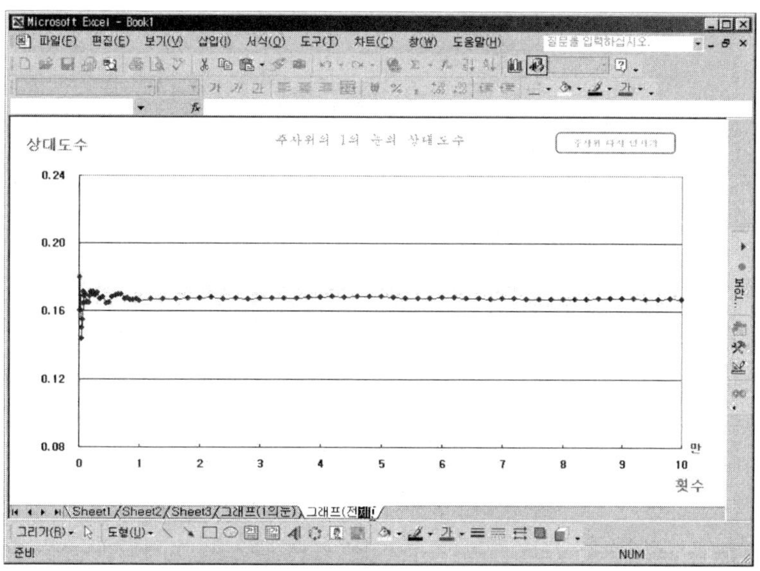

(21) 주사위의 1의 눈에 대한 상대도수만 나타나 있는 그래프를 모든 눈의 경우에 대하여 관찰할 수 있도록 하기 위하여 복사한 차트의 [그림 영역]이나 [차트 영역]에서 마우스 오른쪽 버튼을 눌러 나타나는 팝업메뉴에서 [원본 데이터]를 선택한다.

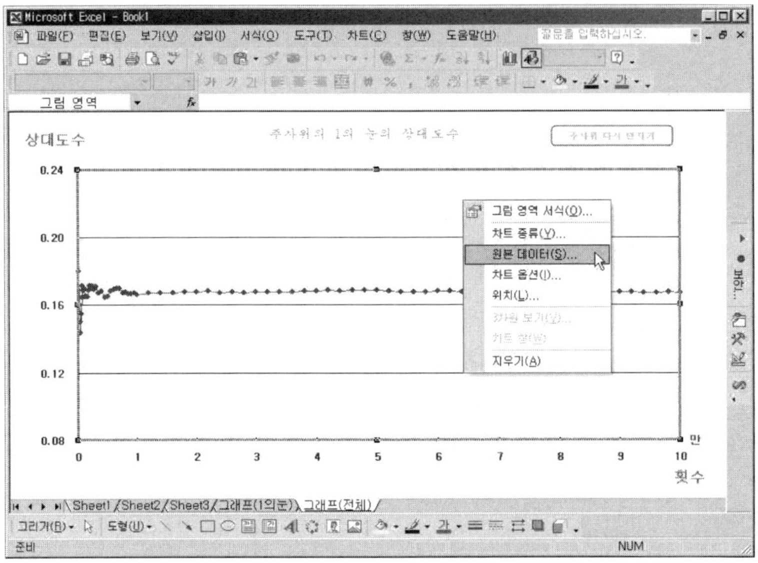

(22) 원본 데이터 대화 상자에서 주사위의 모든 눈의 상대도수가 다 포함될 수 있도록 데이터 범위를 [A3:G81]로 설정하고 계열 탭을 선택한다.

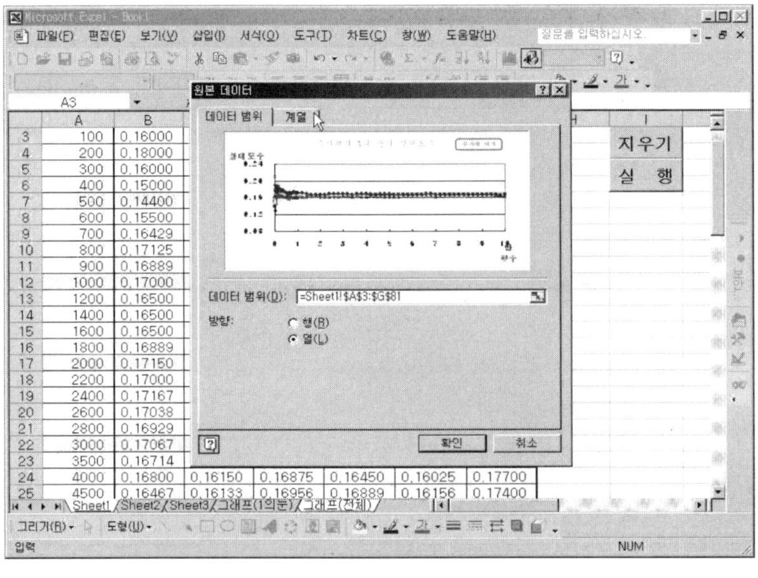

(23) 계열 탭의 계열1~계열6을 하나 하나 클릭하고, 오른쪽의 이름에 각각 1부터 6까지를 입력하여 계열의 이름을 주사위의 각 눈인 1, 2, 3, 4, 5, 6으로 바꾼 다음 [확인] 버튼을 누른다.

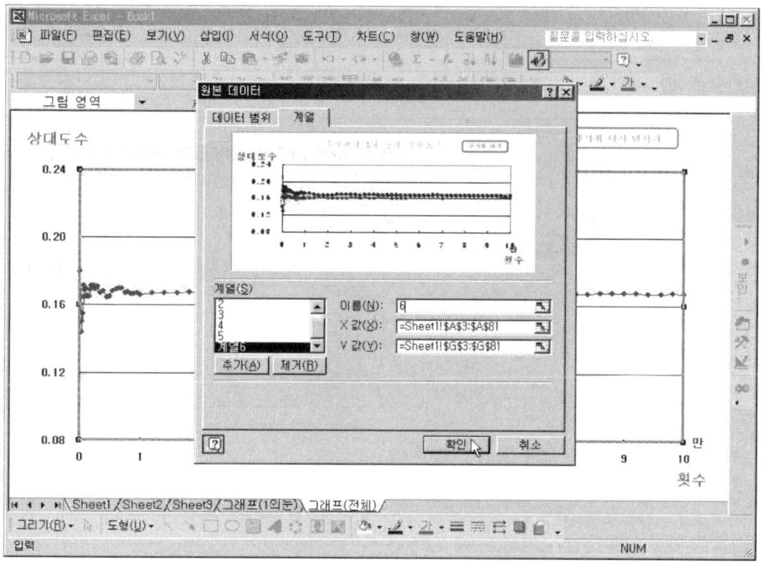

(24) 다시 차트로 돌아오는데 마우스 오른쪽 버튼을 눌러 나타나는 팝업 메뉴에서 [차트 옵션]을 선택한다.

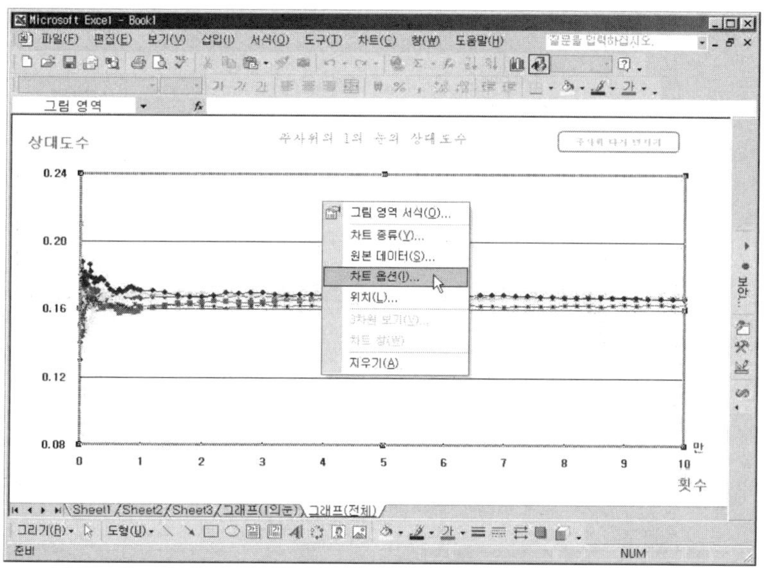

(25) 차트 옵션 대화상자에서 [범례 표시]의 체크 상자의 체크가 나타나게 하면 오른쪽에 범례가 보인다. [확인] 버튼을 누른다.

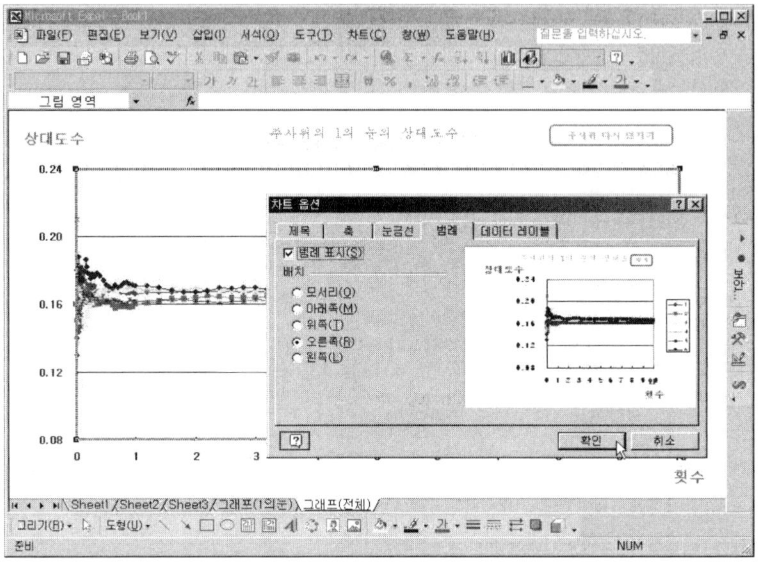

(26) 주사위의 1부터 6까지의 눈이 다 나타나는 그래프를 완성하였다. [주사위 다시 던지기] 버튼을 눌러서 제대로 작동하는지 검사하여 결과가 정상적으로 나타나는지 확인하여 완성한다.

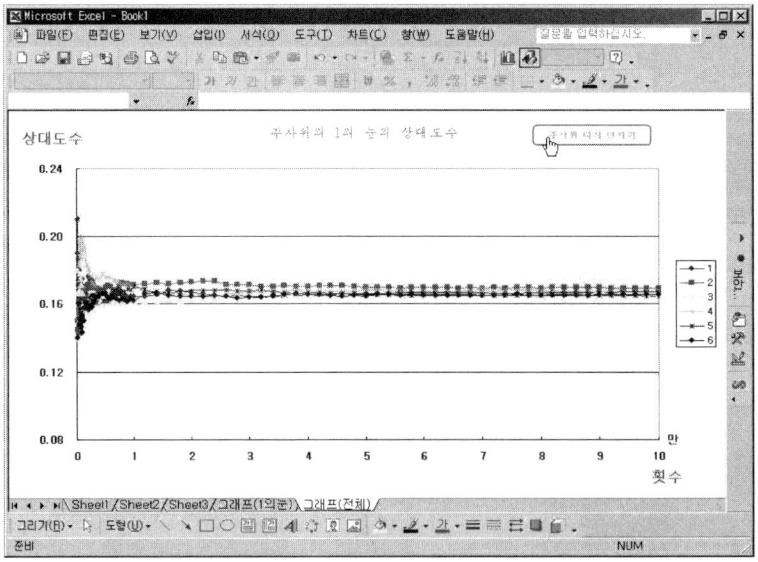

12. 이차함수 $y=a(x-p)^2+q$의 그래프 그리기

중학교 9-가 단계(3학년)에서 이차함수의 표준형 $y=a(x-p)^2+q$의 그래프를 설명하기 위해 a, p, q의 값이 주어지면 $y=ax^2$, $y=ax^2+q$, $y=a(x-p)^2$, $y=a(x-p)^2+q$의 그래프를 엑셀로 제작하여 보기로 하자.

여기에 함수의 그래프가 어느 쪽으로 기울면 축을 옮기는 매크로를 만들어서 그래프를 관찰하기 쉽도록 하고, 축의 폭을 적당하게 조정하여 그래프를 관찰할 수 있는 엑셀 프로그램을 제작하여 보자.

예제 아래의 그림과 같이 $y=a(x-p)^2+q$에서 a, p, q의 값이 주어지면 $y-ax^2$, $y=ax^2+q$, $y=a(x-p)^2$, $y=a(x-p)^2+q$의 그래프가 그려지고, 좌표축의 이동이나 폭의 조정이 가능하도록 하는 엑셀 프로그램을 제작하여 보자.

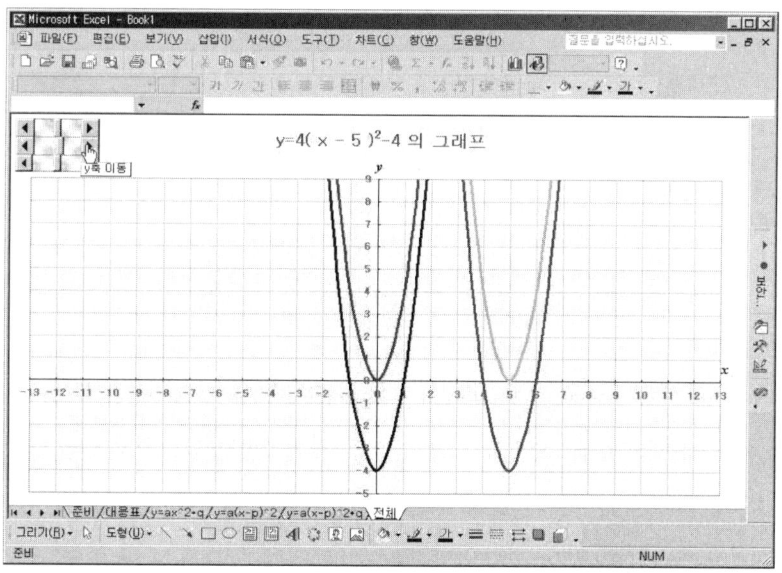

풀이 (1) 이차함수 $y=ax^2$의 그래프를 평행이동하여 그래프 $y=ax^2+q$, $y=a(x-p)^2$, $y=a(x-p)^2+q$를 얻는다. 주로 도입 과정에서 사용되는 함수들이므로 a, p, q의 값들이 정수가 되는 경우가 대부분이다.

따라서, 위의 그림의 그래프들에 대하여 a, p, q의 값들을 정수로 설정이 되도록 하고, 좌표축의 이동이나 확대도 정수 처리가 용이하기 때문에 가능한 한 상수들의 값의 변화는 정수 단위로 설정하여 실행할 수 있도록 한다.

(2) 열 A의 너비를 1로, 셀 [B3:E3]를 선택한 후 [셀 병합 후 가운데 맞춤]으로 설정한다. [y=ax(x－p)2+q]를 입력하고 지수 2를 위첨자로, 영문자들은 [Times New Roman], [기울임꼴]로, 글꼴이나 셀 채우기 색은 그림처럼 적당히 설정한다.

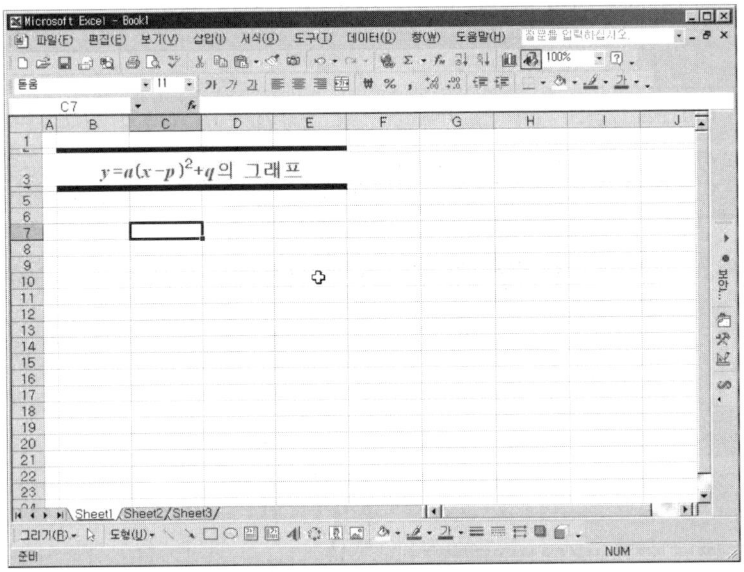

(3) 양식 도구모음의 [스크롤 막대]를 클릭하고 셀 [C7]에 맞게 그린 다음 스크롤 막대 위에서 마우스 오른쪽 버튼을 눌러 나타나는 팝업 메뉴에서 [컨트롤 서식]을 선택한다. 컨트롤의 값들을 그림처럼 입력하고 셀 연결은 [C7]로 한다.

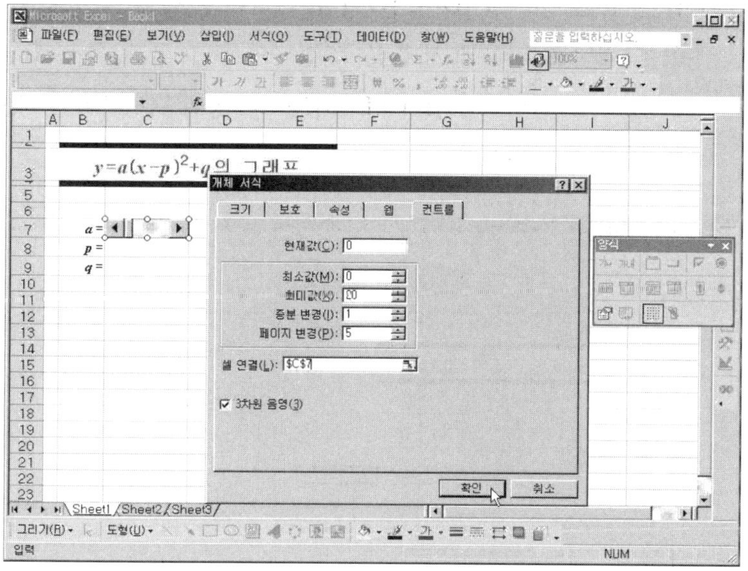

(4) 셀 [D7]을 선택하고 식 [=C7－10]을 입력하고 가운데 맞춤을 설정한다. 위의 그림에서 스크롤 막대의 최소값이 0, 최대값이 20이므로, 셀 [D7]의 최소값은 －10, 최대값은 10이 되어 a는 $-10 \leqq a \leqq 10$인 정수로 결정된다.

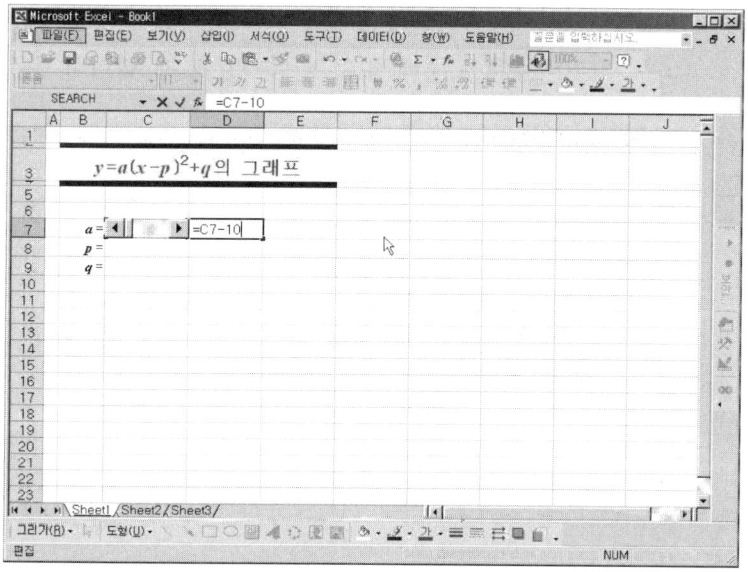

(5) 같은 방법으로 셀 [D8], [D9]를 선택하고 각각 식 [=C8－10], [=C9－10]을 입력하고 가운데 맞춤을 설정하여 p, q의 값을 스크롤 막대로 입력할 수 있도록 한다. 셀 [D10:E10]을 셀 병합 후 가운데 맞춤으로 설정하고 빈 칸으로 둔다.

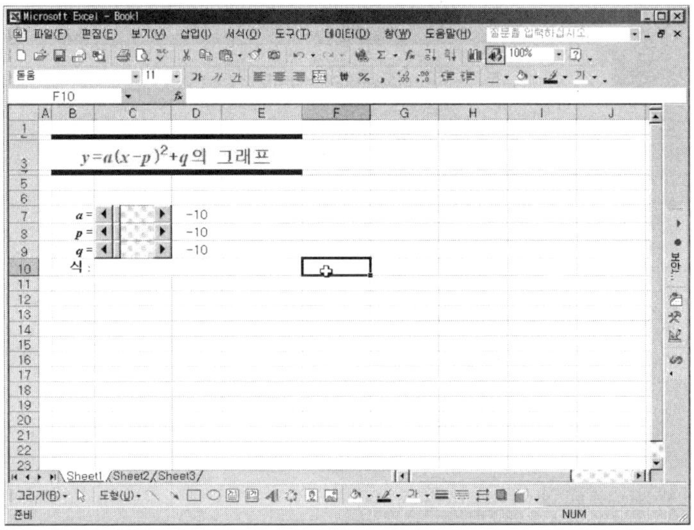

(6) 셀 [E7]에 [=IF(D7=0,"",IF(D7=－1,"－",IF(D7=1,"",D7)))]의 수식을 입력하여 $a=0$이거나 $a=1$이면 공백을 $a=-1$이면 "－"만, 나머지는 그대로 a의 값을 써서 나중에 p, q의 값이 입력되었을 때 붙여서 문자열로 나타낸다.

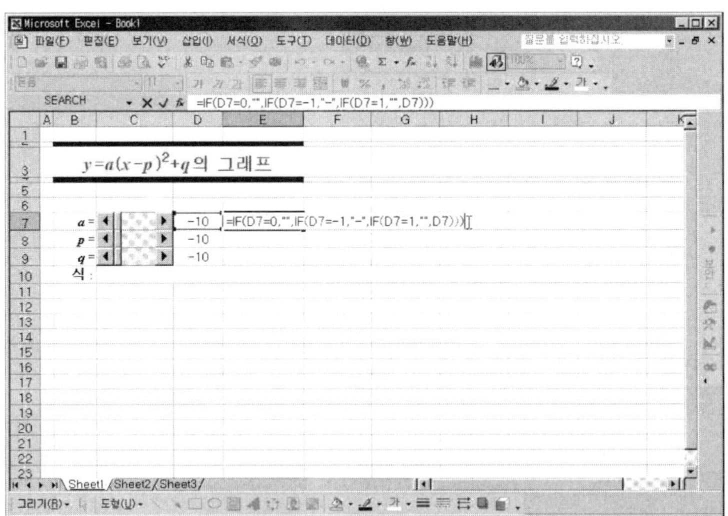

(7) 셀 [E8]에 [=IF(D8=0,"x^2",IF(D8>0,"(x－"&D8&")^2","(x+"&ABS(D8)&")^2"))]의 수식을 입력하여 p의 값이 양수이면 $(x-p)^2$, p의 값이 음수이면 $(x+p)^2$이 되도록 한다.

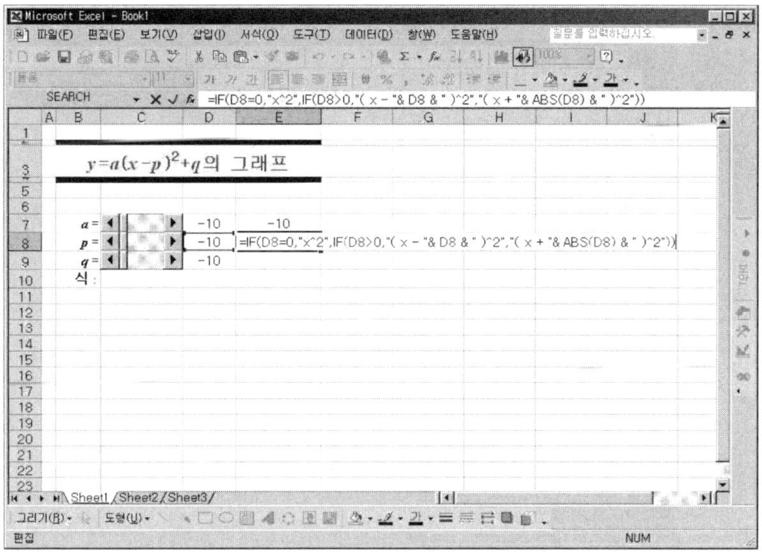

(8) 셀 [E9]에 [=IF(D9=0,"",IF(D9>0,"+"&D8,D8))]의 수식을 입력하여 q의 값이 양수이면 "$+p$", q의 값이 음수이면 q를 쓰도록 한다. 이제 a, p, q의 값이 주어진 상태이므로 셀 [E7:E9]를 이어서 하나의 문자열로 만들면 된다.

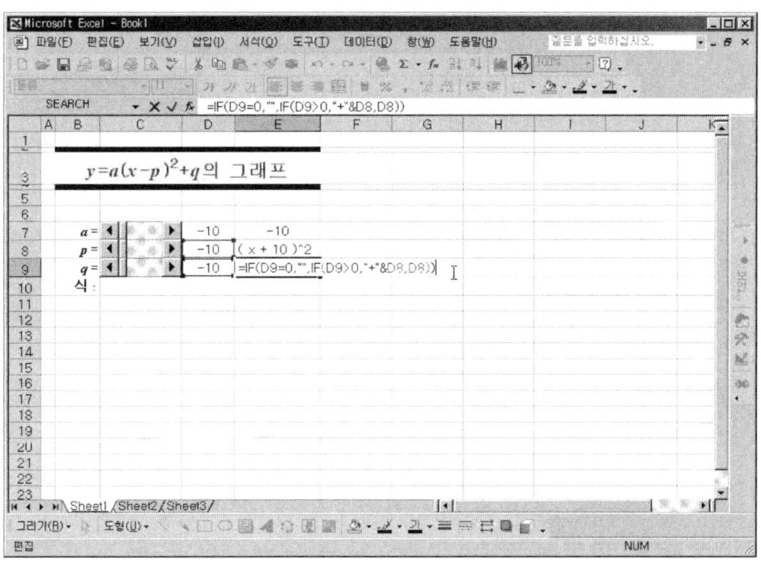

(9) 셀 [F9]에 [="y="&E7&E8&E9]의 수식을 입력하여 미리 입력되어 있는 a, p, q의 값을 이용하여 $y=a(x-p)\hat{}2+q$의 형태로 쓰게 한다. 식 $y=a(x-p)\hat{}2+q$을 매크로로 변형하여 병합된 셀 [C10:E10]에 나타낼 것이다.

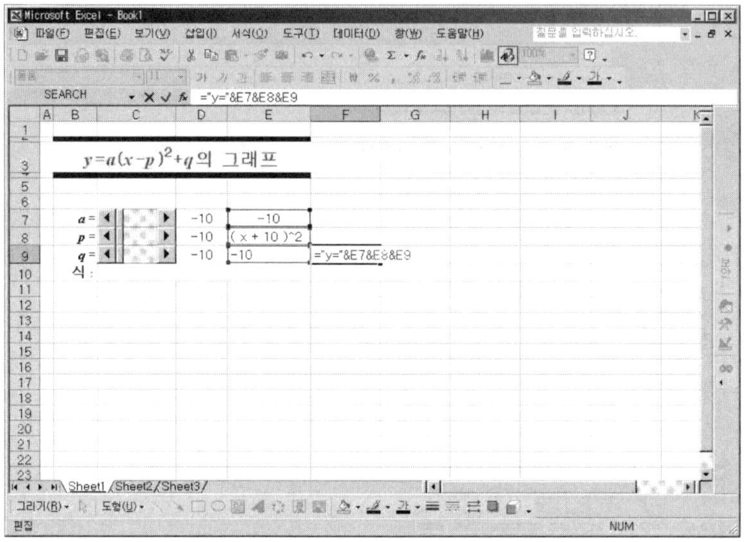

(10) 이제까지 제작된 스크롤 막대와 a, p, q의 값이 나타나는 셀들을 장식하여 구분하기 위하여 셀 서식 설정한다. 10행의 높이를 22.50으로 설정하고, 셀 [B6:E11]을 선택한 후 채우기 도구를 눌러 [연한 옥색]을 선택한다.

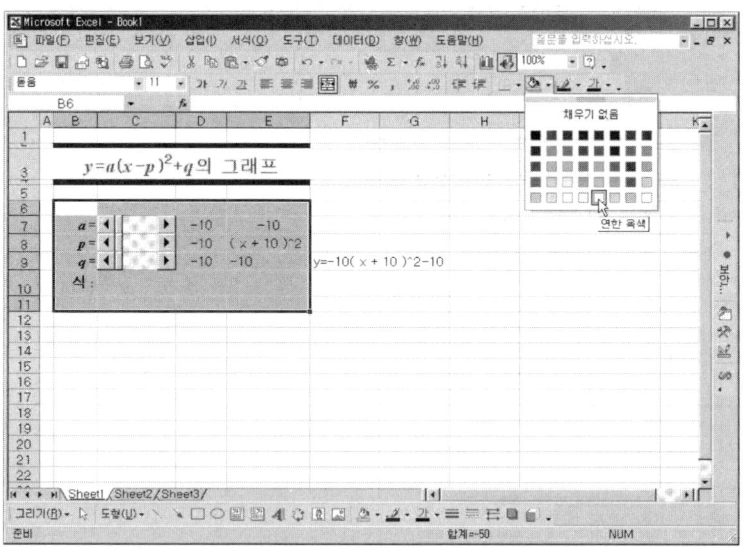

(11) 셀 [B6:E11]이 연한 옥색으로 채우기가 된 상태에서 그리기 도구모음의 그림자 스타일 도구를 눌러 [그림자 스타일 14]를 선택한다. 이것은 셀 영역 [B6:E11]에 대하여 입체감을 주기 위한 과정이다.

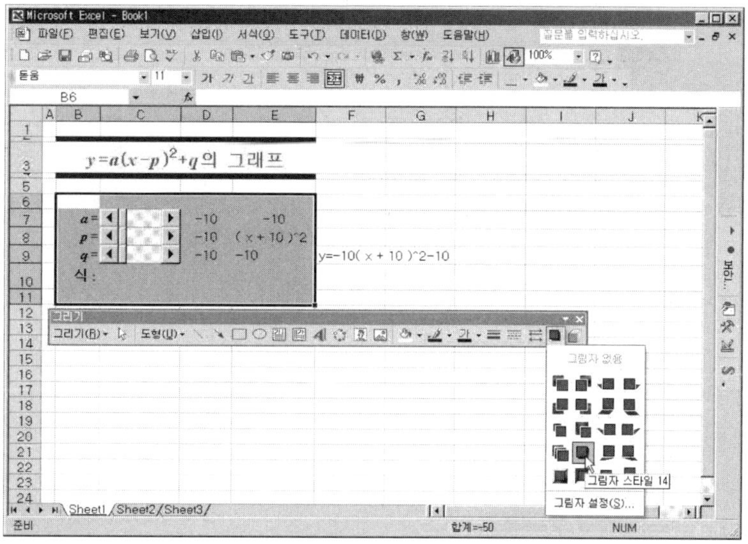

(12) 셀 [F9]를 선택하고 글꼴 색 도구를 클릭한 후 아래의 그림처럼 흰색을 선택한다. 워크시트의 배경색이 흰색이므로 글꼴 색과 일치하여 입력된 내용이 보이지 않게 된다. 셀 [F9]의 수식 중 ^2를 지수인 [2]로 만들어서 [C10]에 쓸 것이다.

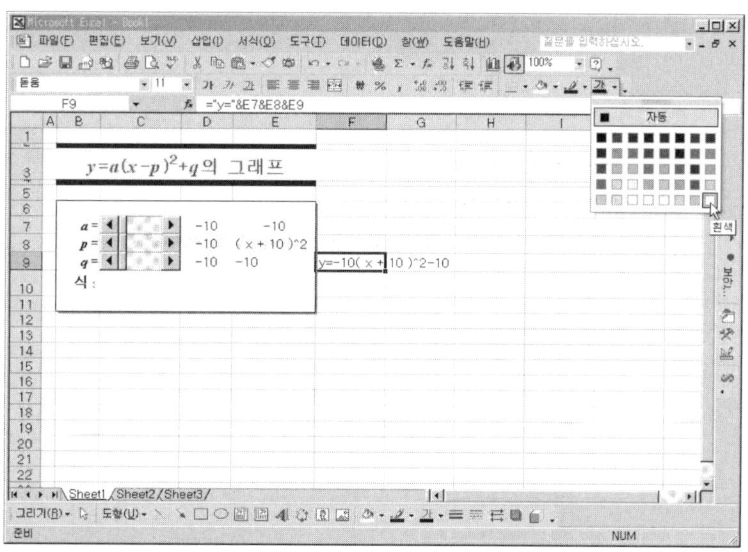

(13) 셀 [B13:B15]에 각각 [x축이동], [y축이동], [격자폭]을 입력하고, 셀 [B13]에서 마우스로 드래그하여 x만 선택하고, 글꼴을 [Times New Roman], [진하게], [기울임꼴]을 차례로 선택하여 [*x*축이동]이 되게 한다. [*y*축이동]도 같은 방법으로 한다.

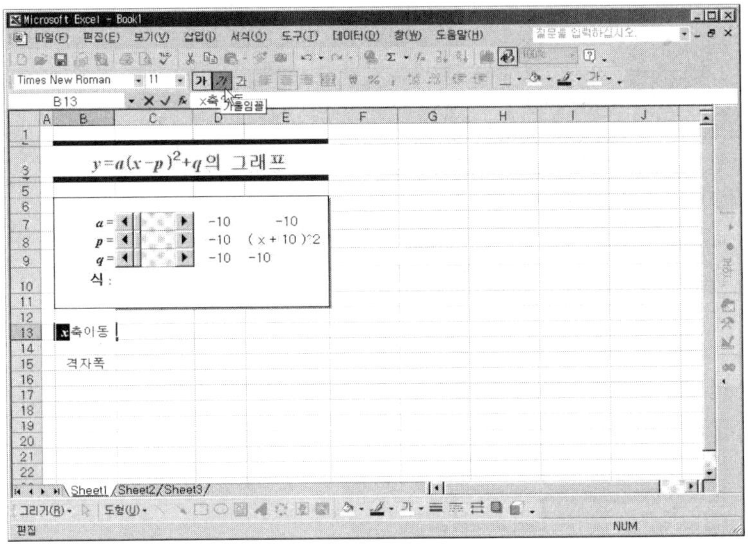

(14) 셀 [C13]에 스크롤 막대를 그리고 마우스 오른쪽 버튼을 눌러 컨트롤 서식을 선택하여 나온 대화상자에서 [최소값−0, 최대값−30, 증분 변경−1, 페이지 변경−5, 셀 연결−$C$13]을 설정하고 [확인] 버튼을 누른다.

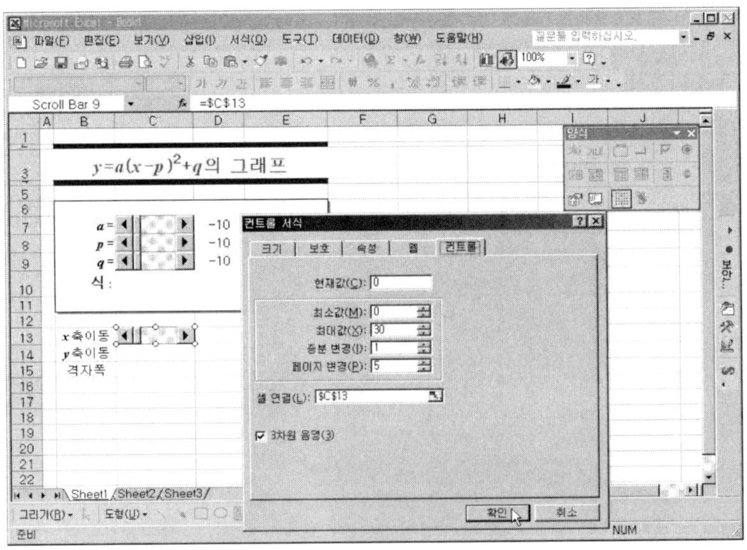

(15) 같은 방법으로 셀 [C14:C15]에도 스크롤 막대를 그리고 [C14]에는 (13)의 내용과 같이 입력하고 셀 연결만 [$C$14]로 입력하고, 격자폭의 스크롤 막대의 컨트롤 서식은 아래의 그림과 같이 설정한다.

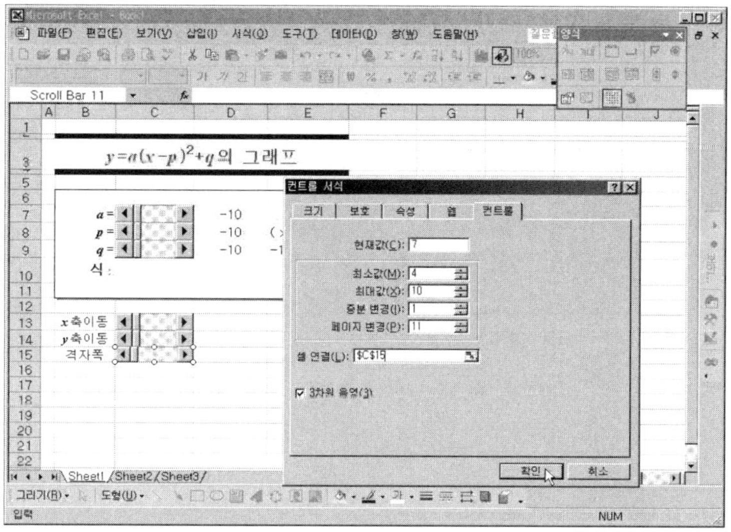

(16) y축의 눈금은 격자 폭을 이용하여 설정한다. 격자 폭이 a이면 y축의 눈금은 $-a$+[C14−15]이상 a+[C14−15] 이하로 설정하기 위하여 셀 [D14]에 [=C14−D15−15]를 , [D15]에는 [=C14+D15−15]를 입력한다. [C14−15]는 y축이동 스크롤 막대의 중앙값인 15를 원점으로 하여 상대적인 위치를 구하여 이동시키려고 사용하였다.

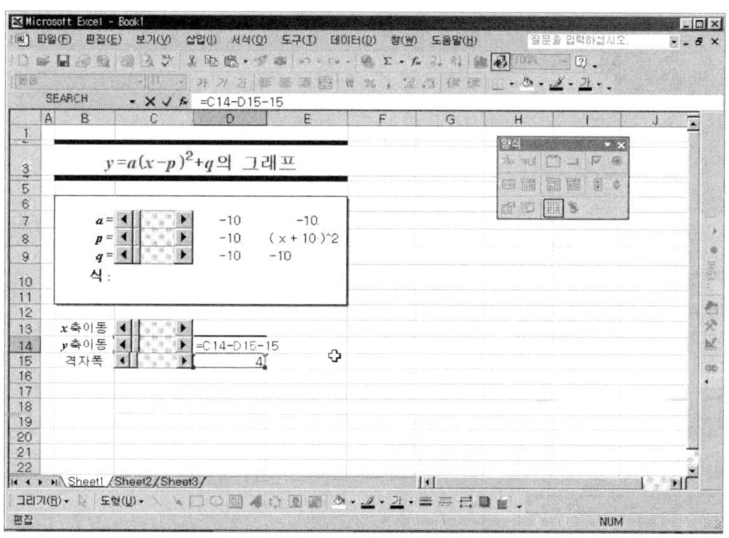

(17) x축의 눈금도 격자 폭을 이용하는데 격자 폭이 a이면 x축의 눈금은 $-2a+1$이상 $2a-1$이하이므로 각각 [=(−2)*D15+1+C13−15], [=2*D15−1+C13−15]를 입력한다.

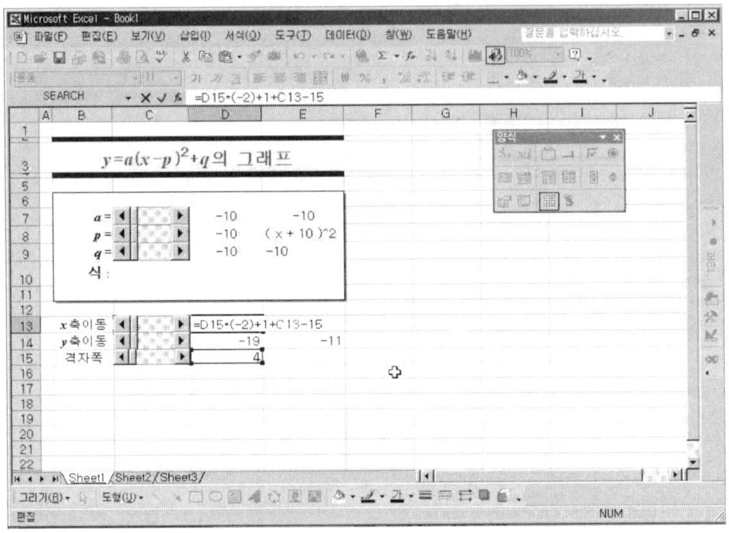

(18) 이제 스크롤 막대를 마우스로 클릭하여 x, y축이동의 값을 가운데로 놓았을 때 아래의 그림과 같이 제대로 작동하는지 검사하여 보자. 여기에 있는 값들은 나중에 그래프를 그리고 난 후에 좌표축을 이동하거나 격자 폭을 조정할 때 쓸 것이다.

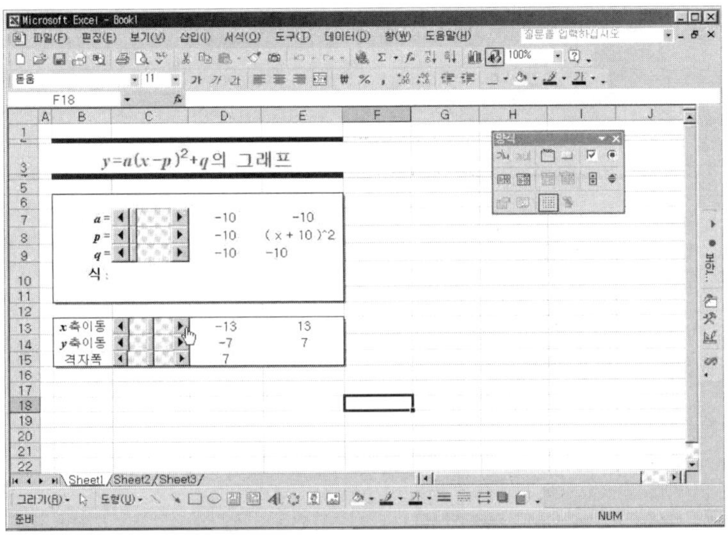

(19) 이제 셀 [E7:E9]를 선택하고 글꼴 색 도구를 클릭하고 글꼴 색을 배경색인 연한 옥색으로 설정한다. 그리고 지금까지 작성한 내용들을 잘 볼 수 있도록 글꼴 색이나 글꼴 굵게 등을 선택하여 서식을 설정한다.

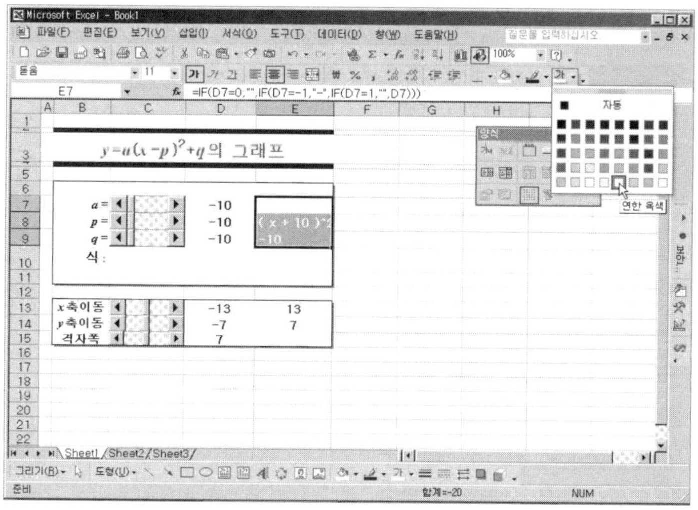

(20) Shcct2를 선택하고 [A1]에 x, [B1:E1]에 각각 $y=ax^2$, $y=ax^2+q$, $y=a(x-p)^2$, $y=a(x-p)^2+q$를 입력하고 [A2:A42]까지를 −20, −19, ⋯ , 20까지의 정수를 채워넣고, [B2]에는 [=Sheet1!$D$7*A2^2]을 넣어 스크롤 막대에 의하여 만들어진 a의 값을 이용하여 $y=ax^2$을 계산하고 [B3:B42]는 복사하여 채우고, 나머지 [C2:E42]도 같은 방법으로 계산하여 넣는다.

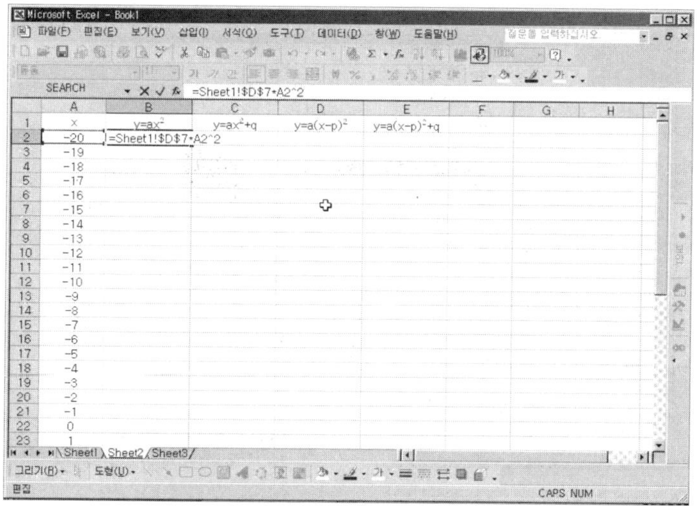

(21) $y = ax^2 + q$의 그래프를 그리기 위해 [A2:C42]를 선택하고 차트마법사를 실행한다.

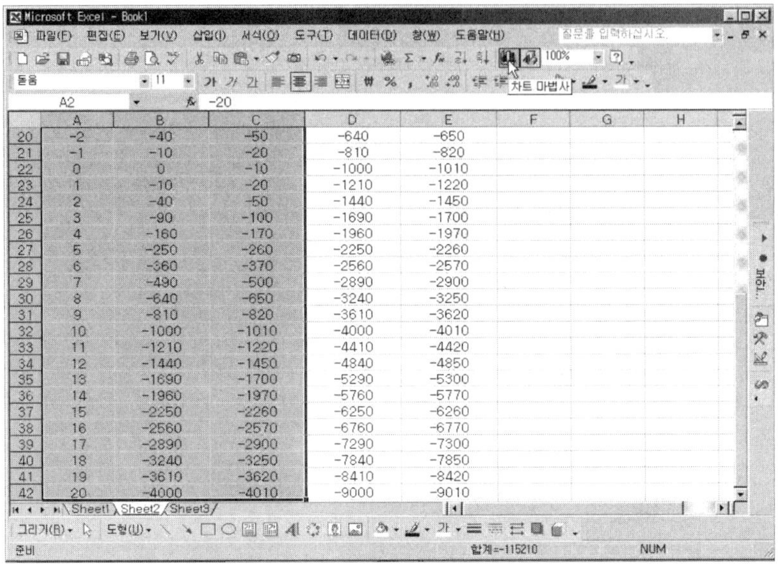

(22) 차트마법사 1단계에서 차트종류를 [분산형]으로, 차트 하위 종류를 [데이터 표식 없이 곡선으로 연결된 분산형]으로 선택하고 [다음] 버튼을 클릭한다.

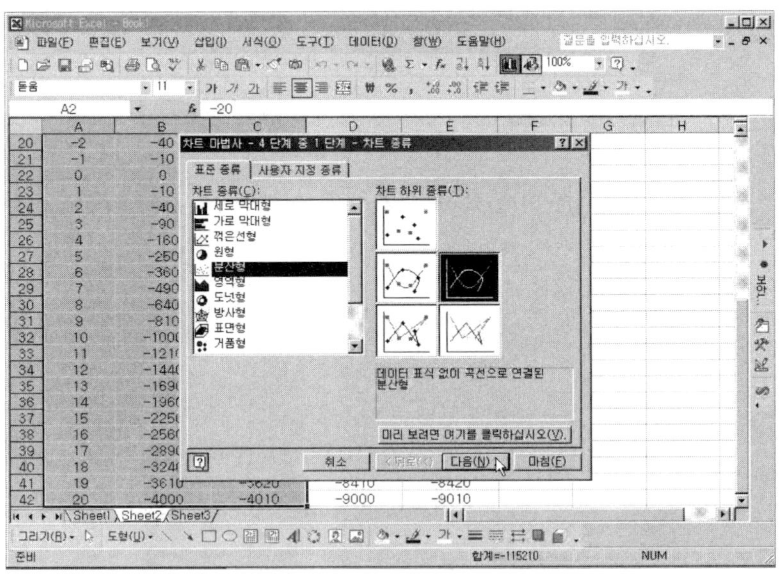

(23) 차트마법사 2단계에서는 특별히 선택하거나 입력할 내용이 없다. 그래프 미리보기에 나타나는 그래프는 현재 q의 값이 -10인데 아래의 워크시트에 나와 있는 값보다 너무 작기 때문에 두 개의 그래프가 하나로 보인다. 이것은 앞에서 만들어 놓은 스크롤바를 이용하여 눈금을 조정할 것이므로 걱정하지 않아도 된다.

(24) 차트마법사 3단계에서는 제목 탭의 차트 제목을 [y=ax^2의 그래프], X(값) 축은 [x], Y(값) 축은 [y]를 입력하고, 범례 탭의 범례 표시 테크박스의 체크를 해제하여 범례가 나타나지 않도록 하고 눈금선에서 X축의 주 눈금선을 체크한다.

(25) 차트마법사 4단계에서는 차트의 위치를 [새로운 시트로]를 선택하고 새로운 차트 시트의 이름을 [y=ax^2+q]로 입력한 후 [마침] 버튼을 클릭한다.

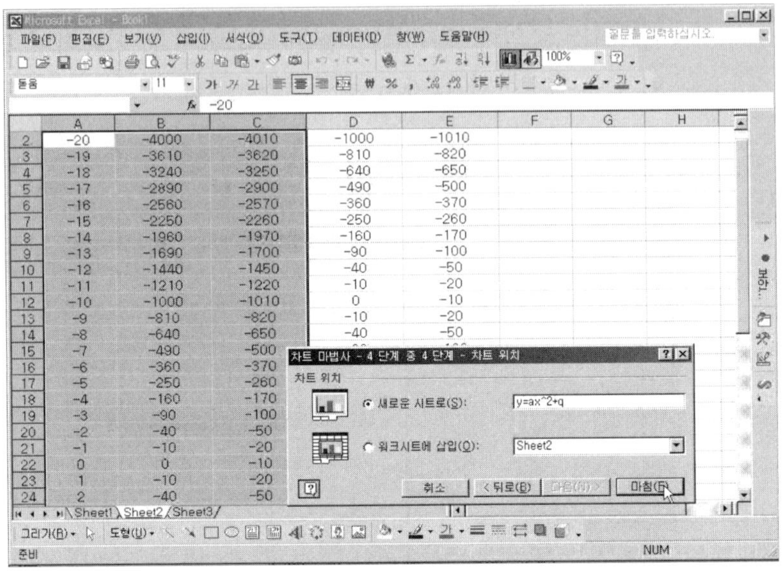

(26) y축 서식 대화 상자가 나오게 하고, 눈금 탭의 최소값 -8, 최대값 8, 주단위 1, 보조단위 1로 설정하고 [확인] 버튼을 누른다. 같은 방법으로 x축 서식 대화 상자에서 눈금 탭의 최소값 -15, 최대값 15, 주단위 1, 보조단위 1로 설정한다.

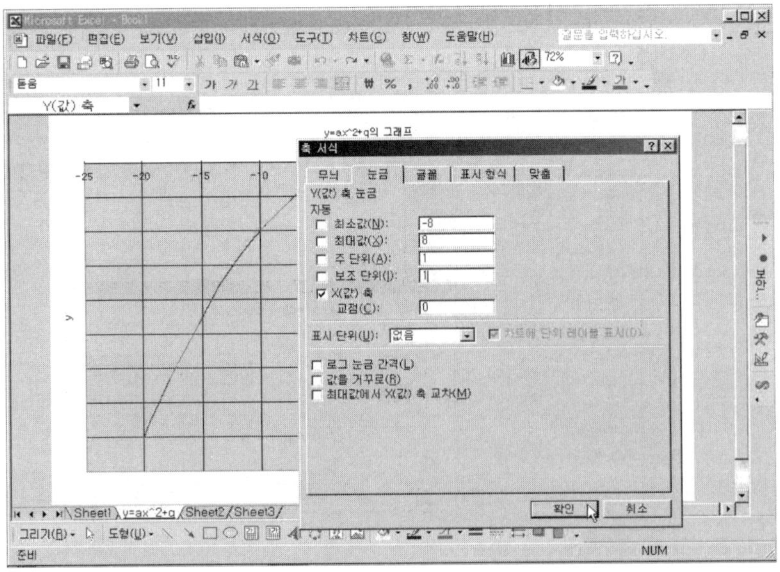

(27) 모눈 격자가 정사각형을 유지하면서 $y=ax^2$, $y=ax^2+q$의 대강의 그래프는 그려졌고, 이제는 아래 그래프의 각종 서식을 새롭게 설정하여 그래프가 잘 드러나도록 하는 과정이 남았다. $y=ax^2+q$의 그래프는 $q=-10$이므로 보이지 않는다.

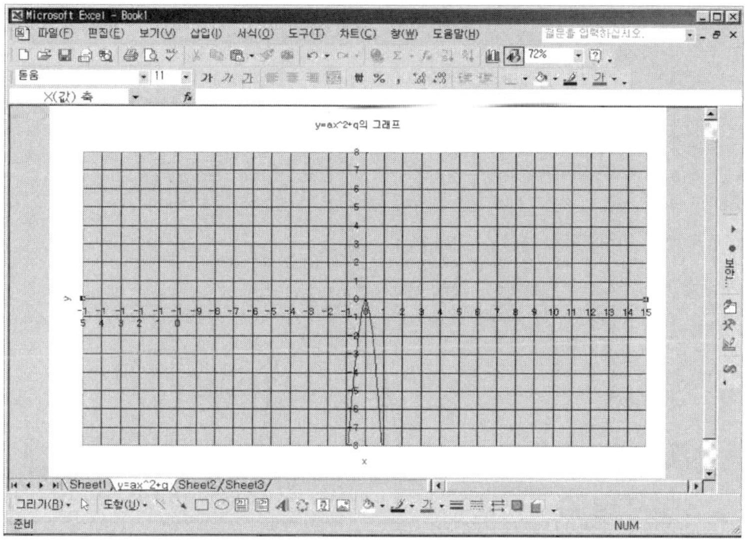

(28) 위의 그래프의 각종 서식을 새로운 값으로 설정하여 나타낸 그래프이다. a, p, q의 값을 새롭게 바꾸어 넣어서 모눈의 격자가 이 정사각형 형태가 되었다.

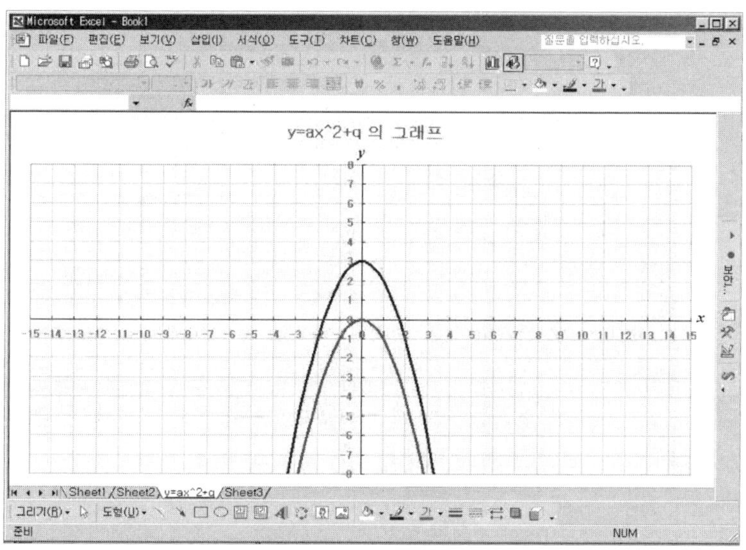

(29) 이제 이 그래프를 이용하여 $y=a(x-p)^2$, $y=a(x-p)^2+q$의 그래프를 그려 보자. 먼저 Ctrl 키를 누른 상태에서 시트 탭 [y=ax^2]를 복사하고 시트 이름을 [y=a(x－p)^2]으로 고친다. 차트 영역에서 마우스 오른쪽 버튼을 눌러 아래의 팝업 메뉴가 나오게 하고 [원본 데이터]를 누른다.

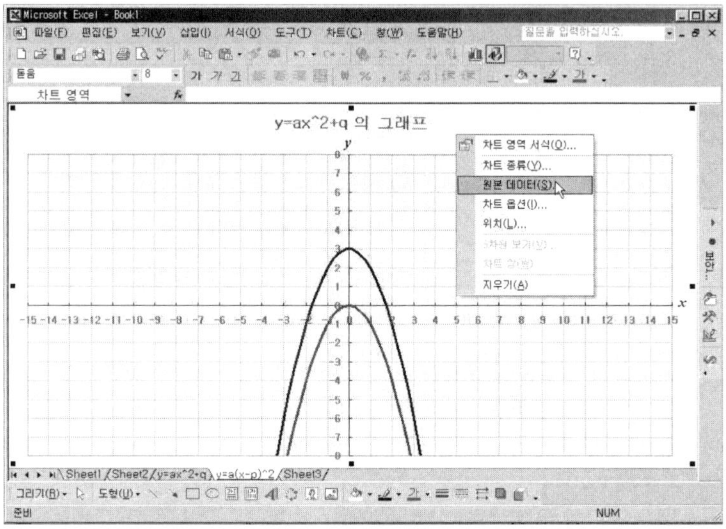

(30) 원본 데이터 대화 상자에서 데이터 범위 탭의 데이터 범위를 마우스로 선택하는 도구를 클릭한 다음 Ctrl 키를 누른 채 [A2:B42]를 먼저 드래그하고, [D2:D42]를 드래그하여 [=Sheet2!$A$2:$B$42,Sheet2!$D$2:$D$42]가 되게 한다.

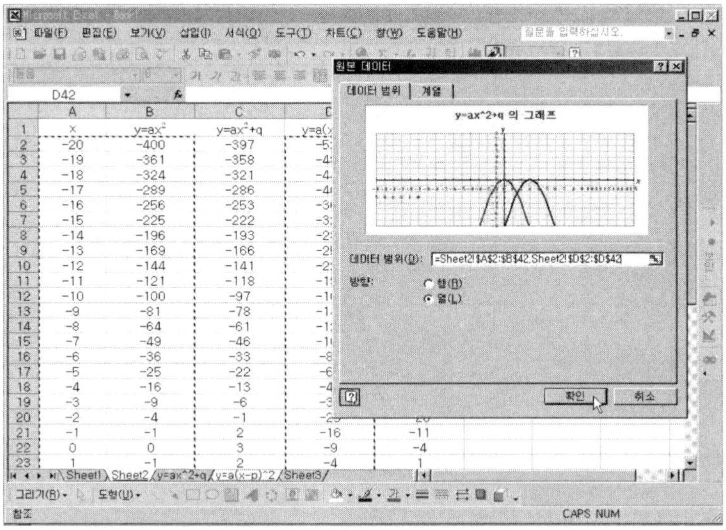

(31) 원본 데이터가 변경된 영역으로 설정되었으므로 그래프가 $y=a(x-p)^2$의 형태로 나온다. 차트의 제목을 시트 제목인 [y=a(x−p)^2 의 그래프]로 고친다. 이 제목들은 나중에 매크로를 이용하여 $y=a(x-p)^2$의 꼴로 고칠 것이다.

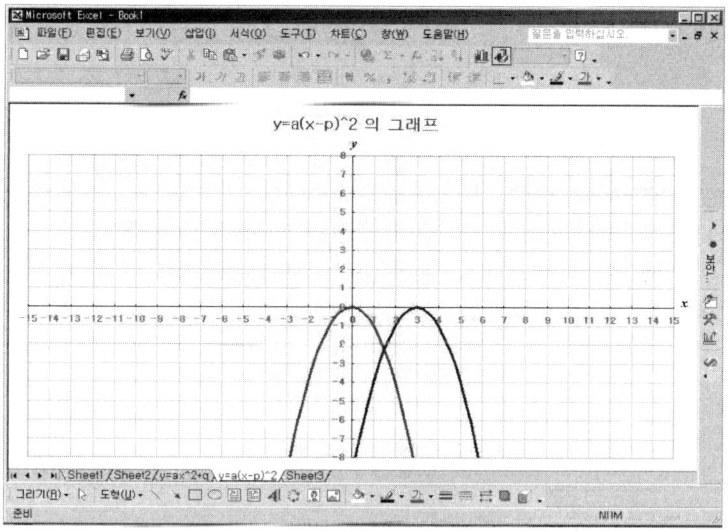

(32) 위와 같은 과정으로 [y=a(x−p)^2+q] 시트에 $y=a(x-p)^2+q$의 그래프를 그리고, [전체] 시트에는 $y=ax^2$, $y=ax^2+q$, $y=a(x-p)^2$, $y=a(x-p)^2+q$의 그래프가 모두 나타나 있도록 한다. 각 시트의 이름도 용도에 맞게 적당하게 바꾸었다.

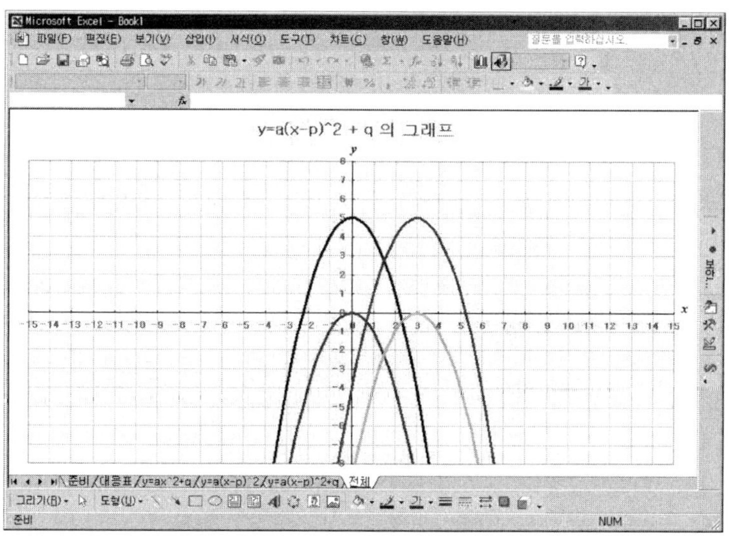

(33) 이제부터는 매크로를 작성하여 스크롤 막대에 연결을 시켜서 좌표축의 이동과 모눈 격자의 확대 및 축소하는 과정을 쉽게 하는 것을 알아보기로 하자. 아래 코드는 스크롤 막대로 입력된 a, p, q의 값을 이용하여 식을 만드는 과정이다.

```
1: Sub Func_Equation()
2: Dim intN As Integer
3: Dim strMy As String, strMy1 As String
4: Dim shtMy As Worksheet
5: Set shtMy = ThisWorkbook.Worksheets("준비")
6:      If shtMy.Range("D7") = 0 Then
7:         shtMy.Range("C10")="a의 값이 0입니다."
8:         End
9:      End If
10:     strMy1 = shtMy.Range("F9")
11:     intN = Application.Find("^", strMy1)
12:     strMy = Left(strMy1, intN - 1) & Mid(strMy1, intN + 1,
                  Len(strMy1))
13:     shtMy.Range("C10") = strMy
14:     With shtMy.Range("C10").Characters(Start:=intN, Length:=1).Font
15:          .Superscript = True
16:     End With
17: End Sub
```

| 코드 설명 |

6:~9:	이차함수에 관한 내용이므로 $a=0$이면 이차함수의 그래프의 식을 만들 수 없으므로 이 때 "a의 값이 0입니다" 라는 안내 메시지를 셀 [C10]에 적고 프로시저를 끝낸다.
10:	앞에서 셀 [D9]에 $y=a(x-p)\wedge 2+q$의 형태로 식은 만들었는데 이 식을 strMy1에 저장한다.
11:	strMy1에서 제곱을 의미하는 문자 "^" 의 위치를 찾는다. 만약 이차함수의 식이 $y=-2(x-3)\wedge 2-3$이면 intN의 값은 10이 된다.

12:	이제 이차함수 $y=a(x-p)\hat{}2+q$에서 문자 "^" 을 빼고 $y=a(x-p)2+q$의 꼴로 바꾼다.
13:	바꾼 이차함수의 식 $y=a(x-p)2+q$을 셀 [C10]에 쓴다.
14:~16:	이제 이차함수의 식 $y=-2(x-3)2-3$에서 10번째 문자는 "2" 이므로 10번째부터 1문자를 위첨자(Superscript)로 설정한다.

(34) a의 값을 조절하는 스크롤 막대에서 마우스 오른쪽 버튼을 눌러 팝업 메뉴가 나오게 한다. [매크로 지정]을 선택하면 매크로 지정 대화 상자가 나타나는데, 매크로 이름으로 Func_Equation을 선택한 후 [확인] 버튼을 누른다.

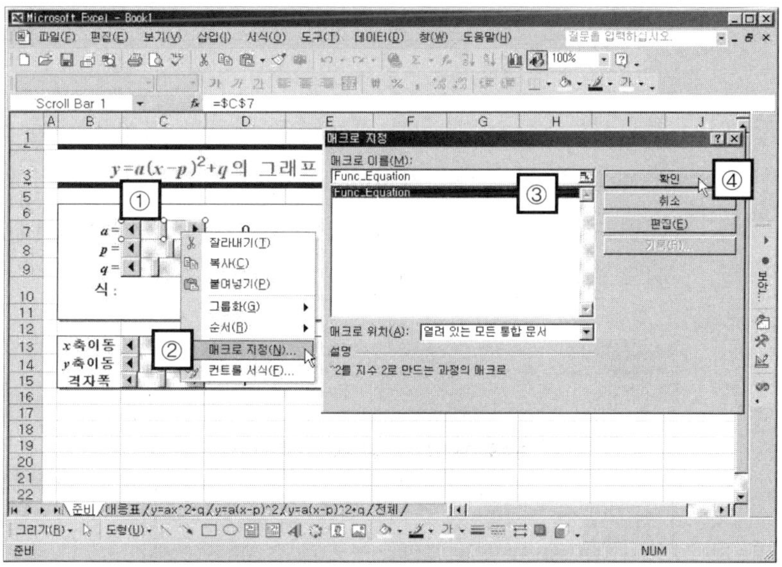

(35) 같은 방법으로 p, q의 값을 조절하는 스크롤 막대에 Func_Equation 매크로를 지정한다. 아래 그림에서 a, p, q의 값을 조절하는 스크롤 막대를 움직여 가며 식이 올바로 나오는지 확인한다.

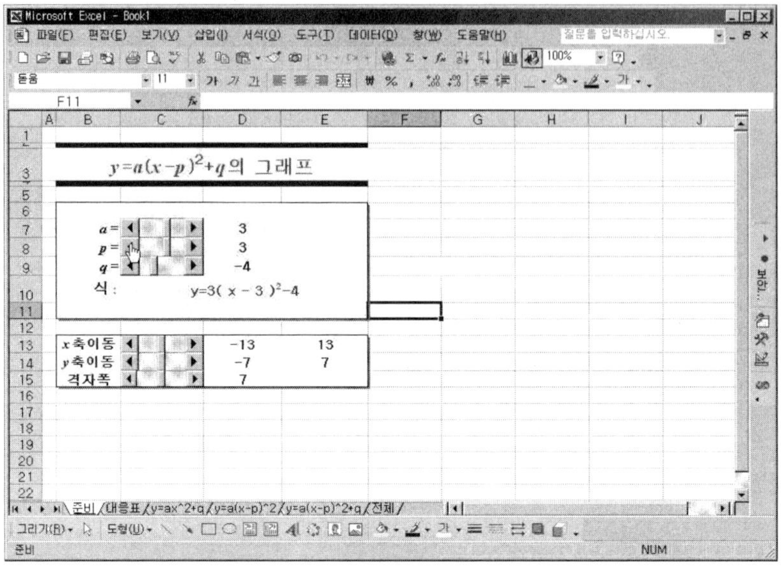

(36) 차트시트 [y=ax^2+q]를 선택하고 매크로 기록 단추를 누르고 매크로 이름을 [x축이동]으로 지정하고 x축을 더블클릭하여 아래 그림의 축 서식 대화 상자가 나오게 하고 최소값을 −14, 최대값을 14로 고치고 매크로 기록 중지 버튼을 누른다.

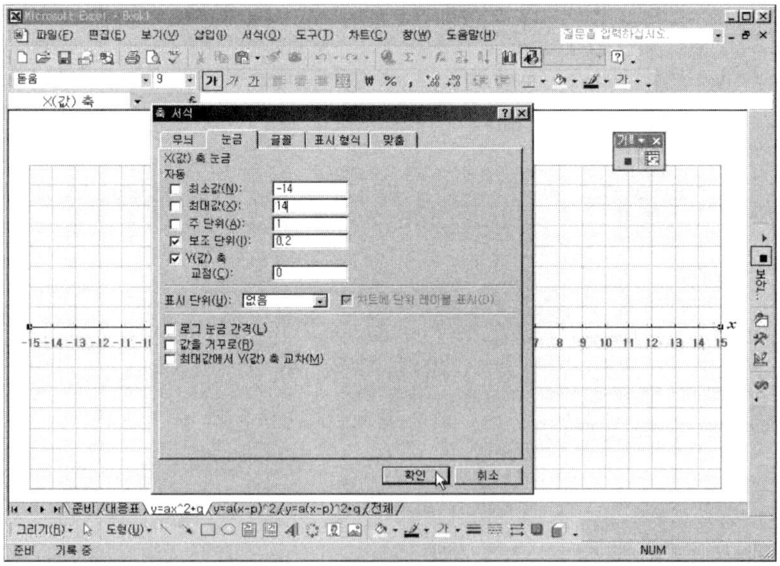

(37) Visual Basic Editor 화면으로 들어가면 [Module2]에 Sub x축이동() 프로시저가 나오는데 여기서 중요한 것은 x축의 최소, 최대값이 각각 .MinimumScale=−14, .MaximumScale=14로 된다는 것이다. 나머지는 불필요한 것이므로 지운다.

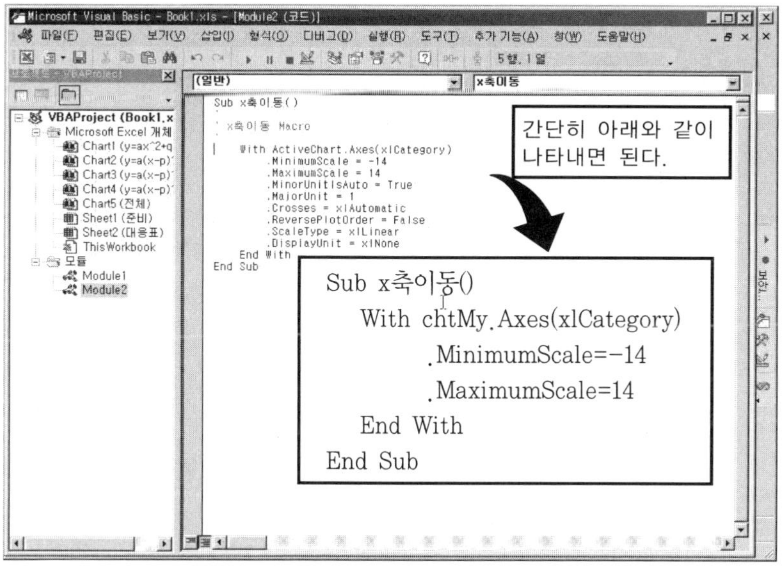

(38) 위와 같은 방법으로 매크로 기록 내용 중에서 필요한 것만 뽑아서 활용하면 되는데 [x축이동], [y축이동], [격자폭] 스크롤 막대는 하나가 움직이면 값이 같이 변하게 되어 있으므로 모두 같은 매크로를 작성하여 연결한다.

아래의 코드는 [x축이동], [y축이동], [격자폭] 스크롤 막대를 마우스로 클릭하였을 때, 좌표축을 이동시키고, 모눈 격자를 크게 하거나 작게 하는 작업을 실행한다.

```
Sub Plot_Movement()
Dim chtMy(4) As Chart, rngMy As Range
Dim sngPosition As Single, intX As Integer, intY As Integer, intM As Integer
    Set rngMy = ThisWorkbook.Worksheets("준비").Range("C13")
```

```
5:     Set chtMy(1) = ThisWorkbook.Charts("y=ax^2+q")
6:     Set chtMy(2) = ThisWorkbook.Charts("y=a(x-p)^2")
7:     Set chtMy(3) = ThisWorkbook.Charts("y=a(x-p)^2+q")
8:     Set chtMy(4) = ThisWorkbook.Charts("전체")
9:     For intM = 1 To 4
10:        With chtMy(intM).Axes(xlCategory)
11:            .MinimumScale = rngMy.Offset(0, 1)
12:            .MaximumScale = rngMy.Offset(0, 2)
13:        End With
14:        With chtMy(intM).Axes(xlValue)
15:            .MinimumScale = rngMy.Offset(1, 1)
16:            .MaximumScale = rngMy.Offset(1, 2)
17:        End With
18:        intX = Abs(rngMy.Offset(0, 1))
19:        intY = Abs(rngMy.Offset(0, 2))
20:       sngPosition = intX/ (intX + intY) * chtMy(intM).PlotArea.Width
21:        chtMy(intM).Axes(xlValue).AxisTitle.Left = sngPosition
22:        intX = Abs(rngMy.Offset(1, 1))
23:        intY = Abs(rngMy.Offset(1, 2))
24:        sngPosition = (intY + 1) / (intX + intY) *
                         chtMy(intM).PlotArea.Height
25:        chtMy(intM).Axes(xlCategory).AxisTitle.Top = sngPosition
26:    Next intM
27:    Windows(ThisWorkbook.Name).Activate
28: End Sub
```

| 코드 설명 |

2:	chtMy(4)는 차트 시트 4개를 쉽게 접근하기 위하여 배열로 잡았다.
4:	기준이 되는 셀을 지정하고 x축의 최대, 최소값과 y축의 최대, 최소값은 기준셀의 상대위치를 나타내는 Offset을 써서 접근한다.
5:~8:	$y=ax^2+q$, $y=a(x-p)^2$, $y=a(x-p)^2+q$ 및 이들 전체의 그래프에 쉽게 접근하기 위하여 각각의 차트 시트를 설정하는 과정이다.
10:~13:	x축의 최소값, 최대값을 설정한다.

14:~17:	y축의 최소값, 최대값을 설정한다.
18:~19:	intX는 x축의 최소값, intY는 x축의 최대값의 절대값을 취하게 된다.
20:	x축은 좌우로 이동함에 따른 x축의 이름 [x]를 나타내는 위치를 계산한다.
21:	축 이름 서식을 변경 지정하여 둔 뒤 x축은 좌·우로만 이동하기 때문에 Left의 위치만 지정한다.
22:~25:	18:~21: 과정과 비슷한데 y축 이름에 대하여 위치를 계산하고 y축은 위·아래로 움직이기 때문에 Top의 위치만 지정한다.
27:	현재 작업하고 있는 함수 프로그램을 활성화 시키는 명령이다. 이 명령이 없으면 에러가 발생하고 엑셀 프로그램이 정지하게 된다.

(39) 이제 스크롤 막대를 이용하여 정한 a, p, q의 값에 따라 차트 제목을 $y=ax^2+q$, $y=a(x-p)^2$, $y=a(x-p)^2+q$와 같이 바꾸어 주는 작업에 대하여 알아보자. 셀 [F7]에 [="y="&E7&"x^2"&E9], [F8]에 [="y="&IF(D7=0,"",IF(D8>0,E7&"(x − "&D8, E7&"(x+"&ABS(D8)))&")^2"]을 입력하여 그림의 식이 나오게 한다. 여기서 [F9]의 식은 앞에서 만든 것이다. 이 셀 [F7:F9]의 식을 이용하여 만들 것이다.

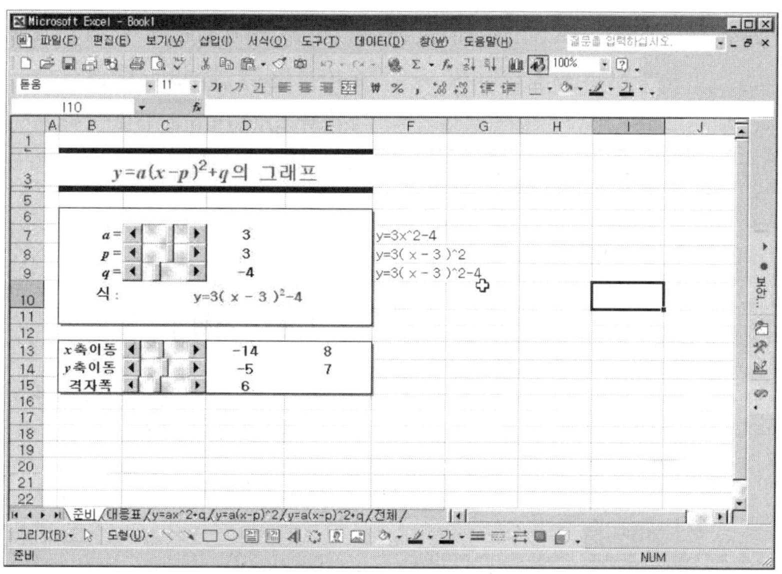

(40) 이제 스크롤 막대를 이용하여 정한 a, p, q의 값에 따라 차트 제목을 $y=ax^2+q$, $y=a(x-p)^2$, $y=a(x-p)^2+q$의 꼴로 고치는 과정을 알아보자.

```
1: Sub Make_Chart_Title()
2: Dim chtMy(4) As Chart, rngMy As Range, intX As Integer, intY As Integer
3:     Set chtMy(1) = ThisWorkbook.Charts("y=ax^2+q")
4:     Set chtMy(2) = ThisWorkbook.Charts("y=a(x-p)^2")
5:     Set chtMy(3) = ThisWorkbook.Charts("y=a(x-p)^2+q")
6:     Set chtMy(4) = ThisWorkbook.Charts("전체")
7:     For intY = 1 To 4
8:         Select Case intY
9:             Case 1
10:              Set rngMy = ThisWorkbook.Worksheets("준비").Range("F7")
11:            Case 2
12:              Set rngMy = ThisWorkbook.Worksheets("준비").Range("F8")
13:            Case 3, 4
14:              Set rngMy = ThisWorkbook.Worksheets("준비").Range("F9")
15:        End Select
16:        intX = Application.Find("^", rngMy)
17:        chtMy(intY).ChartTitle.Characters.Text = Left(rngMy, intX - 1) & Mid(rngMy, intX + 1, Len(rngMy)) & " 의 그래프"
18:        chtMy(intY).ChartTitle.Characters(Start:=intX, Length:=1).Font.Superscript = True
19:    Next intY
20: End Sub
```

| 코드 설명 |

8:~15:	intY의 값이 차례로 1, 2, 3, 4로 변할 때마다 함수의 식이 들어있는 셀은 각각 [F7], [F8], [F9], [F9]이 된다.
16:	앞쪽 그림의 [F7:F9]에서 함수의 식이 아직 $y=ax\,\hat{}\,2+q$, $y=a(x-p)\,\hat{}\,2$, $y=a(x-p)\,\hat{}\,2+q$의 꼴로 만들어져 있는데 함수의 식에서 "^" 가 들어있는 위치를 찾는다.

17:	함수의 식에서 "^" 를 빼고 다시 연결하여 차트의 제목을 $y=ax2+q$, $y=a(x-p)2$, $y=a(x-p)2+q$로 바꾼다. 지수 2가 "^" 의 위치(intX)에 오게 된다. 이렇게 함수의 식을 바꾼 후 [의 그래프] 문자를 삽입하여 축의 제목으로 쓰게 된다.
18:	차트 제목의 intX 번째의 1 문자를 위첨자로 설정한다. 즉 "^" 의 자리에 있는 "2" 를 위첨자로 설정하여 지수로 나타낸다.

(41) a, p, q의 값이 변하면 위 (40)의 코드가 실행되어 차트의 제목이 따라서 변하도록 (31)에 아래 그림과 같이 [17: Make_Chart_Title]을 삽입한다. 그리고 셀 [F7:F9]의 글꼴 색을 흰 색으로 설정하여 메인 화면에서 식이 보이지 않게 한다.

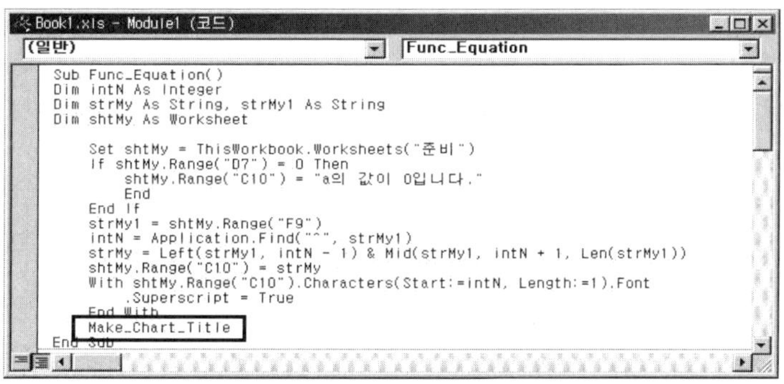

(42) 이제 스크롤 막대를 움직여 a, p, q의 값을 조절하고 그래프를 관찰하여야 하겠는데 차트 시트로 이동하면 그래프가 원하는 위치에 놓여지지 않을 수가 있다. 이 때 위치를 다시 조정하려면 [준비] 시트로 되돌아와야 하는 불편함이 있다. 따라서 차트 시트에서도 스크롤 막대를 준비하여 차트에서 바로 조정하여 보자. 아래의 그림과 같이 그리기 도구의 [개체 선택] 도구를 누르고 스크롤 막대를 선택한다.

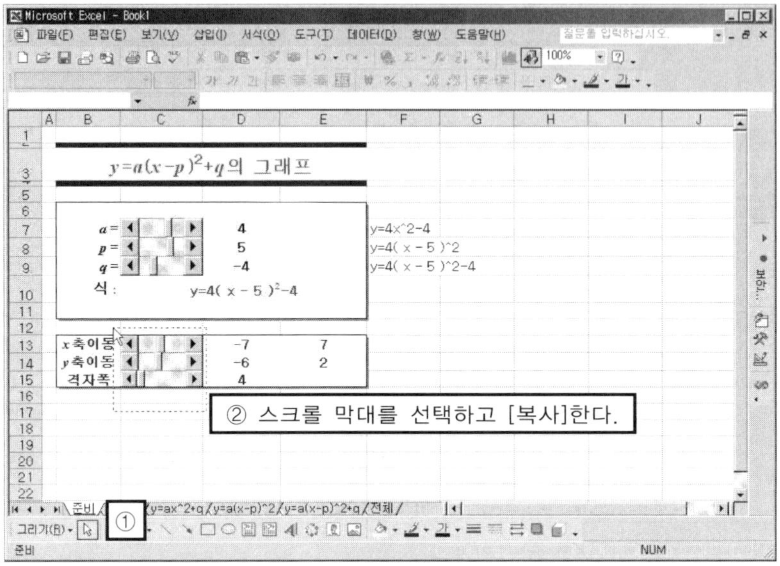

(43) [x축이동] 스크롤 막대의 이름을 지정하고 컨트롤 서식을 그림과 같이 설정한다.

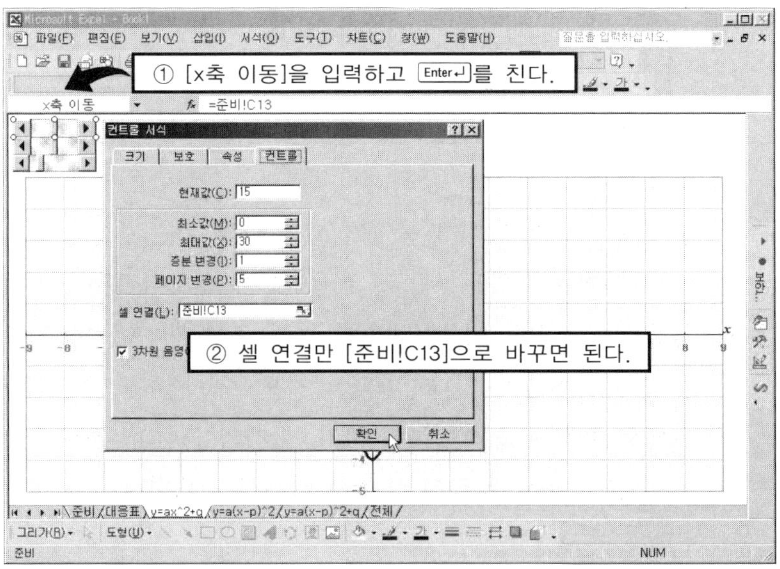

(44) 나머지 두 개의 스크롤 막대에도 [y축 이동], [격자 조정]으로 이름을 지정하고, 셀 연결을 각각 [준비!C14], [준비!D15]로 설정하면 풍선도움말로 스크롤 막대의 역할이 나온다. 이 차트 시트에서 스크롤 막대를 복사하자.

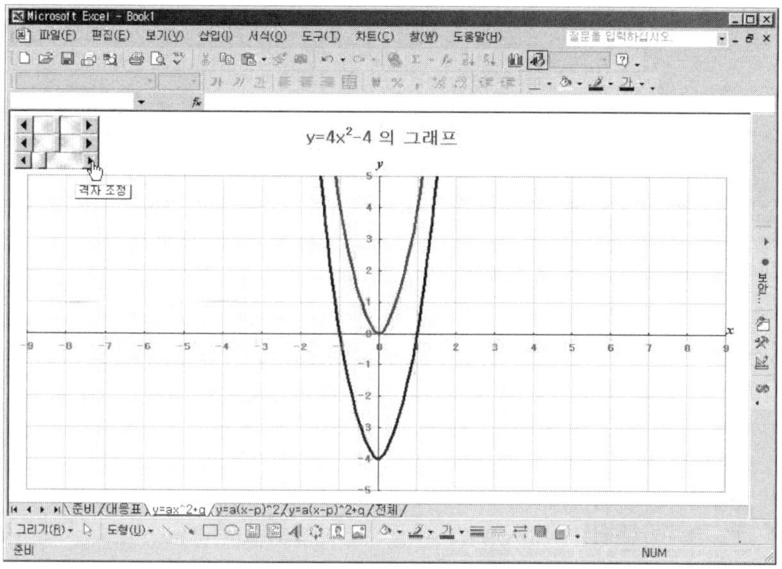

(45) 차트 시트 [y=ax^2+q]에서 복사한 스크롤 막대를 다른 차트 시트에 붙여 넣으면 컨트롤 서식은 더 이상 수정하지 않아도 된다. 스크롤 막대를 마우스로 눌러가면서 좌표축이 이동하고 격자의 크기가 조정되는지 확인해 보자.

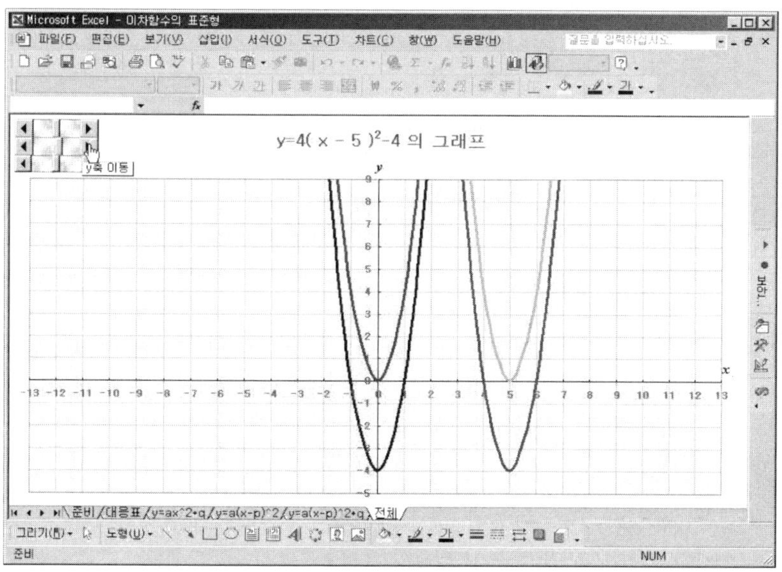

참고문헌

1. 강병서, 김계수, '사회과학 통계분석', 자유아카데미, 2001.
2. 안재찬, '명품수학 9－나', 2005.
3. 이종혁, Microsoft 한글 엑셀 2000 Bible, 정보문화사, 1999
4. 이번역, VBA를 이용한 한글엑셀 97, 영진출판사, 1998
5. 양승갑 외 6명, 중학교 수학 7－나, (주)금성출판사, 2001
6. 양승갑 외 6명, 중학교 수학 8－나, (주)금성출판사, 2001

7 양승갑 외 6명, 중학교 수학 9－나, (주)금성출판사, 2001

8. 전치혁, 정민근, 이혜선, '공학응용통계', 홍릉과학출판사, 1998.
9. http://uno21.com/

찾아보기

생각하는 수학 ⑬

수학교육에서의

엑셀활용 Ⅱ

지은이 김향숙 · 이세룡 · 정성곤 · 김영미 · 박진석 · 이중근 · 임선우
펴낸이 박문규
펴낸곳 KM 경문사
펴낸날 2007년 3월 30일 1판 1쇄
등 록 1979년 11월 9일 제9-9호
주 소 121-818, 서울특별시 마포구 동교동 184-17
전 화 (02)332-2004 팩스 (02)336-5193
E-mail kms2004@kyungmoon.com

값 16,000원

ISBN 978-89-6105-005-0
89-7282-735-5(세트)

★ 경문사 홈페이지에 오시면 즐거운 일이 생깁니다.
http://www.kyungmoon.com